人生财富靠康波

周金涛 著

中信出版集团 | 北京

图书在版编目（CIP）数据

人生财富靠康波 / 周金涛著 . -- 北京：中信出版
社 , 2024. 12（2025.5重印）.-- ISBN 978-7-5217-6942-5
Ⅰ . F014.8
中国国家版本馆CIP数据核字第20245UY012号

人生财富靠康波

著者： 周金涛
出版发行：中信出版集团股份有限公司
（北京市朝阳区东三环北路27号嘉铭中心　邮编　100020）
承印者： 北京启航东方印刷有限公司

开本：787mm×1092mm 1/16　印张：27.25　字数：446千字
版次：2024年12月第1版　印次：2025年5月第4次印刷
书号：ISBN 978-7-5217-6942-5
定价：109.00元

版权所有·侵权必究
如有印刷、装订问题，本公司负责调换。
服务热线：400-600-8099
投稿邮箱：author@citicpub.com

目录

推荐序一 / 盛　斌　　　　　　　　　　　　　III
推荐序二 / 刘煜辉　　　　　　　　　　　　　V
专家导读 / 苏雪晶　　　　　　　　　　　　　VII

1 [第一部分] 涛动周期论

01　人生财富靠康波　　　　　　　　　　　003
　　——康波中的价格波动

02　繁荣的起点　　　　　　　　　　　　　037
　　——工业化转型期的投资全景

03　"色即是空"　　　　　　　　　　　　　074
　　——世界经济的共生模式与国际资源品
　　　价格调节新机制

04　长波衰退中的增长与通胀　　　　　　　100

05　走向成熟　　　　　　　　　　　　　　129
　　——中国经济即将V形反转

06　结构主义的薪火　　　　　　　　　　　166
　　——周期波动、结构演进与制度变革

07　三周期嵌套　　　　　　　　　　　　　201
　　——从熊彼特到罗斯托

08　康波衰退二次冲击正在靠近　　　　　　223

2 [第二部分] 大类资产配置

09 改造"美林投资时钟"   231
——全球大类资产配置框架研究

10 美元破百的全球影响   273

11 世界大宗商品周期研究   290

12 康波中的房地产周期研究   320

13 康波体系下的黄金价格   341

3 [第三部分] 先生言谈

14 全球变局：如何进行大类资产投资   381

15 演讲实录：宿命与反抗   384

16 一波三折   391
——周期反弹节奏研究

17 采访合集   400

18 演讲实录：人生就是一场康波   406

后记 / 周允元   421

推荐序一

人生小周期与世间大周期

"人生发财靠康波",这是很多人愿意走进并了解周金涛先生的最直观浅白的初心。但周金涛先生倡导的"结构主义"(通过产业结构演进推动经济增长)和"四期嵌套经济周期"(60年康波周期——长波、人生;20年房地产周期——中波、投资;10年朱格拉周期——中波、投资;3年基钦周期——短波、库存)的分析方法才是他思想的真谛与内涵。作为周金涛先生在南开大学共同读书的好友与师兄,我为金涛学弟取得的学术成就由衷地感到高兴。

金涛学弟的周期理论基于经济,但其内涵又远远深于经济层面。他并不是仅仅将周期作为宏观经济来研究,而是认为周期是经济、技术、社会系统及社会制度的综合产物,在周期大系统面前,若干宏观经济指标的变化只是表面现象。他认为,对周期研究的最高境界是以对系统的洞察来理解细节的变化,周期的过程与系统才是其奥义所在。这种视角与方法对经济政策制定者、研究人员、企业高管、投资者和学生都具有重要的启迪与参考价值。

对经济政策制定者来说,这套书通过站在过去看现在、站在现在看过去和站在未来看现在的方法,以发达经济体和新兴经济体的经验来比较和评价中国的改革与转型之路,尤其是研究了具体政策措施对产业和部门的实质影响。

对研究人员来说，这套书通过大量典型案例，提供了近二十年中国上市公司价值变迁的图谱，为今后的理论创新提供了坚实的数据基础。

对企业高管来说，这套书的研究可以帮助他们有效判断行业或部门的兴盛或沉沦大势，从而制定正确的投资决策和企业发展战略，享尽先发红利。

对投资者来说，这套书是很好的大类资产配置读本。比如，如果投资者读懂了《房地产价格周期是增长型而非古典型》，将会对中国房地产投资有更深刻的感悟；如果阅读了《国际化博弈》，则会对2008年国际金融危机有更深刻的认识。

对学生来说，这套书无疑是有趣又充满魅力的。

天妒英才，金涛学弟不幸英年早逝。虽然他已离开了我们，但他的思想和研究成果留给了我们，这套书的出版使我们可以结合当时的经济现实，有根有据地检验他当时预测的推理逻辑，同时永久地体味其精华。

金涛曾说过，"从冷眼到喧哗，这就是2016年初以来周期的华丽转身，从最初我们的孤独到现在全球的山呼，难道周期真的发生了这么大的变化？周期即人性，这就是周期理论的形而上层次。周期的剧烈波动，每次都体现了人性的贪婪与恐惧。所以我们才有结论，周期是人类集体行为的结果，自然，作为群体的人来讲，绝大部分都不明白周期的真实义，所以才有从恐惧到贪婪的转换，但这就是周期运动的一部分"。"周期由人类社会运行的系统所推动，自然包括每一个周期的信仰者与不信仰者，而在周期的每个阶段，信仰者与不信仰者自然有其不同的结果，这本身根本没有必要进行无谓的争论，当下需要做的，就是把周期的过程研究清楚，获取周期对我们人生财富的意义"。

金涛在他人生的小周期内完成了对世间大周期的书写。

盛　斌
南开大学党委常委、副校长

推荐序二

"人生财富靠康波"。

站在2024年回望,也许每个中国人才真真切切地体会到这句话的含义。这句话是周金涛先生十年前讲出来的一句名言。

2024年中国的房价正在经历快速下跌,自2021年房价见顶回落,迄今已快第四个年头了。现代经济中,康波几乎就等同于房地产周期。讲康波是一个甲子,这是因为日本经济在前面走出了一个经典的"康波":1960—1990年,三十年的左侧(工业化和城市化);1991—2021年,三十年的右侧(通货紧缩)。周金涛先生用"康波"的视角超前地审视中国经济周期时,那是2014年,准确地讲,那时的中国经济刚刚迈入"类滞胀"状态,因为高债务。

宏观经济学中有一句名言:滞胀是经济(上升)周期的"回光返照"。讲的大概就是这个。这个状态一直延续到2021年房地产周期见顶,也算是走完了一个标准的"康波左侧的三十年"(20世纪90年代至2021年),中国的工业化和城镇化"越过了山丘"。

当然,这些都是我们站在2024年这个时点回头去看,才看到了这些结论。金涛先生早在十年前就可能冥冥中看到了这一结果。这是我读这本书一个最大的感受。

宏观经济学中还有一句名言：滞胀过后是萧条。

这句话我觉得倒未必，可能完全看你能否选对一个正确的政策范式去应对康波。选对了，完全有可能避免萧条，或者能很快走出衰退。现代宏观经济学最近三十年的发展和政策实践，完全证明人类经济已经找到走出"康波右侧"的智慧。

从这个意义上讲，"人生财富也可以不靠康波，而是靠科创"。

缅怀周金涛先生！

刘煜辉

中国首席经济学家论坛理事

专家导读

书的缘起

在金涛追悼会结束后,在他永远离开我们的一周后,我和研究所的同事一起下定决心,一定要将他一生的研究成果汇集成册。这本书更多是希望将他卖方生涯的研究精华展现给世人,让更多宏观策略研究爱好者一起分享周金涛先生及其团队的思想盛宴。这也是我们一起工作了十多年的老朋友和学生们的一种怀念。

我们着手该书的编辑后,才知道这项工作有多不容易,我们也惊叹金涛这十多年研究成果的高质和高产。当时,中信建投宏观策略团队的所有小伙伴不仅在他住院期间每日相伴左右,而且承担了书稿编纂的所有工作。因为书内引用的研究报告既有金涛在长江证券时期的主要成果,也有他在中信建投证券时的研究精华,所以书稿能够顺利完成离不开两家公司的帮助与支持。由于书稿内容时间跨度较长,涉及研究范围极广,小伙伴们在不耽误本职工作的前提下,把业余时间都奉献给了它,这种奉献也是他们对自己老领导及老师的一种缅怀。

正是大家集体的努力,才有了今天的《人生财富靠康波:涛动周期论》

和《周期真实义：涛动周期录》。我记得在金涛的研究成果追思会上，和他共事过的老同事老兄弟们，有十几人现场参加，都对书稿的总体内容提出了宝贵的建议，在此一并表示感谢。金涛的研究成果从来都不是他一个人的，而是以金涛为代表的团队集体智慧的结晶。正如捧着这套书的读者朋友们，对于书以及周期的理解，是由大家共同的智慧不断重新解构得到的。

色即是空 & 宿命与反抗

记得那是我刚来上海研究部工作没多久，我第一次领略了周金涛先生的风采。在长江证券策略会上，金涛的大会发言报告题目就是《色即是空》，一个小时左右的讲解获得满堂喝彩。当时正值全球大宗商品价格上涨的阶段性高潮，金涛用他完美的研究逻辑推导，做出了很多关于全球宏观经济以及大宗商品价格的预判。用现在的眼光来看，该报告真的充满了智慧，金句频出。例如"资源品价格不仅是资源品市场的问题，也是资源行业与非资源行业产业博弈的问题，更是世界经济增长的问题""滞涨：资源品价格上涨的传统表现形式""中国牺牲利润缓解世界通胀"等。这些前瞻性研究结论即使放在今日也具有重要的指导意义。更有趣的是，由于市场更多地关注短期波动，就在报告出炉的那几天，大宗商品领域出现了大幅调整。那时候的金涛，已经是市场最受瞩目的青年分析师，因为资源品价格大波动，又引发了更大的流量，金涛的报告一时洛阳纸贵。金涛自己也非常兴奋，他很享受自己的研究成果被众人探讨交流的高光时刻。我们事后一起感叹那真是一个属于总量研究的黄金年代，我也见识到了一位顶级卖方分析师的模样。

其实细究这篇文章，本意并不是看空大宗商品，而是阐述了未来很长一段时间全球宏观经济趋势以及大宗商品价格走势背后的机理。但奈何报告题目实在太具辨识度，甚至引发了当时重仓资源的机构投资者的集体紧张。当然，事后来看，那其实也只是大宗商品大周期中的一次小浪花。

《宿命与反抗》报告出来前后，有更有意思的故事发生。中信建投策略团队对这篇报告几易其稿，最后团队一起敲定了这个题目。文章中既有对当时宏观趋势的短期判断，更有对中周期改变做出的预测，我个人认为这是他们研究团队的代表作之一。其中，"资源已经成为国际利益分配的焦点"这一点睛观点以及关于对新一轮周期的预判，后验效果明显，该报告也凸显了周金涛先生臻至巅峰的宏观策略研究能力。该报告发出后，一时间研究所内部很多人都将"宿命与反抗"当成了口头禅，相互开玩笑，因为这两个语义相反的词语最终被该篇报告神奇地统一起来，可以用在很多场景。

"宿命与反抗"用金涛的话来解读就是："过去我们都是谈论如何在宽松中赚钱，而在未来应该谈论如何在经济的下行期保住自己过去6年的成果，我觉得这是一个大的判断，这就是宿命。反抗就是在这个过程中人们的不心死；但最终一切还将归于宿命。"周金涛先生研究的魅力就在于他对经济领域许多关键问题规律的总结，真正做到了一锤定音！

罗斯托的研究

记得2007年在上海，金涛的策略团队通过团队成员薛俊（日本知名大学经济学研究背景）邀请了不少重量级日本经济学家出席长江证券中日比较论坛。回头看，这也应该是卖方研究里中日比较研究开先河的做法，会议反响极为热烈。在当时的我看来，金涛的宏观策略框架里，中日比较和罗斯托理论研究是其真正的内核。在会议召开的间歇，我突发奇想，建议金涛是不是可以去美国邀请罗斯托这一流派的学术团队，做一场关于"亚洲四小龙"发展状况的大论坛。罗斯托在2003年已经故去，美国当时的情况我们也不甚了解。我只是半开玩笑地建议，没想到金涛眼睛一亮，很认真地说，我们搞完这次会议就去论证可行性。可惜出于种种原因，直至我与他再次共事中信建投研究所之时，这场论坛也未成功举办，不得不说是一大憾事。

在我到北京工作后，有一天午休逛书店时，我突然发现书架上《概念与交锋——市场观念六十年》这本书，这是罗斯托的代表作，中文版因为印数不多以前从未见过。我当时就极为兴奋，马上买下了书店仅剩的几本，一路小跑把书拿回研究所。金涛看到后特别开心，那天下午办公室里多次传来他那极具特色的大笑声。在这次之后的买方机构路演中，我们多次提及罗斯托这本书里的内容，也算是金涛作为多年罗斯托理论研究者的一份敬意吧。

涛动周期理论

金涛在天津住院的最后一段日子，我基本上每隔几周就去探望他一次。老实讲，看着他憔悴的病容，我的内心很是煎熬。但即便如此，他每次还是坚持和我谈论研究所的工作，并且明确指出接下来阶段性宏观策略组研究的方向。我为了安慰他，笑着说等他的病康复了，还指望他带着我们一起把 BTC 和黄金放在一起研究。当时我们都隐约觉得这两者的关系很微妙，也很重要。黄金及 BTC 和熊彼特的创新理论都是周金涛先生在最后时光最惦念的研究方向。神奇的是，这也是他去世 5~10 年后全球最大的两个变量因子，只可惜世间再无周金涛！

也许是冥冥之中的定数，金涛生前对自己多年周期研究的一个总结性提法就是涛动周期。我记得那天他敲定这个提法的时候，专门跑来我的办公室得意地告诉我这个创造性的名字，这件事仿佛就发生在昨天。时至今日，这个提法恰好可以作为这套书最好的标题。

经过反复沟通，周金涛的家人选择中信出版社出版这套书，这既是对中信大家庭品牌的信任，也是期待这套书能够让周金涛先生的经济研究思想长存。本套图书得以出版，要再次感谢周金涛先生服务过的两大券商给予的大力支持，也要感谢对本书编辑内容提供帮助的所有人。我期待所有金涛爱的人和爱金涛的人，大家都能够在未来的日子里共同成长，照耀彼此。

苏雪晶
青骊·投资管理合伙人

1

[第一部分]

涛动
周期论

01 人生财富靠康波
康波中的价格波动

- 2015年9月12日

关于康德拉季耶夫周期的研究，上一个活跃期是在20世纪70年代，事实上，那是第四次康波的衰退和萧条阶段。而2005年之后，我们一直致力于康波理论的研究，2008年美国次贷危机之后也有一些论述经济周期的著作出现，但大部分并不涉及对康波的系统论述。

2014年中期之后，我们有一个切身的感受，当房地产作为一类资产的投资价值渐渐淡去之后，中国庞大的货币面临着方向的选择，我们当时就有一个判断，随着步入工业化后期，中国已经开始进入宏观对冲时代。但对中国的宏观对冲研究依然处于一个懵懂阶段，自2005年以来，我们一直致力于中国的工业化和经济周期理论研究，并且一直有一个愿望，即建立一套适用于中国的经济周期理论体系，而这套理论体系是为了宏观对冲，并非一种学院式研究。

以我们对康波的理解，虽然康波一般在进入衰退之后才更容易引起人们对这一理论的重视，但事实上，人生就是一场康波。康波的形成是人的集体行为的结果，而这种集体行为取决于人的代际更迭。康波研究者福雷斯特曾指出，康波依赖于使用资本设备的生产方法，依赖于资本设备和建筑的寿命，以及依赖于人们在经济部门中移动的缓慢速度。长波因人们提前做计划的时间和他们对过去经济灾难记忆的时间的长度而加深，而这两个方面又在很大程度上取决于人的寿命。在导致长波出现的这些因素中，没有一个严重依赖于更快的通信或技术变化的细节。

所以，康波的长度其实是一个甲子。一个人出生在康波中的时点几乎就注定了其一生的经济轨迹。从某种意义上看，人生的财富由康波决定，因为康波的本质表现是价格的波动，而人生的财富积累根本上源于资产价格的投资或投机，人生财富靠康波，康波就是人生的财富规划。

上述对康波的基本认识指出了康波的本质，康波在现实中的表现就是康波中的价格波动，其价格波动规律为我们提供了宏观对冲和人生财富规划的密码。本章将对康波中的价格波动进行研究。而在研究了长期的价格波动规律之后，我们还对2016年至2018年的世界大宗商品价格波动做了预测，相信这是未来三年最重要的机会了。

康波周期概述

对康波的早期研究是在19世纪末，俄国人帕尔乌斯已经发现了经济增长中存在50~60年的长期波动，1913年，荷兰经济学家范·盖尔德林提出经济发展中的大循环，其周期是60年。1919—1922年，苏联经济学家康德拉季耶夫提出了长波假设，发表在《战时和战后时期的世界经济和经济波动》一书中。1924—1925年，他发表了《经济生活中的长周期》一文，奠定了康波研究的理论基础。从那时起到二战，是康波研究的活跃期，研究重点是统计证明和康波原因的定性分析。而在其后的30年里，对康波的研究一直沉寂，想来那是第四次康波的繁荣阶段。20世纪70年代之后，对康波的研究再度活跃，而这肯定源于第四次康波进入了衰退和萧条阶段，那时对康波的研究除了欧美经济学家福雷斯特、曼德尔、罗斯托，日本也异军突起，最有成就的是筱原三代平。

有关康波时期的各种划分方法

表 1-1 是各个康波研究者对前四次康波的划分。需要注意的是，如果按照繁荣、衰退、萧条、回升四个阶段来划分康波，康波的顶指的是衰退期的结束，也就是说，繁荣和衰退是康波的上升期。而康波的谷指的是回升的结束，也就是说，萧条和回升是康波的下降期。从各种划分来看，康波基本上围绕着 50~60 年的周期循环。

表 1-1 有关康波时期的各种划分法

		第一次长波谷顶（年份）		第二次长波谷顶（年份）		第三次长波谷顶（年份）		第四次长波谷顶（年份）	
康德拉季耶夫（1922）	A	1789	1814	1849	1873	1896	1920	—	—
	B	1790	1810/1817	1844/1851	1870/1875	1890/1896	1914/1920		
德沃尔夫（1929）		—	1825	1849/1850	1873/1874	1896	1913		
范·西里亚西-旺特鲁普（1936）		1792	1815	1842	1873	1895	1913		
熊彼特（1936）		1787	1813/1814	1842/1843	1869/1870	1897/1898	1924/1925		
科林·克拉克（1944）		—	—	1850	1875	1900	1929	1945	(1970？)
杜普里兹（1978）		1789/1792	1808/1814	1846/1851	1872/1873	1895/1896	1920	1939/1946	1974
罗斯托（1978）		1790	1815	1848	1873	1896	1920	1935	1951
曼德尔（1980）		—	1826	1847	1873	1893	1913	1939/1948	1967
范杜因（1982）		—	—	1845	1872	1892	1929	1948	1973

注：A——根据批发物价水平，B——考虑了其他指标。学者名字后的括号为著作发表的年份。
资料来源：筱原三代平、毕志恒，《历史波动中的现代世界经济——二十一世纪初期将出现繁荣局面》，《国际经济评论》，1984（9）。

目前受到比较广泛认可的康波划分方法是荷兰经济学家雅各布·范杜因的划分。他的划分列出了有资本主义世界以来前四次康波的四阶段划分，以及标志性的技术创新。从表 1-2 中可以看出，第五次康波自 1982 年起进入回升阶段，1991 年之后进入繁荣阶段，而根据我们对康波的理解，我们定位主导国美国繁荣的高点为康波繁荣的顶点，即 2000 年或 2004 年。2004

年后康波进入衰退阶段,而第五次康波的标志性技术创新为信息技术。

表1-2 世界经济史上的五次康波(1782—2015)

长波 (主导技术创新)	繁荣 (年份)	衰退 (年份)	萧条 (年份)	回升 (年份)
第一次(纺织工业和蒸汽机技术)(63年)	1782—1802 (20年)	1815—1825 (10年)(战争 1802—1815)	1825—1836(11年)	1836—1845(9年)
第二次(钢铁和铁路技术)(47年)	1845—1866 (21年)	1866—1873(7年)	1873—1883(10年)	1883—1892 (9年)
第三次(电气和重化工业)(56年)	1892—1913 (21年)	1920—1929 (9年)(战争 1913—1920)	1929—1937(8年)	1937—1948(11年)
第四次(汽车和电子计算机)(43年)	1948—1966 (18年)	1966—1973(7年)	1973—1982(9年)	1982—1991 (9年)
第五次(信息技术)	1991—2002或2004	2002或2004—?	?	?

资料来源:1973年以前参见雅各布·范杜因,《创新随时间的波动》,《现代外国经济学论文选(第十辑)》,商务印书馆,1986年。
1973年以后为陈漓高、齐俊妍所续。陈漓高、齐俊妍,《信息技术的外溢与第五轮经济长波的发展趋势》,《世界经济研究》,2007(7)。
第五次康波为周金涛划分。

当前对康波的基本认识

美国的伊斯伯尔丁对康波做了简单又深刻的描述,基本上符合我们对康波的认识。(1)每个康波是指一个相当长时期总的价格的上升或总的价格的下降。(2)价格的长期波动不是自己产生的,而康德拉季耶夫认为是资本主义体系本质的结果。(3)每个康波又嵌套着几个库兹涅茨周期和几个朱格拉周期。

对康波的研究最初就是一种统计现象研究,支持长波假设的最有力的经验型证据来自价格序列。我们可以在长期利率的运动、世界能源生产和创新中发现支持性证据,也可以在工业生产、失业和投资中见到有限的证据。所以,康波的根本问题还是世界资源品价格的长期波动问题,资源品价格包括商品属性和金融属性两个方面,而这也决定了康波就是国际宏观对冲的根本理论。

为什么价格会呈现 50~60 年的周期波动？目前我们还是认为这是资本主义自身运动的结果，但到底是什么力量推动了资本主义的长期周期运动，依然没有统一的观点。关于康波根本推动力的理论，目前有以下几种：（1）创新说，即把长波归因于技术革命；（2）货币说，即在金本位下黄金产量的变动带来货币量的变化，从而带来价格变动；（3）新的国家进入世界体系，包含战争革命等因素；（4）初级产品及能源的供给限制。在康波推动力的研究中，熊彼特的研究显然影响最深远，他提出了三周期嵌套模型，并提出了创新导致康波的理论。

所以，康波研究的入手点就是康波中的价格波动。

康波中的增长与通胀

我们对康波表象的基本认识，实际上就是康波中增长与通胀的关系。任何周期的机制都可以理解为价格对增长的反制，康波也不例外。但是康波中通胀对增长的抑制是十分暴力的，基本上以冲击的形式完成。而且，这种冲击要延续 10 年以上，其间将两次经历重要的危机阶段。所以，增长与通胀的关系是划定康波阶段的核心问题。而这一点对宏观对冲的意义在于，在康波的框架下，不同阶段增长与通胀的关系是变化的，不是不变的。10 年前的经验对后 10 年没有任何借鉴意义，必须追溯到 50 年前才更恰当。

康波的繁荣阶段往往是高增长伴随着低通胀，这可以解释为新的技术提高了效率，高增长并没有引发资源约束。而当新的技术对生产率的提升边际递减时，康波就进入了资源约束阶段。这种对康波进入衰退阶段的解释简单而牵强，实际上我们的理解是，当效率降低时，资本主义体系仍然期望按照原有的增长速度运行，这就必然会增加资本投资。与此同时，新的引入资本主义发达体系的国家开始工业化，造成资源需求的边际上升，而以前在资源品价格处于低位时供给没有得到充分准备，这带来供需边际变化短期内的不平衡，资源约束启动，价格迅速上升，这一点一旦与资本收益率的下降相契合就会发生经济冲击。在每个康波的衰退阶段，衰退的前半期都是高增长引发高通胀，而后半期都是滞胀，从衰退期到萧条期总是如此反复。康波从萧条向回升的转换本质上就是从滞胀向通缩的转换，此时经济增速不断下降，商品价格明显回落，通缩成为社会的共识，这个过程也有 10 年之久。在衰退后半期,世界经济陷入一种无奈的状态,对康波的研究往往发生在这个阶段(可参考图 1-1)。

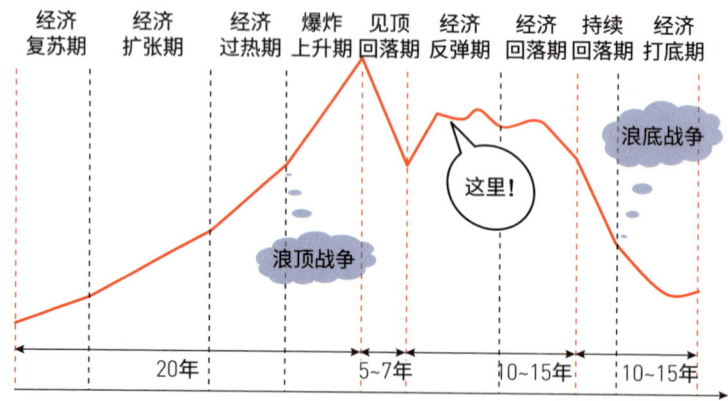

图 1-1 经典长波的九阶段示意图

资料来源:拉尔夫·艾略特,《艾略特波浪理论》。

从康波的形态来看,最复杂的就是衰退阶段,一般来讲,衰退阶段首先会出现一个标志性的经济危机,比如第四次康波的 1971—1973 年布雷顿森林体系崩溃,2008 年美国的次贷危机,事实上都确认了康波进入衰退阶段。而在这个冲击阶段之后,世界将迎来一个暂时的稳定阶段,即两次冲击之间的间歇期。间歇期的结束一般以发生新的冲击为标志。我们看到,第二次冲击往往更多发生在新兴经济体或资源国中,比如在第四次康波萧条中陷入悲惨增长的拉美。在两次冲击后,康波进入萧条阶段,此时是一种通缩与滞胀反复的局面。从萧条向回升的过渡是缓慢且漫长的,要经历 10 年以上的时间,其间我们可能会看到一些新兴经济体的复兴,比如 20 世纪 80 年代至 90 年代的亚洲四小龙,它们的复兴就发生在第五次康波的回升阶段。

但是从以往的康波形态来看,衰退期和萧条期都表现出极其复杂的状态,特别是进入美元本位制后,货币对康波形态的扰动明显增加,第四次康波的衰退起点目前定在 1966 年,即美国经济增长的高点,随后出现布雷顿森林体系崩溃,属于康波衰退的冲击,但在萧条阶段的 9 年中,1974 年和 1979 年发生两次石油危机。萧条期没有表现出明显的通缩,而是长期滞胀,这显然与货币因素、政治因素都有关系。

在第四次康波中，实际上日本在 1971 年后就已经出现了严重的通胀局面，在 1974 年经石油危机冲击后，日本通胀与增长的反向关系达到极致，但日本经济走出了明显的 V 字形反转，这也是经典的康波冲击形态（见图 1-2）。

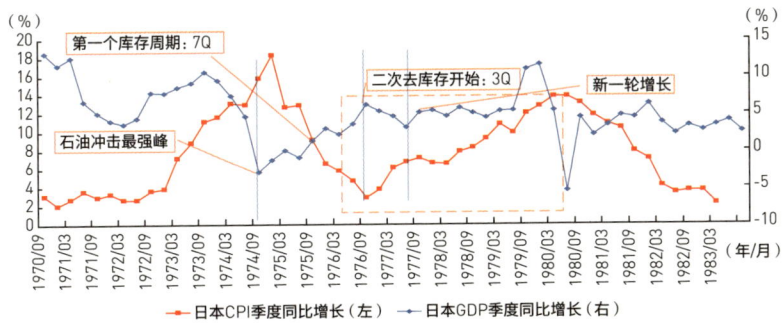

图 1-2　第四次长波衰退下的日本 CPI 和 GDP

资料来源：CEIC 数据库，中信建投证券研究发展部。

1966 年之后，美国结束了高增长低通胀的局面，而在 1966—1982 年，美国始终处于滞胀状态（见图 1-3），这就是康波的衰退与萧条期。1982 年之后，美国又进入高增长低通胀的局面（见图 1-4），直到 2007 年。2007 年后，全球的本质是通缩，这一点与经典的康波是一致的，但这并不等于说本次康波将在通缩的局面中结束。

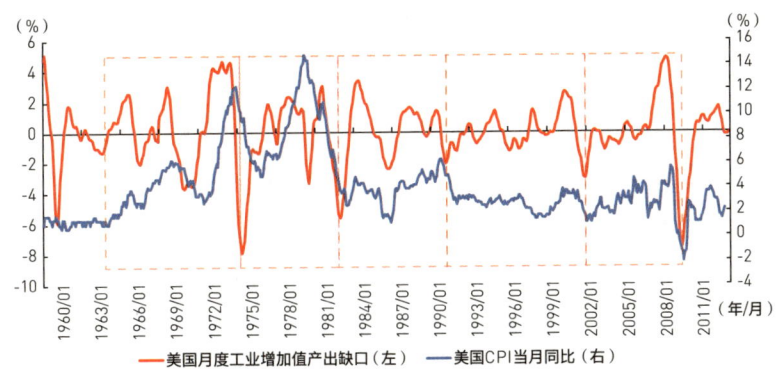

图 1-3　美国月度工业增加值产出缺口和 CPI 当月同比

资料来源：Wind 资讯，中信建投证券研究发展部。

01　人生财富靠康波　　009

图 1-4 美国的工业产出指数和产能利用率

资料来源：CEIC 数据库，中信建投证券研究发展部。

从产能利用率上可以清晰地看到，1983 年是产能利用率的低点，也是康波萧条的结束和第五次康波复苏的开始。

康波中的价格现象

对康波中的价格现象认识最深刻的是罗斯托，当然，最终在判断第五次康波的时候他也犯了错。罗斯托用价格运动来解释康波，他认为形成长期波动的基本原因是粮食和初级产品的相对丰裕和匮乏。他认为三种力量，即增长的主导部门、粮食与原材料的价格、国际和国内人口迁移是研究康波的关键。这一认识的分支是太阳黑子学说，因为太阳黑子的变化导致了气候变化，从而导致初级产品价格波动。现在看来，这个分支对研究农业和石油的价格波动具有重要意义。

罗斯托在他的《为什么穷者变富了而富者富得慢了》一书中写道："在第一个康波上升时期的英国，价格上涨趋势有 66% 发生在 1799 年和 1801 年；在第二个上升时期，价格上涨有 71% 发生在 1852 年和 1854 年；在第三个上升时期，价格上涨有 57% 发生在 1898 年和 1900 年；在 1973—1975 年，世界经济经历了这样一种痉挛式的上升。"罗斯托注意到在周期波动的顶点，物价在三年里猛涨 60%～70% 乃至两倍这一现象，并主张应当从实物而不是货币方面分析这种现象。

对康波而言，价格的剧烈波动是其有别于其他周期的重要特征，而这种价格的剧烈波动主要集中于从衰退到萧条的阶段。罗斯托的观察描述了这种康波价格波动的基本特征，即价格的波动在一段很短的时间内急剧变大，最终对经济造成冲击（见图1-5）。这实际上就是所谓的康波衰退的冲击，而这种冲击一般集中于康波衰退期，但在第四次康波中，冲击贯穿了整个衰退和萧条期。

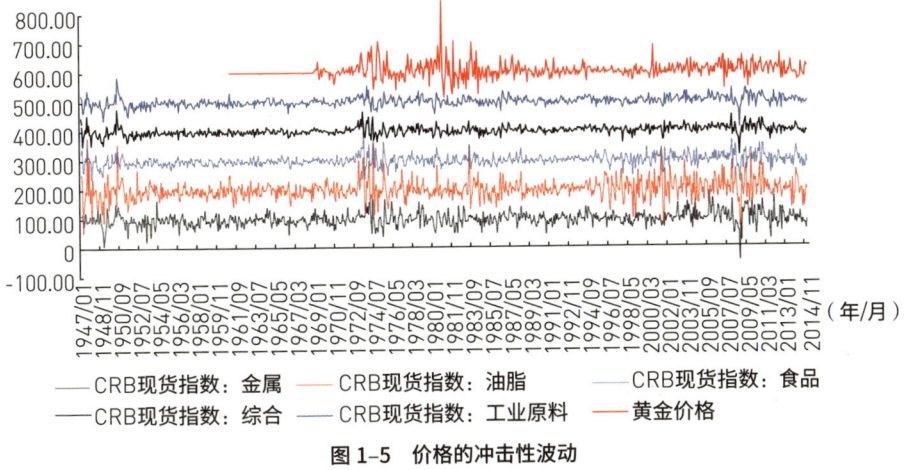

图1-5 价格的冲击性波动

资料来源：Wind资讯。

这里的核心问题是，到底是什么造成了康波价格的突然上行，目前的解释集中于三个原因。第一个是创新，即罗斯托说的主导部门问题，由于新的技术发明对劳动生产率的提升作用在繁荣的高潮期开始变弱，增长更多依赖于投资，从而造成价格上涨，这是一个常见的供需解释。第二个是关于追赶国的工业化问题，由于新的国家的工业化加入了世界资本主义体系，对资源品的边际供需缺口突然增加，从而加剧了价格的波动，我们认为这是核心原因。第三个是关于农业及相关初级材料的丰歉问题，这个问题被有些康波研究者认为是康波价格波动的基本原因。但迄今为止，我们无法以一种完美的理论来解释农业价格波动的原因，而其最有体系的是太阳黑子学说。

在第四次康波之后，世界货币本位制彻底与黄金脱钩，初级产品价格水平呈现一个中枢不断上移的态势，货币本位制的变化的确改变了价格波动的中枢，但没有改变康波中价格波动的形式。价格中枢的上移是全球脱离金本位之后的结果,但康波认为,价格的波动当以黄金的购买力来衡量。如果用黄金原油价格比率来间接解释价格的波动,我们可以发现,黄金原油价格比率一直围绕着中枢波动(见图1-6),这就解释了我们上面的观点。

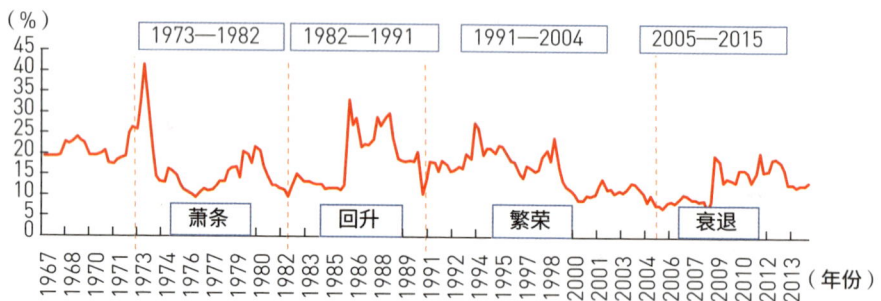

图1-6　全球黄金-原油价格比率

资料来源:CEIC数据库。

康波中商品价格牛熊的原因

关于康波中初级产品价格的解释,罗斯托认为,初级产品部门(含能源、原材料和食品)生产能力的不足和生产能力的过剩交替过程较长,因为这些产品的需求不能平稳发展。原因在于:(1)在获利能力出现和为开发它做出投资决策之间存在长时间的延迟,开辟新的生产能力需要长时间的酝酿;(2)在完成投资和最有效的利用之间存在延迟。

实际上,大宗商品价格本身也会随着经济中周期和短周期而波动,这是一个比较简单的供需机制问题,而康波对价格研究的意义在于,价格机制会在康波繁荣到达顶点之前突然变化,即所谓的大宗商品10年牛市,而10年牛市之后又会出现一个价格剧烈波动的熊市,这个熊市一般贯穿于康波的衰退和萧条阶段,主要下跌阶段维持15年。在大宗商品牛市和熊市阶段中,增长与通胀表现出异于以往的特征,过去10年价格的波动特征不一定适用于未来10年,在大周期格局下理解短期的价格波动才是研究康波价格的根本意义。

至于为什么供需之间的边际突然拉大,这应该被视为一个积累的结果,因为从大的格局看,在康波回升到繁荣的过程中,总体来看价格处于稳定状态。周期研究认为，这是由于技术创新推动效率的提升，而当效率提升放缓时，为了保持原有的增速就需要更多地依赖投资，供需的原有平衡边际发生了变化。从图1-7中我们可以看出，美国全要素生产率的增长在2003年达到高点，而2002年之后，正是本轮大宗商品牛市的启动点。

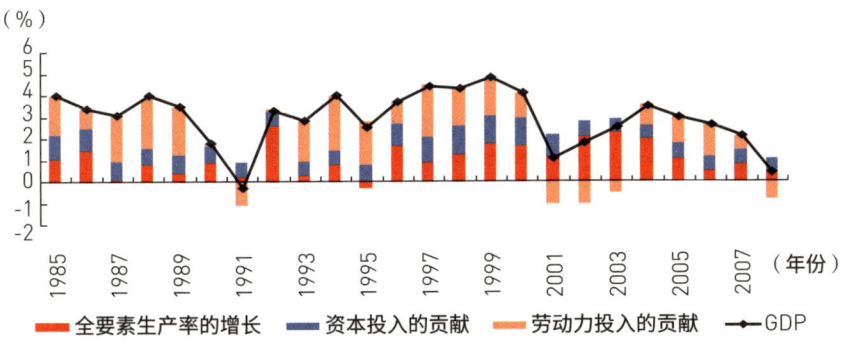

图1-7 美国全要素生产率的增长、资本投入与劳动力投入对产出增长的贡献

资料来源：美国劳工统计局。

在第四次康波中，美国的全要素生产率在1966年附近到达高点，这正是康波繁荣的顶点，在经历了波动之后，全要素生产率的低点出现在1982年，即第四次康波萧条的结束点（见图1-8）。

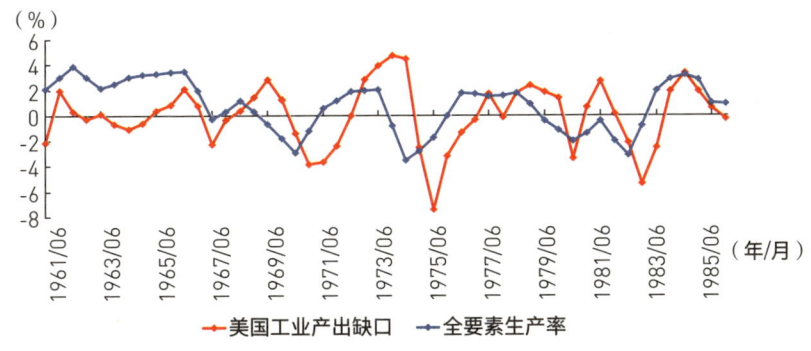

图1-8 美国的技术进步（全要素生产率）与经济周期

资料来源：A.Steven Englander.Total Factor Productivity: Macro-economic and Structural Aspect of the slowdown.http://www.oecd.org/eco/outlook/35237178.pdf。

还有一个问题，就是所谓的牛鞭效应，由于上游资源品处于供应链的最末端,其波动性是最大的。

牛鞭效应

牛鞭效应的基本含义是:当供应链上的各节点企业只根据来自其相邻的下级企业的需求信息进行生产或者供应决策时,需求信息的不真实性会沿着供应链逆流而上,产生逐级放大的现象。当信息到达最源头的供应商时,其所获得的需求信息和实际消费市场中的顾客需求信息产生了很大的偏差。由于这种需求放大效应的影响,供应方往往维持着比需求方更高的库存水平或者生产准备计划(见图1-9)。

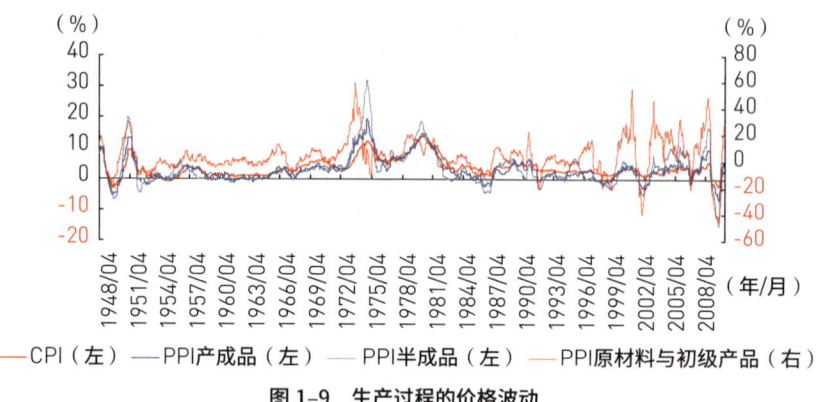

图1-9 生产过程的价格波动

资料来源:Wind 资讯。

但是20世纪70年代之后,世界变得尤其复杂,第五次康波出现了明显的全球化特征(见图1-10),更多需要共生模式来解释。世界的低通胀主要靠共生模式中中国的低成本来承担,这是在2010年流行的一种对低通胀的解释。但当2012年大宗商品出现牛市头部之后,虽然全球的共生模式依然存在,但世界经济进入通缩的趋势已经非常明显。这里的核心问题是,全球化分工并不会改变周期的秩序,自英国工业化以来,新的国家和人口不断被纳入资本主义体系,但这并未改变周期波动的本质。从康波意义上讲,更多的人口加入资本主义体系后,波动不是变小了,而是变大了。

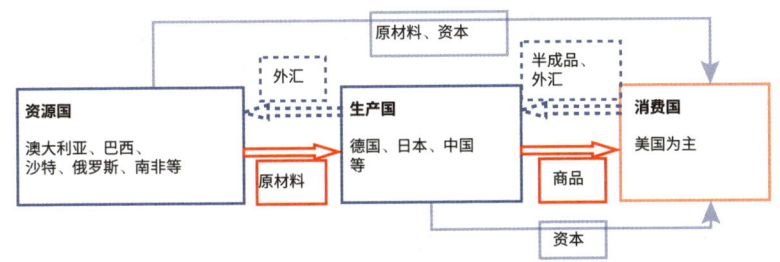

图 1-10　全球产业链及其相关性

资料来源：周金涛绘制。

康波衰退和萧条期的滞胀和通缩

第五次康波以来，并没有出现类似第四次康波的滞胀问题，而是表现出明显的通缩特征，这是需要讨论的。而对于这一点的解释对我们判断未来中期的价格形势非常重要。为了研究这个问题，我们努力寻找高频的价格序列，但看来最有代表性的长序列还是美国的CPI，美国的CPI和PPI长期来看是一致的，所以我们以康波划分美国的CPI趋势，得到的结论很有意义。

从图1-11来看：(1)康波的繁荣期百分之百价格平稳；(2)康波的回升期三次中有两次价格平稳；(3)康波的衰退期价格百分之百剧烈波动；(4)康波的萧条期百分之百冲高回落。这个研究的意义在于，它说明我们处在衰退即将结束、向第五次康波萧条过渡的阶段，而此时全球都处于货币大量释放后的通缩阶段，康波的规律向我们展示，目前处于5年价格低点的概率非常高，未来5年，我们研究的重点不是如何防范通缩，而是如何应对滞胀。

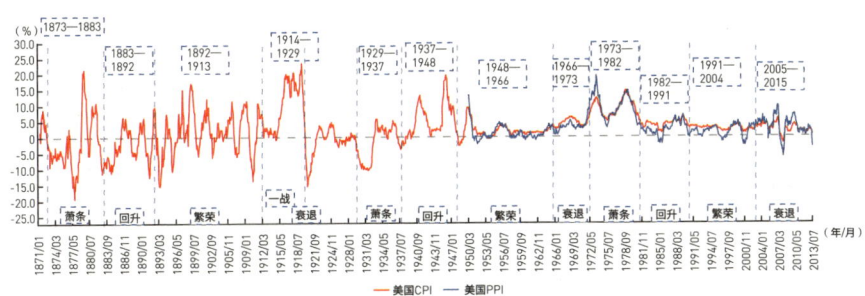

图 1-11　康波各个阶段的价格表现

资料来源：DATASTREAM 数据库。

康波中的能源和有色金属

康波中的能源问题

1983年,日本经济学家木船久雄在他的著作《经济的长期波动与能源》中研究了康波中的能源问题,他研究了日本和美国的一次能源供给对国民生产总值的弹性值,并得出了几个结论。

(1)从超长期来看,弹性值收敛于1。在约100年的时间内,尽管出现了重大的产业和社会结构变革,但作为生产要素和家庭最终消费品的能源消费合计增长率基本上与收入增长率相近。(2)从长期看,虽然弹性值收敛于1,但仍有一定的波动,受到很大的干扰。按计测期间计算,日本从1947年到1954年,美国从1933年到1940年,弹性值波动都很大。两国弹性值受干扰的时期均出现经济增长水平的急剧下降。(3)经济增长率发生变化,能源消费结构并不能适应这种瞬间的变化。经济增长率下降及其后的数年间,能源弹性值仍呈上升趋势,而在形成适应低速增长率的能源消费结构之后的数年里,增长率开始回升,弹性值进入下降局面,从而形成谷底。

我们观察美国的长期一次能源供给对国民生产总值的弹性值,美国两次出现弹性值超过1,且与国民生产总值趋势产生背离的阶段,一次是1911—1922年,一次是1972—1976年,这两次都处于长波的繁荣向衰退转换的过程。在后一次中,美国的核心CPI直到1980年才见到最高点,因此,第二次石油危机的发生也许只能更多地被解释为偶然因素(见图1-12)。

图1-12 美国能源消费量和消费增速

资料来源:Wind资讯。

但是，我们需要理解为什么经济衰退后依然会出现一定时期的能源价格上涨，这就存在能源消费的惯性规律问题。对此，木船久雄解释道，"在石油危机之后，尽管能源价格发生了变化，但是日本战后近 30 年培植起来的多耗能产业和消费结构难以因价格变化而急速转换。20 世纪 60 年代末到 1978 年前后，日本弹性值超过 1，正是由于这一时期是带有前一时期影响的惯性时期。当弹性值有下降趋势时，情况亦相同"。

2000 年之后，美国的能源消费增速是下降的，而石油的价格是上涨的（见图 1-13），所以不能用当期供需来解释价格长期波动的原因，这是我们一贯的观点，能源价格的波动是一个长期累积的结果。

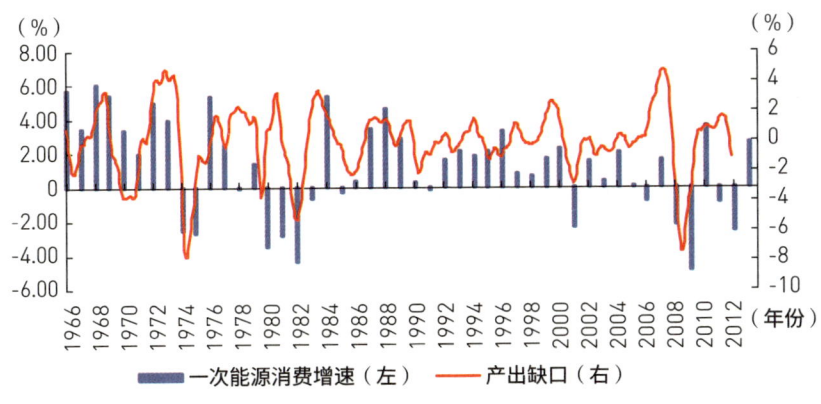

图 1-13　美国一次能源消费增速和产出缺口

资料来源：Wind 资讯。

上面只是已经完成工业化的国家的情况，对康波资源品价格影响最大的是追赶国的工业化，这就是所谓的当年流行的金砖四国理论的根基。追赶国在康波的繁荣后期至衰退期进入工业化起飞阶段，这是康波中的一个重要现象，包括第四次康波中工业化的日本和第五次康波中工业化的中国，都具有类似的情况。从工业化过程中的能源消耗来看，我们一般认为，工业化起飞国家的能源消耗会呈现一个倒 U 形的结构，其在边际爬升的时候，对资源品价格影响最大。从第四次康波中日本的工业化可以看出，日本工业化经济增速的高点在 1964 年，一次能源消耗的同比增长率高点滞后 3 年，在 1967 年出现，而彼时第四次康波资源牛市刚刚启动。4 年后布雷顿森林体系崩溃被视为第四次康波衰退的第一次冲击，1974 年发生第一次石油冲击的时候（1974 年第一次石油危机是康波衰退的第二次冲击，是衰退的结束），日本一次能源消费的同比增速早已回落（见图 1–14），所以我们一直认为，康波资源牛市是一个累积的结果，当期供需并不是核心原因。

图 1–14　日本一次能源消费增速和产出缺口

资料来源：Wind 资讯。

在第五次康波中工业化起飞的中国，其一次能源消费增速从 1998 年开始启动，而这正好处于中国中周期低点的附近。可以看到，中国一次能源消费增速高点是在 2004 年，正好是中国固定资产投资的高点，随后增速开始回落，但资源品价格牛市的冲击发生在 2007—2008 年，恰好也在 4 年之后（见图 1–15）。由此可见，资源品价格的冲击是一个累积的结果，正好体现了木船久雄提出的能源结构调整的滞后性问题。巧合的是，我们在 2006 年发表了《色即是空》，提出了这一思想，那是我们康波研究的开始。

从能源冲击的角度看，康波中的能源冲击是一个累积的结果，是劳动生产率下降、牛鞭效应和追赶国工业化的共同结果，但这一框架仅适用于分析冲击阶段。在对短期的能源波动分析后我们发现，能源消费增速遵从朱格拉周期，所以短期的能源价格波动是与经济增长率相关的，而康波中的能源价格波动显然要遵从我们上面提出的框架。

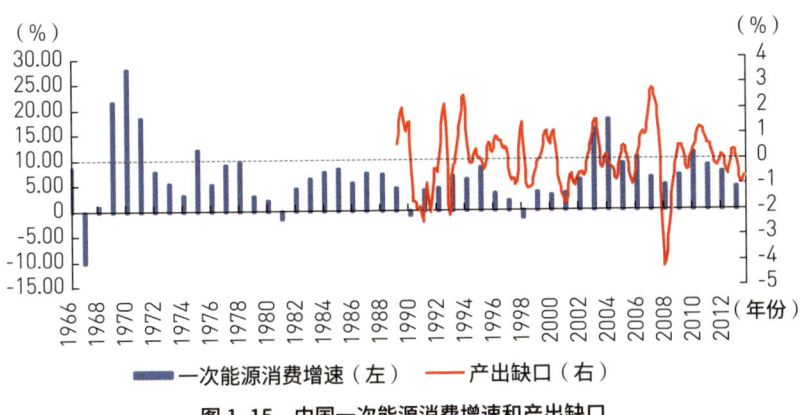

图 1-15 中国一次能源消费增速和产出缺口

资料来源：Wind 资讯。

康波中的工业金属

从康波中大宗商品价格波动的原理来看，能源与工业金属是一致的。所以，在阐述能源问题后，我们只将工业金属价格与能源价格做对比，来研究工业金属价格波动与能源价格波动的差异性。

从总体趋势来看，工业金属（铜、铅、锌）价格走势与能源（石油）价格走势呈现较强的一致性。繁荣期（1991—2004年）是价格波动的稳定期，价格的剧烈波动主要集中在衰退期（2005—2015年）和萧条期，符合康波中大宗商品价格波动的特征。周期研究认为，价格的波动是效率边际变化与供需平衡重构的结果。当技术创新刚被引入并带来效率提升时，较少的投入可以提供足额的产出，但当效率提升放缓时，为了保持原有的增速就需要更多的投资，这势必打破原有的平衡关系，使得供求发生较长时间的重构。这种长时间的重构进一步解释了工业金属和能源在更短周期里的不一致性（见图1-16）。

值得注意的是，20世纪90年代之前，工业金属价格与能源价格波动的关联度较小（见图1-17和图1-18）。从对20世纪后半期石油价格的历史梳理来看，70年代才形成OPEC（石油输出国组织）供给侧寡头垄断，在此之前，石油的定价权完全掌握在英美石油公司手中。直到90年代之后，期货与金融因素对油价的影响才逐渐加大，最终产生了由OPEC、石油需求和国际石油资本共同决定的局面，国际油价至此才基本实现市场定价。这也回答了为什么20世纪90年代之前能源价格波动幅度较小，并且与工业金属价格波动关联度较小。

01 人生财富靠康波   019

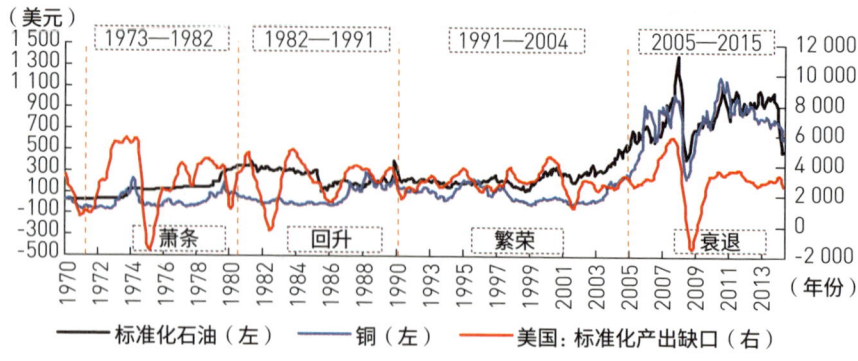

图1-16 石油价格、铜价和美国产出缺口

资料来源：CEIC 数据库。

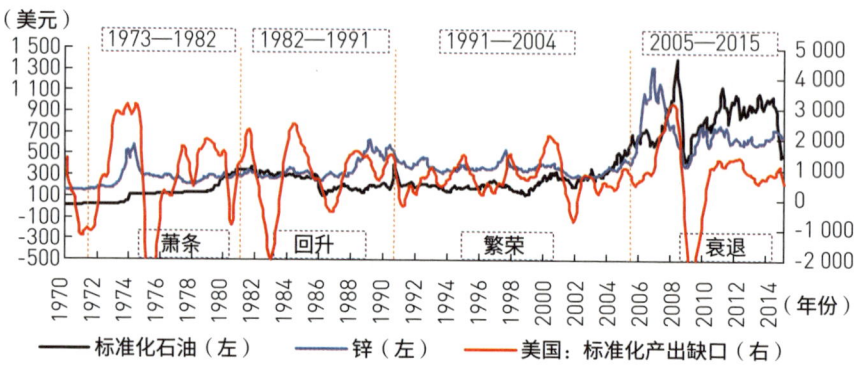

图1-17 石油价格、锌价和美国产出缺口

资料来源：CEIC 数据库。

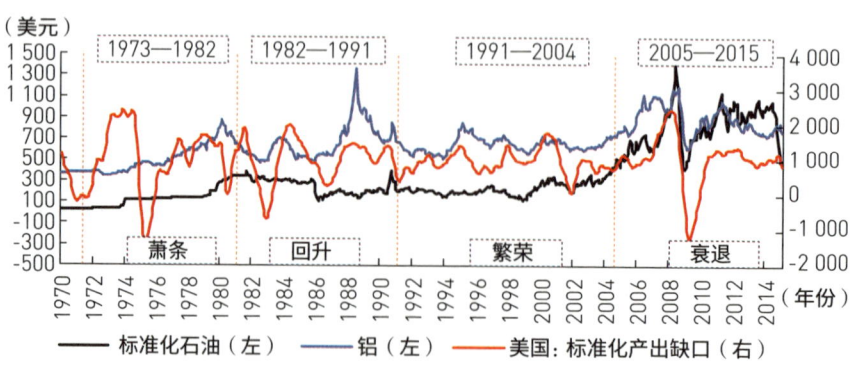

图1-18 石油价格、铝价和美国产出缺口

资料来源：CEIC 数据库。

康波中的农业和太阳黑子

在早期的康波研究中,农业一直是一个重要的研究对象,英国统计学家海德·克拉克在 1847 年就发现了以 54 年为周期的欧洲饥馑的长期波动。其中最杰出的是威廉·S.杰文斯,他在论文《商业危机和太阳黑子》中推定平均为 10.45 年的太阳黑子活动周期。但到了 20 世纪 70 年代第四次康波研究高潮的时候,农业几乎成为一个十分边缘的问题,这一定与工业化社会农业对经济影响的弱化有关。农业与其他资源品相比,特殊性就在于它的供给受到天气的极大影响。所以,农业价格的研究逻辑一直十分重视太阳黑子运动。我们也试图观察长期的农业价格波动序列,但从直观的统计数据看,农业价格并未表现出明显的长周期波动特点,反而受到施瓦贝循环的直接影响,所以,目前的证据无法证明农业价格存在与康波同步的波动。

太阳黑子周期与康波

世界是广泛联系的,与康波的三周期嵌套模式最类似的就是太阳黑子周期。太阳黑子周期最显著的影响是通过影响气候来影响农产品的产量,这是它与康波周期最直接的联系。但事实上,进入工业化社会之后,农产品价格对周期的中长期趋势的影响远没有那么显著,但周期理论的一个重要分支确实对太阳黑子对三周期嵌套模式的影响有深入的研究。研究者认为,除了农产品价格,太阳黑子以一种未知的原因影响着人类的情绪和商业行为,从而成为决定周期的另一重要因素。

前人对太阳黑子活动的周期性研究,将太阳黑子活动划分为以下几个周期:厄尔尼诺循环(2~7 年)、黑子周期(施瓦贝循环,约 11 年)、太阳磁活动周期(海耳定律,约 22 年)、吉村循环(约 55 年)。国际天文学界以 1755 年 3 月为太阳黑子活动周期元年,到 2013 年已经历 23 个完整的黑子周期和 4 个吉村循环(见图 1-19)。

2008 年 3 月以来的第 24 周,处于第五个大周期的第四小周期内,从月度太阳黑子数据来看,最大值较历史均值偏低,说明本次黑子周期相对较弱(见表 1-3)。

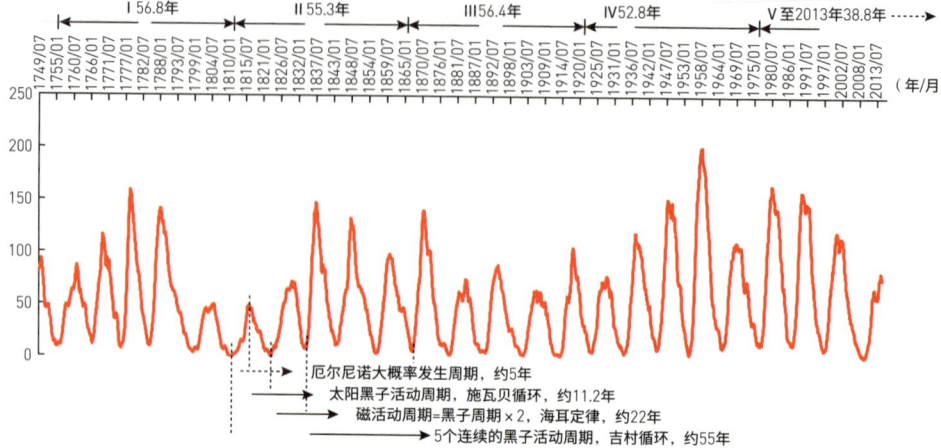

图1-19　1749年至2013年的23个施瓦贝循环和4个吉村循环

资料来源：NASA（美国国家航空航天局）。

表1-3　1755年至2015年的各太阳黑子活动周期（月）

1755年至2015年的吉村循环与施瓦贝循环			周期	最大值	最小值	均值
第Ⅰ周	第1周	1755年3月—1766年6月	136	107.2	0	41.66
	第2周	1766年6月—1775年6月	108	158.2	0	59.46
	第3周	1775年6月—1784年9月	111	238.9	1	66.71
	第4周	1784年9月—1798年5月	164	174	0	61.53
	第5周	1798年5月—1810年12月	163	62.3	0	21.03
第Ⅱ周	第6周	1810年12月—1823年5月	137	96.2	0	20.46
	第7周	1823年5月—1833年11月	126	106.3	0	37.89
	第8周	1833年11月—1843年7月	116	206.2	1.4	67.39
	第9周	1843年7月—1855年12月	149	180.4	0	55.73
	第10周	1855年12月—1867年3月	135	116.7	0	48.56
第Ⅲ周	第11周	1867年3月—1878年12月	141	176	0	53.17
	第12周	1878年12月—1890年3月	135	95.8	0	34.10
	第13周	1890年3月—1902年2月	143	129.2	0	38.71
	第14周	1902年2月—1913年8月	138	108.2	0	32.29
	第15周	1913年8月—1923年8月	120	154.5	0.5	44.35
第Ⅳ周	第16周	1923年8月—1933年9月	121	108	0.2	40.98
	第17周	1933年9月—1944年2月	125	165.3	0.3	57.61
	第18周	1944年2月—1954年4月	122	201.3	0.2	74.50
	第19周	1954年4月—1964年10月	126	253.8	0.2	91.06
	第20周	1964年10月—1976年6月	140	135.8	4.3	60.32

续表

1755年至2015年的吉村循环与施瓦贝循环			周期	最大值	最小值	均值
第V周	第21周	1976年6月—1986年9月	123	188.4	1.1	81.16
	第22周	1986年9月—1996年5月	116	200.3	2.4	80.63
	第23周	1996年5月—2008年3月	142	170.1	0.9	57.19
	第24周	2008年3月—2015年2月	83	102.3	0	41.58

资料来源：NASA。

太阳黑子的周期循环基本对应了四周期嵌套模式的各个周期级别（见图1-20）。厄尔尼诺循环（2~7年）大致对应库存周期，施瓦贝循环（约11年）大致对应朱格拉周期，海耳循环（约22年）大致对应库兹涅茨周期，吉村循环（约55年）大致对应康德拉季耶夫周期。从太阳黑子与景气的关系来看，太阳黑子的低谷期大致对应经济周期的高潮期。

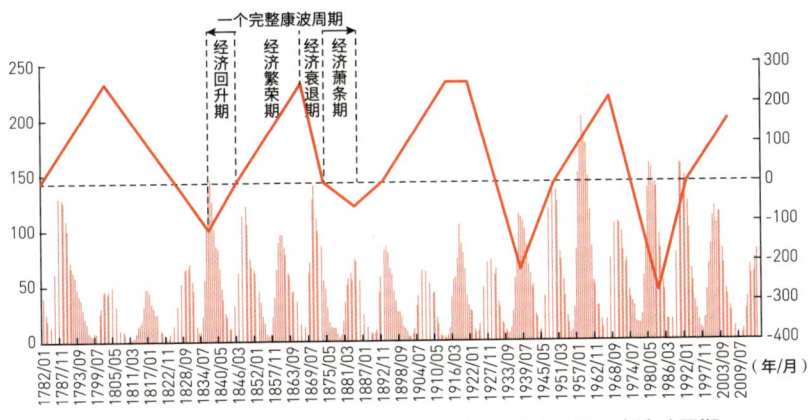

图1-20　1782年至2009年太阳黑子周期与康德拉季耶夫波动周期

资料来源：周金涛绘制。

农产品价格的周期属性

根据我们的研究，农产品价格实际上并不显著遵循长周期波动，反而与施瓦贝循环（约11年）有着较强的关系，这一点我们将在后面的农产品价格中谈到。当然，在康波价格波动的高潮期，农产品价格也表现出波动放大的特点，例如在20世纪70年代石油危机和2007年金融危机前后。但这显然不是天气造成的农产品价格波动，仍然可以从需求角度找到原因。从这个角度看，农业并未表现出因天气影响供给从而影响长周期价格波动的特点。

也就是说，农业供给不是康波波动的原因。天气对农产品价格波动的影响更多可能属于施瓦贝循环的级别，而在一个施瓦贝循环中，厄尔尼诺循环带来农产品价格的短周期波动。

太阳黑子活动施瓦贝循环和厄尔尼诺循环与全球农产品价格表现出强相关性。我们将1866年起的太阳黑子活动数据与玉米、大豆、食糖和小麦的价格波动相比，发现了非常显著的负相关关系，即太阳黑子较多、活动频繁的时候，由于气候相对温暖湿润，大宗农产品产量往往增长，价格加速下跌；而太阳黑子较少时，该段时间内农产品产量往往处于低点，价格有上扬趋势（见图1-21至图1-24）。

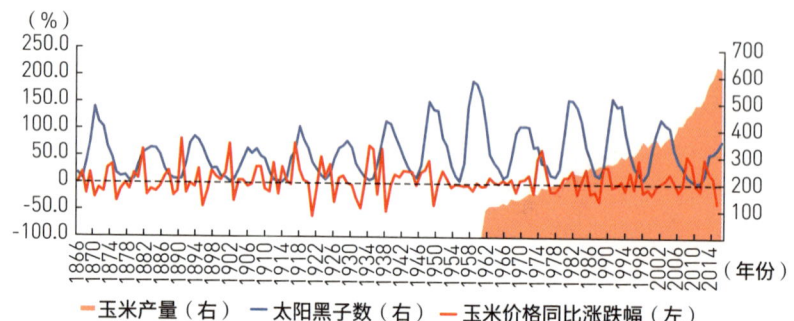

图1-21　1866—2014年太阳黑子数量与玉米价格涨跌幅和玉米产量

资料来源：美国农业部（USDA）。

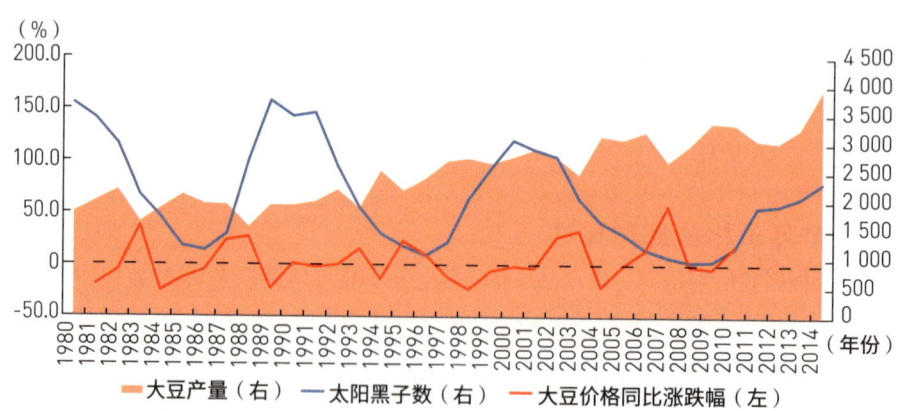

图1-22　1980—2014年太阳黑子数、大豆价格同比涨跌幅和大豆产量

资料来源：美国农业部。

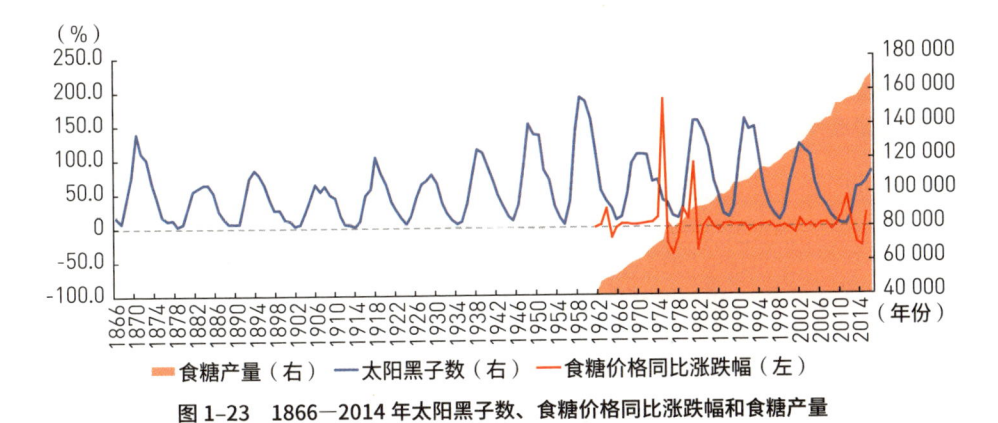

图1-23 1866—2014年太阳黑子数、食糖价格同比涨跌幅和食糖产量

资料来源：美国农业部。

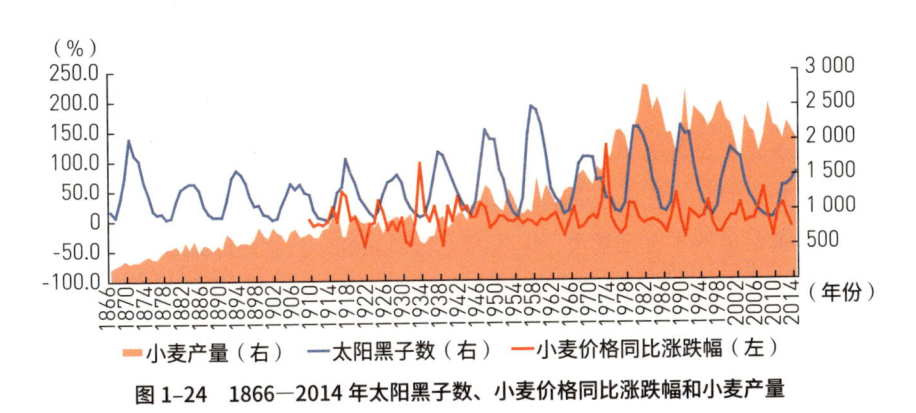

图1-24 1866—2014年太阳黑子数、小麦价格同比涨跌幅和小麦产量

资料来源：美国农业部。

从第四次康波来看，农产品价格的下降在1964年达到低点，从南方涛动指数来看，1972—1973年出现了厄尔尼诺，歉收推动了农产品价格上涨，而随后发生两次石油危机和大宗商品价格上行。1982—1983年，发生超强厄尔尼诺，农产品价格被推向高峰。但是，在第五次康波中，1997—1998年的超强厄尔尼诺并没有带动价格上行，反而是在2000年后没有发生超强厄尔尼诺的情况下，商品牛市出现了（见图1-25）。从这个角度看，太阳黑子运动确实不是农产品价格的长周期推动力量，更多是影响短周期价格波动。

01 人生财富靠康波 025

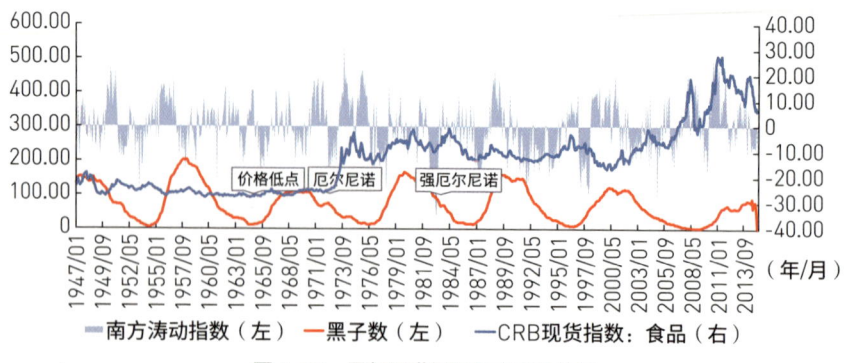

图 1-25　厄尔尼诺循环与农产品价格

资料来源：美国农业部，周金涛绘制。

康波中的黄金

在康波中，黄金作为货币，其价格理论上与大宗商品的总体走势一致，但事实并非如此。黄金与货币脱钩之后，这个关系变得很复杂。最核心的变化是，黄金虽然不再是货币，但依然有货币属性，当货币体系发生动荡时，黄金的价格变化则表现出明显的独立走势，显示出黄金的信用特征（可参考图 1-26）。

图 1-26　全球黄金价格的长期走势

资料来源：彭博。

1　1 盎司 ≈28.35 克。——编者注

货币体系金本位瓦解之后，黄金价格的波动开始加大，从1967年开始，黄金价格大幅波动，这实际上都是黄金的名义价格。全球黄金的需求在很大程度上受到投资需求变化的影响，投资需求的变化主要受通胀率、美元汇率、避险需求三个因素的影响，所以，黄金价格最终还是由其货币属性决定。研究者发现，历史上黄金价格与美国CPI定基指数的比率为3.2倍，这可以被视为黄金购买力的均值，被称为黄金常数（可参考图1-28、图1-29）。剔除美国的通胀率后，可以得出黄金实际价格的长期走势（见图1-27）。从实际价格趋势看，黄金的价格围绕这一中枢波动，而波动的特征与康波中的价格波动一致，这就是说，黄金理论上就是大宗商品的一般等价物。

图1-27 1966—2014年全球黄金实际价格的长期趋势

注：黄金实际价格等于黄金名义价格除以美国CPI指数（城市），后者的基期为1967年。
资料来源：CEIC数据库。

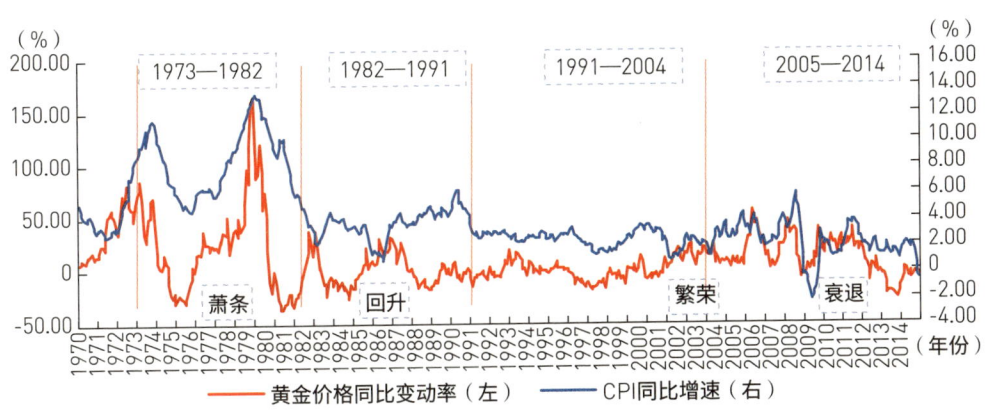

图1-28 黄金价格同比变动率与美国CPI同比增速

注：美国CPI指数为城市CPI指数。
资料来源：彭博，CEIC数据库。

图 1-29 黄金价格与美国 CPI 指数比率

注：美国 CPI 指数的基期为 1982—1984 年，即 1982—1984 年的 CPI 指数为 100。
资料来源：彭博，CEIC 数据库。

除此之外，黄金作为康波中的货币，对其购买力的检验依据其相对于其他大宗商品的价格比率。在这方面，黄金-原油价格比率是被广泛应用的指标（见图 1-30）。根据研究，自 1971 年美元与黄金脱钩以来，黄金的美元价格与原油的美元价格保持着很强的相关性，在布雷顿森林体系下，黄金-原油的兑换比例大致为每盎司黄金兑换 12.3 桶原油。当黄金原油的价格显著脱离这一趋势后，该比率会向这一水平回归，而且主要是靠原油而非黄金的价格的波动来回归。同样的研究也把这一比率基本定位于每盎司黄金兑换 10~15 桶原油。

图 1-30 全球黄金-原油价格比率

资料来源：CEIC 数据库。

解释完黄金的康波货币属性后，问题的关键还是要看黄金脱离其中枢的原因。黄金对通胀率的脱离和其对黄金－原油价格比率的脱离是两个问题。黄金对通胀率的脱离实际上就是所谓的吉布森悖论，即将扣除通胀后的实际利率当作持有黄金的机会成本，实际利率走低则黄金价格向上。从图1-31中我们可以看出，在康波的萧条、回升及衰退阶段，黄金价格与实际利率的负相关真实存在，但在繁荣期，这种关系基本上不存在，甚至相反，这实际上是康波中不同阶段大宗商品的表现不同所致。

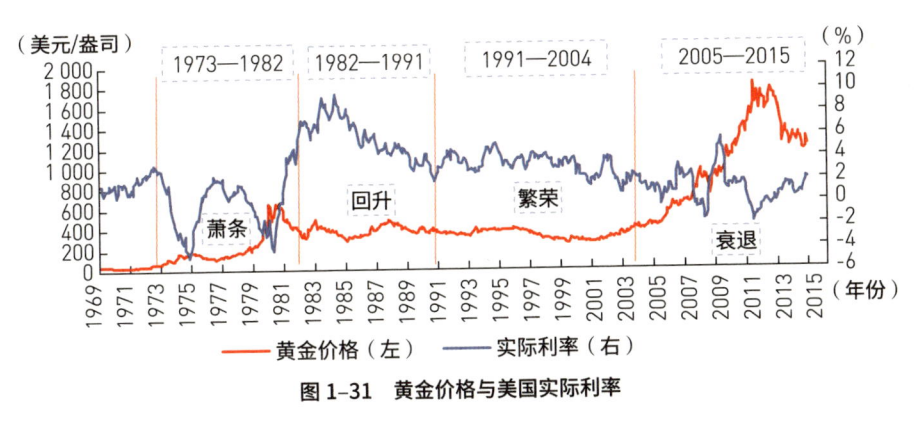

图1-31 黄金价格与美国实际利率

注：美国实际利率等于10年期国债收益率减去美国城市CPI同比增速。
资料来源：CEIC数据库。

关于黄金价格对商品购买力的波动，本质上讲不完全是康波问题，更可能是冲击因素导致的，包括商品自身的冲击因素和黄金价格的冲击因素（见图1-32至图1-35）。但从现有数据来看，黄金在大波段方面表现出了大宗商品的滞后性特征，比如2004—2007年，黄金显然落后于大宗商品。我们认为这与黄金的货币属性有关，因为康波衰退的前半期主要表现为大宗商品价格的冲击，而在此之后，黄金涨幅超越大宗商品可能在于以下两个原因：其一，货币体系动荡，避险情绪的出现；其二，货币政策宽松带来的实际利率的走低。可以推测的是，由于在整个萧条期实际利率的走低可能是一个大方向，未来黄金对大宗商品的超越依然存在。

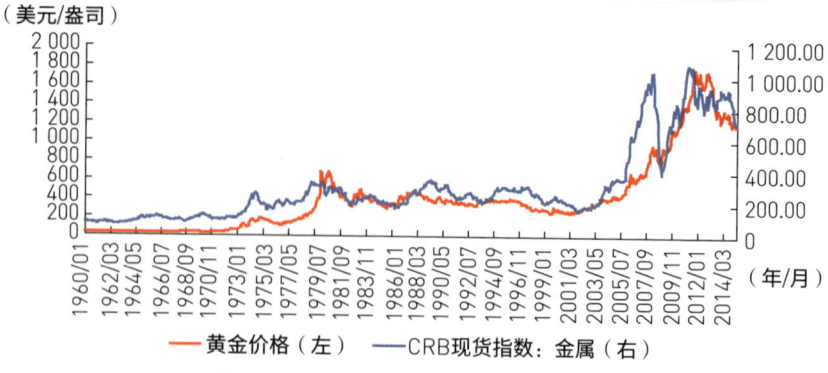

图 1-32　黄金价格与金属现货指数的对比

资料来源：彭博，CEIC 数据库。

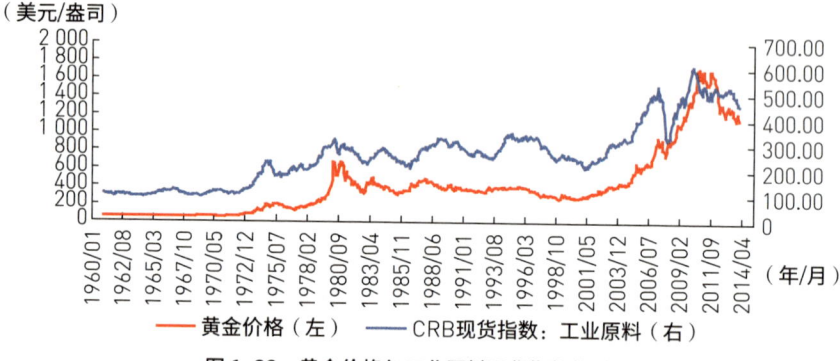

图 1-33　黄金价格与工业原料现货指数的对比

资料来源：彭博，CEIC 数据库。

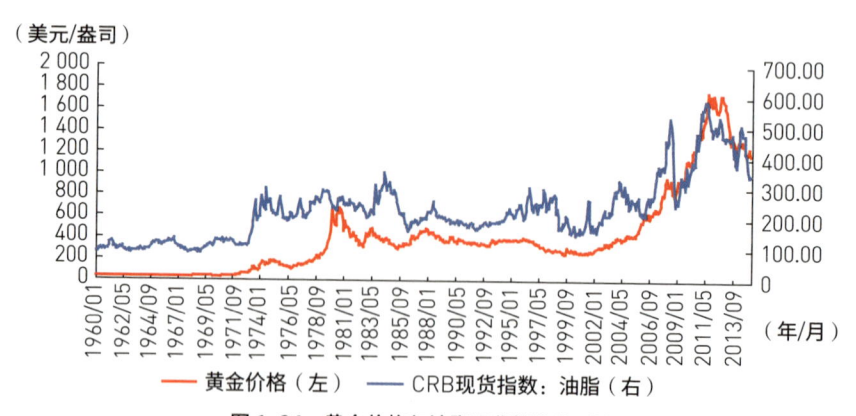

图 1-34　黄金价格与油脂现货指数的对比

资料来源：彭博，CEIC 数据库。

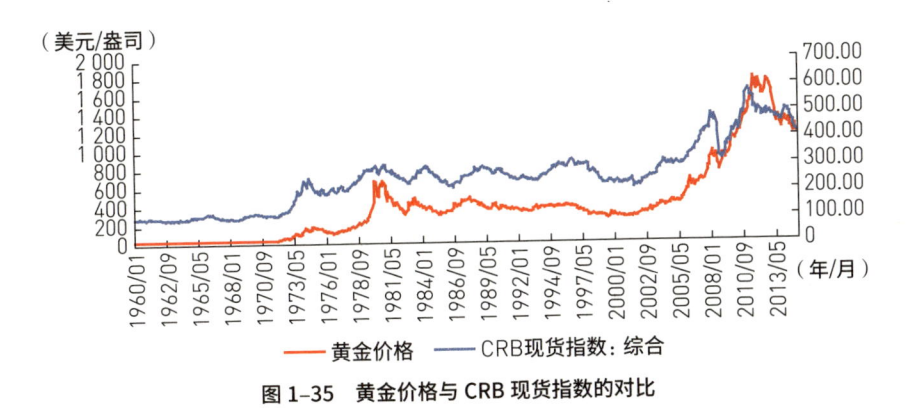

图 1-35 黄金价格与 CRB 现货指数的对比

资料来源：彭博，CEIC 数据库。

第五次康波的价格波动

关于第五次康波周期的研究

关于第五次康波的研究，我们从 2006 年开始就一直在进行，2006 年我们发表了《色即是空》，用长周期及其嵌套理论解释当时的大宗商品牛市。2007 年我们发表了《国际化博弈》，在摘要中指出，"当前的中国经济所面临的世界经济环境与 20 世纪 70 年代初期的本质相似性在于，以美国经济为中心的世界经济共生模式面临着美国信用的危机，而这种危机在次贷危机、全球通胀的推动下极有可能进一步压缩美国货币政策的调控空间，而由此显现出的国际金融动荡趋势可能被美国经济减速的进程左右，这一点将是 2008 年决定全球资本市场走势的根源"，我们成功地判断了康波衰退的到来。

2008 年我们发表了《走向成熟》，指出康波冲击最剧烈的阶段已经过去，中国经济将出现 V 形反转。随后我们发表了《资源约束、信用膨胀与美元币值——长波衰退中的增长与通胀》，对康波第一次进行了系统论述。2009 年之后，我们一直专注于研究房地产周期和库存周期。

2011 年是第五次康波衰退的一个重要关口，本次康波商品牛市的第二个头部在 2011 年第二季度出现（见图 1-36）。而此时，根据对美国房地产周期的跟踪，我们确认 2011 年第三季度美国房地产周期启动。我们认为，长波创新周期中主导国货币与其他货币强弱关系会呈现周期波动，波长约为 15 年。一个长波包含 3 个货币周期。从 2012 年开始，美国中周期力量恢复。在中、短周期力量的共同作用下，经济上行。同时，利用周期理论可以判断出，世界经济格局美强欧弱。美元指数升值的经济基础已经具备，欧元将在未来下跌 20% 以上，从而导致美元指数突破 100。2014 年下半年之后，我们判断，伴随着美元指数的上行和大宗商品的暴跌，世界经济可能进入康波衰退二次冲击阶段，世界经济将出现动荡加剧的景象。

图 1-36 康波中的大宗商品牛熊

资料来源：彭博。

关于第五次康波周期中的价格波动

第五次康波的大宗商品牛市始于 2001 年至 2002 年之间，而美国 GDP 增长的最高峰是在 2000 年，按照康波的划分，2000 年或 2002 年之后就可以被划分为第五次康波的衰退阶段了。2002 年之后，大宗商品经历了一个长达 10 年的牛市，其中 2008 年可以被视为大宗商品牛市的第一头部，2011 年可以被视为大宗商品牛市的第二头部。从康波大宗商品牛市的形态上看，我们可以确认本次康波大宗商品牛市的终结。自 2012 年之后，大宗商品一直处于熊市，至 2015 年中期已有 4 年半的时间，这就是对当前大宗商品价格运行的基本定位。但是，问题的复杂性在于，大宗商品的熊市会表现出什么样的走势，这是当前和未来商品价格研究中长期的核心问题。

图 1-37 中的周期定位以康波划分为萧条、回升、繁荣、衰退四个阶段，可以看出，2002 年牛市启动，2008 年和 2011 年分别出现头部，随后步入熊市。

2002年或2004年之后，康波已经确认了从繁荣向衰退的转换，而经历了2008年的康波一次冲击之后，2015年之后康波应进入二次冲击阶段并向萧条转换。有一个结论是可以肯定的，即衰退和萧条的连接点一定是一个康波大宗商品价格的最低点，这一点为前五次康波的价格形态所证明（见图1-38）。前三次康波的价格形态表现出了很明显的古典周期的波动形态，而第四次康波之后表现出了增长型周期的波动形态，这与世界经济的历史趋势相吻合。所以，可以肯定的是，第五次康波衰退向萧条转换的位置，应是一个大宗商品价格的长期低点，而对本次康波来讲，这必然是一个增长型周期，所以我们不必期望商品价格可以回到2001年的低点，而是要根据供需边际及货币环境对低点的价格进行评估，这是我们未来需要继续深入研究的问题。

图1-37　第五次康波周期中大宗商品的牛熊转换

资料来源：彭博，CEIC数据库。

图1-38　每一次康波衰退向萧条的转换都是一个价格低点

注：前三次康波的价格波动都是古典型周期，第四次康波是增长型周期，除了第四次，前三次衰退与萧条的转换点都是价格低点。我们推测，第五次康波衰退与萧条的转换时点大致在2016—2018年。
资料来源：中信建投证券研究发展部。

关于大宗商品的中级反弹

从历史的康波价格运行来看，萧条期的开始必然是一个价格反弹的过程，所以，一个非常重要的问题就是，我们这次康波衰退向萧条的转换点在哪里，这也是对商品价格最终低点的确认过程。关于这个问题，我们有如下推测。从一般的康波划分机制来看，衰退与萧条的转换点应划分在中周期的低点上。对本次康波衰退而言，衰退与萧条的转换点应在2018年。但是，以周期的双底结构来看，终极低点之前应该会出现一个一次探底的过程，这个过程以现在的世界经济周期运动状态来看，应该在2015年第四季度至2016年上半年之间，这个位置恰好出现了商品价格的下跌。那么在2016—2018年，理论上会出现一次超跌反弹的过程，对于这个过程我们可以进一步探寻其理由。

康波中大宗商品熊市的形态是非常复杂的，由于数据的可得性，我们最多可以研究第四次康波衰退后的大宗商品价格，而第三次康波衰退后的大宗商品熊市形态只能用美国的部分长数据系列替代研究。从严格意义上说，第四次康波大宗商品熊市是从1980年第二次石油危机之后开始的，这一过程一直持续到2002年结束，历时22年。这22年间，我们可以清晰地发现，虽然大宗商品并未出现康波意义上的牛市行情，但是从中周期的意义上看，每轮中周期大宗商品都会出现一次波段行情，而就这几个样本看，这个行情大概率会出现在中周期的末尾阶段，基本上位于第三库存周期位置。这个问题也不难理解，是周期嵌套模式使然。

虽然大宗商品处于康波意义上的熊市，但其价格依然会跟随中周期波动，而中周期第三库存周期往往是滞胀阶段，所以出现大宗商品中周期反弹顺理成章。

关于第五次康波周期中价格研究的后续问题

我们已经说明，大宗商品价格处于一个长期的低点附近，当然从短期的角度看，这个低点需要被反复确认，不是一下就能被确认的。以我们对世界经济周期运动的理解，这个长期低点的确认需要3年以上的时间。但以我们对世界库存周期的研究（见表1-4至表1-6），我们认为，2016年即将启动本次中周期第三库存周期，这个库存周期源于中国房地产周期的B浪反弹，以及美国房地产周期的高位延续，周期复苏和货币乘数上升将给全球带来一次小的滞胀过程，我们认为这可以被视为商品的一次触底。而2018年的三期共振低点也许才是商品价格的真正长期低点。所以，我们后面就要在这一框架下紧跟美国、欧洲、中国的经济周期运行，判断美元指数、经济复苏的基本趋势，把握商品的长期低点反复震荡的机会。

表1-4　第一库存周期上行期：美国大类资产收益率表现

	时间起止	国债收益率(%)	CPI(%)	实际房价(%)	美元指数(%)	CRB现货(%)
第一库存周期上行期	1964年9月—1966年8月	24.58	5.14	-2.42		7.75
	1975年6月—1977年5月	-5.09	12.50	6.55	10.23	13.48
	1983年1月—1984年5月	28.20	5.73	0.95	13.79	23.94
	1991年4月—1995年1月	-3.23	11.17	-4.36	-3.40	13.59
	2002年1月—2002年9月	-23.21	2.20	5.45	-8.89	10.58
	2009年6月—2012年6月	-56.45	6.39	-10.15	2.63	29.75
	平均	-5.87	7.19	-0.66	2.87	16.51

资料来源：中信建投证券研究发展部整理。

表1-5　第二库存周期上行期：美国大类资产收益率表现

	时间起止	国债收益率(%)	CPI(%)	实际房价(%)	美元指数(%)	CRB现货(%)
第二库存周期上行期	1967年8月—1969年9月	35.61	10.75	-0.08		16.07
	1978年2月—1978年12月	12.20	7.63	5.34	-7.96	13.72
	1986年11月—1988年5月	25.38	6.43	5.18	-16.81	19.41
	1996年3月—1997年12月	-7.34	3.60	2.66	14.20	-2.63
	2003年7月—2005年3月	13.07	5.11	16.29	-13.33	18.89
	2013年8月—2014年11月	-14.96	0.97	3.61	7.68	-3.28
	平均	10.66	5.75	5.50	-3.24	10.36

资料来源：中信建投证券研究发展部整理。

01　人生财富靠康波　　035

表 1-6　第三库存周期上行期：美国大类资产收益率表现

	时间起止	国债收益率(%)	CPI(%)	实际房价(%)	美元指数(%)	CRB现货(%)
第三库存周期上行期	1971年1月—1973年11月	7.85	15.33	-4.60		77.71
	1980年8月—1981年8月	34.59	10.80	-3.93	30.45	-7.37
	1989年10月—1990年7月	5.74	3.82	-2.34	-9.45	2.30
	1999年1月—2000年5月	36.44	4.38	7.04	17.10	-1.94
	2005年11月—2008年3月	-16.82	8.06	-13.51	-20.84	59.45
	??年??月—??年??月	—	—	—	—	—
	平均	13.56	8.48	-3.47	4.32	26.03

资料来源：中信建投证券研究发展部整理。

02 繁荣的起点
工业化转型期的投资全景

▪ 2005 年 12 月 8 日

历史将证明，我们如何高度评价今年（2004 年）以来中国政府实行的宏观调控的意义都不为过，因为它将成为中国经济在未来数年里应对国际政治经济严重挑战的一场预演。

——高柏

中国 2006 年乃至未来几年的经济，摆脱不了周期与转型这两个基本逻辑。而转型是调整期的基本特征，所以，转型可能就是周期调整期的本质。根据我们对城市化和工业化的研究，中国将进入一个工业化中后期的过渡阶段，这一阶段实际上就是"十一五"规划中所言的经济增长方式的转变期。经济的转型与过渡特征将在 2006 年初现端倪，这将带来投资理念与盈利模式的转变。

我们应该如何描述中国经济转型期的全景？单从中国当前的经济走势和"十一五"规划中我们也许还不能得出扎实的结论。不同国家工业化的进程应该存在相似性，这实际上也是发展经济学研究的核心问题，我们并不想在此研究工业化的起因与必然性。我们只想借助工业化国家在工业化过程中的结构变迁和各阶段特征的共同性，来探讨它们对当今中国发展的借鉴意义。我们期望通过挖掘工业化转型过渡期的一些结构性变化来研究主导产业更替、产业升级、产业组织变化等方面的问题，从而得出一个转型期中观层面的全景描绘。

对经济转型的研究是一种由远及近的视角，短期的产业变化还会具体体现在周期的变化中，好在我们已经对周期从波峰到谷底过程中的产业变化问题有了一些结论，我们对周期中产业轮动的研究已经被市场证明是有效的，这是需要我们坚持的。在此基础上，我们会将一些转型期中观层面的结论与短期的周期相结合，从而得出具体的产业选择理论。

中观研究只是策略研究的一个步骤。证券市场作为虚拟经济有其自身的特性。我们认识到，中国虚拟经济繁荣的起点已经近在咫尺，而股市由于制度的问题还没有深刻的体会。所以，策略的第二步就是完成虚拟经济与实体经济的关系，以及虚拟经济的独立性研究。虽然经济的转型期本质上就是经济衰退，这将大大抑制股市的繁荣程度，但作为中国虚拟经济繁荣的起点，我们认为市场的活跃是可以期待的。

上面已经指明我们的报告将主要回答两个问题，一个是工业化转型期的产业选择问题，这个问题我们力求回答热点问题，但更主要是回答基础配置问题。我们认为这对投资更重要也更可行。另一个是市场走势问题，这就是我们的繁荣起点论。

经济转型期投资全景

产业选择的更迭不会是突发的，工业会呈多样化发展，但是必然与以前的主导部门有所联系，在经济走向成熟的过程中，哪个部门将成为主导部门，不仅取决于技术条件，也取决于资源禀赋的性质，取决于起飞阶段的性质和起飞的发动力量。

——罗斯托

经济转型期中的产业选择原则

我们的研究目的一开始就很清晰，中国当前的经济周期是固定资产投资剧烈膨胀之后的调整期，固定资产投资的剧烈膨胀是工业化国家在工业化起飞阶段的共同特征。由于工业化的起飞期一般要经过20年的时间，所以，固定资产投资的剧烈膨胀过程也会突出地表现为几个明显的周期，这种周期就是中周期，朱格拉在《法国、英国、美国的商业恐慌与其周期的再现》一书中，研究了英、法、美等国家工业设备投资的变动情况，发现了9~10年的周期波动。所以，朱格拉周期又被称为设备投资周期。这种基于投资的周期在工业化高速增长的过程中会表现得非常明显。

表2-1和图2-1显示的是日本高速增长期景气循环和日本工业化期间的投资增长率和投资率。

表2-1 日本高速增长期景气循环

谷底	高峰	谷底	上升时期（月）	下降时期（月）
1954年11月	1957年6月	1958年6月	31	12
1958年6月	1961年12月	1962年10月	42	10
1962年10月	1964年10月	1965年10月	24	12
1965年10月	1970年7月	1971年12月	57	17

资料来源：（日）香西泰著，彭晋璋译，《高速增长的时代》，贵州人民出版社，1987年。

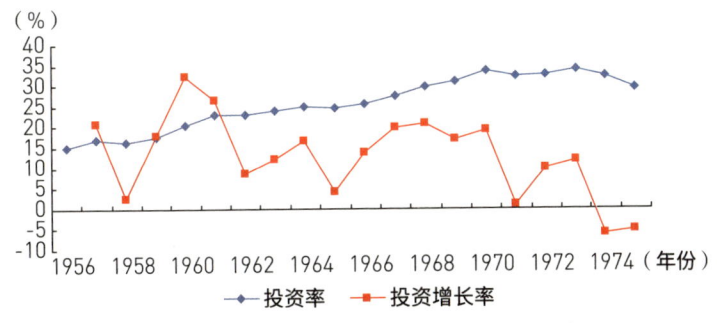

图2-1 日本工业化期间的投资增长率和投资率

资料来源：长江证券研究所。

根据对改革开放后中国经济周期的研究（见图2-2），中国从1981年开始已经经历了两个9年的中周期，而本次经济周期如果从1999年算起，经历了5年的上升之后，已经在2004年第一季度出现头部，连续5个季度回落之后，说明2004年就是本次中周期的头部。当然，这一头部可能对整个中国的工业化进程都具有标志性意义。

根据我们对国际工业化经验的研究，虽然不能否认中国将来会再次出现投资拉动型的景气，但中国投资增长率的高点可能已经在2004年出现。从工业化国家的历史来看，国际经验表明，人均GDP（国内生产总值）达到1 000美元以后，也就是罗斯托所说的起飞前阶段，投资率将在高位保持一段时间，这个时间是4~5年。

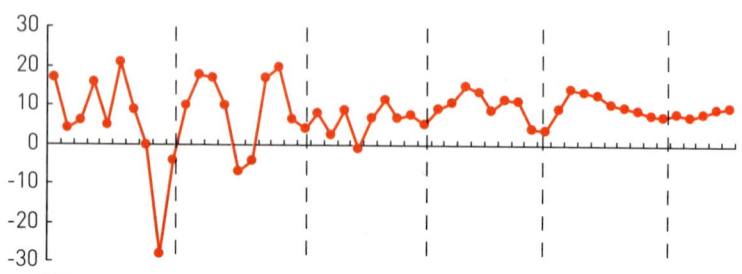

图2-2　中国经济的中周期波动

资料来源：长江证券研究所。

这个问题从两个角度来看，一是我们可以认为投资带动的增长仍是中国未来几年经济增长的重要推动力量。但从另一个角度看，本轮中周期固定资产投资增长率的高点可能是以后无法逾越的历史高点，中国高速增长的转型期已经开始。

所以，我们研究的问题就是在经济进入转型期后对经济发展脉络做一个全景式的描述。而这种全景式的描述将基于工业化过程中的国际比较，并与中国工业化过程中的战略转型相结合。这种描述的重心在于，得出产业选择的结论。我们的产业选择也基于工业化中产业发展的基本逻辑。在工业化的转型期，"产业选择的更迭不会是突发的，工业会呈多样化发展，但是必然与以前的主导部门有所联系，在经济走向成熟的过程中，哪个部门将成为主导部门，不仅取决于技术条件，也取决于资源禀赋的性质，取决于起飞阶段的性质和起飞的发动力量"（罗斯托，1960）。这是我们产业选择的基本逻辑原则。按照这样的原则，我们首先从中国起飞阶段的性质和起飞的发动力量入手，从工业化转型期的角度来分析中国未来产业更迭的基本方向。从短期角度来看，就是将这种基于工业化转型期中产业更迭的结论与中国当前的经济周期特征相结合，从而得出完整的产业选择线索。

城市深化与技术扩散

技术创新与技术扩散

发展经济学理论一般认为，技术创新往往是经济起飞的重要推动力量，罗斯托也认为，对经济起飞中的主要增长部门来讲，"在这些部门中，创新或利用新的有利可图或至今尚未开发的资源的可能性，将造成很高的增长率，并带动经济中其他部门的扩张"。所以，虽然技术创新很重要，但对工业化起飞的触动因素来讲，技术创新并非唯一的推动因素。我们的观点是，中国本轮的高速增长并不是由技术创新推动的，而是有其国际背景，而城市化所带动的中国的工业化进程也有其必然性。

实际上，熊彼特的技术创新理论最早是用来解释技术进步与经济波动的，他认为资本主义经济在发展过程中大体存在三种不同的周期，即长周期、中周期和短周期。而长达半个世纪的长波周期，其根源在于影响深远、实现时间较长的技术创新活动。根据荷兰经济学家雅各布·范杜因长波周期分析，我们可以得到表 2-2。

表 2-2 雅各布·范杜因的长波周期

周期	繁荣	衰退	萧条	回升	标志性创新技术
第一个	1782—1802 年	1815—1825 年	1825—1836 年	1838—1845 年	纺织机、蒸汽机
第二个	1845—1866 年	1866—1873 年	1873—1883 年	1883—1892 年	钢铁、铁路
第三个	1892—1913 年	1920—1929 年	1929—1937 年	1937—1948 年	电气、化学、汽车
第四个	1948—1966 年	1966—1973 年	1973—1982 年	1982—1991 年	汽车、计算机
第五个	1991—2000 年	2000 年—？	？	？	信息技术、生物

资料来源：雅各布·范杜因，《创新随时间的波动》，《现代外国经济学论文选（第十辑）》，商务印书馆，1986 年；第四波以后的分析见陈漓高等，《技术进步与经济波动：以美国为例的分析》，《世界经济》，2004 年第 4 期。

我们注意到，第一个和第二个长波周期是英国工业化主导的进程，美国和法国等国家处于跟随地位。而第三个长波周期是美国工业化的繁荣期，自此，美国一直处于创新的领导国地位。日、德等国家的工业化繁荣期大致处于第四个长波周期的繁荣期。所以，电气、汽车的创新与发展对日、德的工业化起到了很大的推动作用。而对中国本轮工业化来讲，由于目前处于长波的衰退期，所以技术创新对中国工业化的推动作用相对较弱。实际上，在本轮中周期的繁荣中，技术引进和模仿对中国经济增长的影响虽然在深入，但自主技术创新对经济的贡献并不突出。

我们这种论述的意义在于，从更大的背景来看，在经济转型过渡期的进程中，我们应该对技术创新能够给未来的经济增长带来的影响有一个正确的认识。就中国的工业化所处的历史阶段而言，我们的任务是在工业化的过程中完成前三波技术创新的技术引进和吸收工作，并在这样的过程中将技术扩散到生产的各个领域。所以，虽然技术创新更容易被理解为信息技术、生物技术，而对中国更具意义的却是铁路技术、新材料技术，这更符合中国在工业化转型期技术扩散的特征。

城市化原动力与城市化深化

由于技术创新对本轮中国工业化的贡献有限，"利用新的有利可图或至今尚未开发资源的可能性"（罗斯托，1960）就使得房地产开发成为本轮中国经济起飞的原动力。为什么中国本轮工业化由城市化带动，发展经济学理论也能做出解释，因为工业化和城市化是任何一个国家在经济发展中必须经历的空间结构变动与产业结构变动的过程（见图2-3）。研究表明，美国在1820—1950年间，工业化与城市化的相关系数达到0.997，英国1841—1931年间两者相关系数为0.985，法国1866—1946年为0.970（周维富，2002）。与工业化相比，中国的城市化就显得滞后了，这是促成本轮工业化由城市化推动的根本原因。

根据世界城市化发展的S形曲线规律（见图2-4），目前中国的城市化率为40.5%，恰好位于城市化的加速发展阶段。一般发展经验表明，只要不出现外生冲击，城市化将沿着S形轨道加速上升。根据城市研究者（北京大学周一星等人）给出的城市化理论模型，$y=40.55\log x-74.96$，其中 x 代表人均GDP，折算为美元计价，y 为城市化率，我们得到2004年以后各年的城市化预测增长率（见表2-3）。

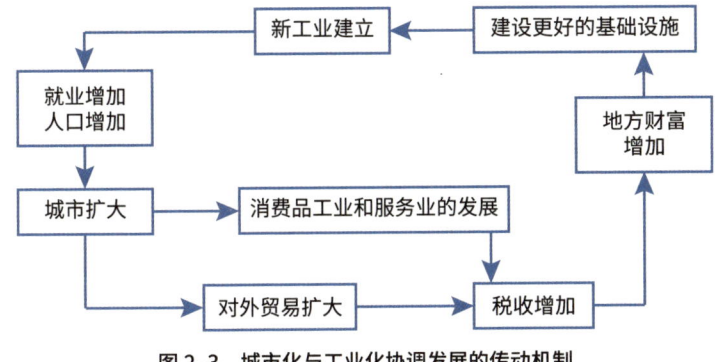

图 2-3　城市化与工业化协调发展的传动机制

资料来源：邱晓华，《论世界制造业转移与中国经济增长》，北京师范大学博士学位论文，2003 年。

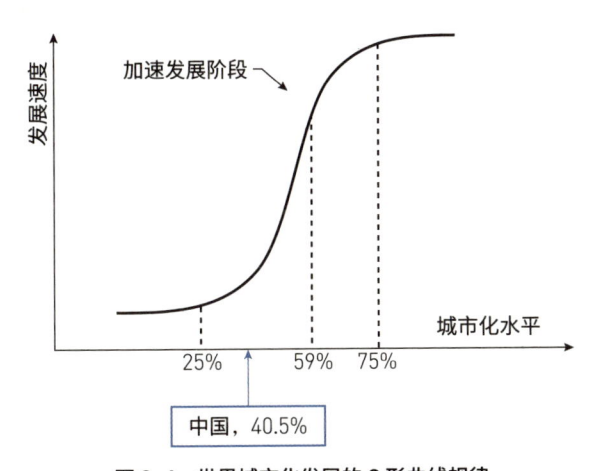

图 2-4　世界城市化发展的 S 形曲线规律

资料来源：长江证券研究所。

表 2-3　未来几年城市化预测年增长率

年份	2004	2005	2006	2007	2008	2009	2010	2011
预测年增长率（%）	1.51	1.36	1.19	1.03	1.03	1.03	1.03	1.03

资料来源：长江证券研究所，其中 2004 年以后的经济增长为预测值，2004 年和 2005 年 GDP 增长率根据经济合作与发展组织、世界银行和国际货币基金组织等权威机构预测值的平均数计算得出。2005 年以后的增长率假定为 6%。

"我国已经位于工业化的中期阶段，以世界工业化和城市化发展的历史经验来看，从中后期开始，城市化对工业化的拉动作用要大于工业化对城市

02　繁荣的起点　　043

化的推动作用"（景普秋，2003）。这是一个对远景的定性描述。但对当今的中国来讲，城市化的意义却显得十分具体。

从解决就业问题来说，城市建设的相关产业（如房地产、基础设施建设、绿化、餐饮、保安、服务等）是典型的劳动密集型产业，其吸收劳动力，特别是吸收目前供给过剩最严重的低技术劳动力的效率，要远大于其他产业（如汽车、高新技术、金融贸易等），而农村问题的解决很大程度上依赖于城市的发展。从启动消费的角度来说，城市化将过剩的农村劳动力转移出来，提高了农民的生活水平，推动了第三产业的发展，这也是启动消费需求的关键。因此，大力推进城市化建设，加强城市化和工业化的协调发展是解决我国诸多经济问题的关键。

我们现在谈论城市化，实际上与我们未来的产业选择有极大的关联性。因为我们把城市化作为本次经济起飞的原动力，所以，未来产业多样化过程中的主导产业将会沿着城市化的线索展开，对这一点，国际经验早有证明。

第一个方面，就房地产来说，罗斯托在《经济增长的阶段》中写道，经济发展就是收入的转移，即收入从那些将其用于较无生产性用途的人的手里，转移到那些将其用于较有生产性用途的人的手里。我们可以发现，本轮房地产的发展显然有着同样的收入转移作用，所以，我们认为房地产在短期的调整后，仍可能是一个在转型期内具有活力的行业。而且，上海的房地产泡沫不应影响全国的房地产大局，城市化向外围城市的扩散对房地产的发展形成了重要的支持作用。

第二个方面，城市化从封闭的城市化向开放的城市化方向发展。这主要是指城市和城市之间的通道建设将加快，特别是发达地区的交通运输建设将加快。在这样的框架下，加快交通运输的意义已经不仅仅在于交通运输发展本身。罗斯托在论述铁路的作用时说："在历史上，创办铁路是许多国家起飞阶段的一个强有力的发动力量。在美国、法国、德国、加拿大和俄国，铁路曾经起到决定性作用。""在现代工程学逐步发展的过程中，铁路几乎肯定是最重要的一个步骤。铁路资金的筹集和管理都为在更广泛的范围内进行大规模工业化树立了榜样。同样，建设铁路和经营铁路的技术经验也为西方世界向成熟阶段迈进奠定了相当大的基础。就美国、德国、法国而言，起飞后的阶段就是集中发展铁路技术之后的技术,这种发展很大程度上是对从以前的技术经验中得到的知识进行精心研究。钢及其各种用途的发展,肯定是西欧大陆和美国在发展铁路技术之后向成熟前进的主要标志。"

第三个方面,就是加快了全国统一市场的形成,这一点对中国未来发展的意义也非常重大。城市化进程和消费结构升级将促进消费需求的增长。国外的经验表明,消费需求结构的升级和消费需求的增长必然促进商品市场和流通方式的变化,引发流通组织方式和零售业态形式的不断创新。而从更广义的角度看,交通运输的发展能够降低物流成本,给商业市场开辟新的地区、带来新的产品。

第四个方面,城市化过程对城市的服务业发展起到明显的拉动作用。这给公用事业、服务业等行业的发展带来明显的影响。

我们上面描述的与城市深化相关的产业仍会是未来主导产业形成的主要领域,这是我们根据发展经济学理论能够得出的基本结论。所以,在我们所谈论的产业选择与基础配置中,我们相信这将占有重要的地位。

寻找产业周期的底部与转型周期中的企业行为

寻找产业周期的底部

我们在第四季度的策略报告《从防御到以攻为守》中曾经指出:"按照经典的产业轮动理论,我们在中周期波峰出现之后采取了防御性策略,经典的防御性行业被普遍挖掘,使得这些经典的防御性行业的估值优势普遍丧失。一方面,既然是防御性行业,我们就不能从中看到改善和成长的趣味,更何况随着周期的变化,这些行业的防御性会出现弱化。而另一方面,我们不可能在未来的中周期下降波段一直防御下去,这与投资逐利的本质相矛盾。持有在这个市场不可能是长期有效的策略。"(见图2-5、表2-4)现在看来,这种策略转换的正确性已经为市场所验证。

我们在第四季度所提出的寻找产业周期底部的策略,实际上是针对短周期而言的,这一策略完全适用于2006年的市场。根据我们对经济周期的判断和对利润增长周期的研究,中国的短周期在2006年出现拐点,这一拐点将带来一轮弱景气;在这样的短周期中,工业利润可能出现反弹,所以,目前短周期在向底部靠近。但是，我们必须承认，这种判断只是基于统计意义，而无论从实证还是从对投资的实践指导意义的角度看，我们都认为对产业周期的分解研究是我们对周期判断的关键。

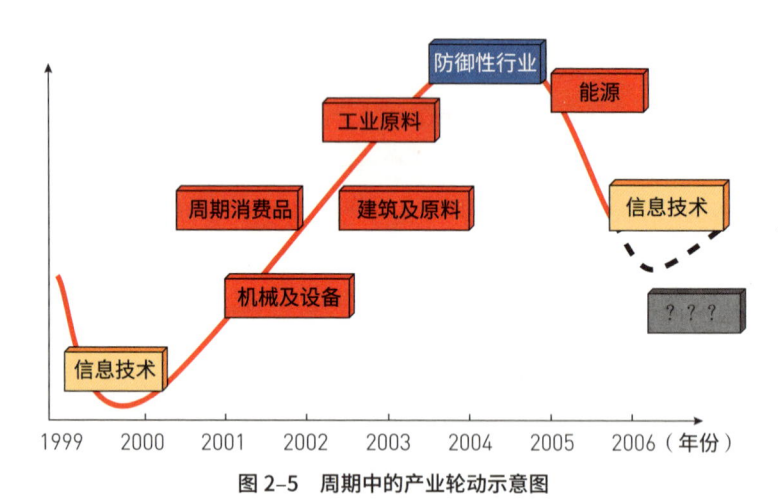

图 2-5 周期中的产业轮动示意图

资料来源：长江证券研究所。

表 2-4 本次周期中的产业轮动

	行业	占总流通市值比重（%）	本次景气时间/当前状况	与经济同步性	是否会行业性亏损
信息技术（GDP 敏感部门）					
先于周期复苏，弱增长后的复苏期表现强劲	信息技术业	7.74	2000 年，复苏期间	复苏初期进入景气	否
	电子元器件	1.60	2000 年，谷位附近	复苏初期进入景气	是
工业/投入品（GDP 敏感部门）					
上升初期表现优异	航空运输	2.17	受油价影响明显	理论上提前景气	是
	专用设备	2.21	2002—2003 年，在持续	复苏中期进入景气	否
	电气机械及器材	2.95	2002—2003 年，回落中	提前 1~2 年	否
	建材	1.07	2003—2004 年，谷位附近徘徊	复苏后期，稍有提前	是
	土木工程建筑	0.90	2003—2004 年	提前 1~2 年	是

续表

	行业	占总流通市值比重（%）	本次景气时间/当前状况	与经济同步性	是否会行业性亏损
\multicolumn{6}{c}{周期性消费品}
汽车消费与周期直接相关，其他不敏感	交通运输设备	2.67	2003年，接近谷位	提前1~2年	否
	日用电子	1.43	不明显	不明显	是
	纺织、服装	1.44	2002—2003年，回落中	提前1~2年	否
\multicolumn{6}{c}{原材料（GDP敏感部门）}
经济开始复苏能立即获益	造纸	0.80	2002年，回落中		否，接近
	化学纤维	0.32	2003年，回落中	提前1~2年	否，接近
	化学原料及制品	2.59	2004年，回落中	基本同步	否，接近
	黑色金属	10.41	2004年，回落中	基本同步	是
	有色金属	2.22	2004年，维持高位	基本同步	是
	石油加工及炼焦业	1.95	2004年，明显回落	基本同步	是
\multicolumn{6}{c}{能源}
与能源价格直接相关，与市场的显著差异源于价格冲击	煤炭	2.33	2005年见顶	基本一致，略滞后	是
	石油和天然气开采	3.46	景气中	具有特殊性	是
\multicolumn{6}{c}{防御性行业}
经济增长下降初期表现突出	批发和零售贸易	2.26	景气中	滞后一年且不明显	否
	食品、饮料	4.73	景气中	不明显	否，接近
	医药	2.60	2003年，小幅回落	表现不明显	否
在中国具有防御性特征	高速、机场、港口	9.12	景气中	不明显	否
为防御性行业，但电力在中国具有周期特征。受产能扩张影响明显	电力、煤气、水	10.36	2005年	基本同步，略有滞后	否

续表

	行业	占总流通市值比重（%）	本次景气时间/当前状况	与经济同步性	是否会行业性亏损
GDP 及利率敏感部门					
	房地产	3.51	2005年见顶	基本同步，理论上提前复苏	否
利率敏感部门					
温和弱增长和货币政策放松倾向对其有利	金融、保险业	9.01	利率敏感		否
其他					
	传播与文化产业	6.19	不明显	不明显	
	社会服务业	1.71	不明显	不明显	否

注：占总流通市值比重的样本总体为沪深300成分股。
资料来源：长江证券研究所。

全球经济失衡中的货币政策

关于寻找产业周期底部的问题我们将在后文详述。在这里，我们想讨论两个在短周期中至关重要的问题，根据我们对工业化转型期国际经验的研究，在转型期中，货币政策具有极其重要的作用。中国当前的工业化比当年日本在20世纪60年代所经历的转型期面临更加复杂的局面。日本当年的经济起飞依靠布雷顿森林体系和与美国的不对称贸易维持了近20年的经济高速增长期。20世纪70年代以后才出现布雷顿森林体系的崩溃和日元升值，从而终结了经济的高速增长。而中国现在的工业化水平显然只相当于日本20世纪60年代的水平，却已经出现了汇率升值的问题。在未来的几年里，几个导致日本泡沫经济出现的基本因素都会在中国出现。正如高柏在《日本经济的悖论》中所言，"迄今为止，中国在一个以稳定汇率（人民币与美元挂钩）与不开放资本账户为特征的'模拟布雷顿森林体系'下创造了一个发展速度与日本相似的奇迹。正像布雷顿森林体系的崩溃带来了日本经济体制的逆转一样，如果在不远的将来，中国在强大的国际政治压力下真的实行浮动汇率和开放资本账户，中国经济体制监控方面的弱点可以成为直接威胁中国国家经济安全的死穴"。

在人民币升值的背景下，货币政策面临多重目标的冲突，其意义不仅在于货币政策对经济发展的作用。货币政策对虚拟经济繁荣与衰退的作用也将被极大地放大，所以对货币政策的研究是实体经济与虚拟经济联系研究中的核心环节。

转型期中的企业行为

我们讨论的货币政策问题是周期衰退中的政府经济行为问题。另一个短周期的问题更加具体，就是短周期衰退中的企业行为。在工业化的转型期，价格的下降和产能的过剩使企业面临激烈的竞争，所以，衰退期就是在经济上重新组织和分配资源，以使增长能在新的主导部门中继续进行的过程。企业为了获得生存空间，除了努力降低成本，进行价格竞争，通常的做法还有创新和重组，这两种行为总是令人津津乐道。在某种程度上，这种创新和重组似乎是在资本市场投资需求的推动下展开的，所以，创新与重组行为与资本市场的联系十分紧密。我们已经指出工业化转型期创新的特殊意义，在工业化转型期重组则表现出诸多的不同特征。

从日本等国家工业化转型期内企业重组的特征来看，我们可以从以下角度观察重组中企业的行为。其一，消化过剩产能的过程存在横向的并购重组，但这种重组可能只存在一次性机会。其二，纵向重组，这是企业降低成本的一种考虑，如果能够降低成本，这在经济调整期就是有效的。其三，企业的规模经济问题，要探讨重组所带来的规模经济是否有价值。历史的情况是，在工业化转型期，相当多的产业还没到大规模集中的程度，所谓龙头企业的价值是十分有限的。其四，在技术模仿与产业升级中中小企业的作用。其五，在全国市场的形成中渠道并购的产生。其六，资本在并购重组中的作用，即虚拟经济的作用。

这些问题不仅仅关系到重组本身，更是我们对产业和公司选择的一种观察视角，我们相信这对投资有明显的借鉴意义。

经济转型期投资全景

我们上面的几个部分基本上由远及近地描绘了经济转型期的投资全景，这种描绘是在一定框架下的寻找过程。在这里我们可以重新汇总我们的观点。从产业选择的主线来看，我们仍然认为，城市化所关联的主导产业在未来的产业发展中仍将成为主导，其中包括房地产、道路交通建设、商业渠道以及城市服务业的发展。不过，在经济的衰退期，这些产业自身也会处于调整状态，其策略含义更加适合做基础配置。而技术创新和产业重组是与衰退周期相生相伴的经济现象，可能会成为我们关注的重点。企业的创新能力、成本控制能力和整合能力将共同构成企业的核心竞争力。而在实体经济领域中，货币政策和汇率政策不仅扮演着调节经济发展的角色，更是实体经济与虚拟经济之间的纽带。本章的核心部分将围绕技术创新、企业的行为（重组和成本控制）展开。而在最终的产业选择结论中，我们将运用寻找产业底部的逻辑和城市化关联主导产业的原则，给出产业选择的综合结论。最后，我们还必须谈论一下货币政策及其对实体经济和虚拟经济的含义。

经济失衡及其调节过程中的货币政策

在人民币升值的背景下，货币政策面临多重目标的冲突。货币政策不仅对经济发展起作用，对虚拟经济繁荣与衰退的作用也将被极大地放大，所以，对货币政策的研究是实体经济与虚拟经济联系中的核心环节。本质上，货币政策的这种地位变化是工业化所引起的国际分工改变后的一种结果，也是我们在工业化转型期必须注意的重大问题。

世界经济史表明，每次新经济体的崛起时期，国际分工体系的改变往往都会引起国际经济的失衡，在实体经济的调整难以短期实现的情况下，金融市场将担当全球经济失衡压力释放的渠道，此时的货币政策无论对实体经济还是虚拟经济来说，都既重要又关键。

全球经济再失衡中我国的货币政策

20世纪发生过两次严重的经济失衡。一次在20世纪二三十年代，由第一次世界大战后美国经济的崛起引起，集中体现为英国和美国之间的再调整，以资本主义世界的经济危机而告终。另一次在20世纪七八十年代，失衡的矛盾集中体现在美国和日本之间，以布雷顿森林体系的崩溃和日本经济的衰退而结束。失衡的根本原因在于，新兴经济体的崛起引起世界经济格局和分工体系的改变（见图2-6），以及失衡双方经济结构和经济增长方式的不合理（当然，这些可能都是世界经济结构转变过程中的必然）。当这种失衡导致世界主导国（美国）和主导货币（美元）因赤字和债务而发生信用危机时，世界的失衡必须得到调整，否则我们可能会面临更大的全球性危机。新兴经济体崛起所引起的世界经济失衡和调整的共同规律，为我们分析当前的中国提供了有意义的经验和教训。

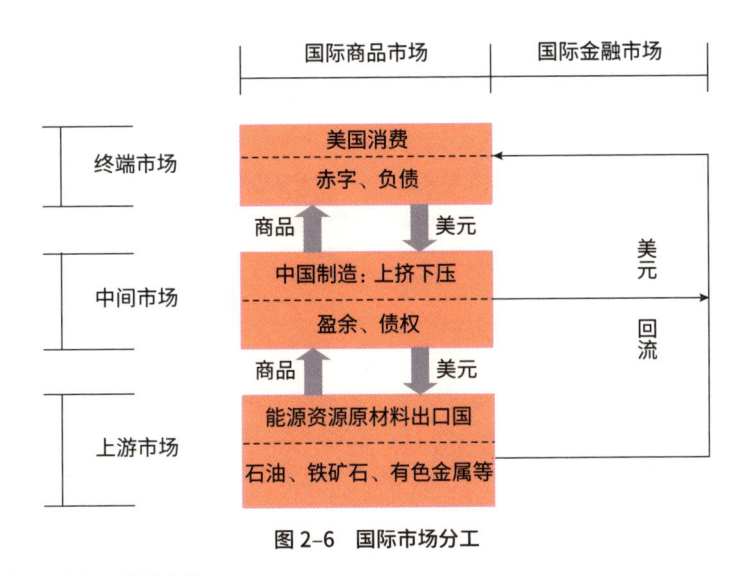

图2-6 国际市场分工

资料来源：长江证券研究所。

20世纪90年代末以来，伴随着中国经济的崛起，世界经济的失衡现象越来越严重，突出表现为美国的巨额赤字和中国的巨额顺差（见图2-7、图2-8）。这种情景和20世纪七八十年代日本经济腾飞时非常相似，就像当时的美国和日本之间的失衡一样，但程度已远远超过当时。

在美国和中国都不愿也不可能休克式调整自己的经济增长方式与经济结构的情况下，这种严重失衡的压力只能通过其他方式得以释放。要么美国衰退，从而中国和世界经济衰退，要么美元贬值而人民币继续升值。美国、中国和世界其余各国都不愿意世界经济衰退，从而会共同进行抵抗，那么，从中长期角度看，美元必然贬值，人民币必然升值。这种背景下中国应该如何运用自身的货币政策就显得十分微妙了。

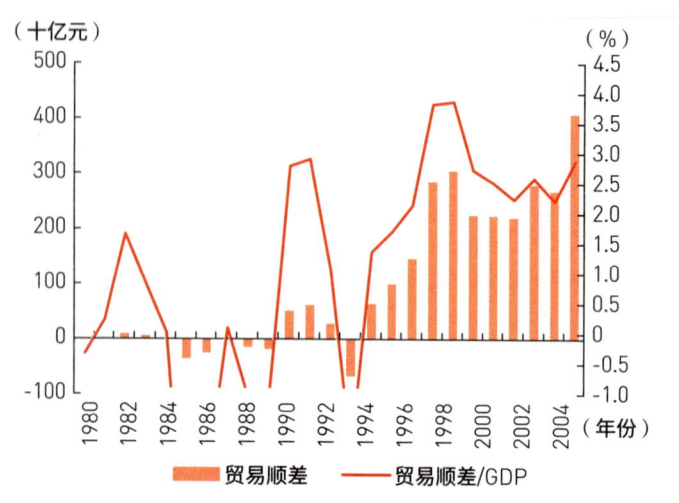

图 2-7　1980—2004 年中国的贸易顺差及占比

资料来源：CEIC 数据库，长江证券研究所。

图 2-8　1980—2004 年美国贸易赤字及占比

资料来源：CEIC 数据库，长江证券研究所。

而货币政策的得失也关系到我们的下一个问题，那就是虚拟经济（包括股市）的走势问题。所以，在这个时候对国际经验的研究就有以史为鉴的特殊意义了。日本在布雷顿森林体系崩溃后的货币政策的运用被认为是导致日本随后的泡沫经济及其破裂的重要原因。而中国能够从中吸取的教训也决定了我们货币政策的未来导向。

从失衡到失控：日本货币政策的失误

二战后，日本经济迅速崛起，到20世纪60年代末，日本开始出现断断续续的贸易顺差，70年代贸易顺差开始呈现放大趋势，80年代贸易顺差迅速增加。与此同时，美国却在70年代开始变以前的顺差为逆差（见图2-9、图2-10）。由于日本是当时美国的主要逆差国，美元产生强大的贬值压力，并开始迫使日元升值。70年代初期，美国突然宣布放弃美元与黄金的兑换关系，布雷顿森林体系崩溃，美元贬值而日元进入升值周期。在这一过程初期，日本并没有放弃出口导向型经济增长方式，导致80年代上半期的贸易顺差有更大幅度的增加，结果是1985年签订《广场协议》和紧随其后的汇率失控、经济泡沫和90年代日本"失去的十年"。

从20世纪80年代中期世界经济失衡的调节说起。1985年《广场协议》被签订后，日元升值出现了失控的现象。需要指出的是，汇率升值幅度的失控是一个关键环节，因为不同的升值方式产生的后果及政策反应可能是完全不同的，我们在分析中国的情况时会详细讲述。在汇率失控的前提下，快速的金融深化和金融自由化是导致日本经济产生泡沫的原因，而这种结果很可能是任何一个处于此种情景中的国家都不得不做出的选择（见图2-11）。

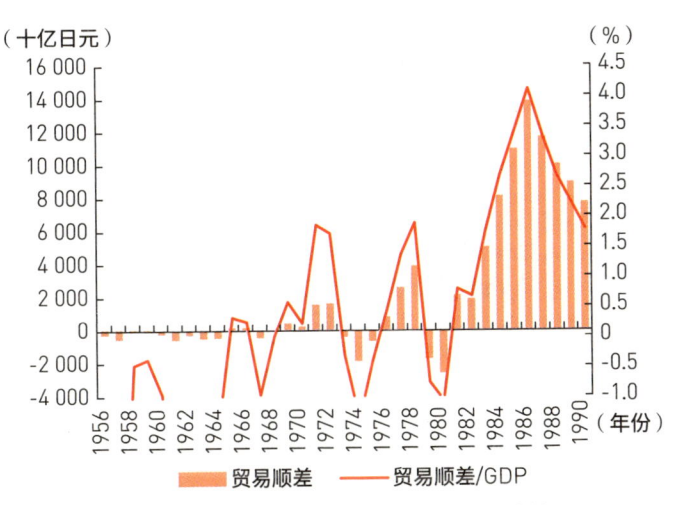

图2-9　1956—1990年日本的贸易顺差及占比

资料来源：CEIC数据库，长江证券研究所。

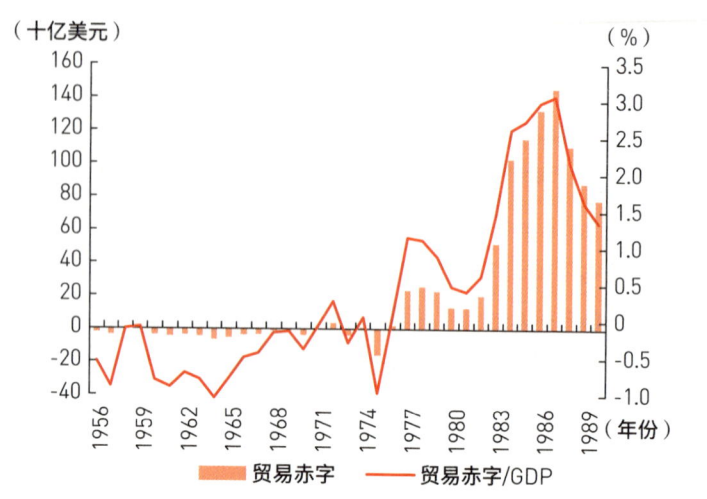

图 2-10　1956—1990 年美国贸易赤字及占比

资料来源：CEIC 数据库，长江证券研究所。

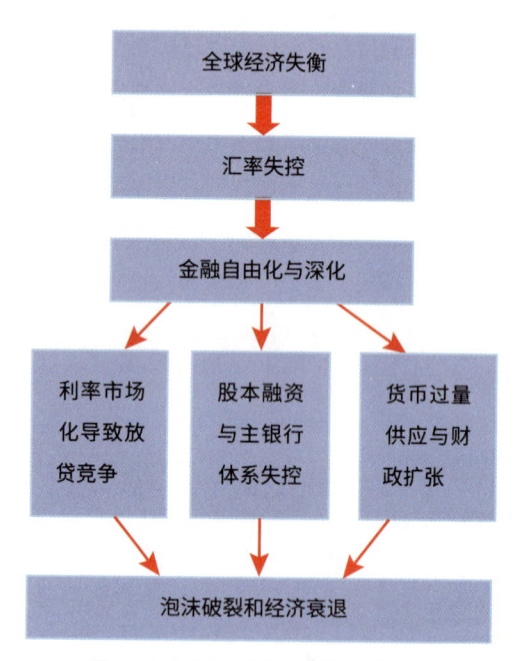

图 2-11　日本的教训：从失衡到失控

资料来源：长江证券研究所。

在世界经济失衡并将压力推向日本时，日本自由化倾向的货币金融政策几乎决定了其后的命运。日本第一个关键失误体现为汇率浮动的自由化；第二个失误体现为在汇率大幅升值条件下，为避免衰退而采取扩张财政政策的同时，由竞争性信贷和股本扩张产生过剩的流动性，从而让实体经济和虚拟经济均出现泡沫。我们认为，如果失去实体经济"繁荣"的支撑，虚拟经济产生泡沫的可能性就会大大减弱。正如美国杜克大学教授高柏指出的，日本在20世纪70年初和80年代中后期所犯的两次错误，"都是在日元升值时采取扩张型金融政策加扩张型财政政策的组合"。

一些有意义的经验和规律

从上一次世界经济严重失衡到最后的调节，我们可以得出一些有意义的结论和经验教训。第一，当世界经济体系中的主导国（美国）经济严重失衡，主导货币（美元）面临严重压力的时候，世界失衡必然面临重新调整的压力，否则结果可能更糟糕。这种调整压力源于外部贸易利益争端、国际货币体系崩溃的风险、失衡国内部经济结构调整等多个方面，而这些方面事实上是一个问题的不同角度。失衡的调整可能引起世界分工体系的重新安排。中国已经意识到转变经济增长方式和调整产业结构的重要性，事实上，这必将引起未来国际分工体系的改变。

第二，世界经济结构失衡的根本原因在于失衡双方的经济结构和经济增长方式，但经济增长方式和经济结构具有很大的惯性，不可能在朝夕之间重新得到调整。在这种情况下，失衡的调整压力往往会转到金融体系，并通过该体系的重新安排得以释放。在内外压力下，中国汇率体制的变革已经对此结论做了很好的注解。

第三，汇率将首当其冲，外贸盈余国家以什么样的方式（渐进式还是休克式）升值十分重要，这在很大程度上决定了其将如何在所面临的几种完全不同的经济前景中进行选择。当然，我们不排除这样一种可能：以什么方式升值可能完全不是该国能控制的，而是被失衡调节过程中的内生力量控制。对中国来说，这一点尤其重要，争取以渐进方式升值是最好的选择，否则我们很可能陷入左右为难的境地。

第四，外贸盈余国本币的升值过程往往伴随金融自由化和金融深化，这一方面迫于外在压力，另一方面往往也是汇率由固定转向浮动的过程中完善金融市场的内生性要求，但这会带来很多风险，货币政策如何与财政政策相配合至关重要。但是，在平衡内外经济、实体经济与虚拟经济之间，货币政策往往显得力不从心，信贷的适度控制是决定实体经济的关键因素，如果基于这种考虑，中国"宽货币"和"紧信贷"的情况有可能持续下去。

艰难又关键的抉择：全球再平衡中我国的货币政策选择及其影响

我国的情况与日本不同，但从世界经济失衡及其调节的过程来看，有许多方面还是有可比性的。

在外部与内部压力下，人民币汇率改革已经于2015年7月21日展开，历史经验和这种形势已经说明，在失衡双方经济结构不能在短期内得以调整的情况下，本次世界经济的失衡再次以汇率和金融体系的调整为突破口，在不到一年的时间里，为缓解升值压力，中国已经出台多项金融政策，从汇率浮动化、利率市场化、外汇流动自由度扩大等措施看，这些政策或多或少显示出了金融自由化的倾向。中国已经处于风口浪尖，下一步的汇率改革措施与货币政策选择可能成为决定未来中国不同前景的关键。虽然我们很幸运地看到，中国政府已经意识到并提出要坚决转变经济增长方式的问题，但经济增长方式与经济结构的调整绝非朝夕之间就可以无成本地完成。因此，如何将汇率改革、货币政策选择与经济增长方式转变的节奏完美又有效地结合起来，对实现经济平滑增长、避免经济风险至关重要。

如图2-12所示，在货币政策和宏观经济情景的分析中，我们认为有三种可能，决定这三种可能的关键环节有两个，即以何种方式升值、对待宏观经济采取何种货币政策。

第一种情景是相对可控和较理想的选择。如果外部条件决定可以选择渐进式升值，那么央行有机会继续采取稳健的货币政策，并可以对金融体系进行渐进式改革，从而为转变经济增长方式和经济结构赢得时间，逐步实现全球经济的再平衡。渐进式升值方式配以稳健的货币与财政政策，可以基本保持实体经济的平稳增长，并避免虚拟经济领域出现泡沫。这种情景可能面临的问题是，人民币有可能面临较大的升值压力，为保持货币供应不出现超常增长，央行不得不进行经常性干预，频繁实施公开市场操作。

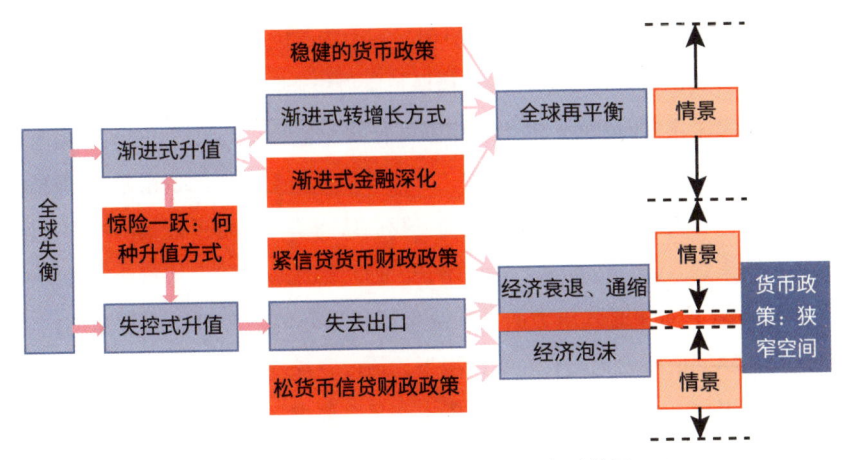

图 2-12　货币政策选择及三种宏观经济情景

资料来源：长江证券研究所。

第二种和第三种情景的前提都是外部条件没能给渐进式升值提供机会，对中国这种经济增长高度依赖出口的国家而言，它面临失去出口、经济衰退的风险。在这种情况下，可控的货币政策和适度扩张的财政政策应该是最好的选择，信贷控制尤其重要。此时的货币政策空间非常狭窄，国家往往容易陷入经济泡沫或者经济衰退左右为难的境地。如果在货币流动性十分充足的情况下，选择放松信贷，可能会出现实体经济与虚拟经济的泡沫性繁荣；如果选择紧缩信贷与财政政策，实体经济很可能陷入通货紧缩与衰退。

2006 年货币政策走向分析

总之，金融深化和自由化已经将货币政策推到另一个阶段，未来的货币政策在平衡内外部经济、实体与虚拟经济方面将承担更大的责任与风险。汇率渠道和资产价格渠道将会受到央行的更多重视，它们将更多地牵制金融风险与安全，左右货币政策的操作空间。货币政策在对内职能方面将会受到越来越多的制约，货币政策将不得不艰难地在汇率、资产价格、经济增长和金融安全之间寻找共同的平衡点。

从中长期的角度看，通过上述三种情景分析，我们对货币政策选择的观点已经很明确。在外部条件可能的情况下，我们建议争取用渐进式升值，以谨慎方式开展金融自由化和金融深化，并严格监管，以适度宽松的财政政策进行结构调整和推动内需，防止在升值过程中货币供应过剩的同时恶性放贷。只有这样，我们才能为未来经济平稳增长赢得机会，并能够比较有效地避免经济朝着泡沫化方向发展。否则，中国可能进入泡沫与衰退之间的两难境地。

短期是中期的一个片段，因此，上述环境分析对明年的货币政策同样适用，但我们需要将其加以具体和明确。我们认为，明年货币政策的操作是以下4个因素综合作用的结果：经济增长、通货膨胀、汇率、银行业改革。经济增速小幅下调和通胀压力的减轻决定了货币环境不大可能明显紧缩，而且，在汇率升值压力仍然存在的情况下，适度宽松的货币环境仍有一定的必要性。从银行业改革攻坚过程中的资本充足率要求，以及中央经济工作会议强调坚决控制新开工投资项目来看，信贷不大可能出现扩张。因此，从一定意义上说，"松货币""紧信贷"的格局仍有可能存在，但随着央行做市商、掉期操作等制度的推出，汇率升值压力有望更多地转嫁给市场，货币政策的独立性可望提高，货币供应和信贷增速之间的过宽差距有望逐步缩小。根据央行掉期操作传递的信号，预期2006年人民币汇率水平可能达到7.85元兑1美元，升值幅度为2%~3%，鉴于美元基准利率可能保持在4.5%~5%，因此，预计我国货币市场一年期利率将维持在2%~2.25%，既能缓解管制利率（银行一年期存款利率）与市场利率之间的倒挂，也能较好地阻止人民币的升值压力。

我们从央行的政策目标中可以解读出，央行的政策思路正是要试图在两者之间找到一种平衡，经济增长保持稳定。因为在我们看来，货币政策的中间路线可能意味着虚拟经济机会的弱化，也不会产生大的投机泡沫。但是，这种想法可能是一厢情愿的，汇率问题已经演变成一场政治博弈，博弈的不确定性意味着央行的货币政策更多地受到汇率政策的牵制，最终这种平衡的政策思路可能无法被贯彻始终，相应货币政策（包括汇率政策）的调整可能会给市场带来很大的震动。

2006年，繁荣的起点

在合适的时间做合适的事，我们现在开始谈中国的虚拟经济繁荣问题。

这个问题充分考虑了我国当前的经济形势。当前中国经济已经呈现中周期下滑迹象，在这种情况下，2006年的中国股市并不能从实体经济中获得持续上升的支持，这使我们将目光放在虚拟经济与实体经济的关系及其独立性上。而且，更关键的是，通过国际工业化史比较，我们更加明确地发现，中国虚拟经济繁荣的起点已经来临。实际上，资源品价格、艺术品投资价格以及房地产价格早已经证明了这一点。经过一系列制度完善和产品创新，2006年也许将迎来中国虚拟经济（主要表现为股市和房地产）繁荣的起点。我们正处于虚拟经济繁荣的起点阶段，其初期可能并不一定有整体性的投资机会，而是资本市场的活跃程度增加，局部蕴含着投资机会。

工业化后期超越周期的虚拟经济繁荣

我们并不否认虚拟经济繁荣与实体经济繁荣之间的相互依赖关系，实体经济的繁荣会对虚拟经济的繁荣起到支撑作用，而虚拟经济的繁荣也对实体经济起到平滑周期的作用。很多时候，虚拟经济的走势与实体经济的发展是非常一致的。但是，从一个更长的视野来看，虚拟经济大繁荣也是超越周期的。在特定的历史时期，比如工业化后期，伴随着一些临界条件的发生，虚拟经济将走向大繁荣。这种虚拟经济的大繁荣景象时间可能比较长，因此某种程度上是超越经济周期的，虽然它也有起伏。

从主要工业化经济体的股市发展史来看，进入工业化中后期以后，虚拟经济都会有一次超越周期的大繁荣出现，比如美国"沸腾的20年代"和日本20世纪60年代的股市大繁荣。而韩国和中国台湾也是如此，与日本的泡沫经济有着很多相似性，也出现了虚拟经济大繁荣景象。

日本20世纪60年代开始的股市大繁荣

在日本工业化中后期，从20世纪60年代中期开始，日本的虚拟经济，包括股市和房地产，同时走出了迈向大繁荣的第一步。图2-13、图2-14描述的分别是战后日本股市和平均地价的走势。日本股市自20世纪60年代中期开始一路走强，日经225指数最高峰时达到38 915.87点。当然，我们不否认日本80年代后期的股市大繁荣带有泡沫经济性质，中国未来未必会沿着这条路走，但是日本股市之所以产生后期的大繁荣，与前期的工业化发展和证券市场的制度创新有着很密切的关系。在同一时期，从1966年开始房地产的繁荣呈现加速迹象，日本房地产也出现了很大的泡沫。1955—1989年，日本地价平均上升了54倍，东京等六大城市上升了128倍。

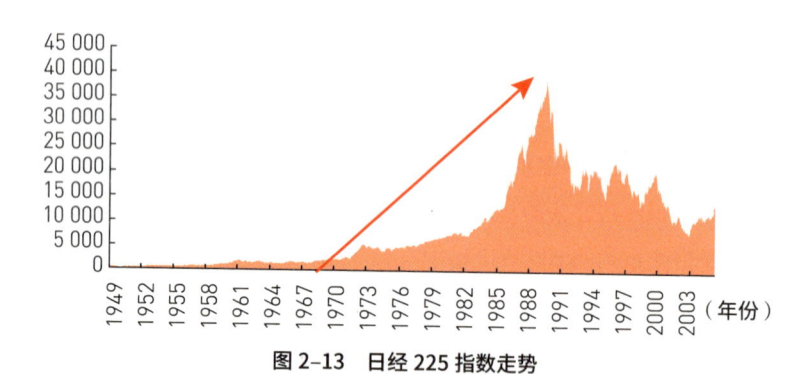

图 2-13　日经 225 指数走势

资料来源：CEIC 数据库，长江证券研究所。

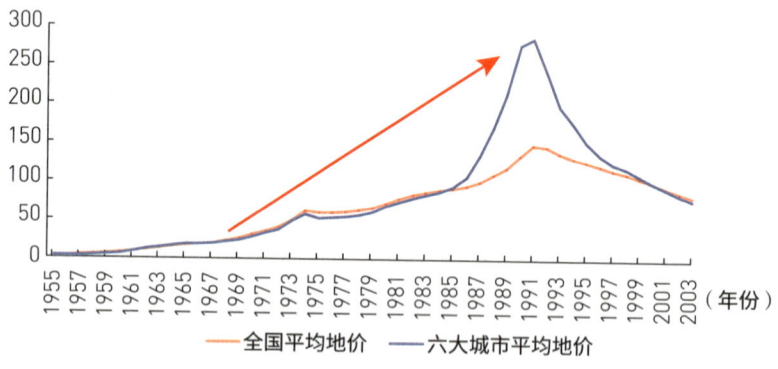

图 2-14　日本全国和六大城市土地价格指数（2000 年 =100）

资料来源：日本统计局，长江证券研究所。

韩国和中国台湾：繁荣中更显泡沫

韩国和中国台湾在 20 世纪 80 年代进入工业化中后期，随着经济高速发展，在 80 年代中期股市快速提升（见图 2-15），在 80 年代末期达到虚拟经济繁荣的顶点。应该说，韩国和中国台湾的虚拟经济繁荣相对于主要的工业化经济体而言，速度更快、时间更短。

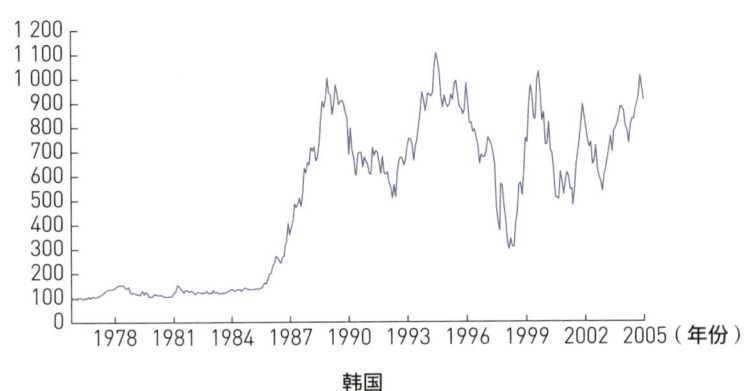

韩国

中国台湾

图 2-15　韩国和中国台湾股票市场走势

资料来源：CEIC 数据库，长江证券研究所。

为什么会产生虚拟经济大繁荣：工业化大发展

虽然实体经济无法避免经济波动，无法回避经济周期，但是人类社会的经济发展水平总是在不断提高，相应地，虚拟经济的总体趋势也应该是不断向上的。而要加速虚拟经济部门发展，形成虚拟经济大繁荣，就需要一个契机，我们认为，人类社会进入工业化社会以后，社会和经济发展水平的巨大发展为虚拟经济的爆发性增长提供了前提条件。

虚拟经济大繁荣产生的根源应该是工业化大发展。图 2-16 是虚拟经济大繁荣的路径图示。第一，工业化进入中后期以后，工业化对实体经济的深远影响逐步体现出来，社会和经济发展水平得到极大提高。第二，社会和经济发展水平到了一定阶段以后，实体经济必然迫切需要虚拟经济的支持（突出表现为企业的直接融资需求）。第三，虚拟经济部门（突出表现为资本市场）的重要性提高，迎来空前的发展机遇。第四，原先不受重视的资本市场开始完善制度建设，并不断加大金融产品创新，资本市场开始由不成熟走向成熟。第五，在资本市场趋于成熟且实体经济需求越来越大的情况下，所有保证虚拟经济走向繁荣的基本条件都已具备。第六，虽然面临一些其他的制约因素，虚拟经济最终仍然会走向大繁荣，而这种大繁荣也会反作用于实体经济，初期可能会延缓实体经济周期的回落，对实体经济周期起到平滑作用。当然，这种平滑作用并不是解决问题的根本方法，如果虚拟经济繁荣不断持续，最终导致泡沫经济破裂，那么对实体经济的危害反而更大。

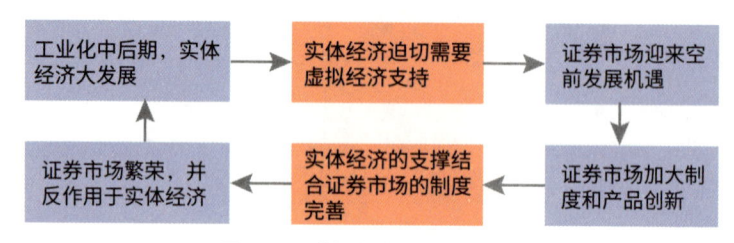

图 2-16　虚拟经济大繁荣的路径

资料来源：长江证券研究所。

如前所述，日本的虚拟经济特别是股市，在20世纪60年代后半期逐渐走强，构成了日本80年代虚拟经济大繁荣的起点。那么，为什么日本60年代后半期是虚拟经济繁荣的起点？繁荣的起点需要什么样的前提条件？中国目前是否也具备这些前提条件？这些都是我们下面需要着重分析的问题。

寻找证券市场繁荣的起点：以 20 世纪 60 年代的日本为例

得益于实体经济的发展，资本市场的重要性日益提高

经过战后10年的经济复兴，日本经济在1955年达到战后最好的水平。但是与经济复兴已经完成的感觉不一样，很多人认为证券市场尚未恢复到战前的水平（见图2-17）。尽管经受了一场划时代的大变革，资本市场的基础得到了扩大，但是与整个经济形势的发展相比，证券市场还有很大的差距，尤其是与企业的资金筹措有关的业务，在绝对强调间接金融优先的政策下，

证券市场还只是次要的、有限的资金筹措市场。

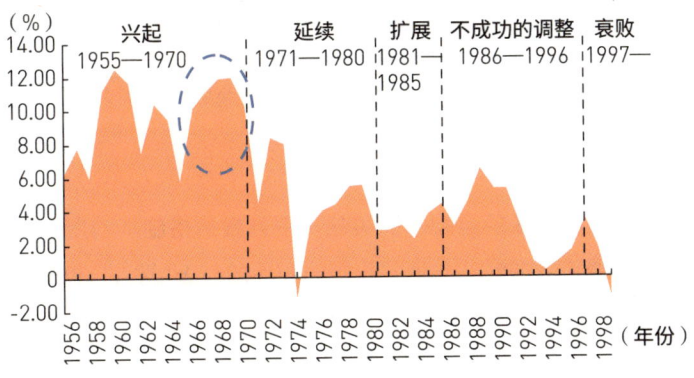

图 2-17 日本经济增长率波动曲线（1956—1998）

资料来源：日本统计局，长江证券研究所。

1955—1965 年，日本第一波经济高增长，是依靠重化工业的设备投资带动的。而支撑这些设备投资的资金，主要是通过依靠日本银行贷款的民间金融机构的贷款来筹措的，但 1957—1958 年之后，其不足的资金部分便通过发行股票来筹措，且这一比重急剧增加（见表 2-5）。而且，股票发行对象的范围也扩大了，直到 1958 年，日本股票发行的方法基本上还是沿袭战前按股票面额向股东增股的做法。1958 年之后开始向一般民众公开售股集资。这都充分说明，随着工业化发展，实体经济对虚拟经济，特别是资本市场的需求度提高，资本市场的重要性日益提高。日本的资本市场由此获得了前所未有的发展良机，流通市场逐步建立，证券投资信托业显著增长，这些最终造成了日本 1961 年的第一次股市大繁荣。

表 2-5 日本产业资金供给状况（单位：亿日元）

年份	债券发行余额	股票市价总额	债券交易总额	股票交易总额
1945	1 633	—	—	—
1949	3 687	1 287	—	367
1954	9 866	7 822	—	1 837
1959	22 404	39 289	63	37 081
1964	61 187	76 943	143	34 297
1969	172 042	190 302	56 947	138 913
1974	360 455	374 690	326 617	123 903

02　繁荣的起点

续表

年份	债券发行余额	股票市价总额	债券交易总额	股票交易总额
1979	1 124 199	720 237	2 065 184	349 112
1984	2 097 815	1 674 957	7 267 585	679 740

注：股票市价总额针对全日本，股票交易总额特指东京证券交易所，债券交易总额针对东京市场，包括东京证券交易所和东京的店头市场。
资料来源：伍柏麟，《中日证券市场及其比较研究》，上海财经大学出版社，2000 年。

1961 年的证券萧条迫使政府实施一系列救治措施

得益于流通市场的畅达与证券投资信托业的显著增长，1961 年日本股市实现了第一次大繁荣。但是，这种繁荣并没有持续多久，泡沫破灭后的证券萧条反而给资本市场的发展带来极大的不利影响，最终政府不得不出面，实施一系列整改救治措施，包括停止新股上市和增发、配股，给证券公司提供流动性支持，成立托市基金等，这些为证券市场走向更大的繁荣创造了机会。应该说，日本的资本市场在经历了 20 世纪 60 年代的证券萧条后迎来了重生的机会（见图 2-18）。

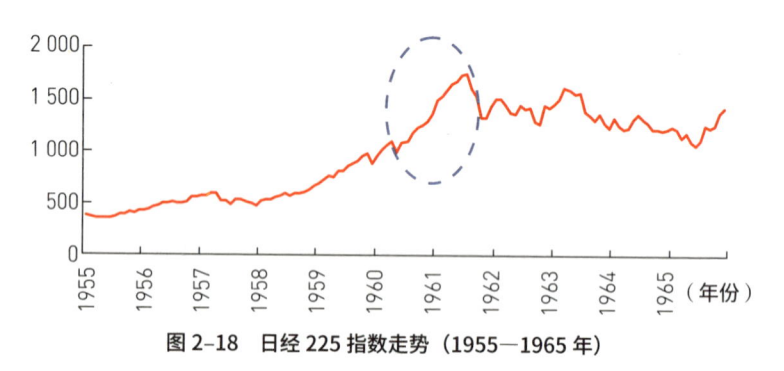

图 2-18　日经 225 指数走势（1955—1965 年）

资料来源：CEIC 数据库，长江证券研究所。

证券市场的制度建设为大繁荣提供了制度保障

当日本由战后复兴时期进入高速增长时期以后，资本市场的发展满足不了实体经济的需求，政府开始加大对证券市场的改革（见表 2-6）。1958 年，资本市场开始向普通民众开放，并逐步形成一个流动性较强的市场。这也是日本第一次股市大繁荣的主要原因之一。但是在随后的证券萧条中，政府又不得不对证券市场的基本制度进行修正。1965 年日本通过了《证券交易法修正案》，并开始对一级市场的发行制度进行改革，从原来的按股票面额增发、配股，改为按市价发行，定价向市场机制转变。

表 2-6　日本证券市场的重大制度变革（1946—1975）

时期	时间	制度变革
战后复兴时期 （1946—1956）	1947 年	实行证券民主改革
	1948 年	制定新的《证券交易法》
	1949 年	盟军制定"市场三原则"
高速增长时期 （1956—1975）	1958 年	股票开始向一般民众公开发行，流通市场逐步形成
	1965 年	通过《证券交易法修正案》
	1965 年	发行市场从原来的按股票面额增发、配股，改为按市价发行，定价向市场机制转变
	1967 年	放宽外资购买股份的限制
	1969 年	设立了相当于银行存款保险机构的委托证券补偿基金
	1970 年	投资信托的自由化
	1971 年	一般投资者购买外国证券的自由化

资料来源：长江证券研究所。

另一方面，20 世纪 60 年代末期，日本的资本市场逐步开始向国际开放。对外资购买股份限制的放宽（1967—1968 年）、证券公司在海外的分支机构的增批（1968 年）、投资信托的自由化（1970 年）、一般投资者购买外国证券的自由化（1971 年）、在证券业方面实行第一类自由化的行业组成（1970 年）、有关外国证券业者法律的公布（1971 年），这些都促进了日本证券市场逐步走向国际化。

而且，随着资本市场的逐步扩大以及相关制度的完善，市场逐步走强，股份的投资标准也发生了很大的变化，不再采用传统的股利率标准，而是引进了市盈率、市净率（PE、PB）等新标准，投资理念日趋成熟。可以肯定，日本在战后初期进行的一系列证券市场制度变革，新投资标准和投资理念的建立，都为日本 20 世纪 80 年代虚拟经济大繁荣打下了坚实的基础。

房地产的初期繁荣也为股市繁荣提供了支撑

日本的房地产泡沫相对于股市泡沫而言有过之而无不及，我们将在后面回顾日本 1956 年之后三次主要的房地产泡沫历史。从中可以看出，在 20 世纪 60 年代初期，随着日本产业结构的高级化和重工业化，日本的房地产迎来第一次价格暴涨，其土地价格的涨幅甚至超过以后几次房地产价格泡沫（见表 2-7、图 2-19），这与日本第一次股价暴涨发生的时间几乎一致。我们认为，在虚拟经济的繁荣初期，股市和房地产的繁荣可以说是"相互促进、相互支撑"的，房地产逐步的繁荣会促进财富积累，使得更多的资金进入虚拟经济领域，这反过来也会刺激股市繁荣。当然，到了后期，这种情况就变得不可捉摸了，可能存在"一山不容二虎"的现象，宾斯万格认为，日本股市泡沫不可持续的一个主要原因就在于它和房地产泡沫交织在一起，他认为房地产泡沫是不可持续的，最终会拖垮股市。但从日本的经济史来看，房地产的初期繁荣至少对股市繁荣有一定的好处。

表 2-7　日本战后产业结构变化及其对房地产价格的影响

阶段	时间	主要产业	对房地产价格影响
1	战争结束到 20 世纪 50 年代末	钢铁、煤炭、电力	战后首次地价上涨
2	60 年代	产业结构高级化、重工业化、贸易和资本自由化	第一次房地产价格暴涨
3	70 年代前期	知识密集型产业为主	第二次房地产价格暴涨
4	80 年代	国际协调的产业协调政策，国际化、信息化、服务化	地价再次高涨

资料来源：长江证券研究所。

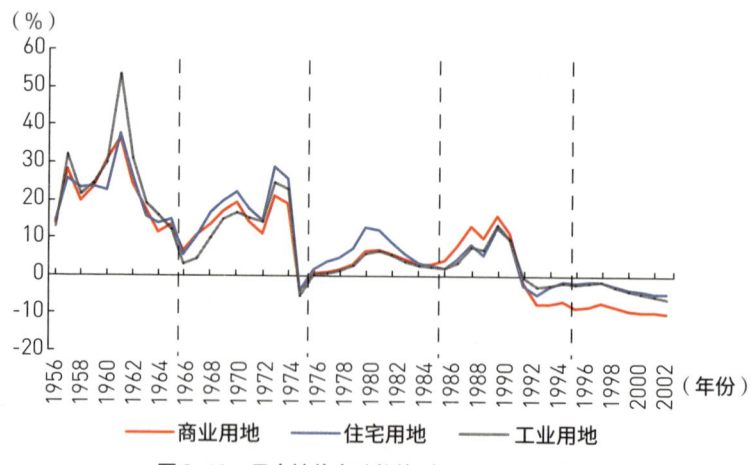

图 2-19　日本地价变动趋势（1956—2002 年）

资料来源：日本统计局，长江证券研究所。

从上面的分析我们可以看出，形成虚拟经济大繁荣的前提条件包括以下4个方面，如图 2-20 所示。

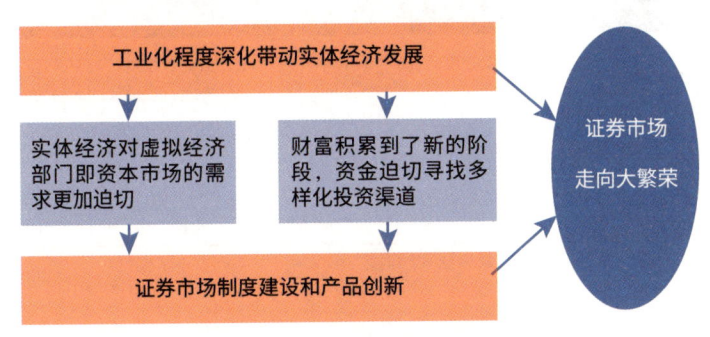

图 2-20　证券市场繁荣的内在逻辑

资料来源：长江证券研究所。

中国证券市场繁荣的起点：2006 年？

从工业化进程来看，中国走向虚拟经济大繁荣的初始条件已经具备。这主要体现在两个方面。一方面，伴随着工业化进程的加快，高速增长的实体经济迫切需要虚拟经济的支持，发展资本市场的重要性日益显现。另一方面，工业化使得社会经济发展水平提高，人们的财富积累到了一定阶段，人们对金融资产的投资需求日益增加。可以想象，只有一个大家都需要的市场才有繁荣的可能性。这两方面都充分展示了发展资本市场的重要性，也必然为日后中国虚拟经济大繁荣埋下伏笔。

伴随着工业化进程的加快，发展证券市场的重要性日益凸显

资本市场需不需要发展，这已经是一个不争的话题。在这里我们不想过多论述伴随工业化进程的加快，发展资本市场的重要性。事实上，大家都意识到发展资本市场的重要性，中国要想走新型工业化道路，就必须积极发展资本市场，开拓多渠道的融资方式，为工业化发展提供充足的资金保障。问题的关键是，如何发展和壮大资本市场，根据中国人民银行的统计（见表 2-8），2005 年前三季度我国非金融机构的直接融资比例仅为 4.7%，比去年同期下降了 0.1 个百分点。这种现象长期下去显然不利于中国资本市场的成熟和发展。

表 2-8 2005 年前三季度国内非金融机构融资情况简表

	融资量（亿元人民币）		比重（%）	
	2005 年前三季度	2004 年前三季度	2005 年前三季度	2004 年前三季度
国内非金融机构部门融资总量	24 645	24 076	100.0	100.0
贷款	20 614	19 250	83.6	80.0
股票	1 159	1 149	4.7	4.8
国债	1 896	3 492	7.7	14.5
企业债	976	185	4.0	0.8

资料来源：中国人民银行，长江证券研究所。

中国目前与 1961 年后日本证券市场的萧条相似，虽然资本市场的重要性越来越强，但是资本市场因股价的持续下跌而失去了发展的动力。这时就特别需要对遏制证券市场发展的制度进行修正或重建，并加大证券市场上各种金融衍生品的创新力度。

财富的积累已经达到一定阶段，市场缺少的不是资金

经过十几年的工业化发展，国民的财富积累已经达到一个新的水平，从绝对量来看，2004 年中国的居民储蓄总额已经接近 12 万亿元，而同期股市的总市值只有 4 000 多亿元，这充分说明，从国民财富的角度看，股票的购买力是没有问题的，市场缺少的并不是资金，而是好的投资品种。

伴随着经济的增长，我国居民储蓄率居高不下，近两年占 GDP 比例一直保持在 80% 以上，但同时证券化率出现下滑趋势，2004 年只有 30% 左右。两者相比，显示出证券市场发展的严重滞后性，加快发展资本市场成为当务之急（见图 2-21）。

证券市场的制度重建，为市场发展提供了制度保障

从前面的分析可以看出，中国与日本的相似之处甚多，日本在股市真正走向繁荣以前，经过一系列制度建设和产品创新，最后才造就了股市的大繁荣。中国的证券市场从成立至今不到 20 年，各种制度也存在需要革新之处，尤其是股权分置，这些都制约着证券市场的长期走势。值得庆幸的是，在经历了与日本 20 世纪 60 年代上半期类似的证券市场萧条之后，我国已经对

资本市场的各项制度进行了完善甚至重建（见表2-9）。特别是针对股权分置这一影响中国股市的顽疾，管理层正在平稳推进股权分置改革，可以预期，如果这些制约证券市场发展的制度得以改进，之前诸多制约股票发行、限制股市规模的不利因素被去除，那么新的虚拟经济的繁荣将指日可待。

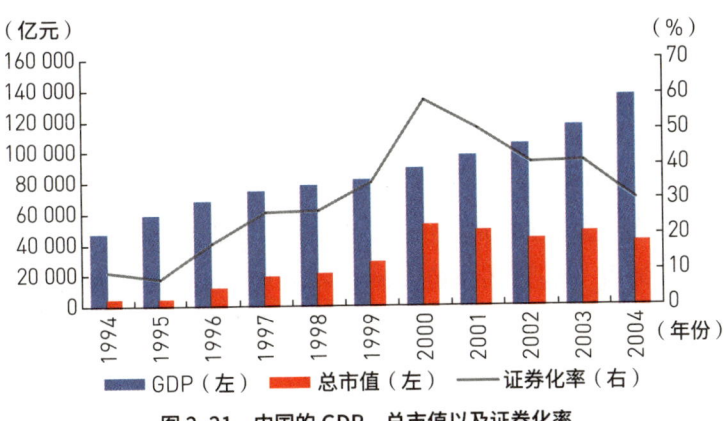

图2-21 中国的GDP、总市值以及证券化率

资料来源：Wind资讯，长江证券研究所。

表2-9 2005年中国证券市场的重大制度变革

时间	重大制度变革
2005年1月11日	《关于证券公司发行短期融资券相关问题的通知》
2005年2月20日	《商业银行设立基金管理公司试点管理办法》
2005年3月25日	证券投资基金信息披露编报规则第5号《货币市场基金信息披露特别规定》
2005年4月29日	《关于上市公司股权分置改革试点有关问题的通知》
2005年6月6日	《上市公司回购社会公众股份管理办法（试行）(征求意见稿)》
2005年6月12日	《关于实施股权分置改革的上市公司的控股股东增持社会公众股份有关问题的通知（征求意见稿）》
2005年6月16日	《上市公司回购社会公众股份管理办法（试行）》
2005年6月16日	《关于进一步完善证券投资基金募集申请审核程序有关问题的通知》
2005年6月17日	《关于上市公司控股股东在股权分置改革后增持社会公众股份有关问题的通知》
2005年6月17日	《国务院国资委关于国有控股上市公司股权分置改革的指导意见》
2005年6月30日	《证券投资者保护基金管理办法》

续表

时间	重大制度变革
2005年7月11日	《上市公司与投资者关系工作指引》
2005年8月23日	《关于上市公司股权分置改革的指导意见》
2005年9月4日	《上市公司股权分置改革管理办法》
2005年9月30日	《上市公司股权激励管理办法（试行）》
2005年10月25日	《证券投资基金管理公司监察稽核报告内容与格式指引（试行）》

资料来源：长江证券研究所整理。

应该说，在工业化过程中，日本的资本市场存在一个由不成熟走向成熟的过程，这与中国目前的情形还是很相似的，也是我们选择作为对比基准的一个主要原因。初期证券市场的不成熟，造成了实体经济与虚拟经济的断裂，虚拟经济繁荣与实体经济不存在必然联系，完全受政策影响。而当市场成熟后，证券化率提高，资本市场的发展与实体经济的联系越来越紧密，伴随着工业化进程，资本市场的发展有一个很大的跳跃。资本在寻找投资机会的同时，带动经济发展，促进虚拟经济繁荣。

本币升值作为催化剂，促使中国证券市场繁荣更快到来

依赖出口的中国制造业经济在保持高速增长的同时，进一步加剧了世界经济的不平衡。这种不平衡本来应该需要失衡双方调整经济结构和经济增长方式，然而，经济增长方式和经济结构具有很大的惯性，不可能在朝夕之间得以调整。在这种情况下，调整的压力必然转移到金融体系中，汇率的调整、本币升值成为必然，选择何种升值方式成为外贸顺差国家的一大难题。管理层总是希望能够不升值或者少升值，这样可以维持一定的出口增长，保持经济稳定增长，但这也是有代价的。如图2-22所示，在渐进升值的方式下，央行为缓解升值压力，只能采取维持低利率的宽松货币政策，这会导致两个后果：一是继续保持出口增长，世界经济失衡加剧并招致更大的升值压力，升值和低利率都必须维持，进而陷入一种恶性循环；二是宽松的货币政策会使大量资金流入虚拟经济领域，产生资产价格泡沫，刺激虚拟经济繁荣。

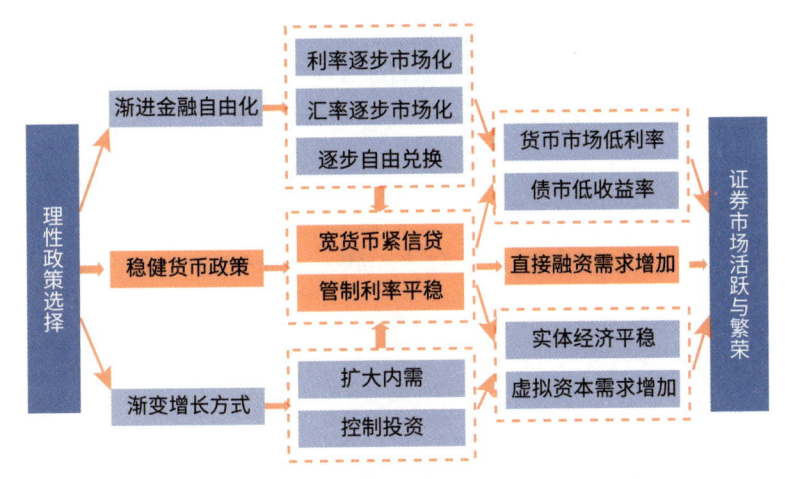

图 2-22　经济转型期的货币政策导向与证券市场繁荣

资料来源：长江证券研究所。

繁荣起点阶段的投资机会：产品创新与制度创新

前面的论述让我们确信，中国虚拟经济繁荣的起点已经近在咫尺，下面需要思考的关键问题就是如何把握繁荣起点阶段的投资机会，这也是我们进行 2006 年资本市场全景分析的一个主旋律。

2006 年的总体判断：繁荣更多地体现为市场的活跃程度

对于 2006 年的中国资本市场，我们的一个总体判断是，市场缺乏系统性的投资机会，繁荣更多地体现为市场的活跃程度，而机会可能就在于把握局部性投资机会。虽然经济转型期本质上就是经济衰退，这将大大抑制股市的繁荣程度，但作为中国虚拟经济繁荣的起点，我们认为市场的活跃是可以期待的。

这种市场的活跃有两方面原因：一方面，虽然经济中周期面临回落，但是仍然有部分行业可能已经率先到达周期的底端，部分领域比如新能源、新技术也因创新而存在投资机会；另一方面，随着资本市场体系的完善，市场投资出现新的投资热点，活跃性也必然增强。

根据我们前面的分析，工业化发展一方面给公众带来了巨大的财富积累，另一方面也强化了企业对资本市场直接融资的需求。因此，中国虚拟经济繁荣的初始条件已经具备，剩下的关键问题就是如何吸引资金进入证券市场。如图2-23所示，我们认为市场制度建设、证券产品创新以及金融改革与深化这三个方面对吸引资金入市、刺激虚拟经济繁荣起到了决定性作用。我们在分析2006年中国资本市场的投资机会时，主要从这三个方面着手。

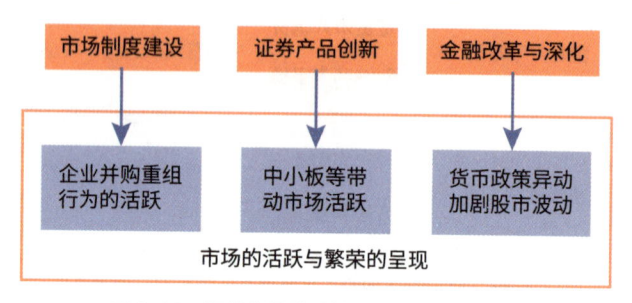

图 2-23　证券市场体系的完善与繁荣的呈现

资料来源：长江证券研究所。

市场制度改善蕴含的投资机会

市场制度的改善，主要体现在股权分置改革上，解决了遏制市场发展的一大顽疾，从长期来看，可以带来上市公司治理结构的改善，对公司的长期价值是一种提升。但这并非一日之功，就短期而言，市场制度改善蕴含的投资机会可能主要体现在全流通预期下外部控制权市场的活跃，企业的并购价值凸显。

此外，证券市场的开放，QFII（合格的境外机构投资者）带来的不仅是市场增量资金，而且包括新的投资理念。随着QFII额度的增加，市场的活跃度将更强，各种投资理念和投资标准的引入也丰富了市场。台湾地区在QFII引入初期，也是对处于弱势的股市起到了支撑作用。特别是QFII对全流通之后公司价值评估的看法，可能会大大影响股票的估值。

证券产品创新与市场投资热点

中小企业板：为数不多的亮点之一

中小板率先完成股改，并很快推出独立指数，更多地体现出管理层对中小企业的支持，中小企业尤其需要借助资本市场突破资金瓶颈。我们认为这也属于产品创新的范畴。根据我们对日本工业化史的研究，在经济转型过程中，中小企业将肩负起维持经济增长的重任，中村秀一郎教授更是将中小企业逐步发展成为"中坚企业"的过程视为"真正的工业社会即群众社会化现象的集中表现"。事实上，1961年日本也在东京股票市场开设了第二市场，为发展中的中等规模企业筹集资金开辟了公开的途径。从表2–10中可以看出，日本在第二市场上市的主要是增长快速的中等企业。

表2–10　日本股市不同增长率的企业数分布（单位：%）

销售额增长率（1960年9月/1956年9月）	0~0.9倍	1.0~1.4倍	1.5~2.4倍	2.5~4.9倍	5倍以上
股票上市公司（247家）	2.4	26.3	48.6	22.3	0.4
按规模排行业前1/4的公司（61家）	0	39.4	44.2	16.4	0
按规模排行业后1/4的公司（61家）	3.3	19.7	52.4	23.0	1.6
门市企业（151家）	4.0	14.6	43.0	33.8	4.6

注：门市企业，后为第二市场股票上市公司，不包括31家计量不明的企业。
资料来源：（日）香西泰著，彭晋璋译，《高速增长的时代》，贵州人民出版社，1987年。

中小企业板的投资机会体现在以下两个方面：第一，上市公司的基本面不错，平均业绩明显高于主板；第二，不少上市公司由于成长能力较强，具备成为目标公司的潜力，并购价值较高，表现在市场估值上会有一个溢价。

衍生产品：收获的不仅仅是资金，还有信心

前面我们已经论述了产品创新将是中国资本市场的一大主题，除了中小板可以视作一项重要的产品创新，以股票为标的的证券衍生产品，比如权证、股指期货将成为创新产品的主流品种。

但我们也应该意识到，创新收获的不仅仅是资金，还有信心。由于创新产品的不断推出，资本市场的活跃性增强，股票价格的波动性也会增强，而股价波动本身就意味着机会的来临。此外，涉及交易方法的重大制度创新，如引入卖空机制、"T+0"交易方式等对活跃证券市场、促进证券市场的初期繁荣也有好处。

03

"色即是空"
世界经济的共生模式与
国际资源品价格调节新机制

- 2005 年 9 月 12 日

---

  2 500 多年前，释迦牟尼用"色即是空"解释他对这个世界的表象与本原之间关系的看法，现在，这个世界的规则依然没有改变，一切表象皆会回归本原。

  世界变化太快，这让资源问题显得更加永恒。当我们对上次的资源危机仍然记忆犹新时，新的资源冲击已经弥漫在我们周围；20 世纪 70 年代的资源危机以世界经济滞胀的形式实现了自我调节，而本次国际资源品价格的上升却伴随世界经济的高增长低通胀。关于资源有太多的疑问，但无论是对世界经济增长，还是对个人的金融投资，资源品价格永远都是核心。

  对资源品价格的判断，显然不是通过几个支离破碎的论点，诸如"中国因素""金砖四国""美元标价""流动性支撑"等的拼凑就可以得到的。在国际经济一体化的前提下，"金砖四国"显然应该被纳入世界产业分工链条；在世界经济增长共生模式中，美元贬值对国际资源品价格的影响也不仅仅局限于标价因素，更关系到世界经济共生模式的稳定抑或瓦解；把大宗资源品价格狂涨和世界经济低通胀并存解释为超额流动性钟爱虚拟经济而非实体经济的观点，更是一个充满逻辑矛盾的推理。

总之，关于资源问题的争论永不过时，但我们总是生活在太多的假象中。因此，我们需要寻找资源品价格运动的内在规律。

牛市是如何形成的

价格是供需博弈的结果

"劳动是财富之父，土地是财富之母。"政治经济学之父威廉·配第这句名言中"土地"一词的含义显然不是狭义的，而是指蕴含在土地中的所有资源。资源正是现代工业和经济的根本，纷繁芜杂的工业体系无非建立在各种资源的基础上。如果按照所依赖资源的不同，我们可以将制造业大致分为三个类别：金属系、非金属系（主要是石油化工系）和农业资源系。

上面的工业系谱可能会更加明晰地说明资源在工业和整体经济中的基础地位以及产业关联关系。这给了我们以下两点启示。

（1）资源品价格是牵一发而动全身的问题。经济增长的过程是不断探索新的方法以解除经济扩张约束条件的过程。当经济进一步增长，或者创造盈利的机遇受到限制时，经济增长就开始出现衰退，解除经济增长的约束显得十分必要，并成为新的经济增长周期的开始。资源约束是一种典型的经济增长约束形式，而且往往作为金融约束和需求约束的触发因素，共同引起经济增长的周期性波动。因此，资源品价格不仅是资源品市场的问题，也是资源行业与非资源行业的产业博弈问题，更是世界经济增长的问题（可参考图3-1、图3-2）。

（2）供给和需求是资源品价格的最基本决定因素。正是由于资源是实体经济的基础，所以资源品价格是其供给和实体经济增长所产生的需求博弈的结果。虽然大宗资源品定价方式越来越通过国际期货市场产生，但正如罗杰斯所说，商品并不神秘，交替出现的大牛市和大熊市不是从天上掉下来的，无论是金属、碳氢化合物、牲畜、谷物还是其他农产品市场，它们都是历史的主角，是供给和需求基本经济关系的产物。当供应和库存充足时，价格就会下降；供应一旦变得枯竭且需求增长，价格就会上升。这正是这个世界运作的方式。

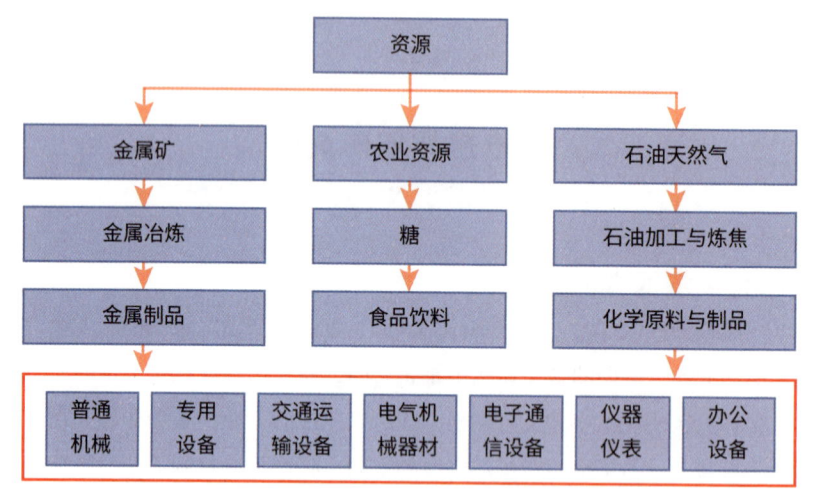

图 3-1 主要资源品及其对应的制造业产业链

资料来源：长江证券研究所。

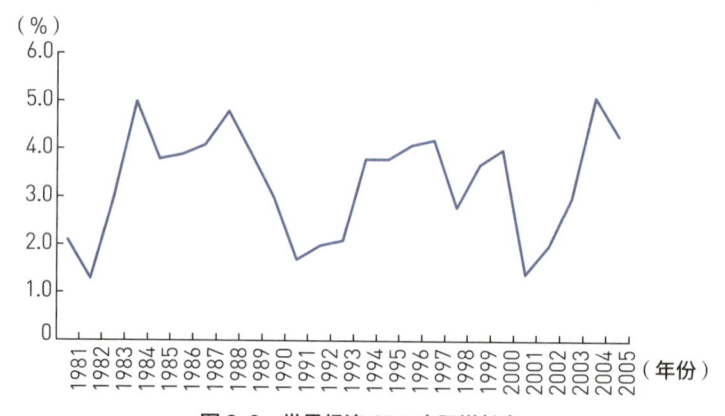

图 3-2 世界经济 GDP 实际增长率

资料来源：彭博，长江证券研究所。

大牛市是由世界经济长周期的衰退和中周期的强劲复苏成就的

观察 20 世纪中叶以来的数据，大宗资源品价格的波动呈现周期性特征。而且，这种周期和经济周期具有很强的一致性。通过比较资源品价格周期和经济周期，我们发现资源品价格的周期受制于世界经济增长的周期，随世界经济增长周期的繁荣而繁荣、衰退而衰退。这至少可以通过20世纪80年代以来两个完整的经济增长周期来反映。以CRB[1]和GSCI[2]商品指数为例，通过比较商品价格指数和全球GDP的历史数据（见图3-3至图3-7），我们可以发现，在20世纪80年代以来的两个完整中周期内，商品价格走势和全球经济增长是一致的。因此，我们可以依赖经济增长中周期来判断国际资源品的周期变化。

我们知道，伴随着本轮世界经济的复苏与繁荣，国际大宗资源品价格出现了一轮引人注目的强劲增长，世界经济也是在资源约束下开始调整的。然而，在世界经济和中国经济的高点都已结束的经济周期的第二阶段，国际大宗资源品价格的高位震荡显示，资源品市场运行的相对独立性及其对宏观经济的约束尚未结束。那么，资源品价格的均衡位置在哪里？

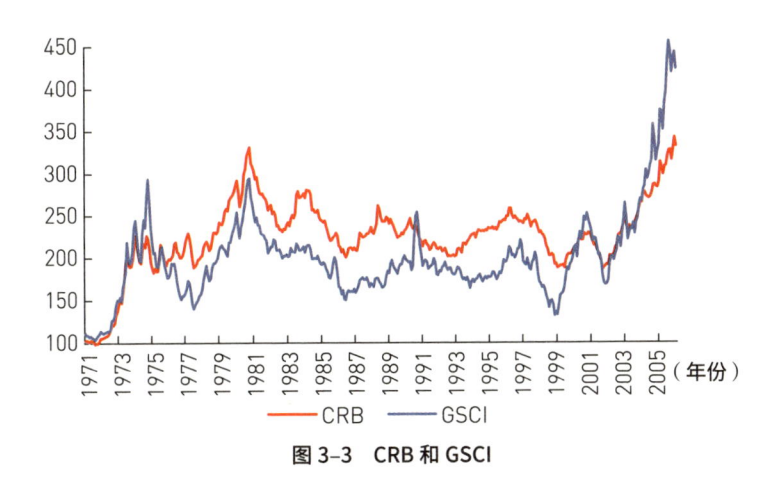

图3-3 CRB和GSCI

资料来源：彭博，长江证券研究所。

---

1 CRB商品指数是1956年美国商品研究局（CRB）推出的用以反映国际大宗商品市场结构和行为趋势的价格指数，所有商品权重相等。该指数包括现货和期货指数。
2 高盛商品指数（GSCI）包括24种商品，覆盖能源、工业金属、贵金属、谷物和农产品或软性商品，各组成部分的权重依据全球产量来确定。这里的产量是指过去5年的平均产量。因此，从总体上看，在高盛商品价格指数中，能源的权重比较大。而且，高盛商品指数包含了更多已经上涨的因素，即更多地反映了商品价格的历史。

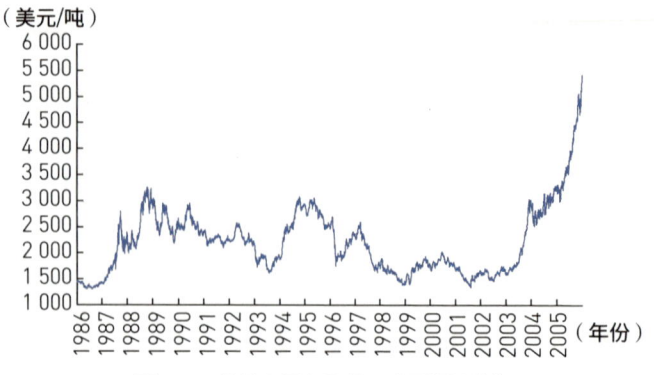

图 3-4 伦敦金属交易所 3 个月期铜价格

资料来源：彭博，长江证券研究所。

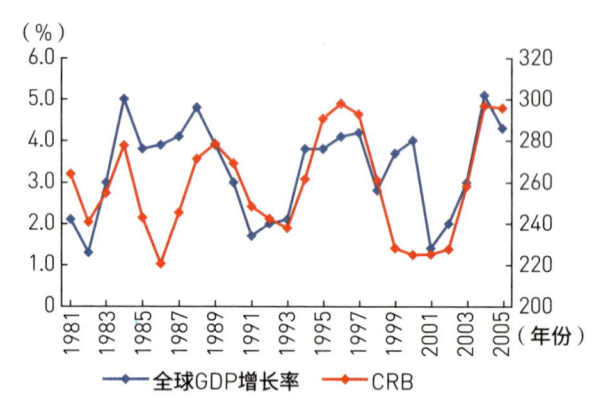

图 3-5 CRB 现货指数和全球 GDP 增长率呈正相关

资料来源：世界银行，彭博，长江证券研究所。

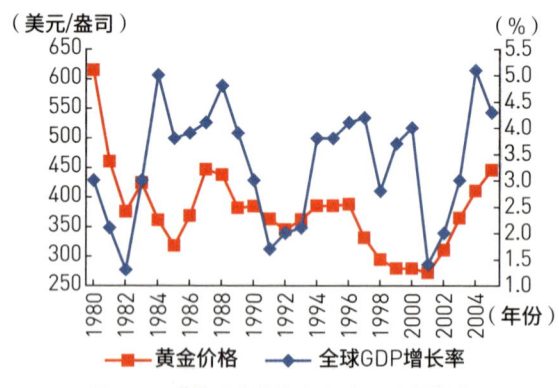

图 3-6 黄金现货价格和全球 GDP 增长率

资料来源：世界银行，彭博，长江证券研究所。

图 3-7　1960—2005 年 CRB 变化趋势

资料来源：彭博，长江证券研究所。

　　既然价格是供给和需求博弈的结果，而且任何一种商品的历史价格都包含当时市场的预期、投机等因素，我们就可以通过寻找资源品历史价格变化的依赖因素来认识其波动规律和未来的趋势。

　　值得一提的是，虽然 20 世纪 80 年代和 90 年代大宗资源品也有周期性的繁荣与衰退，但从长周期角度看，这两个年代是大宗资源品的熊市，本次商品牛市远远超过 80 年代和 90 年代，更类似于 70 年代资源危机时的大牛市。因此，大宗资源品价格波动似乎具有长周期和中周期之分。按照我们的理解，决定资源品价格的因素虽然很复杂，但最基本因素仍是供给和需求。商品价格周期性上升或下降是供给和需求有规律地失去平衡的结果，所以从经济学角度考虑，大牛市一定是在资源供给和需求矛盾极度冲突时产生的。而世界经济长周期的衰退和中周期的强劲复苏之际就是供需矛盾极易出现极度冲突的时候，原因在于，世界经济长周期的衰退导致了大宗资源品供给能力的持续衰弱，而中周期的强劲反弹引起资源品需求的迅速增加，供需矛盾使得极度冲突出现并造成资源品价格大牛市。

　　我们的这种推论得到了历史的证实。在 20 世纪的历史上，20 年代和 70 年代都发生过大宗资源品的大牛市，我们将此与荷兰经济学家雅各布·范杜因对世界经济长周期的划分（可参考表 3-1）相对比发现，20 年代和 70 年代都是世界经济长周期衰退或萧条的阶段。按照长周期的波动规律，2000—2008 年应该属于第五次世界经济长周期的衰退阶段，这又印证了本次商品的大牛市。当然，历史同样显示，经济长周期和中周期衰退共同出现之时，也是大宗资源品价格崩溃之时。

表 3-1　雅各布·范杜因对世界经济长周期的分析

	繁荣	衰退	萧条	复苏
第一次（年份）	1782 — 1802	1815 — 1825	1825 — 1836	1838 — 1845
第二次（年份）	1845 — 1866	1866 — 1873	1873 — 1883	1883 — 1892
第三次（年份）	1892 — 1913	1920 — 1929	1929 — 1937	1937 — 1948
第四次（年份）	1948 — 1966	1966 — 1973	1973 — 1982	1982 — 1991
第五次（年份）	1991 — 2000	2000 — 2008		

资料来源：陈继勇主编，《美国新经济周期与中美经贸关系》，武汉大学出版社，2004 年。

按照我们上述的认识，在判断大宗商品价格时，对世界经济中周期和长周期的分析都十分关键。我们认为，从经济周期角度看，商品价格已经达到上升周期的中后期，在此阶段，部分存在供需缺口的商品仍有可能处于高位，甚至创出新高，但伴随着经济增长中周期的回落、供需缺口的逐步弥合及全球流动性的逐步收缩，商品价格牛市的根基将不断受到侵蚀，该阶段往往是商品价格波动加剧和风险凸显的时期。下面我们进一步通过对资源品价格内生调整机制的分析来认识资源品价格波动。

滞胀：资源品价格调整的传统机制

20世纪70年代资源品价格的上涨导致了世界经济的滞胀，反过来考虑，滞胀本身就是传统经济增长模式中资源品价格自发调整的一种机制和表现形式。我们所说的"传统"是指，当时世界各国的经济特征仍然带有很大的封闭性，而封闭性体现为当时世界远不如今天这样几乎完全按照国际比较优势进行明确分工，各国的产业结构具有多样性和重复性特征，各国制造业产品仍以自产自销为主。或者说，"传统"主要体现在世界分工上的纵向一体化程度远不如现在发达。对封闭经济条件下资源品价格运动规律的探讨，有助于我们更深刻地认识和对比开放条件下资源品价格的运动。

滞胀：资源品价格上涨的传统表现形式

在主流经济学理论中，资源问题本质上是成本问题，而成本问题要么体现为通货膨胀问题，要么体现为企业利润问题。资源品价格上涨的结果，一方面会最终导致通货膨胀和需求减弱；另一方面会导致资源行业投资和供给增加，最终实现供需平衡和价格回落，同时还伴随着经济增长的周期性波动。虽然图3-8没有包含时间因素，但这种静态分析还是有助于我们认识资源品价格运动规律的。

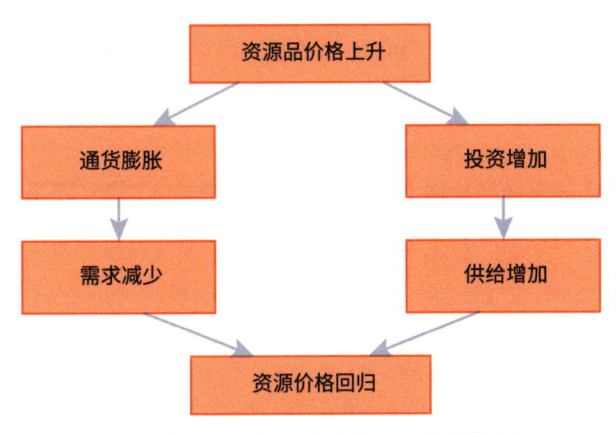

图3-8 封闭经济条件下资源品价格运动规律图解

资料来源：长江证券研究所。

需要强调的是，这种传统模式下资源品价格自我收敛的运动机制其实存在两个前提：消费者和生产者在同一经济环境下做出行为决策；资源行业和非资源行业之间即使存在利益博弈，也是在统一的国家利益之下的博弈，而且往往会受到国家政府的调节。强调这两点很重要，因为在下文我们要谈到的世界经济共生模式下，这一资源品价格调整规律的各个环节都变得不像现在这样。

这是我们所共知的供需调整过程，这一机制本质上是通过资源行业的动态效率增加和中下游行业的动态无效来调节的。根据20世纪70年代的经验，滞胀是资源品价格上涨的结果，反映了经济增长的资源约束及其引发的需求约束，也是资源品价格寻求回归的一种自发调整形式。因此，两次资源品价格在迅速上涨后都以迅速下降为结果（见图3-9）。

图 3-9　1970—1985 年 GSCI 变化趋势

资料来源：彭博，长江证券研究所。

但是，本轮资源品价格上涨以来，世界经济并没有产生严重的通货膨胀和经济衰退（见图 3-10），这是什么原因？是否意味着资源品价格上涨得还不够？

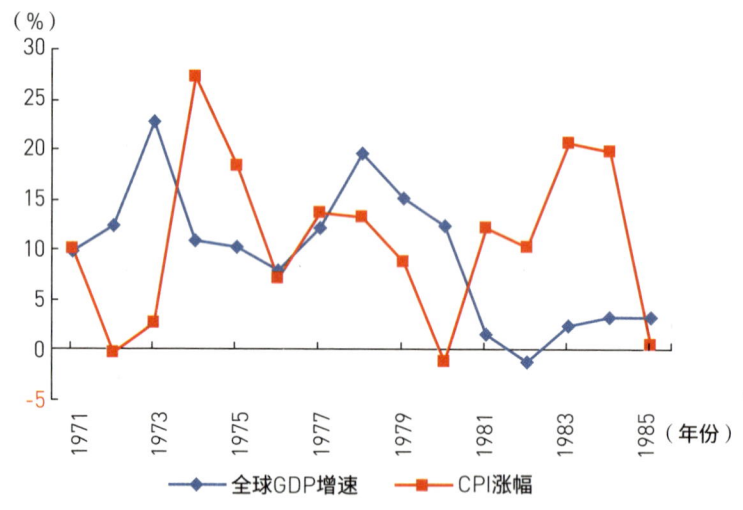

图 3-10　1971—1985 年全球 GDP 增速和 CPI 涨幅

资料来源：彭博，长江证券研究所。

我们先来回答第一个问题。就原因而言，有一种流行的观点认为，世界经济中超额流动性流入虚拟经济就会产生资产泡沫，流入实体经济就会造成通货膨胀，由于大量超额流动性进入了股市、房市、期货市场而不是实体经济，从而造就了资产市场的牛市，而没有产生通货膨胀。

我们不否认大量的流动性进入资产市场是其牛市的必要条件，但我们的逻辑与上述流行观点恰恰相反，这需要从中国因素谈起。

"中国因素"之假：中国为世界生产，也为世界消耗

根据国家统计局2005年的核算，中国经济总量在世界排名第六，中国越来越成为世界经济增长的中坚力量之一。随着经济的崛起，中国对资源的消耗量日益增多，在国内资源不能满足需求的情况下，通过不断增加进口来满足经济增长的需要。中国被普遍认为是拉动国际资源需求和本轮大宗商品价格上涨的主要原因，这种解释被称为"中国因素"。

从数据上看，"中国因素"的说法并非没有道理。1995年后，中国开始成为初级产品的净进口国，2002年后，初级产品进口量急剧增加。其中，糖、天然橡胶、石油、铁矿石、铜矿石以及铜和铝等资源品的进口数量不断创历史新高（见图3-11）。

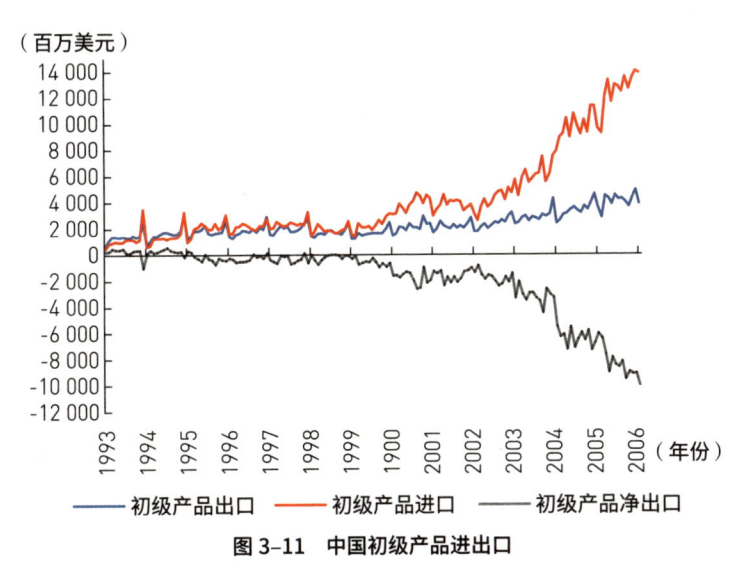

图3-11 中国初级产品进出口

资料来源：CEIC数据库，长江证券研究所。

另外，对大多数资源品来说，中国消耗的增量在全球消耗的增量中所占

比重大都在 20% 以上（见图 3-12）。作为一个初级产品的进口大国，中国对世界大宗商品市场的需求和价格的影响力日益增大。从表面上看，2000 年以来国际市场上大宗资源品价格持续上涨被解释为"中国因素"，似乎是理所当然的。

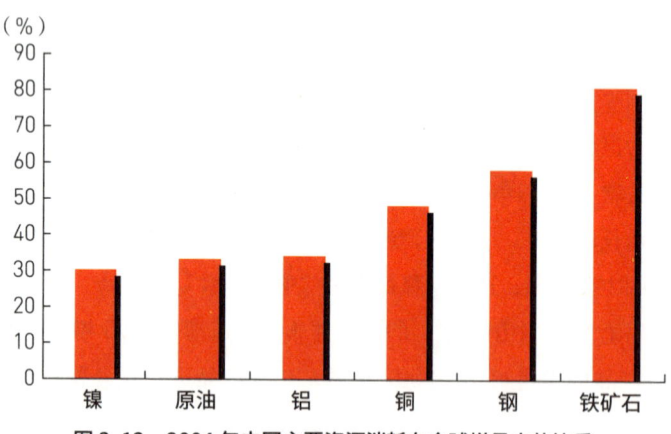

图 3-12　2004 年中国主要资源消耗在全球增量中的比重

资料来源：国际货币基金组织，长江证券研究所。

但我们分析认为，"中国因素"的偏颇之处在于忽略了两个事实：一是世界制造业大量向中国转移，中国只是世界产业链上的加工者；二是中国经济的快速增长，外需起着突出作用。因此，当前中国只是世界加工厂，是世界制造业的集散地，为世界市场提供制造业产品，当然也为世界消耗资源，而这种局面正是建立在世界经济共同繁荣的前提之下的。所以，我们认为，应该把中国纳入世界经济纵向一体化分工来分析问题。

世界制造业大量向中国转移的事实，可以通过美国的外贸逆差结构（见图 3-13）和中国的外贸顺差结构看出。

从美国的贸易逆差结构看，20 世纪 80 年代中期，日本、韩国、中国香港、中国台湾等地是美国最大的贸易逆差区域，近几年的数据显示，中国内地（大陆）成为美国最大的逆差区域，而对日本、韩国、中国香港、中国台湾等地的贸易逆差大幅减少，这正是日本、韩国、中国香港、中国台湾等地将其制造业转移至中国内地（大陆）的结果。根据 2004 年的数据计算，中国内地（大陆）GDP 占全球 GDP 的比重为 3.5%，却生产了世界 7% 的制造业产品。

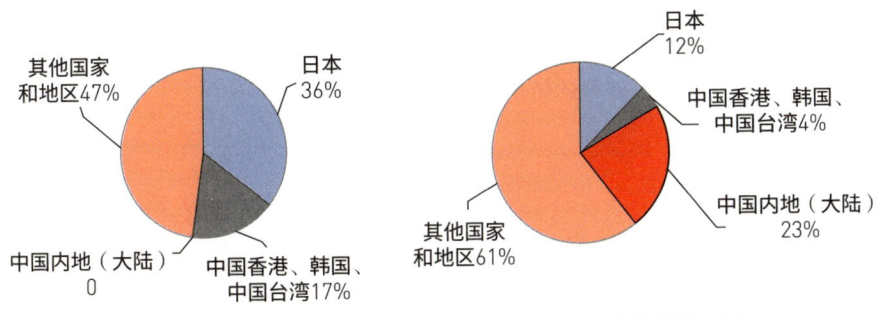

图 3-13　1985 年（左）和 2003 年（右）美国贸易逆差的地区结构

资料来源：伯格斯坦，《美国与世界经济》，经济科学出版社，2005 年。

从中国的外贸盈余结构看，中国对北美和欧洲呈贸易顺差，而对亚洲、拉美、非洲和大洋洲呈贸易逆差（见图 3-14）。进一步对各个地区内的贸易结构分析可以发现，中国主要从亚洲、拉美、大洋洲的国家和地区，如韩国、日本、中东、巴西、澳大利亚等进口工业半成品、资源和能源，在中国加工后出口到北美和欧洲。

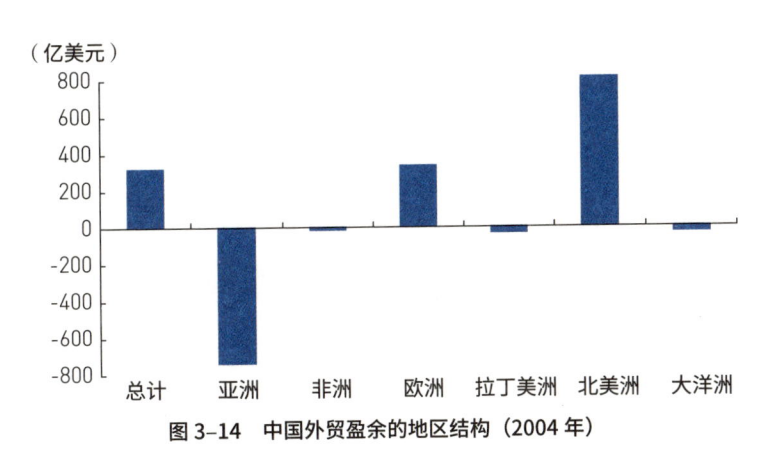

图 3-14　中国外贸盈余的地区结构（2004 年）

资料来源：中国商务部，长江证券研究所。

另外，无论是数量还是速度，中国初级产品进口与制成品出口之间都存在显著的正相关关系。2001 年后，伴随着世界经济周期的复苏，中国出口商品总额在工业总产值中的比重持续攀升，并于 2004 年达到近 35%（见

图3-15至图3-18）。从出口依存度看，2000—2004年，中国的外贸依存度翻了一番，保守估计，外贸对中国经济增长的贡献2005年超过三成。如果据此从总量上推算，中国消耗的资源有三四成是为世界消耗的，这恰恰是世界经济周期复苏和繁荣的结果。

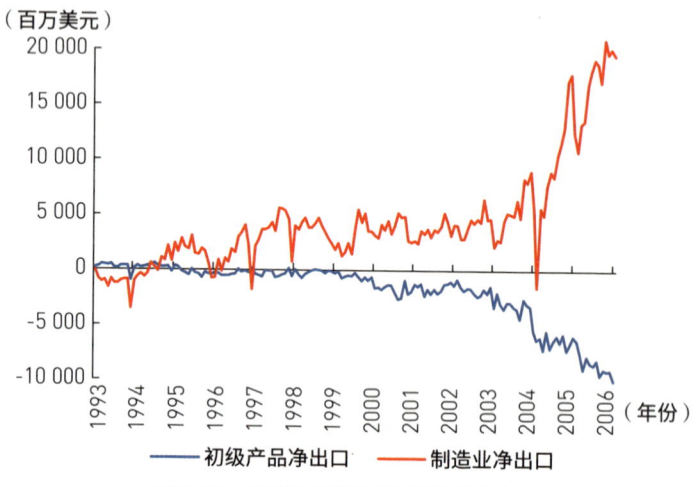

图3-15　初级产品净出口和制造业净出口

资料来源：CEIC数据库，长江证券研究所。

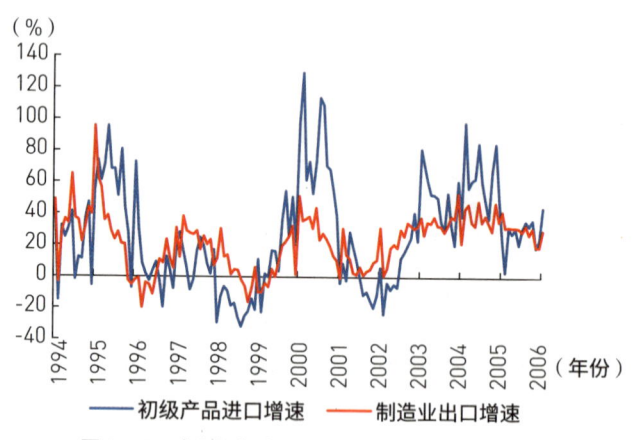

图3-16　中国初级产品进口增速与制造业出口增速

资料来源：CEIC数据库，长江证券研究所。

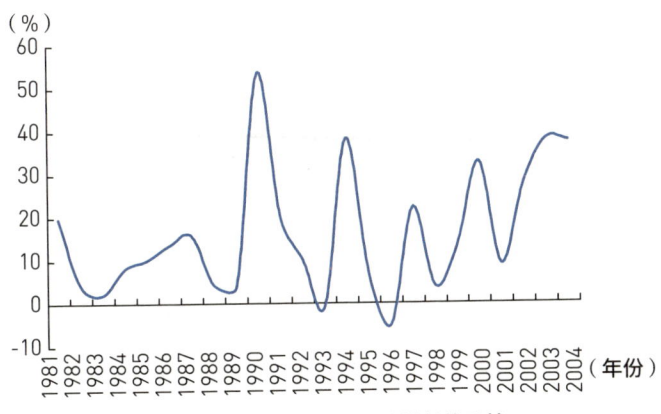

图 3-17 外需对中国经济增长的贡献

资料来源：林毅夫等，《必要的修正——对外贸易与经济增长关系的再考察》，《国际贸易》，2001 年第 9 期。

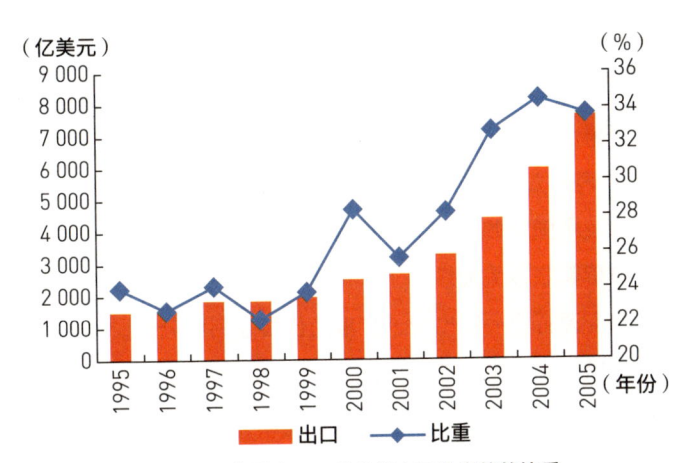

图 3-18 中国出口工业总值占工业产值的比重

资料来源：Wind 资讯，长江证券研究所。

因此，在依赖外需而不是内需的前提下，在深刻认识到世界分工格局的情况下，"中国因素"是一个似是而非的命题，它掩盖了世界经济增长的共生逻辑。中国在为世界市场生产产品，所以，中国当然也在为世界消耗资源。抛弃产业在地理位置上的转移，现在的世界经济增长与以前没有本质差别。"中国崛起"这种说法不过是被世界产业转移和世界经济周期繁荣带动的中国经济高增长迷惑了。而所谓的"金砖四国"不过是当今世界产业链上的某些环节，并没有超脱现有的世界产业分工格局和共生模式，它们与世界经济同繁荣共衰退，只不过分工的一体化使世界越来越像原来的一个国家。

中国因素之真：中国牺牲利润缓解世界通胀

那么，在资源品价格高涨的情况下，世界却没有像20世纪70年代那样产生恶性通胀的真正原因是什么，中国与此有何关系？我们认为，真正的中国因素在于，中国以丧失工业利润的方式缓解了资源品高价格对北美和欧洲发达国家的通胀压力，从而增加了世界抗击高资源品价格的韧性，推迟了发达国家采取紧缩政策的力度，延长了全球经济增长周期，也延长了资源品在高位的期限。

其实上文已经说明，中国崛起是建立在制造业大转移和中国依赖外需的基础上的，中国制造业发展不仅仅是中国经济的增长，也反映了世界经济的增长。

大量的超额流动性以FDI（外国直接投资）的方式进入中国的实体经济领域，一方面推动中国经济高速增长，造成国际资源品短缺和价格上涨。另一方面，大量FDI方式导致中国（即世界）制造业产能过剩，加上原本低廉的成本，以及中国在共生模式中的劣势地位所决定的转嫁资源成本能力较弱，世界的通货膨胀被大大缓解了（见图3-19）。沿着这一逻辑推理，中国资源行业和非资源行业一定出现了严重的价格和利润分化，即通过牺牲工业利润维持了世界的低通胀，进而延长了整体世界经济增长周期，以及国际资源品价格的上涨趋势，这才是真正的中国因素（见图3-20、图3-21）。我们的观点得到了当前世界经济现状的证实：资源品价格在上涨、中国资源和非资源行业价格与利润分化和世界经济低通胀高增长。

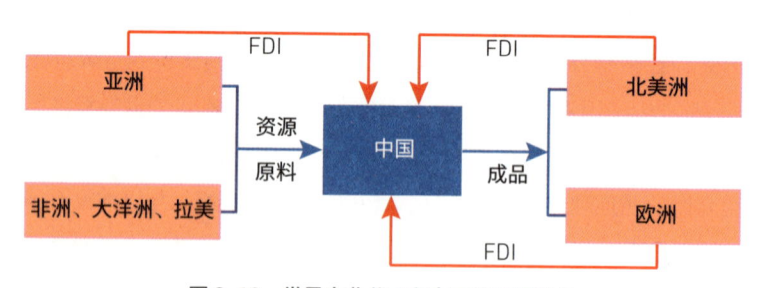

图3-19 世界产业分工和中国的经营模式

资料来源：长江证券研究所。

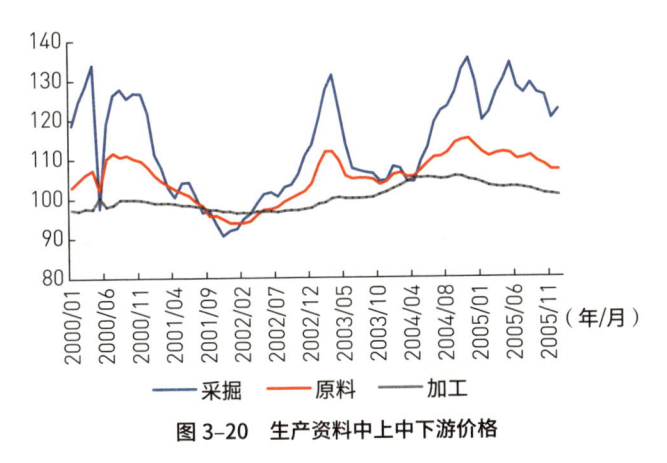

图 3-20 生产资料中上中下游价格

资料来源：国家统计局，长江证券研究所。

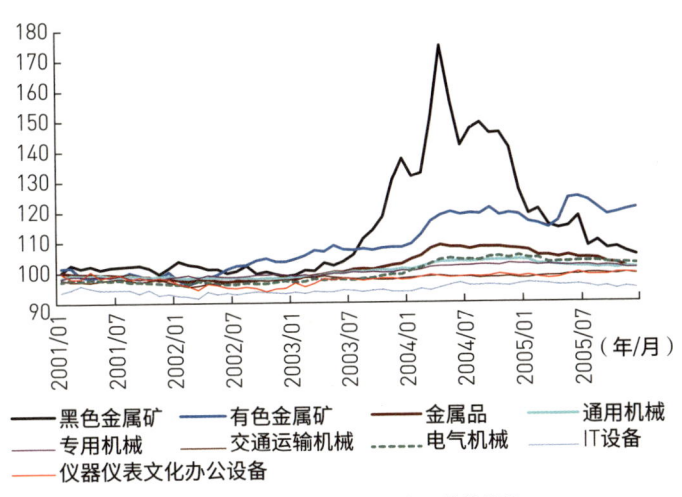

图 3-21 主要工业品行业出厂价格指数

资料来源：国家统计局，长江证券研究所。

流行观点的错误在于，忽略了决定资源品价格的基本因素是真实的需求增长和供给短缺，而不是流动性，没有供需缺口这一前提，多么充裕的流动性都不可能导致资源品价格的狂升猛涨。

接下来的问题是，在我们所说的真正的中国因素的作用下，世界经济是否真的可以永远保持高增长低通胀，资源品价格是否可以持续繁荣，中国的资源品行业和非资源品行业的分化现象是否会持续存在？

03 "色即是空" 089

回答这些问题，必须认识到世界经济共生模式及其对资源品价格内生调整机制的影响。

世界经济共生模式下的资源品价格调整机制

世界经济增长的共生模式

我们所说的共生模式是指，在当前世界经济一体化和产业分工国际化的背景下所形成的资源核心国、制造核心国、货币（消费）核心国互相依赖而共生的情景（见图3-22）。这种相互依赖和共生体现为：资源核心国的资源主要用于出口而不是自我消费；制造核心国的产品用于出口的比例十分庞大，以至外需成为遏制或促进经济增长的关键；货币（消费）核心国在世界货币体系中仍然占据主导地位，但其对制造核心国的产品依赖度很高，具有消费但不生产的特征。显然，欧佩克成员国、巴西、澳大利亚等属于资源核心国，中国是典型的制造核心国，美国是典型的货币（消费）核心国。这三类国家形成的共生模式就是当今世界经济增长的逻辑，不同类型的国家完全根据自己的比较优势进行分工，并强制性地按照共生模式实现自身的经济增长，一旦脱离这一世界经济运转的共生模式，结果将比现在糟糕。从本质上说，共生模式的根本原因在于，世界经济分工进一步朝着纵向一体化方向演进。

这一模式将三类不同的国家紧紧地拴在了一起，消费（货币）核心国经济增长成了制造核心国经济增长函数的自变量，制造核心国经济增长成了资源核心国经济增长函数的自变量，而货币（消费）核心国的经济增长依赖于另两类国家经济增长基础上的外债。用生产函数表示会更加清楚：

$$\begin{cases} G（制造核心国）= f（消费核心国）\\ G（资源核心国）= f（制造核心国）\\ G（消费核心国）= f（制造核心国，资源核心国）\end{cases}$$

依照上述逻辑，只要美国的消费继续强劲增长，中国制造机器就会继续开足马力，资源出口国的资源品也就不愁销路。而共生模式的基础是美元的信用，只要美元的公信力存在，制造核心国和资源核心国就会将其大量外汇储备投到美国，压低美国长期利率，维持美国资产价格膨胀，使得国民消费快速增长。因此，美元的国际地位及其信用是共生模式的基础。正如埃森格林所说，如果外围国家对美元的信心坚挺，这种共生模式就能维持。因此，整个世界经济增长链条的维系或断裂可能很大程度上取决于美元，而支持美国消费和经济增长的前提是，中国和资源出口国以美元资产的形式持有大量外汇储备，推高美元资产价格，压低长期利率。

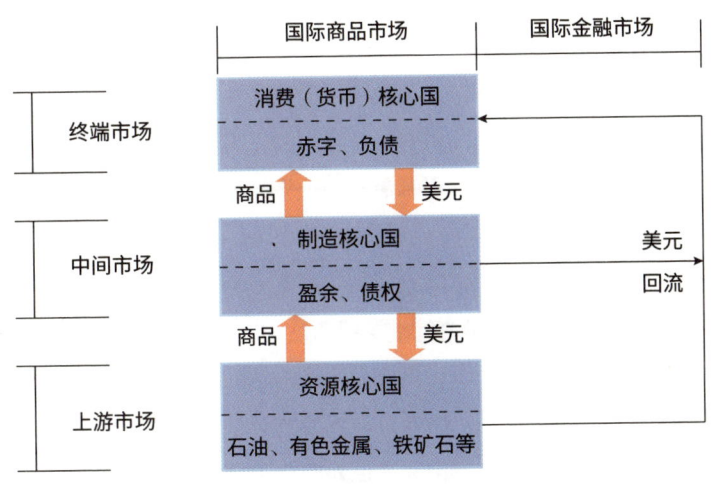

图 3-22　国际产业分工下的共生模式

资料来源：长江证券研究所。

在明确了世界产业分工格局和共生模式后，所谓的"金砖四国"因素说法也就不攻自破了，这些国家不过是当今世界产业链上的某些环节，印度类似于中国，而巴西和俄罗斯不过是我们所说的资源核心国成员。总之，"金砖四国"很大意义上并没有超脱现有的世界产业分工链条，并成为真正的增量因素，仍然与世界经济周期同生死、共荣辱。

但是，在传统经济增长模式下，统一于国家利益之下的资源与非资源行业之间的利益博弈，演化成了共生模式中资源核心国、制造核心国、消费（货币）核心国之间的利益博弈，资源品价格调整机制因加入了政治因素而变得更加困难和不确定。

同时，世界经济共生模式与传统模式相比，一个重要的变化是生产与消费出现分离。用经济学术语说，在传统条件下，生产、消费和价格是由行为主体同时决定的，然而在开放的经济体系中，生产、消费是由处于不同决策环境下的行为主体分别决定的，生产与消费分别由不同经济环境下的主体决定。更具体地说，中国制造多少商品，很大意义上不再由中国自身决定（这意味着中国宏观调控政策的失效），而是由消费（货币）核心国的消费（从而由出口）决定。在资源品价格上涨不能改变欧美消费者行为之前，即使中国生产者的利润已经受到很大压缩，但迫于强制性参与世界分工的客观前提以及维持自身经济增长的目的，中国也不得不按照欧美国家的消费需求进行生产、消耗资源。在传统模式下，通过资源行业和非资源行业的利润博弈，以及消费和生产博弈自发调节资源品价格的机制失效。当然，中国牺牲自身利润是由其在世界产业链上的劣势地位决定的，附带的结果是世界经济抗击资源品高价格的韧性增加了，资源消费和价格却没有像传统模式下那样迅速下降。

共生模式下的资源品价格调整机制

在传统模式和共生模式下，资源品价格调整机制是不同的。前面我们已经分析了传统模式下资源品价格通过世界经济滞胀进行调整的逻辑，但在共生模式下，中国通过牺牲利润消除了世界的滞胀。不过，新的调节机制正在发生作用。

我们在前文曾指出，按照主流经济学的观点，资源品价格问题的实质是成本问题，成本问题事实上是通货膨胀或者利润问题。因此，物价上涨并不是唯一的传导利润的形式，在共生模式中，汇率是调节国际产业利润和经济增长的重要形式，从而成为影响资源品价格波动的重要内生调节机制之一（见图3-23）。

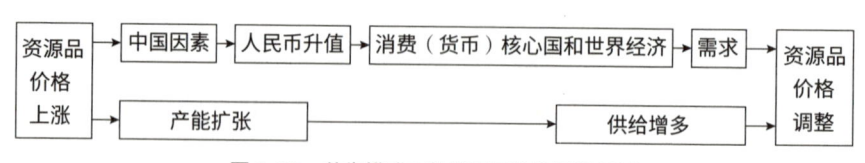

图 3-23 共生模式下的资源品价格调整机制

资料来源：长江证券研究所。

我们的这种理解同样可以得到现实数据的证明。一方面，伴随着人民币汇率的升值，中国出口速度在减慢。长期来看，随着人民币升值速度的加快，美国消费者的购买力会进一步缩水，世界经济增长和资源品价格上涨的压力会从源头上趋于减弱。另一方面，在大宗商品价格维持高位的情况下，人民币汇率的升值很可能是2016年后半年以来工业利润增速反弹的一个原因。当然，我们并不否认，在长期内，如果出口进一步放慢，需求约束可能超过汇率升值的价格效应，最终导致工业利润增速重新回落。

从上述角度看，人民币汇率升值可能是共生模式下资源品价格内生调整机制的必然。另外，针对资源、能源消耗而采取的税收和产业政策等也将影响资源需求和价格，事实上，这也是共生模式下资源品价格调整机制的一个方面。

美元：共生模式的基础

前面曾经指出，美元的国际地位是共生模式的基础，但共生模式是建立在经济和金融失衡基础上的，突出体现为美国贸易赤字的极度扩张（可参考图3-24），从长期看，这必将大肆透支美元信用。从理论上说，经常账户赤字是一国的对外负债，主要靠商品实体价值来偿还。但随着美元贸易赤字的增加，美元偿还能力将越来越受到怀疑，美元被市场逐步减持的可能性越来越大，美元潜在的贬值压力不会随着美元加息导致的升值而减弱。

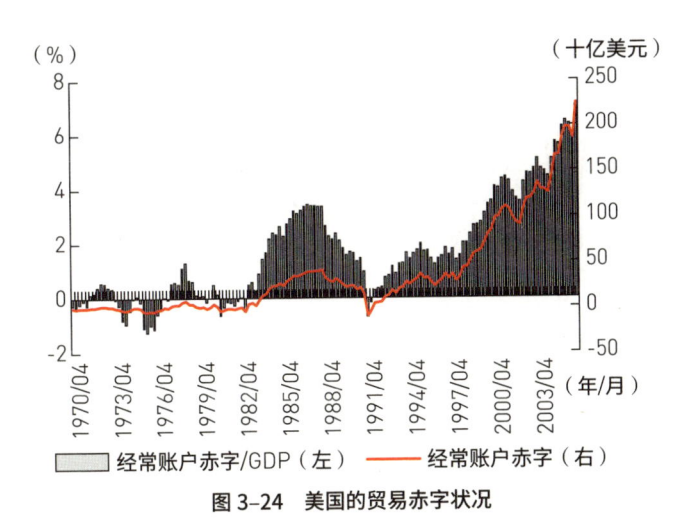

图3-24 美国的贸易赤字状况

资料来源：彭博，长江证券研究所。

一旦加息周期结束，美元重返贬值之路的可能性很大。当美元资产持有者的这种预期变成实际行动时，美元资产价格，包括美国和世界经济都可能面临极大的下跌压力。因此，失衡格局在发展的同时也在腐蚀共生模式可持续性的基础（可参考图3-25、图3-26）。

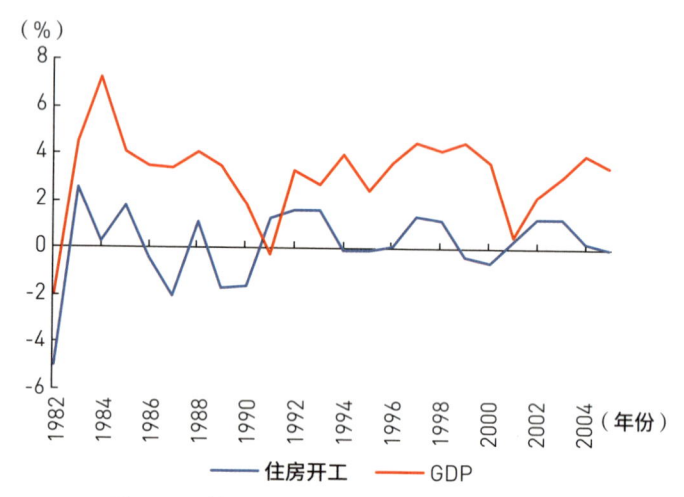

图 3-25 美国住房开工增长率是 GDP 的先行指标

资料来源：彭博，长江证券研究所。

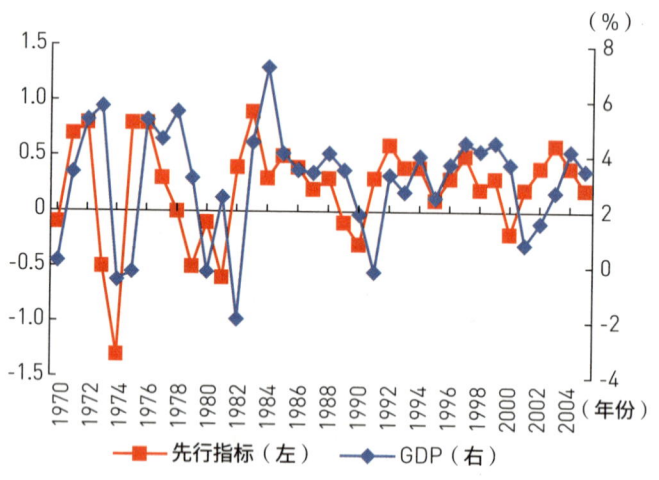

图 3-26 美国经济先行指标仍处于下滑轨迹

资料来源：彭博，长江证券研究所。

正如埃森格林所说，如果外围国家对美元的信心坚挺，这种共生模式就能维持（见图3-27）。虽然外围国家的集体利益要求购入美元以维持美元的信用，但个别国家的个别利益却可能引发竞相抛售美元的做法，从而导致现行共生模式瓦解。这种集体非理性和个体理性的现象随时都有可能拉开帷幕，并在羊群效应的作用下导致共生模式的崩溃，甚至会在某种偶然因素的刺激下，引发经济危机。

图3-27 美元汇率指数和CRB现货指数

资料来源：彭博，长江证券研究所。

在这一失衡的经济体系中，美国的经济政策显得特别重要，美联储抑制通货膨胀的加息措施是在美国巨额赤字下美元不断升值的直接原因。然而，当美元加息终结而欧洲和日本为了抑制通胀而开始加息的时候，如果美国不采取类似于2016年《本土投资法》的措施，美元回流美国的现象能否持续就会成为很大的疑问。美元和美元资产价格下跌的风险开始暴露，美国经济增长也会面临风险，中国经济以及世界大宗商品价格可能会面临连锁反应，共生模式走向瓦解。我们认为，在美元作为失衡的共生体系的前提下，美元贬值导致的经济衰退作用可能远大于美元标价作用对国际资源品价格的影响。我们预计，2016年后半年，当美国持续加息的可能性越来越小的时候，世界经济增长的风险性可能会更加明晰。

因此，我们应该客观地认识美元重返贬值之路后，世界经济和资源品价格所受的影响。短期内，标价因素的确可能会导致资源品价格上升甚至创出新高，但长期看，经济衰退对资源需求和价格的作用会更加深远。

小结：牛市的根基正在遭受侵蚀

共生模式使通过滞胀调整资源品价格的模式失效，似乎使世界经济承受资源品高价格的能力增强了，但新的调节机制正在发生作用，这种机制正在腐蚀大宗商品牛市的根基。而且，失衡的共生模式不可能永远持续下去，美国的资产泡沫有两种可能，要么泡沫破裂从而全球经济陷入衰退，要么泡沫继续膨胀从而造成更大的风险。资产停止膨胀而又避免破裂的软着陆方式是世界追求的目标，虽然我们看到美国资产价格出现了一些停止膨胀的迹象，但最终以突变的破裂还是渐变的软着陆出现，尚有疑问。不过，就大宗商品价格的判断来说，这两种可能都无所谓，因为这表明商品价格牛市见顶的风险越来越大。

至此，关于资源品价格和世界经济的判断，我们已经有了明确的答案。但关于资源品价格的故事并没有结束，我们必须回答另一个问题，即本次世界经济增长的高点已经在2004年出现，但2005年和2006年，大宗商品价格并没有随着世界经济的回落而回落，我们从周期角度看待资源品价格问题的正确性是否应该受到质疑？我们认为，非也。事实上，这是一个实体经济和虚拟经济的时滞问题。

不要被代表着过去的繁荣迷惑

我们在《中国虚拟经济的繁荣与泡沫》中已经指出了实体经济与虚拟经济之间的关系。在新古典经济增长理论框架中，在经济经历一段繁荣之后，当人们过度储蓄和资本出现过度积累导致资本存量超过黄金率水平时，经济中的资源配置就不再是帕累托最优，经济将出现动态无效。实体经济动态无效的出现，使资金丧失了越来越多的获利机会。而此时，一方面，经济体内的流动性仍然十分充足；另一方面，在宏观经济的回落初期，由于实体经济高峰的滞后效应，资源品价格尚不能从供给的短缺中得到解放，大量资金便通过虚拟经济繁荣获取收益，延续或保持了实体经济的局部动态有效性。

很大程度上，新古典经济增长理论正是从这一角度理解实体经济和虚拟经济周期的关系的（见图3-28）。当实体经济出现动态失效时，虚拟经济领域便会出现持续的投机泡沫，会有更多的资金被投资于虚拟资产而不是实体经济。这导致实体经济中资本的边际产量增加，虚拟经济的繁荣把资本和储蓄推向黄金率水平，实体经济的动态效率得以恢复，虚拟经济的繁荣甚至投机泡沫有助于增加实体经济的动态效率。

这一过程体现为虚拟经济周期对实体经济周期的滞后性，资源品价格和世界经济走势的确也验证了这一观点。但是，我们需要深入分析为什么虚拟经济繁荣会滞后于实体经济周期。对这一问题的回答十分重要，因为如果没有认识到虚拟经济繁荣对实体经济的滞后效应，我们就可能被当前的繁荣迷惑，从而失去对未来的鉴别力。

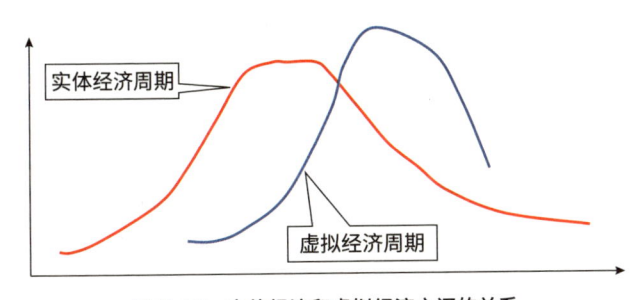

图3-28 实体经济和虚拟经济之间的关系

资料来源：长江证券研究所。

牛市的最后一站总是歇斯底里

图3-29显示，资源品供需都呈周期性变化，但供给周期落后于需求周期，因此，当实体经济回落时，资源品的供给缺口仍然存在，资源品价格尚不能立刻从供给短缺中解放出来，从而呈现出虚拟经济繁荣的滞后效应。滞后时长主要取决于需求回落的快慢以及资源从投资到形成产能所需的时间，需求回落速度和供给增长速度的不同组合意味着不同的滞后时长。

我们以原油为例，国际原油价格调整的时间滞后于供需形势的转变一年左右。原油的供需在2004年已经小幅过剩，2005年过剩进一步增加，但国际原油的价格在2005年8月底创出新高之前，一直处于升势。在此之后，国际原油价格虽未出现中长期下跌趋势，但在高位震荡徘徊，进入止涨阶段。

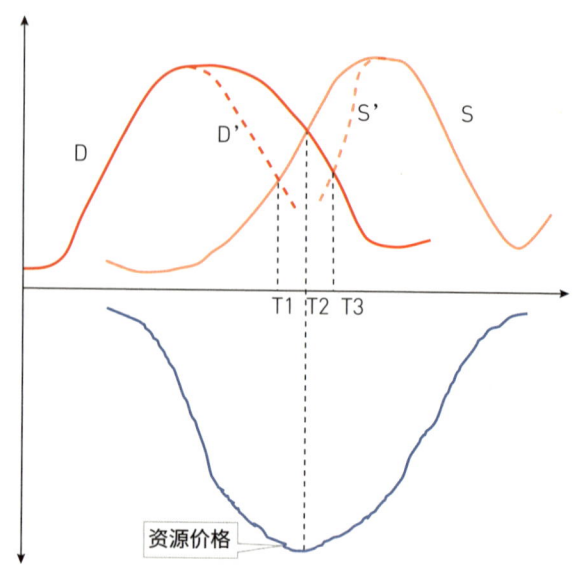

图 3-29 大宗商品繁荣的期限

资料来源：长江证券研究所。

因此，我们本期所看到的虚拟经济繁荣只是上一期实体经济繁荣和供需缺口的体现，不代表现在，更不代表未来趋势。当然，不同的资源品，其供需走向平衡的时间、滞后于实体经济繁荣的期限也不同，这导致虚拟市场中不同品种繁荣的期限也会不同。如果以原油市场的滞后期限作为平均水平，假定相关国际机构的历史及预测数据可信，而且世界经济增长不出现意外变动，在不考虑突发政治事件影响的情况下，我们大体上可以推测出各种资源品繁荣的期限情况：铜价有可能在 2006 年出现顶部；原油继续高位震荡的可能性较大；铅价因繁荣滞后因素有可能保持高位；黄金、锌、锡、原铝由于供不应求，仍有上升的可能（可参考表 3-2）。

另外，从更高的层次上看，不同的虚拟经济对实体经济的滞后期限也不同，虚拟程度越高、受实体经济制约越少的虚拟产品，对实体经济周期的时滞也越容易延长。相反，虚拟程度越低、受实体经济制约越高的虚拟产品则相反。比较而言，期货市场与实体经济的联系最紧密，受实体经济周期约束最大，因此，相较于房地产和股票市场，期货的繁荣期限理应最短。

表3-2 大宗资源品供需逐步由不平衡向平衡转变

		精铜（万吨）	原铝（万吨）	精铅（万吨）	锌（万吨）	锡（万吨）	镍（万吨）	黄金（吨）	原油（百万桶）
2003年	供给	1 521.7		681	988.6	29.1	119	4 153	
	需求	1 564.2		683	982.8	30.4	122	3 451	
	缺口	-42.6	26.9	-2	5.8	-1.3	-3	702	-0.15
2004年	供给	1 579.8		694	1 016.9	32.55	127.5	3 767	
	需求	1 668.5		710	1 046.6	33.38	131.5	3 854	
	缺口	-88.7	-30	-16	-29.7	-0.83	-4	-87	0.54
2005年	供给	1 643.3		741	1 032.2	34.39	136	3 925	
	需求	1 643.1		744	1 052.0	34.9	133	3 959	
	缺口	0.2	6	-3	-19.8	-0.51	3	-34	0.80
2006年	供给	1 765	3 349	784	1 068.3	36.57		3 964	
	需求	1 735.5	3 363	782	1 112.0	36.71		4 069	
	缺口	29.5	-14	2	-43.7	-0.14		-105	

资料来源：国际铜研究小组、国际铝协会、BP（英国石油公司）等相关国际机构，长江证券研究所。

总之，实体经济繁荣高峰已经结束，而且新的资源品价格调整机制正在发生潜移默化的作用，主流资源品在供需不平衡向平衡转变的过程中所表现的极度繁荣带有很强的歇斯底里表现，这反而大大增加了其泡沫走向破裂的可能。

04　长波衰退中的增长与通胀

- 2008年6月25日

长波周期下的增长与通胀转化

最近我们一直在思考两个问题。其一，大家普遍预期的美元企稳问题，我们觉得这个问题的关键是美元企稳是长期现象还是短期现象。其二，在美元有升值的预期下，为什么国际原油价格还在不断创出新高，这到底是标价因素还是供需因素在起作用。这两个问题本质上是一个问题，就是在长波周期的衰退中，经济增长中的币值变动和通货膨胀使得增长趋势复杂化。简单说，通胀与增长的博弈决定了当前和未来世界经济在衰退过程中的运行方式。

虽然在中周期的运行过程中，经典的周期理论对通胀问题有明确的描述，但是我们觉得，解决当前的通胀和增长问题用中周期的框架看不清楚，这也是我在年度策略报告《国际化博弈》中使用长波周期框架的原因。在长波周期框架下，很多短期因素不能解释的现象变得非常清晰。以下就是我运用长波理论对美国经济和中国经济近期的走势提出的一些看法。

长波衰退中的资源约束与信用膨胀

世界经济长波周期中的资源约束问题往往发生在世界经济长波的衰退阶段，这一点我们在上一章曾经阐述过其逻辑，当创新带来的生产率的提高和新型工业化国家的崛起共同增强了对资源的需求时，资源往往由于在长波萧条中的投资不足而产生瓶颈。但是，从更长的时间来看，金属资源是可以被重复利用的，所以，其稀缺程度会为技术进步所缓解。唯有化石能源是不可再生资源，所以，资源约束问题往往以化石能源的涨落为最终归宿，这就是石油与金属的根本区别。

由此也衍生出关于当前的资源品价格问题，我们需要一个更为长期化的思路。简单回顾1948—1991年世界经济由汽车、计算机技术所带动的第四次长波周期演绎，经济增长与通货膨胀之间的博弈关系始终存在，也代表了长波周期四阶段的本质划分：1948—1966年，受益于技术创新所带动的劳动生产率提升以及资源品的供需平衡，美国经济增长与核心CPI之间的直观差距不断扩大；1966—1973年，资源需求的上升以及供给阶段性有限使得核心CPI逐渐超越经济增长；1973—1982年，成本推动型的通胀成为制约经济增长的主导因素，而此时劳动生产率提升的放缓使得降低成本的唯一方式来自经济增长的大幅减速；1982—1991年，新的技术创新赋予经济复苏以动力，而经济增长大幅放缓后，资源品重归供需平衡也提供了另一方面的支撑。

回到2008年，在美元本位货币体制下，这是继20世纪70年代之后第二次发生长波周期的资源约束。实际上，每次长波都会出现上述问题，并不随货币体系的改变而改变。但是，我们必须讨论在美元本位下资源约束存在被放大的机制。原因在于，美元本位如果缺乏金本位，美国就无法通过黄金流动来抑制贸易不平衡，所以美国的赤字政策和美元储备的膨胀，本质上决定了世界经济会存在被放大的需求和由信用所催生的产能过剩，这些问题在当前并不明显。所以，我们必须重新思考当前旺盛的经济需求中有多少美元信用膨胀的因素，虽然这无法被量化，却是世界经济衰退的潜在机制。

资源约束与产能过剩，这是长波衰退的两个基本原因，但在美元本位的货币体系下，资源约束更多地向通货膨胀和资产泡沫化演化，这也是在世界经济进入美元体系之后，通货膨胀治理艰难，同时资产泡沫频发的原因。因此，我们的分析逻辑就是围绕这两个核心问题来分析美元在经济增长与通货膨胀博弈中的币值变动问题，我们期望从中发现美元在长波衰退期的运行规律，并进一步探讨与美元币值同时决定的资源约束、经济衰退过程和通货膨胀问题（见图4-1）。

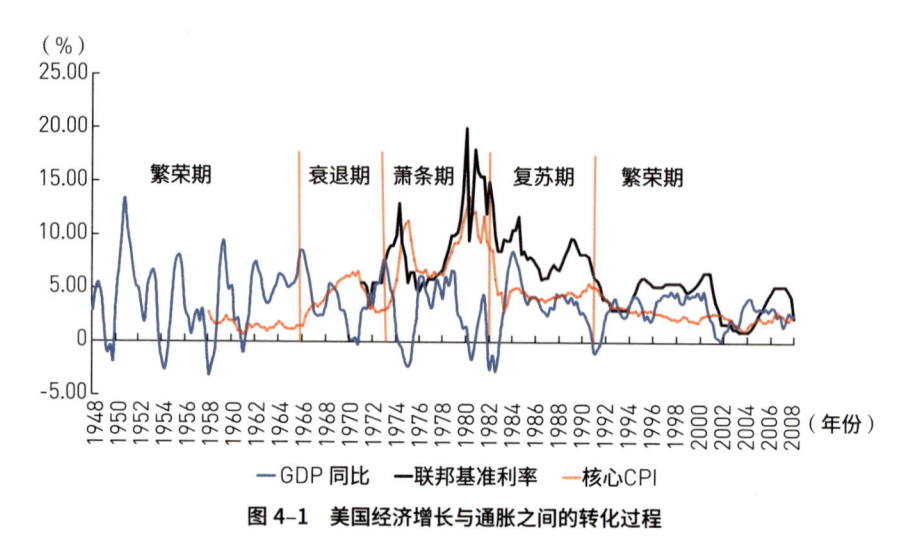

图4-1 美国经济增长与通胀之间的转化过程

资料来源：彭博，长江证券研究所。

长波衰退期的价格现象

经济学并非自然科学，也不是占星术，目前还没有能够消除这种担心的理论。

——木船久雄

为什么要研究长波？因为世界经济已经处在长波繁荣向衰退过渡的拐点上，拐点前后的经济运行特征将有很大变化，这正是我们用短期现象判断未来的困难所在。而且，美国仍是第五次世界经济长波周期的主导国，从本质上看，研究美国和研究世界经济是一个问题，所以，我们在研究美国问题时是以长波的逻辑展开的。

当然，对长波的研究历来众说纷纭。我们与其说是用长波的框架，不如说是利用长波的视角来观察目前世界经济中我们所经历的种种现象。不过根据我们对长波理论的理解，长波的现象也是从增长率、价格波动、资本的收益率等几个角度来分析的，而对于长波的触发因素，我们也是从技术创新等公认的角度去解释的。但是，从我们的角度出发，本章的重点是对增长与价格波动的探讨，这是一个纯宏观的视角，不过在这个视角下，最主要的就是能源与长波的问题，这是对当前投资十分重要的一个问题。

我们处于长波衰退的哪个阶段

我们根据主流的长波理论对世界经济的长波做了划分（可参见表2-2），但是对于本轮尚未结束的第五次长波的划分目前仍没有研究。凭借对长波周期的理解，我们认为2000年网络股泡沫的破灭并不能说是第五次长波的繁荣期的结束。因为长波不完全是一个创新问题，还包括对价格与增长关系的理解。所以我们认为，本次长波繁荣期的终点应该在2004年美国经济增长高点附近。我们注意到，在此之前，经济保持较快的增长，但通货膨胀并不显著。最关键的问题是，在2004年美国步入长波衰退之后，至2007年世界经济的通胀问题已经越发明显。长波的衰退特征与1970年左右出现的全球通胀与美元动荡、债务危机问题等长波衰退的特征相似，所以我们在年度策略报告《国际化博弈》中的判断基本符合长波特征。

将长波衰退定在2004年，后面的问题可能会豁然开朗，我们注意到上一个长波周期1966年为繁荣向衰退的转折点，实际上就是增长与通胀的反向运动的转折点。而在2004年，美国也出现了这种情况。对于未来的增长与通胀的演绎，第四次长波给我们的经验是，在1969年以前，当美国的通胀没有显著脱离美国经济增长率的中枢时，美国经济仍然能够维持一定的增长率。就如我们看到2007年以来虽然经历了次贷危机，但是美国经济依然能够在相对不高的核心通胀情况下维持增长。所以，在未来的增长与通胀的博弈中，关注通货膨胀率的上升对美国经济未来的发展十分重要。这一点我们将在下面的章节展开讨论。

长波中的增长与价格

既然如此看重长波衰退中的价格问题,我们不妨来研究一下长波中的价格特征(见图 4-2 至图 4-4)。这将有助于我们理解未来大宗商品和石油的价格以及通货膨胀的发展趋势。

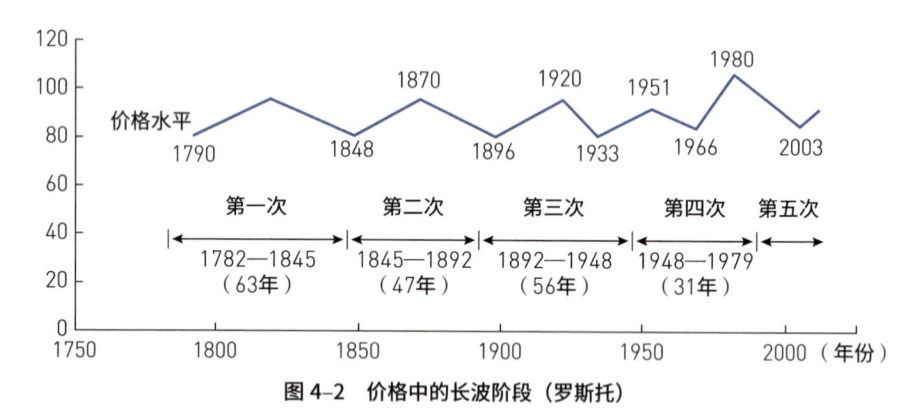

图 4-2 价格中的长波阶段(罗斯托)

资料来源:木船久雄,《经济的长期波动与能源》;20 世纪 70 年代后为长江证券研究所添加。

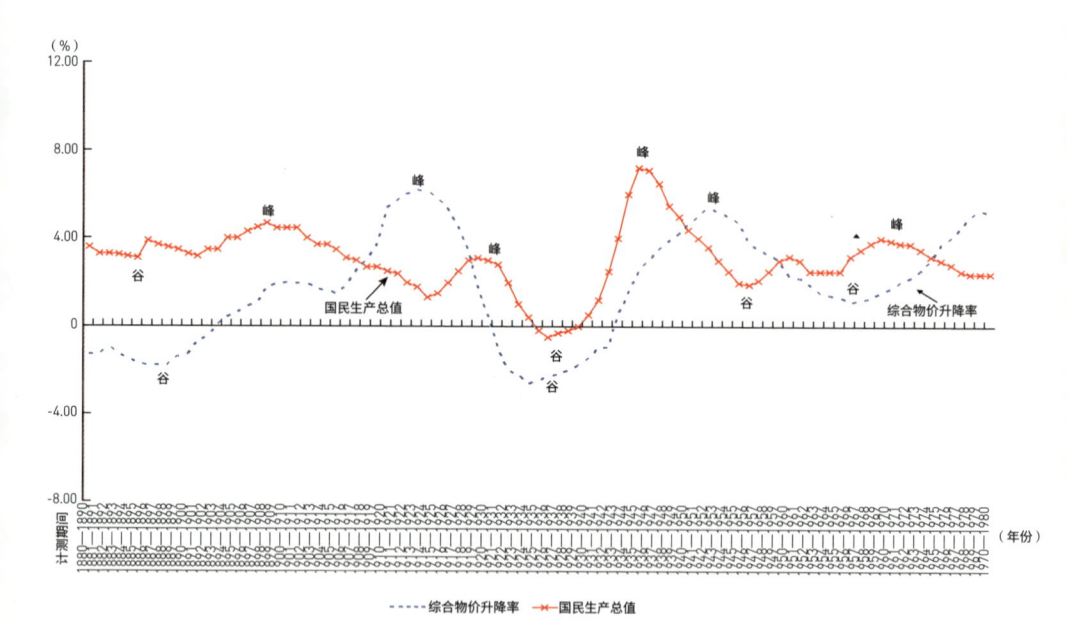

图 4-3 美国经济增长与物价的长期波动

资料来源:木船久雄,《经济的长期波动与能源》。

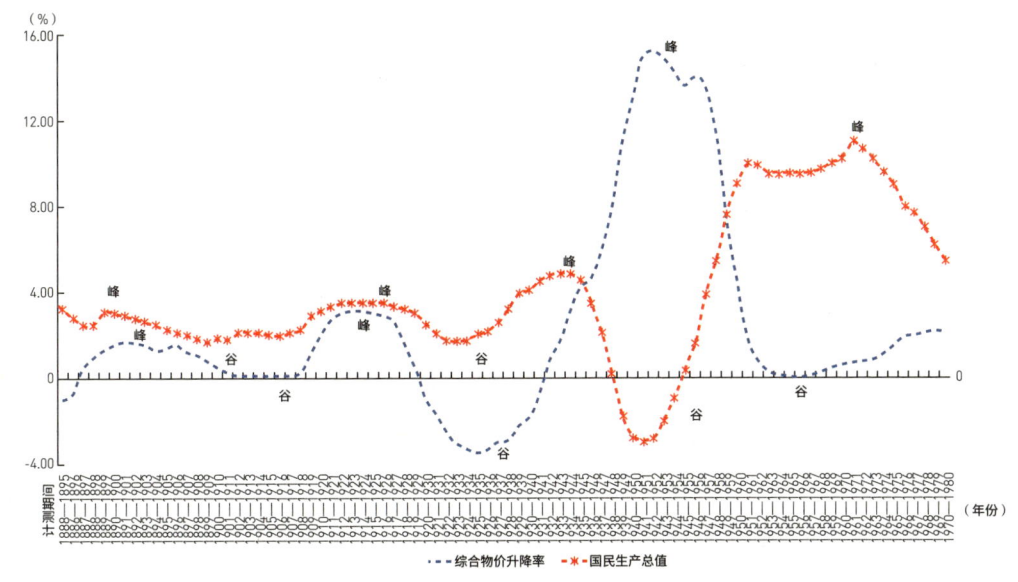

图4-4 日本经济增长与物价的长期波动

资料来源：木船久雄，《经济的长期波动与能源》。

  长波衰退期的通货膨胀问题从现象上表现得非常清晰。所以，长波本身就被定义为一种周期性的价格现象。至于长波衰退期为什么出现价格的大幅上涨，按照罗斯托的解释，这与食品和原材料的价格有着很大的关系。不过在金本位下，有些学者认为是重要金矿的发现导致了流通中货币的增加，因此导致了通货膨胀。总而言之，无论是战争还是黄金的发现所引起的货币供应量的增加，都在表面上被解释为在长波的衰退期出现通货膨胀的原因。而我们通过近两次长波所观察到的现象就是，资源约束与信用膨胀是导致通货膨胀的两个基本原因。20世纪70年代的通货膨胀的原因自然也符合这种解释。

  从美国的经济长期波动与物价的关系看，美国两次通货膨胀与增长的阶段性背离出现在20世纪20年代和70年代，这两个时间段就是我们所说的长波的衰退期。而且，尽管20年代的通货膨胀有战争的因素，但是我们不得不承认，即便在金本位下，这种现象也是存在的。我们认为，美国作为世界经济第三次长波周期以来的主导国，其经济趋势应该能够代表长波的基本特征。

  如果从现象上来看，衰退期的通货膨胀至少是一种必然现象，我们在前面也提出了长波衰退期资源约束与信用膨胀的基本逻辑。这种以能源为代表的原材料价格的上涨到底有没有内在的原因，也是我们必须探究的问题。

长波中的能源

关于长波中的能源价格上涨，我们实际上对在世界经济高速增长的后期出现成本推动的通货膨胀并无大的疑义。问题的关键在于，世界在经济出现长波衰退之后，如在 1970 年附近，仍然爆发了严重的石油危机。为什么经济衰退没有从供需的角度减弱石油价格的上涨？实际上，除了一些用于解释石油危机的偶然因素，如战争，这里面还有没有其他的基本原因？日本学者木船久雄曾经在他的著作《经济的长期波动与能源》中进行了研究。

木船久雄研究了日本与美国的一次能源供给对国民生产总值的弹性值，他认为，长期来看，能源与经济增长的关系可以从以下几点理解。

其一，从超长期来看，弹性值集中于 1，在约 100 年的时间里，尽管出现了重大的产业和社会结构变化，作为生产要素及家庭最终消费的能源消费合计增长率与经济增长率是近似的。

其二，弹性值是极不稳定的，弹性值受到较多干扰的时期都是经济增长率水平急剧下降的时期。

上述两点实际上指出了一个事实，那就是能源消费本质上是跟随经济增长的。一方面，经济增长会带来需求的增加，在供给约束条件下，带来价格的上涨。但是另一方面，能源的需求不可能脱离经济增长而体现出所谓的绝对稀缺性，能源的供给在出现需求上升的预期之后是可以得到缓解的。因此，我们认为能源不存在脱离经济基本面无休止上涨的可能。

但是，为什么经济衰退之后依然会出现一定时期的能源价格上涨？这就存在能源消费的惯性规律问题。对此，木船久雄解释道，"尽管日本在石油危机之后能源价格发生了变化，但是战后近 30 年培植起来的多耗能产业和消费结构也难以因价格变化而急速转换。20 世纪 60 年代末到 1978 年前后，日本弹性值超过 1，正是在此惯性时期。而弹性值有下降趋势时，情况亦相同"。

尽管经过这样的解释，我们可以认为能源在经济衰退后的一定滞后期内，能源价格仍能维持高位，但是为什么这种情况以极端的形式出现（如石油危机），那就只能以突发因素来解释了。

我们观察美国的长期一次能源供给对国民生产总值的弹性值（可参考图 4-5、图 4-6），美国两次弹性值超过 1，且与国民生产总值趋势产生背离的阶段，一次是在 1911—1922 年，另一次是在 1972—1976 年，这两次都是处

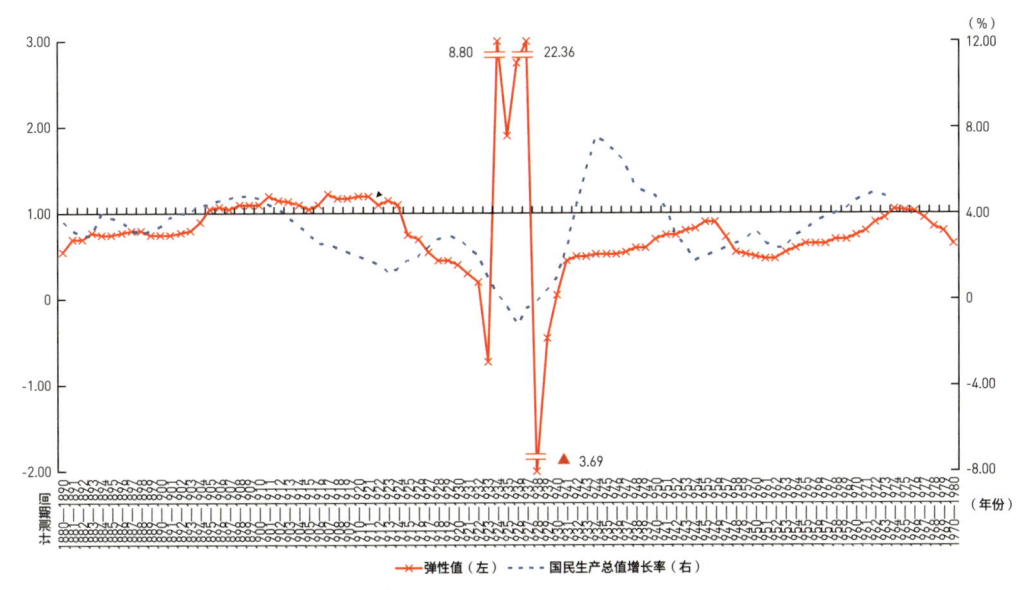

图 4-5　美国一次能源供给对国民生产总值的弹性值

资料来源：木船久雄，《经济的长期波动与能源》。

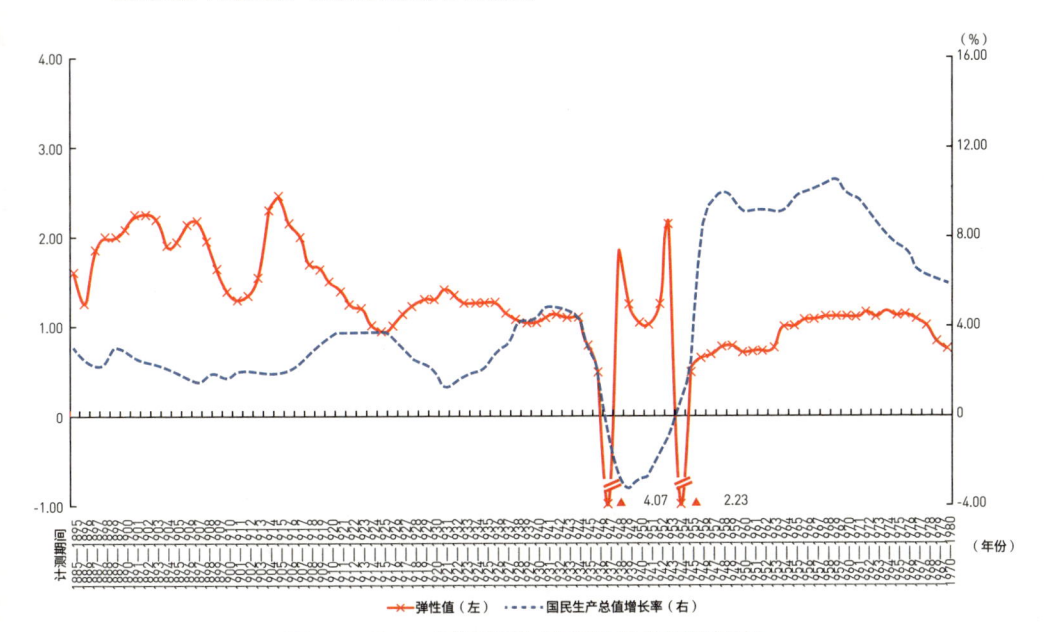

图 4-6　日本一次能源供给对国民生产总值的弹性值

资料来源：木船久雄，《经济的长期波动与能源》。

04　长波衰退中的增长与通胀　107

于长波的繁荣向衰退转换的过程中。在后一次，美国的核心 CPI 直到 1980 年才见到最高点，因此，第二次石油危机的发生才能更多地被解释为偶然因素。

我们对长波中通货膨胀研究的体会是，迄今为止，关于在长波的衰退期出现严重通货膨胀的原因都没有令人信服的解释。但是，这种现象是客观存在的，所以，我们要从通货膨胀与增长的博弈角度来寻找未来世界经济增长的基本规律，这是我们观察世界经济和判断美国经济的入手点，也是看待中国经济的基本前提。

长波中的美元

在观察了长波衰退期的本质特征后，出于研究的目的，我们仍然需要观察美元在长波衰退期的特征。这正好为我们研究扑朔迷离的美元走势提供一个视角和思路（见图 4-7）。

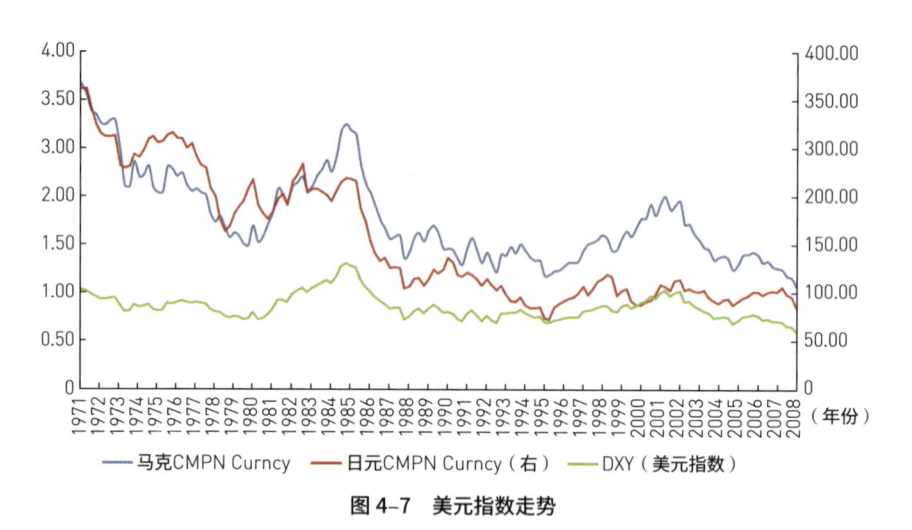

图 4-7　美元指数走势

资料来源：彭博，长江证券研究所。

在 20 世纪 70 年代长波的衰退期，布雷顿森林体系的崩溃实际上就是经济增长达到衰退阶段之后，主导国经济实力下降的一种反映。而在此之后，直到 1990 年，第五次繁荣来临之前，我们观察到美元经历过两次小的反弹和一次大的反转，在 1973 年和 1975 年长波的衰退期，分别有两次反弹，而在 1980 年后，曾经出现一次长达 5 年的上升过程。但那时已经处于长波的回升期。我们相信，研究这些美元反弹和反转的原因对当前的美元币值研究是有借鉴意义的。

20 世纪 70 年代的两次美元企稳

布雷顿森林体系的崩溃期正处于美国经济由 60 年代繁荣期向 70 年代滞胀期的转变期间。美元国际货币中心地位的动摇以及币值大起大落的原因，最终都将由世界经济长波衰退期中的美国经济何以由繁荣转为滞胀做出解释。整个 70 年代，美国经济在全球经济衰退中处于滞胀状态，这正是我们分析美元何以在实体经济下滑过程中出现两次企稳现象的总基调，即美国经济当时与欧洲或新兴经济体在经济波动中处于此消彼长的关系。

美元指数在 1973—1975 年的企稳其实可以细分为以下两个阶段：（1）美元在 1973 年第一季度后的一波下滑，主要基于同年 3 月维持布雷顿森林体系的固定汇率制的崩溃，德、法联合对美国采取浮动汇率，直接引起美元大幅下跌；（2）石油危机作为外部冲击事件，在本次经济衰退过程中加深了美、德、日的结构性受损程度，再加上美国经济本身自 1972 年起便有约 23 个月的工业增长，以至美元在石油危机之后相对于马克、日元走高（可参考图 4-8）。

1973 年 12 月发生的石油危机使得美、德、日三国在 1974—1975 年间均出现了通货膨胀大幅攀升和经济增长迅速下滑的状况（见图 4-9、图 4-10），但为何美、德的通胀压力以及经济下滑与回暖的情况要远远好于日本？我们对此的解释又恰恰是美元相对于马克、日元走高的最根本原因，以及日本经济损失惨重和日元与马克相比贬值更多的内在原因。（1）美国经济于二战前便已完成了产业转型，这使得美国经济强于战败国德国和日本。同时，美国经济处于 20 世纪 60 年代的 8 年繁荣期时，德国与日本尚未真正完成产业转型，这也是在共同遭受石油危机的外部冲击时，美国经济略胜一筹的根本原因。（2）德国从粗放型到集约型的升级始于 20 世纪 60 年代中期，而日本 70 年代之前尚处于以化工、石油与钢铁等重化工行业拉动经济增长的模式，更确切地说，此时的日本处于资本与资源密集型的发展阶段。

1973年的石油危机正好使得这个受资源约束较强的国家遭受严重冲击,在美国和德国早已完成产业转型的情况下,日本被迫从资源密集型向技术密集型转变。因此,从产业转型推动经济增长这一基本面来说,日本受第一次石油危机的影响远远大于美国和德国。(3)1967年欧洲煤钢共同体、欧洲原子能共同体和欧洲经济共同体的最终统一(欧洲共同体,简称欧共体),实际上增强了德国抗衡美、日贸易竞争与抵御石油危机的抗风险能力。这里与其说是抵御,不如说是欧共体其他国家分摊了德国面临的风险,德国与日本经济不同的另一方面体现在其主要的贸易对象不是美国,而是欧共体内部成员。所以,1973年法、德以及欧共体其他国家共同对美元实行浮动汇率,而彼此之间保持固定汇率(可参考图4-11),这让德国的外部经济环境远胜于日本。与此同时,石油危机造成的原材料高成本在欧洲煤炭、钢铁、能源共同体协议之间得到有效化解,使得高通胀的压力消耗于欧洲各国之间,而日本只能独自承受高通胀带来的负面冲击。

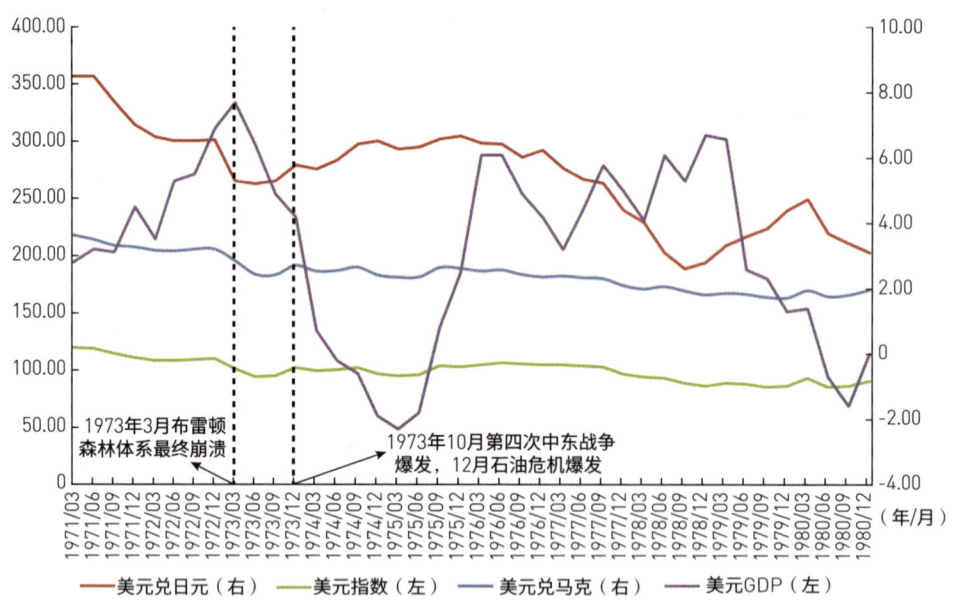

图4-8 布雷顿森林体系崩溃与石油危机对美元、日元、马克的冲击

资料来源:彭博,CEIC 数据库,长江证券研究所。

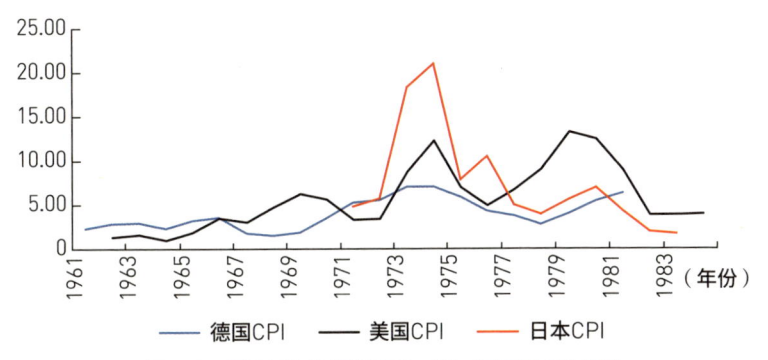

图 4-9　两次石油危机前后美、德、日三国 CPI 对比

资料来源：彭博，世界银行，长江证券研究所。

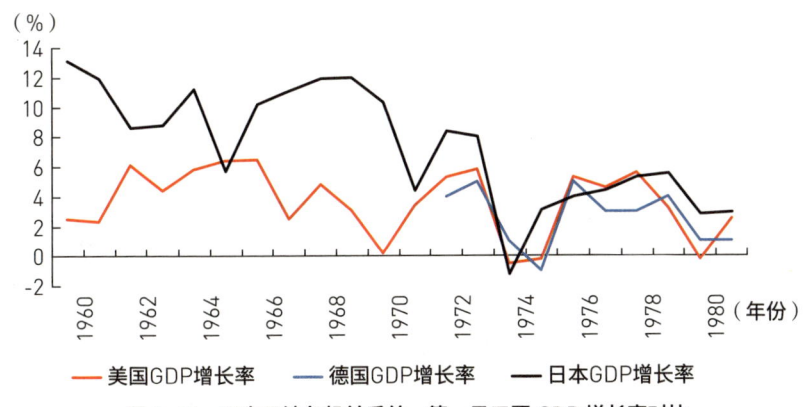

图 4-10　两次石油危机前后美、德、日三国 GDP 增长率对比

资料来源：彭博，世界银行，长江证券研究所。

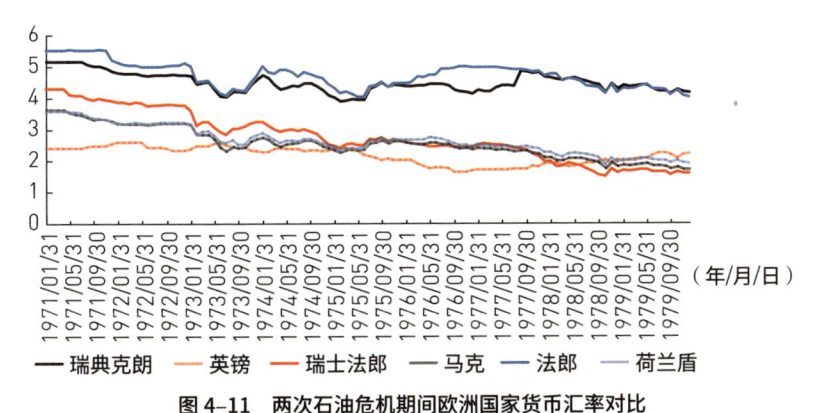

图 4-11　两次石油危机期间欧洲国家货币汇率对比

注：英国不在欧洲共同体之内。
资料来源：彭博，长江证券研究所。

04　长波衰退中的增长与通胀　111

因此，我们可以得到一个初步的结论，在第一次石油危机的冲击下，美国、德国与日本之间的经济增长此消彼长的关系是此次美元出现反弹而不是美国经济向好的原因。总体来看，在长波的衰退期，美国作为主导国，由于自身的竞争能力、币值相对变动，其与欧洲国家和追赶型国家（日本）确实存在此消彼长的关系，这可能是主导美元币值短期走势的基本原因。但是，正是由于衰退向萧条过渡的基本性质，美元也从未出现反转。

美元反转与1985年《广场协议》

在20世纪80年代前半期，美国实际利率大幅提高和美元的上升，把那些高成本、低利润率的企业大量淘汰出局，这为美国经济的复苏提供了初步条件。另一方面，日本在1983年"美元—日元委员会"成立后，资本流动的自由化进一步加强。对美国的投资迅速增加，即购买美国国债的方式使日本经常收支的巨额顺差环流到美国，日本增加了对作为投资货币美元的需求，因而美元继续大幅升值。同时，为了治理严重的通货膨胀，美国实施紧缩的货币政策，连续多次提高利率。高利率吸引大量的海外资金流入美国，导致美元汇率飙升，从1979年底到1984年底，美元汇率上升了近60%，美元对主要发达国家货币的汇率超过了布雷顿森林体系崩溃前的水平。所以，这次美元的反转是在滞胀问题解决之后一系列政策的结果，我们目前显然还没有到达值得讨论的那个阶段。

长波衰退中美元的反弹

关于长波中的美元币值，我们能够提供两点经验。首先，在长波周期的衰退期中，美元从未出现反转，只是其间出现两次反弹。其次，这两次反弹实际上还是源于美国在这期间的几次经济短期波动，而在这些短期波动中，美国与欧洲国家和新兴工业化国家的此消彼长关系实际上反映了美元在经济增长中的作用，这也是美国对石油危机抵御能力的一种体现。

共生模式嬗变下的增长与通胀

我们前面研究了在20世纪70年代的长波衰退期中世界经济的基本特

征。但是 2004 年开始的长波衰退显然不会是 20 世纪 70 年代的翻版。然而，我们必须承认，很多基本的特征和机制是相同的，因为当今世界经济的共生模式就是从那个时代演化而来的，当然，也必然有不同的地方，因为当前的共生模式与以前相比还是发生了很大的变化。

共生模式的构建

世界经济共生增长的模式是指，在当前世界经济一体化和产业分工国际化的背景下，资源核心国、制造核心国、货币（消费）核心国形成的互相依赖而共生的情景。这种相互依赖和共生体现为：资源核心国的资源主要用于出口而不是自我消费；制造核心国的产品用于出口的比例十分庞大，以至外需成为遏制或促进经济增长的关键；货币（消费）核心国在世界货币体系中仍然占据主导地位，但其对制造核心国的产品依赖度很高，具有消费但不生产的特征。

显然，欧佩克成员国、巴西、澳大利亚等属于资源核心国，中国是典型的制造核心国，美国是典型的货币（消费）核心国。这三类国家形成的共生模式就是当今世界经济增长的逻辑，不同类型的国家完全根据自己的比较优势进行分工，并强制性地按照共生模式实现自身经济的增长，一旦脱离这一世界经济运转的共生模式，结果将比现在糟糕。

从本质上说，共生模式形成的根本原因在于，世界经济分工进一步朝着纵向一体化方向演进，而决定共生模式延续性的关键源于美元的信用度。正如埃森格林所说，如果外围国家对美元的信心坚挺，这种共生模式就能维持。因此，整个世界经济增长链条的维系或断裂可能很大程度上取决于美元，而支持美国消费和经济增长的前提是，中国和资源出口国将大量外汇储备以美元资产的形式持有，推高美元资产价格，压低长期利率。

一般认为，共生模式的构建是在 1973 年布雷顿森林体系崩溃之后。其实不然，共生模式的本义在于，美国通过美元的扩张式发行以支撑其内部需求，并通过美元回流的方式规避国内储蓄率过低所导致的资金成本过高的问题。而这种信用扩张其实在 20 世纪 60 年代金本位制度下美国奉行凯恩斯主义的时候已经有所萌芽，而恰恰由于美元的无节制扩张才最终引发了金本位的淘汰。可以说，布雷顿森林体系的崩溃是由于将美元形成的信用扩张以及相应的共生模式发挥到了极致,而内在的主导因素则源于美国自身的产业结构变动。

共生模式的嬗变:美国抵御通胀的能力增强

从20世纪60年代共生模式开始构建直至1973年布雷顿森林体系崩溃后的进一步发展,共生模式中除资源核心国由于产品属性外并非一成不变,作为消费(货币)核心国的美国、六七十年代的日本、80年代的亚洲四小龙等经济体和如今作为制造核心国的中国,制造国核心地位的转变包括终端产品的差异化都在有序发生。

在这种技术升级呈区域性扩散的"雁形发展模式"下,美国经济得以更快地加速其内在的产业结构调整,制造业对经济增长的贡献程度逐步被消费需求取代,由此,即使是在技术创新的扩散主导期,其贸易状况也只能说是有所好转(见图4-12、图4-13)。因此,美国的消费需求在没有贸易顺差的支撑下更多地依赖财政赤字以及相应的信用制度扩张体系,虽然技术创新的前瞻领导力使其能够维持在雁形模式中的领头地位,但是在长波周期中很长的一个阶段,世界经济最需要的是美国支撑力薄弱的消费需求。

所以,就现在的共生模式而言,美国与20世纪70年代相比越来越脱离制造领域,但是美国的消费越来越依赖制造终端。所以,我们的基本判断是,与70年代相比,美国对通货膨胀的抵御力在增强。

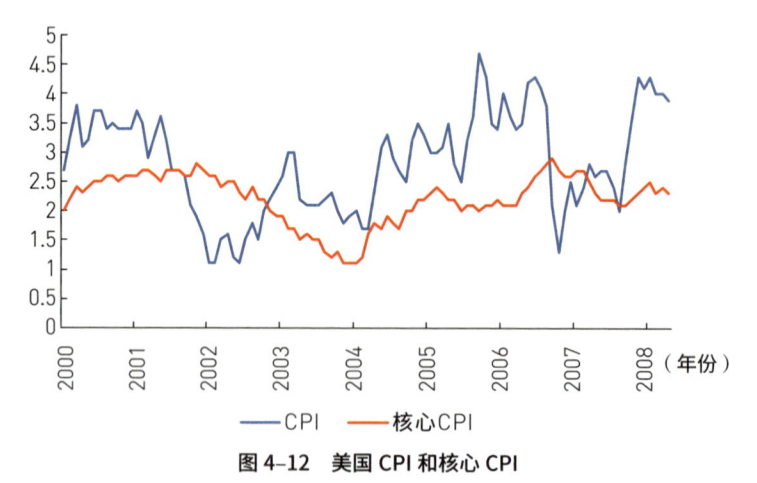

图4-12 美国CPI和核心CPI

资料来源:彭博,长江证券研究所。

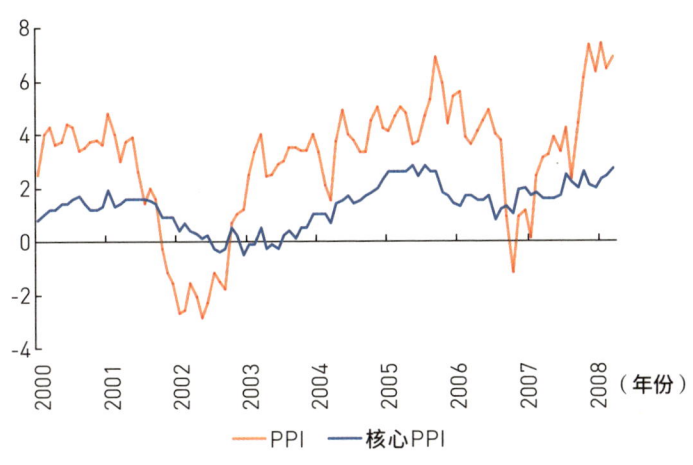

图 4-13　美国 PPI（工业生产者价格指数）和核心 PPI

资料来源：彭博，长江证券研究所。

当前美国的通货膨胀水平并未显著脱离其增长率的中枢，这一点在 70 年代的衰退初期也是如此。当然，在大宗商品价格大幅上涨的情况下，美国通胀没有大幅上涨至少说明了两个问题，其一，从美国当前的经济结构看，其消费为主的结构对资源品价格具有更低的敏感性。其二，大量的通货膨胀压力被中游制造业国家（如中国）消化。所以，较低的通货膨胀是保证美国能够自由运用其降息政策的关键。正因如此，美元反弹的可能性出现。同时，这是在美元升值预期下油价大幅上涨的根本原因，而其背后的因素是新兴市场国家还没有衰退。

但是这些问题都是暂时的，因为以中国为代表的制造业国家对高成本的承受能力正在减弱，而美国核心通胀的上升也说明通胀压力正在传导，所以，需要密切关注通货膨胀的情况。我们认为，美国 GDP 自 2007 年第一季度以来在衰退的边缘波动，尽管遭受了次贷危机自 2007 年第三季度后环比回落，但其衰退的幅度十分有限，这与通胀的控制有相当大的关系。

共生模式下增长与通胀的未来

但是，通胀与增长的博弈是一把双刃剑，在美元有反弹预期的情况下，原油价格的上涨实际上正在推动全球的通胀预期，所以，目前美国经济以及全球经济的稳定必将以新兴制造业国家的衰退为代价。我们认为，虽然全球不一定会在突发事件的触发下发生石油危机，但其本质仍是一致的，不过是程度的问题。在未来的增长中，我们认为即便是美元反弹，国际大宗商品也可能脱离标价因素继续上涨，或者继续维持高位。而这一阶段能够延续多长时间，将视美国的通胀传导而定，实际上也就是视中国等新兴经济体对通货膨胀的忍耐程度而定。但是整个逻辑过程是清晰的，只不过是时间和程度的问题。

所以，我们对世界经济的结论是，美元反弹不会改变大宗商品的基本趋势，世界经济将在需求仍然旺盛的情况下继续经历高通胀的考验，而这种暂时平衡的持续性取决于新兴市场或者任何一个发达经济体的衰退过程。就像我们在开头所说，美元泡沫所带来的过度需求和产能过剩机制仍然没有得到明显调整，而这种调整按照历史经验看，往往会以一种极端的形式出现。

按照我们的逻辑，最终世界经济的调整方式是，目前美国仍能运用其货币政策和尚未高企的通胀水平将经济稳定在现有状态。但是由于旺盛的世界需求的存在，通胀的发展是不以人的意志为转移的。所以，在美国的通胀高企之后，世界经济将经历一段时间的通胀与减速共存的局面。我们无法判断这个局面持续的时间，但是我们在开头所论述的长波机制注定了这个过程的存在。

世界经济进入调整的第二阶段

美元体制下的共生模式给予了各个层次更为精细的经济增长模式。类似于产业链上下游的各个环节，分工的细化有利于资源的最优分配，但是也导致任何一个经济环节的内在波动都可以传导到其他层次，而这种传导显然具有明显的阶段性特征。

世界经济调整的阶段性特征

在此番次贷危机引发的经济调整与历次经验对比的时点选择上，我们并没有选择20世纪80年代的储蓄信贷危机抑或90年代的LTCM（美国长期资本管理公司）危机，主要是考虑到共生模式调整体系的连贯性，毕竟欧元区经济的影响力在21世纪显然要比20世纪的八九十年代强许多。因此，我们重点比较2001年科技网络股泡沫破灭时的世界经济调整方式，虽然资产价格膨胀最终导致危机的标的有所区别，但究其本质都是美国内在经济周期所导致的信贷泡沫。

比较1999年以来美国经济与欧元区经济的同步性（见图4-14），在科技网络股泡沫破灭之后，欧元区经济的确跟随美国经济出现一定调整，但是从调整的幅度来看，明显要弱于美国，这主要是因为欧元区与美国相比，消费对经济增长的贡献程度并没有那么大。就消费贡献2/3以上GDP的美国而言，资产价格崩溃所导致的消费急速回落对经济增长无疑是致命的。不过，由于降息政策的及时性，美国经济在面对资产价格泡沫破灭引致的经济回落的风险时明显要强于欧元区，这也是欧元区经济虽然在GDP回落幅度上小于美国，但是从回落到之后的复苏却滞后于美国的关键。

再来比较2001年美国经济与中国经济的同步性，我们可以发现两者之间的调整过程呈现的也是中国滞后于美国（可参考图4-15）。内在的联系机制在于，美国对中国实体经济的影响主要在于进口需求，虽然美国的进口需求一直以来都具备极强的GDP增长关联性，但是中国的出口增长除了美国还有强劲的欧元区支撑，而欧元区经济内在的产业结构与美国之间的差异决定了消费需求对经济增长贡献程度的不同，因此，在历次资产价格泡沫破灭时，经济增长的回落自然存在时滞。由此，当面对由美国经济内在周期波动所衍生的世界经济调整时，阶段性的特征总是无法避免。

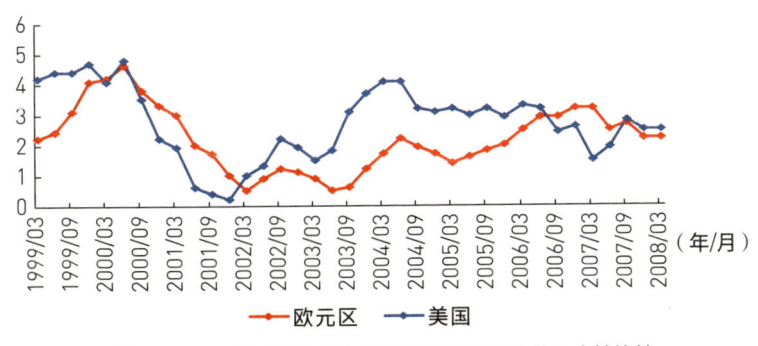

图4-14 1999年以来美国经济与欧元区经济的同步性比较

资料来源：彭博，长江证券研究所。

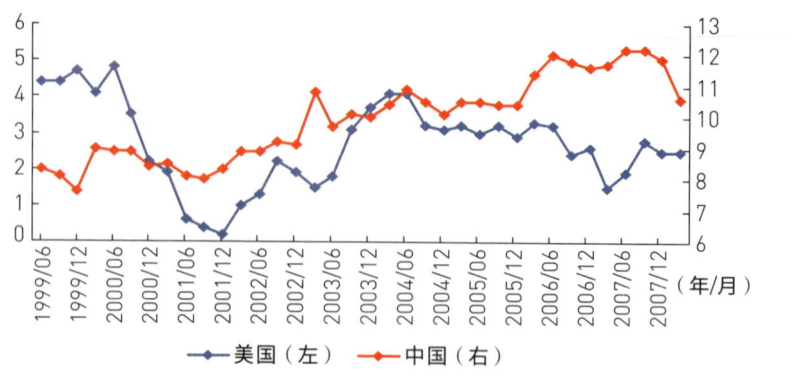

图 4-15　1999 年以来美国经济与中国经济的同步性比较

资料来源：彭博，长江证券研究所。

调整阶段的细化分解

第一阶段：美国的率先回落

结合科技网络股泡沫以及美国经济历次波动对世界经济的影响，我们可以将目前美国经济以及世界经济的这种调整过程从整体上划分为三个阶段。第一阶段，美联储通过放松货币政策以延缓经济增长步入衰退的速度。在这一阶段，美元将会呈现加速贬值的态势，虽然美元的贬值有利于暂时缓解原本的贸易逆差，但是美元回流在贬值的压力下无疑会受到更多质疑，这也从根本上延长了美国经济复苏的时间（见图 4-16、图 4-17）。

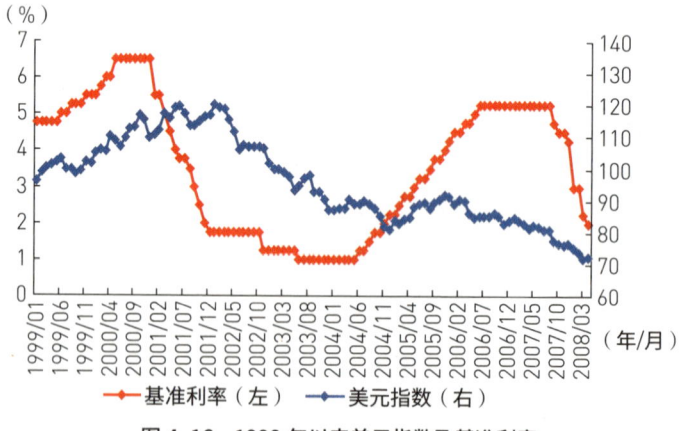

图 4-16　1999 年以来美元指数及基准利率

资料来源：CEIC 数据库，长江证券研究所。

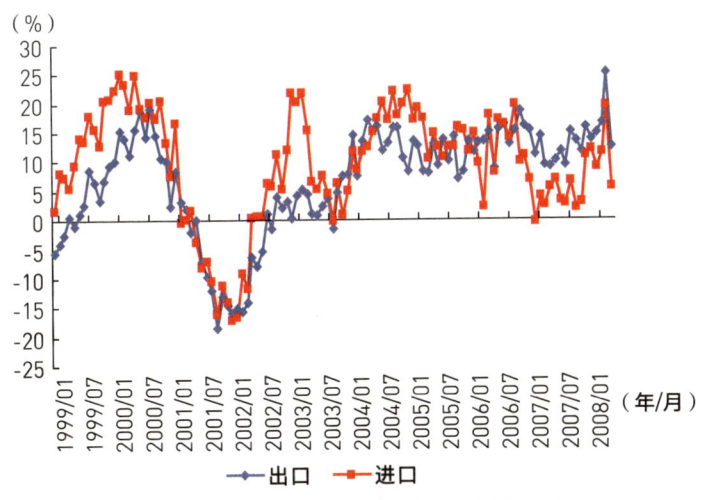

图 4-17　1999 年以来美国进出口同比增速变化

资料来源：CEIC 数据库，长江证券研究所。

值得注意的是，美元指数在 2000 年科技网络股泡沫破灭之时并没有大幅回落，主要是科技网络股泡沫与现在的房地产泡沫相比，全球化的程度更深。泡沫破灭引致的经济增长回落是同步的，所以即便美国的基准利率先于欧洲央行进行调整（可参考图 4-18），美元指数的变化显然也更注重经济增长预期的变化，这也是我们在接下来探讨美元的短期波动时必须考虑的。

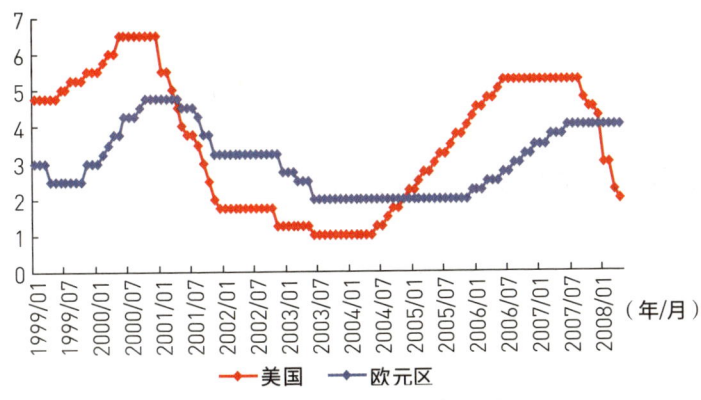

图 4-18　欧元区央行利率与美国基准利率差距

资料来源：彭博，长江证券研究所。

04　长波衰退中的增长与通胀

第二阶段：通胀与币值忧虑

在第二阶段，伴随着美元的持续性贬值，位于全球经济一体化中的其他国家也会受到影响，货币汇率的升值以及美国虚弱的进口需求，将使原本的制造业竞争优势受到弱化，而这种影响对欧元区以及日本等类似的工业化成熟国家将越发明显，毕竟它们的生产成本相较于发展中国家来说要高得多。

另一方面，美元持续贬值引发的通胀压力也会加速世界经济内在的调整节奏，这一点在 2000 年科技网络泡沫股破灭的时候也有所体现，归根结底是由于，在前边所述的第一和第二阶段中，虽然美国包括欧元区的经济增长已经开始回落，但是大宗商品最大的需求国新兴市场国家依然维持稳定的需求。于是，随着第二阶段调整过程的深化，欧元区或者日本经济增长预期的回落，美元的贬值速度趋缓，在这种背景下，大宗商品价格大幅波动的可能性正在大幅提高。

第三阶段：大宗商品价格的阶段性回落

在第三阶段，受制于欧元区以及其他发达国家经济增长渐缓，并同美国经济一致性回落，依赖于净出口拉动经济的发展中国家开始呈现景气回落迹象，这种景气回落是外需回落和成本推升双重压力博弈的结果。在这一过程中，美元的回流才会正式或者更加明显，对美国经济而言，除非爆发一次新技术革命从而导致长波周期增长模式的转变，否则任何一种资产价格膨胀的过程都决定着经济复苏的程度，而美元的阶段性强势以及相应的世界经济整体性回落，从根本上意味着大宗商品的牛市周期就此结束。

第二、第三阶段演绎的关键要素

结合目前处于共生模式纵向产业链中各个国家的经济增长速度，以及欧洲、日本等发达经济体下调经济增长的预期，我们有理由相信世界经济的此轮调整正在由第一阶段向第二阶段过渡。

欧洲：世界经济的助推者而非领导者

我们已经了解，在世界经济进入调整的第二阶段时，欧元区的经济增长迫于贸易逆差的逐步累积会呈现一定程度的放缓，而这种放缓在 2001 年科技网络股泡沫的破灭过程中也有所体现。而从那时的 GDP 各贡献部分增长率来看，贸易逆差持续的时间很短，这也从根本上决定了欧元区在世界经济的共生模式增长背景下，很难代替美国成为真正的领导者。

究其根本，我们比较了欧元区、美国 GDP 各部分的占比，20 世纪 90 年代伴随着美元体制下共生模式的逐步加强。由于我们在之前提及的产业升级加强美国内需扩张的内在逻辑，欧元区虽然自 1999 年开始形成统一的货币体系，但是技术创新能力方面的差距使得其难以构建类似于美国的庞大贸易体系。而就欧元区相对于美国的经济增长结构而言，显然欧元区的增长模式要更为均衡，但是这也意味着其很难通过降低进出口、促进内需的方式重构经济增长的平衡点。

另一方面，过高的失业率一直都是欧洲经济的最大弱点。这使得欧洲想要效仿美国的贸易赤字政策，取代美国成为世界经济增长的引擎，吸收大量来自世界其他地区的廉价资源困难重重，仍然强有力的欧洲工会组织也不能容忍这一政策带来的社会无序现象。所以，尽管欧洲经济在未来几年的全球经济动荡中凭借其传统的先进制造业功底可能受害较轻，但是想要指望欧洲来拯救全球经济，是不切实际的想法。同时，在美国处于繁荣的高峰期时都对所谓的"美国经济模式"半信半疑的欧洲政策制定者，现在更不可能复制那套模式，以免沦落到美国如今的境地。

欧洲经济在美国经济回落的过程中贸易逆差的累积过程往往很短，那么对于普遍的新兴市场国家而言，欧洲经济所带来的外需支持更多只是一种阶段性的弥补，还不足以挽救美国经济回落所导致的真正影响，这也是经济调整过程阶段性的本质因素。

中国：规避外需回落引发经济调整的可能性

关于中国此轮实体经济减速机制，我们在 2008 年投资策略报告《国际化博弈》中已经表达得十分清楚，成本推升与外需回落之间的博弈过程是主导因素。考虑到中国目前的出口产品仍以制成品或中间制成品为主，那么，一旦外需回落的程度难以支撑上游产品的成本转嫁而导致价格推高，利润增速的拐点也就渐行渐近了。

从中国 2002 年以来的外贸依存度（见图 4-19）以及工业企业利润增速

和进出口增速之间的比较（见图4-20）可以发现，中国在维持高速增长的同时，与世界经济的融入正在加深，这也意味着经济增长结构之间的差异虽然可能导致中国经济与美国经济回落的不同步，但这只是一个时滞问题。

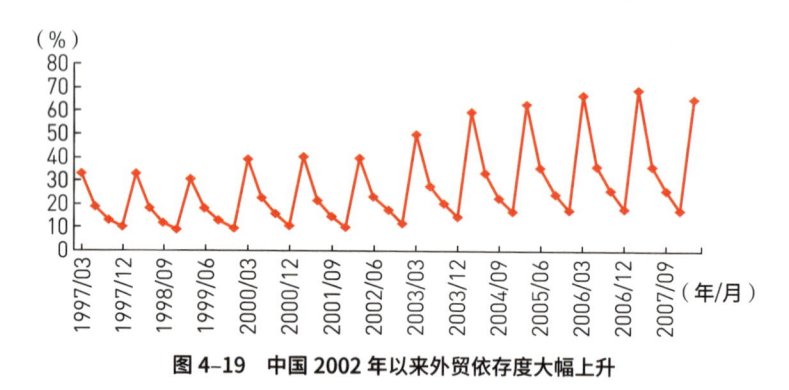

图4-19 中国2002年以来外贸依存度大幅上升

资料来源：彭博，长江证券研究所。

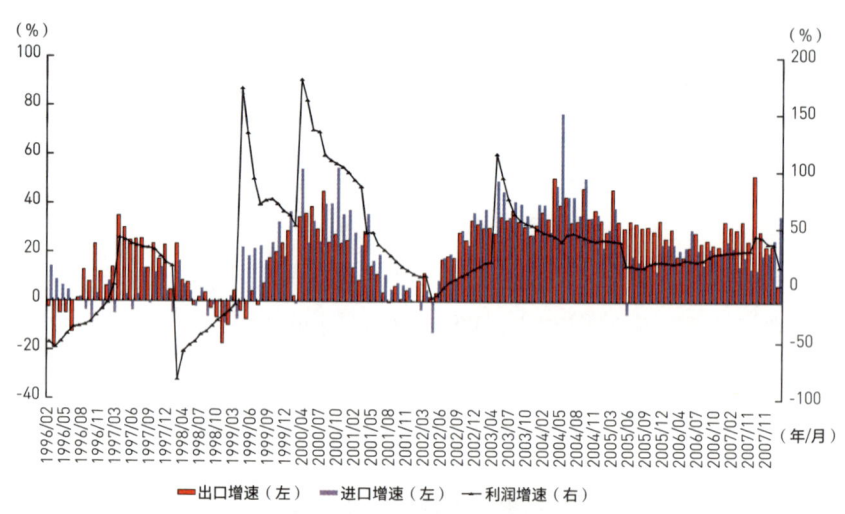

图4-20 中国20世纪90年代以来进出口增速和工业企业利润增速对比

资料来源：彭博，长江证券研究所。

另一个导致经济增长放缓的因素来自通胀水平的持续高位，与2000年的相似点就在于，美国经济的回落并未造成CPI包括大宗商品价格的回落，关键因素在于以中国为代表的新兴经济体与美国经济的周期错位。作为最大的原材料需求单位，中国经济增速放缓已经与当前的全球通胀下降绑在一起，没有中国需求的弱化又怎会有大宗商品尤其是能源价格的阶段性回落，这也意味着，近期的石油包括煤炭价格上涨撇除美元的标价因素，真正的需求增长依然存在。

在探讨成本推动型通胀的时候，我们需要考虑的另一个因素是中国目前依然扭曲的价格管制体系。为稳定当前依然高位的CPI所采取的成品油、电力的非市场化定价方式，一方面缓和了中、下游在外需回落、成本上升中的博弈程度，另一方面则使政府补贴间接地传导至实体经济。利润增速趋势的延缓一定程度上是原油需求依然旺盛的根本原因，而作为共生模式体系中的制造核心国，中国在为自己扛通胀的同时也在为世界经济最主要是美国缓和成本上升的压力。但是这种过程不会延续过长的时间，定价机制的逐步改善以及外需的进一步回落终将引导中国经济此次周期的回落。

小结：如何看待美元的短期波动"迷局"

在了解了上述演绎规律后，对于美元的阶段性波动趋势我们似乎陷入了一个更繁杂的困境，从2000年以来美元指数与美国经济增长中历次的阶段性比较来看，美元指数似乎并没有遵循自身经济增长的波动规律，包括利率决策而导致的波动规律（见图4-21）。这也恰恰印证了我们在开头部分分析美元本质时的忧虑，作为共生模式中的重要环节，美元的阶段性趋势需要考虑美国自身以及其他经济体的相对变化，这种相对变化的把握需要我们在掌握其他经济体变动的同时，进一步探讨美国经济和上一次科技网络股泡沫破灭时经济增长回落与恢复之间的差异。

图4-21 美元指数的阶段性趋势

资料来源：彭博，长江证券研究所。

美国经济：回落与复苏的实质

科技网络股泡沫与房地产泡沫差异之辩

关于目前美国的经济状况以及可能的美元趋势问题，我们更需要将现在的次贷危机与2000年的科技网络股泡沫做个对比。虽然同为资产价格自身的膨胀、收缩周期导致，但是两者对美国以及世界经济的影响模式是不同的。

首先，相较于房地产泡沫，科技网络股泡沫所引致的回落效应在美国与欧洲之间更具同步性。在2000年下半年，标准普尔500指数与英国金融时报指数几乎在同一时点创下科技网络股泡沫的新高。但是就房地产市场而言，次贷危机的影响在美国从2005年开始，而在英国从2007年开始。这种现象一方面是由于欧元区的利率调整时间与美国的不同步，另一方面是因为房地产市场的地域属性明显强于证券市场。

其次，科技网络股泡沫与房地产泡沫在美国产生的经济背景是完全不同的。按照长波周期的划分，20世纪80年代是美国以信息技术为代表的长波周期的回升期，而90年代是长波周期中繁荣期的开始，通过比较2000年之前贸易逆差（见图4-22）以及财政赤字预算的情况，我们可以发现，科技网络股泡沫的产生是因为信息技术创新确实赋予了美国实体经济更健康的增长模式。

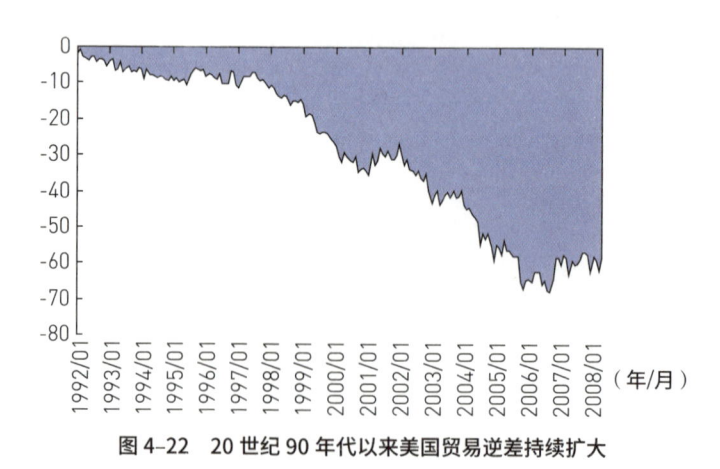

图4-22 20世纪90年代以来美国贸易逆差持续扩大

资料来源：CEIC数据库，长江证券研究所。

财政年度预算的情况更加明显（见图4-23），1995—2000年甚至出现了美国20世纪60年代以来很少出现的财政盈余。虽然这跟克林顿削减政府支出有关，但是经济增长内在动力的增强以及由此激发的资产价格前期的良性上涨，都与单纯依赖流动性和制度性变革引发的房地产泡沫不同。正因如此，我们需要进一步对比降息以及减税对美国经济包括美元的实质影响。

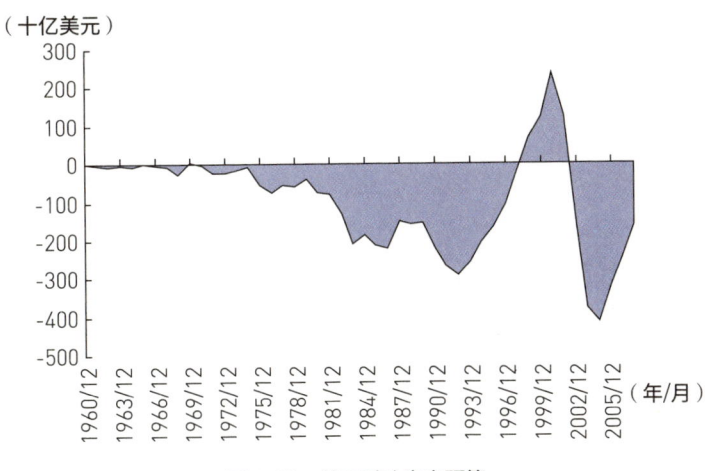

图4-23 美国财政赤字预算

资料来源：CEIC数据库，长江证券研究所。

降息与减税的本质效应对比

与2001年科技网络股泡沫破灭时解决危机的形式类似，美联储又一次采取了减税与降息并举的方式。此次"货币游戏"能否重回泡沫支撑经济复苏的逻辑？上述科技网络股与房地产泡沫的背景包括全球化的波及效应仅仅是我们考虑的前提，两者之间的内在作用机制仍需加以对比。

我们从降息的预计效果来看。

一方面，次级债危机与2001年科技网络股泡沫危机的最大不同在于，其因房地产泡沫的破灭而破灭。在大量银行机构参与了这一膨胀机制之后，泡沫破灭由"资产负债表"问题所导致的信贷紧缩远强于之前的危机。这也决定了需要更大的降息空间。而在通常意义上，美联储降息的直接效应往往体现在大宗商品的涨价上，由于共生模式下纵向一体化的生存机制，目前"金砖四国"内在经济增长与美国经济周期的不同步，导致原材料的需求放缓一般要滞后于美国经济的回落。在经济增长并未呈现明显放缓以及通货膨胀压力的背景下，美联储的利率决策处于两难境地。

另一方面，降息能否像1998—2000年股市繁荣、2001—2006年房地产市场繁荣一样，产生另一个延长实体经济繁荣周期的资产价格膨胀效应值得质疑。毕竟，在丧失了新技术革命引导实体经济利润增长的长周期繁荣之后，解决危机的效果虽然维持了GDP增速，但是内在增长机制或制造业的核心竞争力在两次泡沫膨胀的过程中并没有得到提高，劳动生产率以及劳动力成本的不断提升就是最好的印证，这也意味着美国经济内在动力的积累过程需要更长的时间。

至于减税所带动的复苏效应，更多地体现在提升消费者的可支配收入上。其实，关于减税方案在21世纪的美国经济史上并不是第一次。2001年2月8日，上任伊始的布什向国会提交了10年减税1.6万亿美元的计划，5月26日，经过激烈的争吵和折中，美国国会通过了10年减税1.35万亿美元的最终法案，6月7日，布什总统正式签署该法案，使之成为法律，这是美国20年来最大的一项减税计划。

从劳动者收入和每小时产量的比较可以看出，2001年实施减税之后，劳动者收入增速并没有跟随每小时产量的下滑而出现回落（见图4-24），这在一定程度上应该是减税引致的效果，但是这种效果往往持续时间不长。

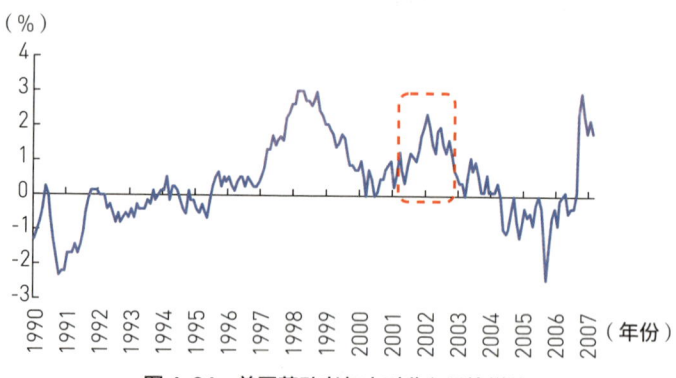

图4-24 美国劳动者每小时收入同比增速

资料来源：彭博，长江证券研究所。

更重要的是，减税为美国经济带来了两个更严重的问题，单靠政府支出补贴消费者收入的方式不仅使得20世纪90年代后半期积累的财政盈余转负,更使得流动性支撑起来的消费需求被大肆放大。由此导致的美元贬值不仅导致大宗商品价格持续上涨,而且房地产泡沫的破灭也源于此。这是我们在看待这次美联储降息的过程中必须重视的。

美元是反弹还是反转

讨论美元走强的关键,是对其走强是反弹还是反转的判断。如果是此消彼长的问题,那自然只能是美元的反弹。实际上,正如本章开始所言,在我们观察的第四次长波周期的衰退期和萧条期,美元从来没有反转过。从1971年日元兑美元升值开始,真正的美元指数反转只出现在1980—1985年和1995—2001年长波周期的复苏期和繁荣期,这也符合美国经济是近两次长波周期主导者的推论。

至于2008年以及之后美元究竟是反弹还是反转,我们认为先要解决美国经济的复苏机制问题。技术创新、信用催生泡沫以带动消费、制造业出口的复苏是美国复苏的三个机制。就第一个机制而言,显然在第四波创新刚刚结束的情况下,新的创新不可能出现。第二个机制是关于信用催生泡沫的问题,虽然有人判断这是美国经济本次可能复苏的原因,但是根据我们对美国经济史的理解,在次贷泡沫破灭等导致经济衰退的时候,信用扩张和流动性注入往往可能遇到流动性陷阱。这里我们对比2001年科技网络股泡沫的破灭,当时的扩张政策的确催生了房地产泡沫。但是以我们对资产价格泡沫破灭的多年研究,流动性仅仅是起支撑作用的一个因素,实体经济内在增长动力的积累以及制度性变革都需要一个过程。况且目前所面临的通胀环境对低利率政策的有效性相较于2001年要更加尴尬。

目前来看,美国经济未来的衰退程度以及相应的复苏时间从根本上将决定世界经济调整第二、第三阶段的节奏及延续时间。在经济减速的过程中,政策干预的有效性是决定因素。虽然2001年的科技网络股与现今的房地产泡沫的资产价格膨胀标的有所区别,但是政策方面的类似程度包括降息、减税都具备一定的可比性。

相比较而言，虽然此次房地产泡沫破灭所引致的"资产负债表"问题引发的流动性收缩要大于2001年的科技网络股泡沫，不过美联储对此种弊病的处理方式的确让人敬佩，除了不断地降息以及直接为市场体系注入流动性，最近公布的TSLF（定期证券借贷工具）计划直接将流动性较差的公司债上升到短期国债，这进一步提供了信用支撑。更重要的是，就像当年石油价格在美国入侵伊拉克后涨到每桶50美元一样，如今的通货膨胀形势反而给了美联储更大的调整空间，使其得以避免日本在20世纪90年代双泡沫破灭时由于供给过剩形成的流动性陷阱。

伴随着降息政策在2008年下半年的逐步实施，相信个人可支配收入的相对提高一定程度上有利于美国经济在第三季度之后的企稳。但是，由于传统的信贷泡沫支撑消费需求扩张的增长模式，在经历了2001年科技网络股和现在的次贷危机之后，资产价格的膨胀体系也需要经济内在创新体系的重新构建，预计2008年或2009年美国经济的复苏高度也会相对有限。这也是我们在经历了2008年这一轮世界经济调整之后必须面对的问题。

至于美元的趋势问题（可参考表4-1），从目前长波周期的创新角度看，的确很难找到支撑美元反转的技术创新。这也意味着美元的反弹更多是由于各国经济之间的此消彼长。从之前各国经济的演绎趋势以及美国降息、减税对美国经济影响的比较可以得出，降息包括减税一定程度上会通过加大财政支出的方式弥补金融市场的流动性短缺。财政赤字的存在是对美元的一大压力。而有利的一面是，美国经济的此次回落要超前于欧洲经济体，而通胀方面的限制会使利率维持低位空间，时间也会比2000年的时候小。如今，在欧洲经济开始逐步回落而美联储政策效应开始起作用的背景下，美元有望企稳，但是反弹将受制于刺激经济复苏的方式，也就是说，单纯地通过流动性弥补并不会形成美元强势的内在动力。

表4-1 美元短期趋势影响因素的对比

阶段	经济增长对比	支持政策	贸易赤字	财政赤字	技术创新
2001年科技网络股泡沫	同步回落	降息、减税	扩大	扩大	寻找
2006年房地产泡沫	滞后性	降息、减税	小幅缩小	扩大	萌芽

资料来源：长江证券研究所。

05

走向成熟
中国经济即将 V 形反转

▪ 2008 年 11 月 20 日

　　自 2007 年以来经济调整的时间和深度如何,未来中国经济增长的动力和形态如何,这两个问题就是本章试图探讨的核心。本质上,它们其实是一个问题,也就是中国工业化进程的延续问题。

　　自 2005 年以来,我们持续观察中国的工业化进程,同时,在罗斯托《经济增长的阶段》一书的框架下,我们比对了美国、日本、法国和亚洲四小龙等经济体的工业化进程,基本的感触是,中国的工业化进程是经典的工业化起飞进程,其经典程度超越了 19 世纪工业化的欧洲小国和 20 世纪的亚洲四小龙等经济体,成为在我们的理解里继美国之后最经典的大国工业化。正是基于这种理解,我们认为,用工业化框架研究中国经济的未来增长越发显现出其适用性,而我们几年来的工业化比较研究也越发显现出其活力。

　　不过在与经典工业化过程的对比中,我们也深知中国的工业化进程所处的世界经济体系与美国、欧洲等早期工业化国家的根本区别。在第二次全球化浪潮中,在国际分工体系更加细致紧密的情况下,中国的制造业已经成为世界分工体系的一个环节。日本当年的工业化处于这样的共生模式刚刚形成的阶段，从这一点看，中、日工业化对比是最合适的，而在对外依赖度方面，中国比日本有过之而无不及。

自 2007 年以来，中国无疑已经进入工业化的转折期，这一阶段大部分工业化国家都经历过。在这样的阶段中，一个国家增长的不确定性开始增加，而且经济增长的可持续性越来越受到制度因素的左右。所以，罗斯托认为，这样的时期对一个国家来说既是机会又是风险，我们将在本章讲述这种不确定性，而且会指出，大型化和升级无疑将是起飞阶段之后的基本增长模式。

我们无法解决这么多工业化问题，但是会按照工业化理论指出中国这次经济调整的特殊性，以及在长波周期的背景下如何衡量世界经济长波衰退对中国工业化转折期的深度影响。这些问题最终都将被总结成我们对本次经济调整的时间和深度的理解，而对中国未来的经济增长方式转变的详细分析，将有待后续研究了。

从起飞到走向成熟

罗斯托的《经济增长的阶段》描述了一个国家的工业化将经历的进程。他用一个经济史学家的归纳方法，将工业化进程分为起飞准备、起飞、走向成熟和大众消费时代几个阶段。我们对这部著作的理解是，他对增长的五阶段论的分法，核心在于对以起飞为代表的工业化进程的描述。罗斯托在导论中承认："增长阶段论是考察现代史中发展顺序的一个武断的和有局限的方法，而且不是绝对正确的方法。事实上，增长阶段论的目的不仅是描述现代化发展顺序的一致性，而且要说明每个国家经历的独特性。"因此，我们自 2005 年以来在使用工业化理论解释中国的经济增长和投资机会选择时，就不断地在梳理共性与个性的问题。不过，当 2007 年用该理论对中国经济的拐点做出成功的判断之后，我们增加了这个理论对中国当前适用性的认可度，这种适用性的基础就是中国工业化的经典性。

起飞：中国工业化的经典性与新问题

2004 年以来，我们一直在观察中国 2000 年以来这轮中周期的典型特征，用罗斯托理论来观察，中国确实是在 2000 年进入了工业化起飞期，中国工业化的经典性在我看来可能表现在以下几个方面。

其一，遵循了起飞准备、起飞的基本阶段特征。根据我们的理解，中国在 1978 年至 2000 年进行了以轻工业发展为主的起飞准备和原始积累，而自 2000 年起步入经济起飞阶段。

其二，具有起飞阶段的几个要素条件，例如固定汇率等。

其三，具有典型的起飞主导产业以及重化工业相关行业的发展。中国起飞的主导产业是房地产，同时具备钢铁、造船等重化工业的发展。

其四，具有完备的工业体系，在起飞中进行了以铁路为代表的工程和装备的技术积累。这一点对中国未来的产业升级至关重要。

其五，遵循了城市化加速、市场扩张以及交通发展的需求扩张规律。

上面这些经典的过程在工业化理论看来是各工业化国家的共同特征，所以，我们认为中国的工业化是非常经典的，而这一点可能也决定了罗斯托的工业化进程理论对中国未来的适用性。

当然，与早期英美德法的工业化相比，中国工业化起飞的新特征在于其经济对外依存度过高。表 5-1 给出了美国、日本和中国工业化起飞期间对外贸易依存度和相应的年均 GNP（国民生产总值）增长率，美国工业化起飞的关键时期就在 1869—1893 年间的二十几年中，在起飞的主导产业铁路的带领下，美国完成了工业化的关键起飞阶段。而在这一期间，美国的对外贸易依存度基本维持在 12%~14%，其相应的经济增长率也维持在 5%~6%。而日本工业化起飞出现在 1955—1965 年间，其对外贸易依存度维持在 21%，相应的经济增长率在 8%~9%。以罗斯托理论看待的中国的工业化起飞，实际上应该从 2000 年算起，其对外贸易依存度和经济增长率都大大超过以往的任何国家，这是一个工业化起飞中的新问题。

表 5-1 美、日、中工业化起飞阶段的对外贸易依存度

国家	工业化阶段	对外贸易依存度（%）	GNP 年均增长率（%）
美国	1869—1881 年	14.2	6.6
	1882—1893 年	12.6	4.8

续表

国家	工业化阶段	对外贸易依存度(%)	GNP 年均增长率(%)
日本	1955—1965 年	20.9	9.1
	1966—1975 年	21.5	7.8
中国	1990—1999 年	34.5	10.6
	2000—2007 年	53.8	10.2

资料来源：美国数据来自美国人口普查局，日本数据来自日本财务省，长江证券研究所。

进一步说，我们把在起飞期间中国与日本在对外贸易依存度上的情况进行了对比。我们认为，中日对外贸易依存度不同，中国吸引外资的数量远远超过日本当年，而中国国内市场的开放程度也超过日本。此外，更关键的是，中日参与国际化分工的方式不同，中国参与以生产要素为基础的国际分工，承担劳动密集型部分的生产。而日本参与以产品为基础的国际分工，注重独立的品牌。我们认为，中国高度对外依赖的工业化起飞是对工业化理论的拓展。关于高度对外依赖的工业化起飞的利弊，是我们在运用工业化理论研究中国问题时必须注意的新问题。

上述论述是对本章的一个理论铺垫，了解了中国的工业化特征，我们就知道中国将继续遵循工业化进程的共性规律，并就此展开我们对中国将进入工业化起飞萧条期，进而步入走向成熟阶段的论述。而对中国工业化的高度对外依赖而言，我们认为这可能会给中国的转型带来正负两方面的影响。从负面的影响看，其一，对工业化转型中的创新要求而言，由于以生产要素参与国际分工，中国内生的创新动力明显缺乏。其二，对工业化转型中的大众财富要求而言，中国的利益分配格局更加复杂。当然，从正面的影响看，仅就日本的案例对比而言，外部需求有可能减少转型停滞，也有可能带来经济的剧烈波动。

从起飞到走向成熟

在进行了上述理论铺垫之后，本章的核心是用工业化理论来判断本次中国的经济调整在工业化进程中的意义，即本次经济调整实际上意味着中国工业化起飞的结束，我们将首先给出起飞结束的理由。当然，我们认为起飞结束后经济调整的深度和复苏进程实际上存在一定的规律，我们将对这个规律进行研究，并给出我们对中国本次调整的判断。进一步说，在本次调整结束后，中国将进入一个新的工业化阶段，而这一阶段在罗斯托的定义中就是走向成熟，这也是本章的立意所在。关于走向成熟阶段，除了理论上的推导，我们将给出例证，主要以美、日经济史为基础来演绎走向成熟阶段的经济增长和社会特征，并由此展开我们对未来经济增长和投资选择的框架性梳理。

需要说明的是，本章将主要以罗斯托定义的工业化进程来区别各国的经济增长，而我们的例证将主要以美国和日本的工业化阶段为参照。其中，美国的起飞结束和走向成熟应当在1890—1900年附近，而日本在1962—1966年附近。在后面我们将对此做出详细论述。

起飞萧条期的短期意义

我们在前期的报告中提出，中国自2007年下半年以来的中周期调整具有极大的长期意义。首先，这是中国的经济中周期与世界经济第五次长波衰退的共振，而长波衰退最剧烈波动的阶段已经在2008年发生。关于这个问题，我们将在后面就长波衰退与中国的工业化问题进行专门讨论。其次，我们提出，中国2007年遭遇长波衰退的经济调整可能意味着中国工业化起飞阶段的终结，而这一点我们将给出例证。

中国步入工业化转折期

罗斯托在论述瑞典的经济起飞和走向成熟时写道："这一转折点是以挑战的形式出现的：经济萧条的标志是作为瑞典起飞阶段主要基础的出口市场发生萎缩。从结构上看，起飞阶段是由几个少数部门的迅速增长带动的。由于投资过程的性质，这些部门的迅速增长必然会发展过度，事实上，这是经济周期的本质。因此，起飞阶段通常以经济萧条告终。衡量一个社会是否已经完成起飞阶段的方法之一，就是看这个社会有没有能力重新组织其资源，以及加速一系列新的主导部门的发展。"所以，从起飞的本质是以固定资产投资所推动的主导产业的高速增长的特征看，投资的拉动在遭遇资源或市场的制约后，必然引发经济萧条，这就是我们所说的起飞结束的基本特征。所以，起飞往往是一个国家固定资产投资拉动经济增长最明显的时期，后面的投资将趋于收敛（可参考图5-1）。这一点我们在《增长的收敛——繁荣后期的经济景象》（2007）中已经明确指出。

在工业化起飞的过程中，城市化进程的加速会带来需求扩张和市场扩大，所以，工业化起飞往往也是城市化加速的过程（见图5-2）。但是，从工业化国家的例证中我们可以发现，当一个国家起飞结束步入走向成熟阶段后，也就是城市化率为40%~50%时，这个国家的城市化将步入一个新阶段。在这样的阶段中，农村向城市人口转移开始减速，取而代之的是城市化发达地区的大都市化进程和城市化欠发达地区的城市化扩散过程。美国在1900年刚好处于这样的阶段，日本在20世纪60年代也是这样。

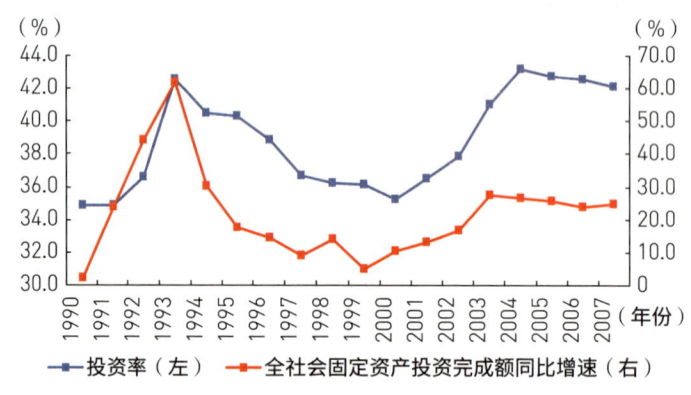

图5-1 中国1990—2007年的投资率和固定资产投资完成额同比增速

资料来源：CEIC数据库，长江证券研究所。

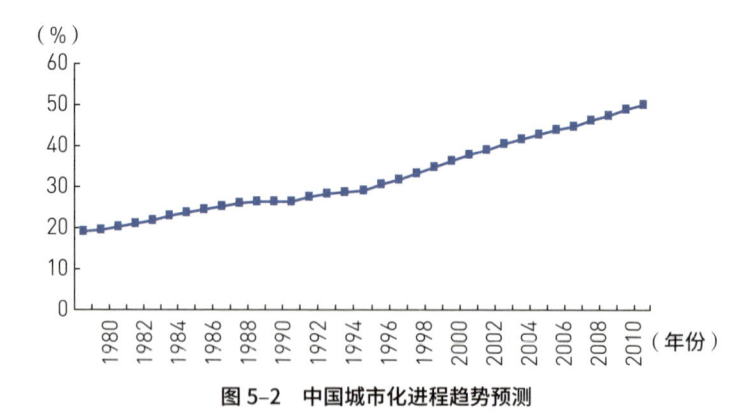

图5-2 中国城市化进程趋势预测

资料来源：长江证券研究所。

起飞阶段的终结，实际上意味着起飞主导产业的转换。关于起飞的主导产业，罗斯托定义为："创新或利用新的有利可图或至今尚未开发资源的可能性，将造成很高的增长率并带动经济中其他部门的扩张。"其中，其他增长部门也被称为补充性增长部门。在美国、法国、德国等国家的起飞中，铁路被认为是主导产业，其作用体现在降低运输成本，扩大出口，引起采煤、钢铁和现代机器工业的发展上。所以对主导产业来讲，其关联性是一个前提条件。我们可以近似地认为，中国房地产业的发展是一个具有很强关联性的主导产业。而从制造业的产值数字来看，增速明显快于其他产业的行业仍然集中在钢铁、有色金属、煤炭、通信、石化、设备这些领域，中国具有典型的重化工业特征。

按照我们对主导产业的理解，房地产可能被近似地认为是一个具有极大关联性的主导产业，但成为主导产业的另一个必要的技术因素，是这一行业对尚未开发的资源的利用（可能是中国以前较低的土地成本）。而较低的成本就是有效需求的来源。所以，虽然产业关联地位依然存在，但是就成本和有效需求的关系而言，我们认为，房地产作为主导产业的地位将逐步衰减。实际上，对中国的整体发展而言，成本优势的丧失也是起飞结束的标志。这也伴随着原有主导产业和补充性增长部门的最高速增长阶段的终结（可参考表5-2）。主导产业的最高速增长阶段的终结意味着起飞的终结。而在美国，1890—1900年以后铁路修建里程的下降就意味着美国起飞的结束和走向成熟的开始（见图5-3）。

表5-2 1999—2007年中国工业化起飞期间的制造业增速

行业	倍数	年均（%）
黑色金属矿采选业	9.60	42.02
有色金属冶炼及压延加工业	6.41	34.59
黑色金属冶炼及压延加工业	5.53	31.81
家具制造业	5.71	31.62
煤炭开采和洗选业	5.26	30.92
通信设备、计算机及其他电子设备制造业	5.26	30.22
石油加工、炼焦及核燃料加工业	4.57	29.56
有色金属矿采选业	4.34	28.23
燃气生产和供应业	4.47	28.08

续表

行业	倍数	年均（%）
通用设备制造业	4.48	27.84
仪器仪表及文化、办公用机械制造业	4.15	26.98
木材加工及木、竹、藤、棕、草制品业	3.90	25.86
电气机械及器材制造业	3.79	25.35
石油和天然气开采业	3.12	24.48
化学原料及化学制品制造业	3.54	24.42
交通运输设备制造业	3.42	23.91

资料来源：长江证券研究所。

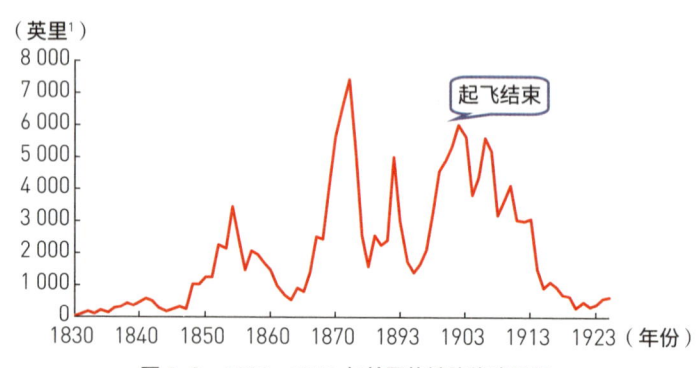

图 5-3　1830—1923 年美国的铁路修建里程

资料来源：美国人口调查局。

工业化本身就不是一个单独的经济现象，起飞的终结广泛地影响着社会各领域。而这一点还要从起飞的本质说起。伯纳姆说："无论在何处，工业化的起飞阶段，无论是由资本家还是人民代表来管理，都会是一个残忍和剥削的过程。"事实上，起飞的本质就是要保证财富向少数人手中集中以完成原始积累的过程和进行再投资（见图 5-4、图 5-5）。所以，起飞之后，社会的贫富分化将呈现加速的趋势。但是，按照罗斯托的观点，在走向成熟阶段之后，在未来的大众消费时代中，也就是在我们所说的启动内需的过程

1　1 英里 ≈1.609 千米。——编者注

中，起飞阶段的贫富分化将对经济增长产生负面的约束作用。所以，贫富分化对经济增长约束的显现，是起飞完成的社会标志之一。

图 5-4　中国的基尼系数

资料来源：长江证券研究所根据相关研究估算。

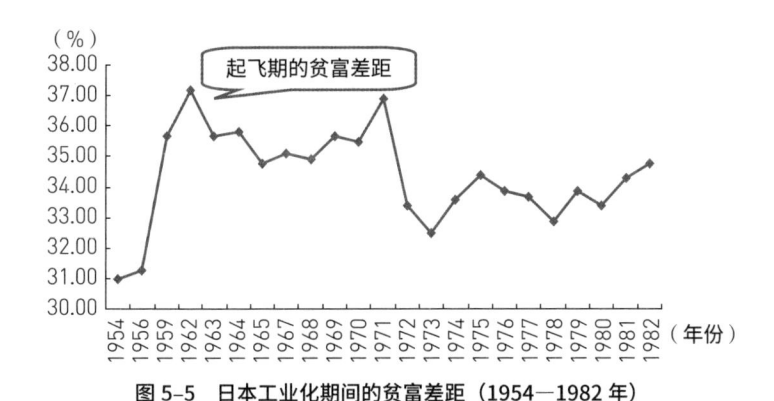

图 5-5　日本工业化期间的贫富差距（1954—1982 年）

资料来源：日本学者沟口（Mizoguchi）估算。

而在起飞完成的时候，由于资源约束和成本上升的问题，对原有增长模式的讨论和未来经济转型的探索将成为经济学研究的基本要点。日本的1960—1965 年开始接近起飞结束阶段，日本 1962 年就在《经济白皮书》中提出了针对设备投资过热的转型论。而在经历了 1965 年的萧条后（我们认为其工业化程度类似于 2008 年的中国），佐藤内阁就强调，"要以经济的稳定增长代替高速增长，把关心人放在第一位"（《高速增长的时代》，香西泰）。不过除了转型，起飞的结束往往也存在焕彩的另一面。香西泰在《高速增长的时代》中描述道："1955 年到 1965 年这个时期，对日本经济来

05　走向成熟　137

说是惊人的高速增长的时代……日本显示作为经济大国信心的活动接连不断……（1964年）10月1日，国有铁路的东海道新干线通车，列车速度达每小时200公里……10月10日，在新干线通车以后，东京奥林匹克运动会开幕了……日本人有一种强烈的愿望，希望向国内外展示战后经济复兴的成就。"民族主义的抬头是起飞完成的标志，也是走向成熟的选择之一。

那么，中国起飞结束将在起飞萧条阶段之后走向成熟的理由可以总结如下。

（1）实体经济领域。
- 依靠固定资产投资拉动的经济增长遭遇资源制约，固定资产投资增速趋于收敛。
- 城市化率接近45%，农村向城市人口的迁移减速，大都市化和城市化扩散展开。
- 起飞的主导产业的最高速增长阶段可能终结。
- 外需问题对工业国不一定具有普遍意义，但对中国来说相对重要。

（2）社会领域。
- 民众的财富和福利要求提高，社会分配问题对经济的约束作用开始显现。
- 针对原有模式的转型论出现。

（3）是一个提供新的富有希望的选择的时期，也是一个带有危险性的时期。

起飞萧条具有迅速复苏的特征

关于起飞结束后将经历一次萧条，我们已经在2008年深切地感受到了。这里的例证是，日本在步入转折期之后，在1963年第四季度开始经历了一年半的深幅调整，但是自1965年起，经济开始迅速恢复，一年之后实际GDP回到原有水平（可参考图5-6）。而在韩国的例证中，其工业化转折期在1980年，同样出现了季度数据的负增长（可参考图5-7）。但是随后的复苏依然是非常强劲而迅速的。实际上，我们发现，韩国在1974年石油危机的时候虽然也出现了经济波动，但是比其1980年在经济萧条时要温和得多。这也说明了相对于长波的衰退而言，工业国自身的工业化过程显然是其经济走势的主导因素，而外部经济波动居于影响因素的次要位置。

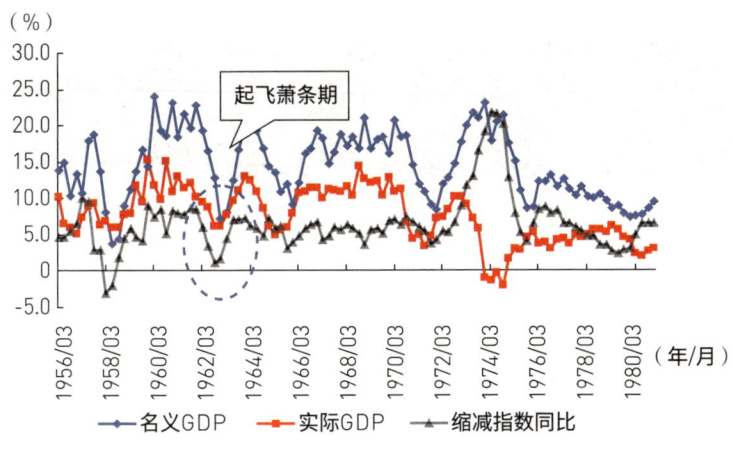

图 5-6 日本工业化期间 GDP 增速与缩减指数同比增速

资料来源：CEIC 数据库，长江证券研究所。

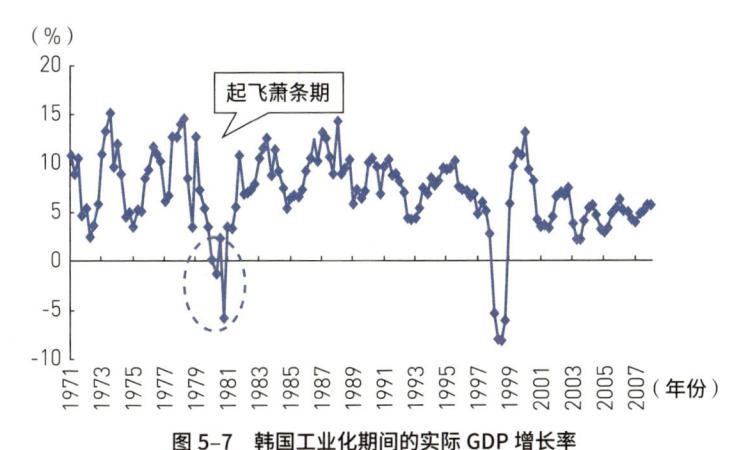

图 5-7 韩国工业化期间的实际 GDP 增长率

资料来源：CEIC 数据库，长江证券研究所。

关于为什么会迅速复苏，我们可以从以下几个角度进行分析。首先看 GDP 的分解，我们注意到，日本在 1962—1964 年步入转折期之后，在 1966 年经济迅速复苏，其主要拉动力还是内部投资和内部消费，净出口拉动不明显（可参考表 5-3）。而 1975 年石油危机之后的经济复苏具有类似的特征。韩国在 1980 年起飞转折期之后的经济增长具有同样的特征（可参考表 5-4）。这就是我们所说的，对一个工业化国家而言，其工业化和城市化的动力依然存在，并在整个工业化没有完成之前都是经济增长的根本动力。

05　走向成熟　　139

表 5-3　日本工业化期间（20 世纪 60 年代至 70 年代）GDP 增长和三项拉动比率

年份	名义 GDP 增长率 (%)	消费拉动 (%)	投资拉动 (%)	出口拉动 (%)	实际（1990 年不变价）GDP 增长率 (%)	消费拉动 (%)	投资拉动 (%)	出口拉动 (%)
1956	12.21	7.03	7.60	-2.41	6.79	5.26	2.39	-0.86
1957	14.68	8.35	5.88	0.46	8.15	5.40	2.74	0.00
1958	7.06	5.61	-0.95	2.40	6.58	5.39	0.70	0.49
1959	17.32	9.09	8.77	-0.54	11.22	7.75	4.12	-0.66
1960	20.03	10.44	10.07	-0.49	12.00	7.32	5.25	-0.56
1961	20.92	11.91	11.14	-2.13	11.73	7.62	5.15	-1.04
1962	10.70	9.18	-0.36	1.88	7.54	5.69	1.15	0.70
1963	17.47	11.51	7.54	-1.58	10.40	7.37	4.09	-1.05
1964	15.90	9.74	4.50	1.67	9.49	6.26	2.72	0.51
1965	**11.07**	**8.70**	**1.16**	**1.21**	**6.19**	**4.51**	**1.25**	**0.42**
1966	17.57	9.96	7.58	0.03	11.04	7.07	4.18	-0.21
1967	16.99	9.23	8.90	-1.14	11.04	6.61	5.37	-0.94
1968	18.30	9.31	7.53	1.47	12.36	6.42	5.42	0.52
1969	18.41	9.55	8.44	0.42	12.02	6.34	5.77	-0.09
1970	15.73	9.02	6.56	0.15	8.25	4.42	4.39	-0.56
1971	10.09	8.00	0.42	1.67	5.04	3.92	0.53	0.59
1972	16.39	10.52	6.40	-0.53	9.08	6.23	3.63	-0.78
1973	20.97	13.10	10.87	-3.00	5.09	3.95	2.61	-1.47
1974	**18.62**	**14.61**	**3.39**	**0.63**	**-0.47**	**1.12**	**-3.20**	**1.60**
1975	10.05	9.19	0.45	0.41	3.98	3.21	0.09	0.68
1976	12.43	8.77	2.79	0.86	3.76	2.45	0.66	0.65
1977	10.98	7.29	2.47	1.22	4.53	2.92	1.07	0.54
1978	9.74	6.75	3.66	-0.67	5.41	4.08	2.54	-1.20
1979	7.97	6.68	3.94	-2.65	5.15	3.62	1.21	0.33
1980	9.02	5.71	2.40	0.91	2.60	0.77	0.02	1.81

资料来源：CEIC 数据库，长江证券研究所。

表 5-4　韩国工业化期间（20 世纪 70 年代至 80 年代）GDP 增长和三项拉动比率

年份	名义 GDP 增长率 (%)	消费拉动 (%)	投资拉动 (%)	出口拉动 (%)	实际（1995 年不变价）GDP 增长率 (%)	消费拉动 (%)	投资拉动 (%)	出口拉动 (%)
1971	23.73	21.51	6.25	-2.93	8.57	7.01	1.62	-0.60

续表

年份	名义				实际（1995年不变价）			
	GDP增长率(%)	消费拉动(%)	投资拉动(%)	出口拉动(%)	GDP增长率(%)	消费拉动(%)	投资拉动(%)	出口拉动(%)
1972	23.33	17.91	1.16	4.68	4.88	3.95	-0.97	2.31
1973	29.30	16.67	11.45	0.72	12.34	5.49	4.92	1.08
1974	42.62	34.28	20.02	-12.76	7.39	5.74	5.44	-2.33
1975	33.54	28.55	6.30	-0.22	6.53	4.50	-0.99	1.78
1976	37.73	23.11	8.03	5.78	11.20	5.45	3.88	1.50
1977	28.33	16.91	10.17	0.92	10.01	3.96	5.68	0.14
1978	34.80	22.34	15.90	-4.20	9.01	5.90	7.40	-2.09
1979	28.24	20.05	13.20	-5.31	7.06	4.59	4.76	-1.97
1980	**22.20**	**21.64**	**2.78**	**-2.60**	**-2.09**	**0.81**	**-5.98**	**2.38**
1981	25.53	18.67	5.31	1.12	6.47	3.48	0.14	1.57
1982	14.48	9.76	3.26	2.51	7.25	4.03	2.15	0.62
1983	17.65	9.24	5.44	1.23	10.70	5.63	3.72	0.99
1984	14.59	7.69	5.70	0.79	8.25	4.58	3.66	0.34
1985	11.89	7.69	3.25	0.94	6.47	4.51	0.94	0.83
1986	16.71	7.49	4.02	5.32	10.97	5.69	2.51	2.17
1987	17.38	7.86	6.45	3.24	10.99	4.88	4.52	1.54
1988	19.06	9.71	7.06	1.43	10.46	5.44	4.63	0.40
1989	12.87	10.68	6.92	-4.82	6.08	6.25	4.81	-4.48
1990	20.64	13.03	11.33	-3.36	8.98	6.10	6.51	-2.11
1991	21.06	12.88	10.59	-2.14	9.23	5.22	5.37	-1.97
1992	13.95	9.71	2.76	1.34	5.44	3.64	-0.35	1.18
1993	12.87	8.19	3.04	1.60	5.49	3.56	1.04	1.09
1994	17.04	11.27	7.52	-1.26	8.25	4.67	4.95	-1.46
1995	17.23	10.67	7.20	-0.54	8.92	5.30	4.14	0.19

资料来源：CEIC数据库，长江证券研究所。

还有一个值得借鉴的，就是在这种经济调整时期的政策的作用。在1980年的转折期，韩国面临的问题与中国类似。首先是由于起飞的过度投资引发的需求膨胀和流动性过剩所造成的通货膨胀，其次是重化工业快速发展所带来的社会分配不公和贫富差距的加大。在1980年萧条过后，韩国政府进行了一系列改革，包括经济管理上的自由化，改变重点发展重化工业的政策，倾向于均衡发展，鼓励和推动中小企业和农业的发展等，在这些政策下，1982年韩国经济开始恢复元气。而在日本，为了应对起飞的萧条，佐藤内阁发行了特别公债，实施了国税减税等积极财政政策，被认为是20世纪60年代后期高速增长的原因。

实际上我们必须注意到，对一个工业化国家而言，工业化就是其融入世界经济的过程，正如韩国在1974年没怎么受到石油危机的影响，而日本却发生了严重的经济危机一样，一个国家的工业化进程必然面临广泛的国际冲击，正如我在《国际化博弈》这一报告中指出的那样。

至此，我们对中国短期经济和中期经济走势的判断已经有了一个清晰的轮廓。首先是就中国自身的因素而言，工业化进程显示的起飞结束和步入起飞萧条期已经是不争的事实，而未来我们要关注的，是沿着我们的框架分析出中国在转折萧条期之后的经济复苏问题。我们按照前面提出的例证经验，认为如果纯粹看起飞萧条，其复苏进程将是十分迅速的。但是按照我们对工业化进程的理解，工业化进程不可能摆脱世界经济长波周期的制约，因为按照罗斯托的观点，一个国家完成工业化需要60年左右的时间。所以，长波对一个国家工业化的束缚，特别是长波衰退和萧条对工业化进程的束缚是不可逾越的。正因如此，我们一定要对长波的具体阶段有一个深刻的理解，才不至于对中国的经济做出过于悲观或过于乐观的结论。

长波衰退与中国的工业化转折

我们根据主流的长波理论对世界经济的长波做了划分，但是对于尚未结束的第五次长波的划分目前仍没有肯定的结论。凭借我们对长波周期的理解，2001年科技网络股泡沫破灭并不能说是第五次长波繁荣的结束，因为长波不完全是一个创新问题，还包括对价格和增长关系的理解。所以，我们认为，本次长波繁荣期的终点应该划在2004年美国经济增长高点的附近。我们注意到，在此之前，经济保持较快的增长，但通货膨胀并不显著。而且最关键的问题是，在2004年步入长波衰退之后，2007年世界经济的通胀问题已经越发明显。1970年左右出现的全球通胀与美元动荡问题、债务危机问题等长波衰退的特征都已经出现。而经历了 2008 年石油的上涨和回落，全球通胀已经发展到极致之后的回落，美国金融危机的爆发也经历了最险恶的时期，所以我们有一个基本判断，就是长波衰退最剧烈波动的阶段基本结束，这是我们看待 2009 年以后世界及中国的经济增长的基本背景。

长波衰退、萧条与追赶国的工业化

就处于工业化过程中的国家而言，我们注意到一个国家的崛起与长波的繁荣和衰退有着密切的关系。事实上，长波主要指主导国的经济波动，第三次长波以来都是以美国为主导的，而在长波周期中，新兴工业化国家的崛起往往出现在长波的繁荣期和衰退期。虽然也有类似于新加坡、韩国这样的国家在长波萧条期工业化起飞，但是没有大国工业化在长波萧条期起飞。美国的工业化起飞发生在第二次长波萧条的衰退期与回升期，即 19 世纪 60 年代和 80 年代。日本的工业化起飞发生在第四次长波的繁荣期，即 1955—1965 年。而中国的工业化起飞发生在第五次长波的繁荣向衰退过渡的阶段，即 2000—2007 年。这里我们例证的意思是说，每个工业化国家都不可避免地会经历衰退与萧条，但是工业化的具体阶段与长波的哪个阶段重合却会对工业化进程产生不同的影响。

就中国与日本的比较（见图 5-8）而言，日本的起飞结束与转折基本上发生在 1962—1966 年，而此时恰逢长波繁荣的顶点，所以，日本工业化步入走向成熟阶段是顺利的，它在 1966—1973 年又维持了 8 年的高速增长。而中国的工业化转折发生在长波衰退的前半期，所以我们感受到的调整是工业化转折与长波衰退的双重压力，这也是我们经历的不平凡的 2008 年的本质所在。

这里，关于中国的长期经济增长可能有两个结论。首先，中国目前仍处于长波的衰退期，长波衰退依然处于长波的上部波段，所以，我们没有必要对中国未来几年的经济增长过分悲观。我们认为，中国的经济增长理应可以持续到本次长波萧条之前，即 2013 年或 2015 年。其次，与日本的工业化阶段相比，我们所处的转折期阶段劣于日本，日本是在工业化接近完成的时候碰到了长波衰退的剧烈波动期，即第一次石油危机。但是，中国是在起飞结束就碰上了长波萧条的剧烈波动期，所以，中国经济的未来工业化进程状态应该弱于日本 1966—1973 年的水平，但是也不会一蹶不振。

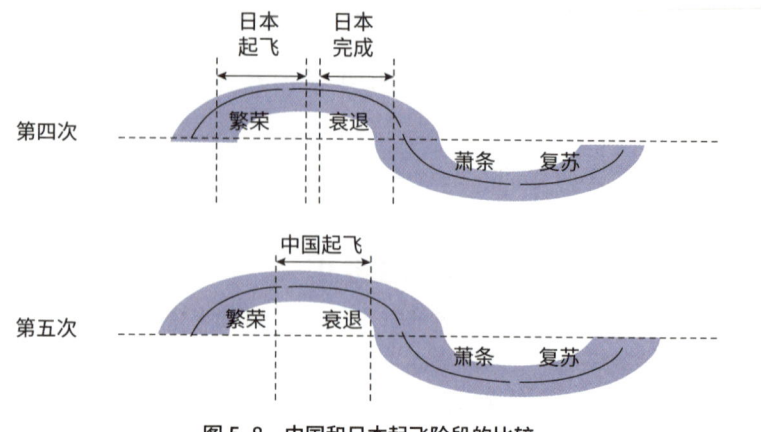

图 5-8　中国和日本起飞阶段的比较

资料来源：长江证券研究所。

不过，对于 2015 年左右到来的长波萧条，我们似乎应该提高警惕，因为在我们所观察到的例证中，大国工业化在长波萧条期基本上都处于停滞状态（见表 5-5）。

表 5-5　长波萧条期的工业化国家

长波萧条期	当时的工业化国家	当时的经济表现
1873—1883 年	美国	1873—1879 年内战后的第二次萧条
	法国	1873—1896 年经济停滞，经济转型困难
1973—1982 年	日本	遭石油危机冲击后，经济增长中枢回落到 6%
	韩国	重化工业宣言开始

资料来源：长江证券研究所。

长波衰退的剧烈期已经过去

长波衰退最剧烈的表现形式就是高通胀抑制经济增长，从而造成经济衰退。所以，大宗商品价格带来的高通胀必然带来经济增速的低点。但是必须指出，这类高通胀之后伴随着油价的下跌，在一到两个季度内实际 GDP 将出现低点，相关内容详见我们的报告《通胀演绎经济底部开端》。而且，我们的例证表明，这个实际 GDP 的低点就是长波的最低点。

在日本的例证中，我们发现，日本由于石油危机所造成的实际 GDP 的下滑出现在通胀见顶之后的两个季度，而这个低点在日本工业化结束前一直是最低点，同时，在整个第四次长波萧条结束（1982 年）前一直是最低点（可参考图 5-9）。在第三次长波衰退，即美国工业化的过程中，虽然通胀与增长的走势受到第一次世界大战的干扰，但是我们可以发现，1916 年和 1919 年通胀高点所对应的 1916 年和 1920 年的实际 GDP 低点，都是在 1929 年长波萧条之前的最低点（可参考图 5-10）。事实上，在第四次长波衰退期，虽然美国已经不是工业化国家，但是两次石油危机通胀高点所对应的实际 GDP 低点都是美国一段时期的最低点（可参考图 5-11）。所以我们有理由认为，这次由于高通胀的回落，随后所带来的实际 GDP 的最低点就是长波衰退中的最低点。按照我们对长波的理解，中国在 2008 年底或 2009 年第一季度极有可能经历一个实际 GDP 的最低点，但是这个最低点就是在 2013 年或 2015 年之前的最低点。

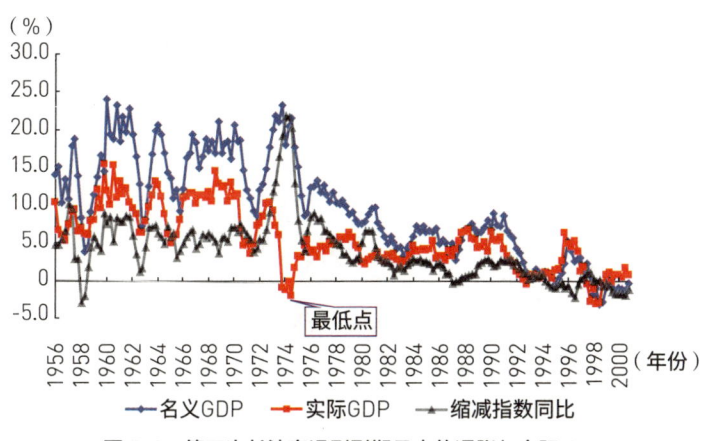

图 5-9 第四次长波衰退剧烈期日本的通胀与实际 GDP

资料来源：长江证券研究所。

在这里我们可以从工业化起飞萧条与长波的角度对中国未来的经济增长做以下几点总结。第一，中国正在经历工业化起飞萧条与长波衰退重合的经济调整，这一调整的幅度很深，这就是我们在 2008 年第三季度以后体会到的。第二，在通胀回落之后，我们将在 2008 年底或 2009 年初经历一个实际 GDP 的最低点，但是我们有理由相信，这个最低点就是在 2013 年预期长波萧条之前的最低点。第三，在经历了 2009 年的经济调整之后，我们认为中国经济会迎来复苏，这主要基于对工业化进程的理解。而且按照我们的分析，我们认为反弹会很强劲，这是由内需和投资带动的反弹。第四，2013 年或 2015 年之前，中国的经济增长仍将延续工业化进程，中国的工业化将进入新阶段，即走向成熟。

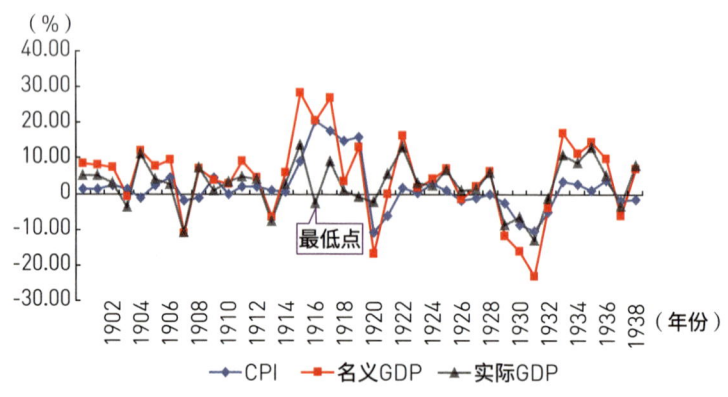

图 5-10　第三次长波衰退剧烈期美国的通胀与实际 GDP

资料来源：长江证券研究所。

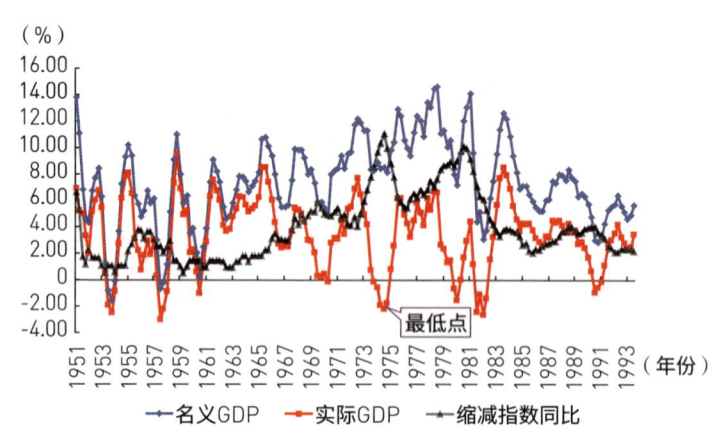

图 5-11　第四次长波衰退剧烈期美国的通胀与实际 GDP

资料来源：长江证券研究所。

中国当前的工业化阶段与美日走向成熟阶段的可比性

罗斯托对走向成熟的定义是，成熟阶段是一个社会已经把当时的现代技术有效地应用于它的大部分资源的时期。在走向成熟阶段，工业向多样化发展，新的主导部门逐渐发展壮大，以代替起飞阶段的主导部门。罗斯托认为，在19世纪70年代，铁路正处于起飞阶段（主要是美、法、德），当时煤、铁和重型机械处于增长过程的中心。而铁路发展之后（走向成熟阶段），钢、新式船只、化工、电力和现代工作母机在经济中占主导地位。1890年之后的瑞典从木材工业向木浆工业和造纸工业、从铁矿砂向优质钢和精密机械产品发展。因此，事实上，走向成熟阶段就是一个增长扩散、新技术应用以及走向精密制造的阶段。

按照我们对工业化的理解，美国走向成熟阶段应该是在1890—1900年，日本则是在1965年左右。关于这一点，我们首先用工业化指标来例证中国当前与当时的日美的可比性，然后通过日美在随后步入走向成熟阶段的增长经验，来分析未来中国经济的增长模式。

根据钱纳里、霍夫曼等人的工业化理论，我们可以用5个指标来衡量工业化水平，依照重要性依次是：人均GDP，第一、第二、第三产业产值比，制造业产值占总产值比例，城市化率，第一、第二、第三产业的就业比。因此，我们衡量中国当前与当年美日对应阶段的类似性就从这几个指标出发，论证中国即将步入走向成熟阶段的观点。但是我们认为，对于具体走向成熟阶段的特征而言，实际上应该从更宽泛的角度进行研究，而不是仅仅研究产业结构问题。具体来看，我们认为，应该从投资率的高速增长期、产业结构、城市化率等角度衡量中国的经济增长阶段，而人均GDP只具有标志性意义，原因在于汇率折算的困难。

资本积累的最高速阶段

按照罗斯托的观点，起飞实际上就是依靠固定资产投资拉动经济增长的阶段。从工业化的实证来看，起飞期间一国的固定资产投资和资本积累达到最高峰。根据库兹涅茨的计算，美国经济中的资本形成最高峰出现在1889—1898年，随后逐期下降，所以，这也是美国工业化起飞结束的标志。虽然我们目前还不能验证中国的资本积累在2000—2007年就是最高峰，但是从中国过高的投资率和中国经济依靠投资拉动的增长所碰到的瓶颈来看，中国的投资未来可能依然维持高位，但是显然最高峰已经过去。这是中国可以类比美国1900年的重要例证之一（可参考表5-6）。而从日本的情况看，

图 5-12 中固定资产投资增长率高峰出现在 1960 年附近，资本积累高峰出现在 1970 年附近。这一点也能支持我们例证中国类似于日本的 1965 年。

表 5-6 美国经济中的资本形成（1929 年价格）

时期	净资本形成（占 GDP 比例，%）	总资本形成（占 GDP 比例，%）
1869—1878 年	13.9	23.4
1879—1888 年	13.1	22.9
1889—1898 年	**14.0**	**26.0**
1899—1908 年	12.9	24.2
1909—1918 年	11.2	23.4
1919—1928 年	9.9	22.3
1929—1938 年	1.8	14.8
1939—1948 年	6.1	20.3
1946—1955 年	4.9	20.4

资料来源：库兹涅茨，《美国经济中的资本》，长江证券研究所。

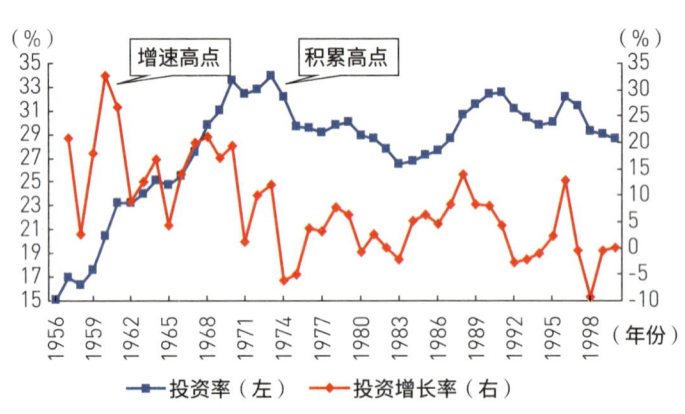

图 5-12 日本 1956—1998 年按支出法统计的投资率及投资增长率

资料来源：CEIC 数据库，长江证券研究所。

这里必须注意的是，从起飞结束步入走向成熟阶段后，虽然固定资产投资最高速增长阶段已过，但是投资率仍然处于上升阶段，日本投资率的拐点出现在 1972 年，这时日本已经步入工业化后期。事实上，即便没有后来的石油危机，日本高速增长的时代也会终结，投资在经济中的作用也会不断下降。但是中国尚未达到这个阶段，所以，这里我们想说的是，中国工业化的原动力依然存在，依靠固定资产投资拉动的经济增长模式不会立即改变，中国在经济增长中利用财政政策的手段依然有效。

城市化的结构变化

城市化是与工业化相伴且协调发展的，在起飞结束过渡到走向成熟阶段中，这一时期仍处于整个城市化进程S曲线的加速期，但是会发生一些变化。从城市化理论来看，在处于这样的阶段时，城市化将出现两个特征。首先，由农村向城市的人口迁移开始减速，而城市化开始出现大都市化进程。事实上，在城市化的进程中，由农村向城市的人口迁移是城市化率增长最快的阶段。其次，当城市化率到达40%~50%的时候，部分经济发达地区已经达到很高水平（可参考表5-7），如在1910年，美国东北部的城市化率已经达到75%的饱和水平，而其他相对落后地区由于经济增长的滞后，城市化呈现不同的加速度特征（可参考图5-13）。所以，到了这一阶段后，一个国家城市化率的区域间差异开始达到顶峰，并开始出现区域间城市化率缩小的趋势，这也是我们在后面将要谈到的走向成熟阶段的区域扩散。以美国为例，美国在1910年达到城市化区域差异的峰值水平，此时正步入走向成熟阶段（可参考图5-14）。

表5-7　1880—1950年美国的城市化势头

时期	城市人口占总人口比例	城市人口增长率（%）	城市人口弹性	城市化水平增长率（%）
1880—1890年	28.2/35.1	56.5	2.22	24.4
1890—1900年	35.1/39.7	36.4	1.76	6.0
1900—1910年	39.7/45.7	39.3	1.87	15.1
1910—1920年	45.7/51.2	29.0	1.95	12
1920—1930年	51.2/56.2	27.3	1.64	9.8
1930—1940年	56.2/56.5	7.9	1.09	0.5
1940—1950年	56.5/59.6	20.6	1.42	5.5

资料来源：格伦·波特编，《美国经济史百科全书》，查尔斯·斯克纳公司，1980年，长江证券研究所。

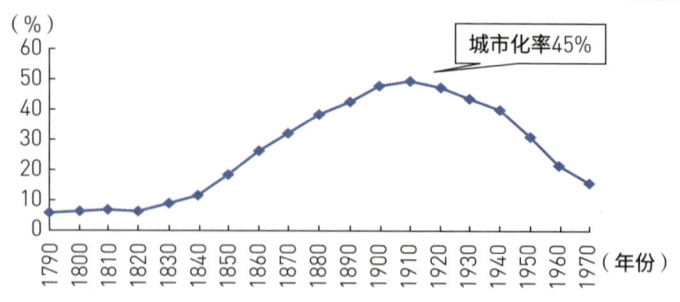

图 5-13　1790—1970 年美国东北部与南部城市化水平差距

资料来源：美国人口调查局。

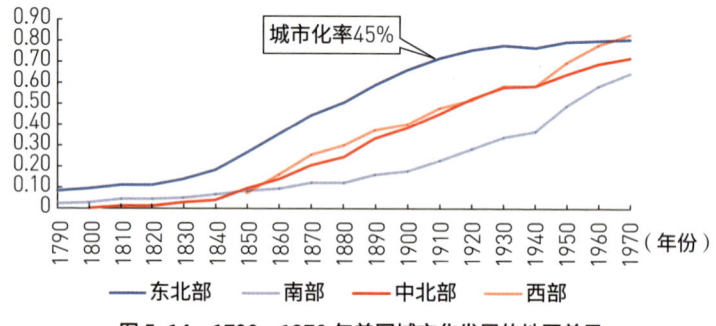

图 5-14　1790—1970 年美国城市化发展的地区差异

资料来源：美国人口调查局。

这里同样需要注意的是，在走向成熟阶段，城市化速度仍处于高峰期，日本的城市化增速拐点出现在 1970 年（见图 5-15），也就是城市化率超过 50% 之后，美国也具有类似的特征。所以，这也是我们所说的，在走向成熟阶段，城市化原动力依然存在。

产业结构变动

作为工业化的结果，库兹涅茨认为，工业化期间是产业结构变动最迅速的时期，他根据实证研究得出工业化过程中产业结构变动的一般模式。如表 5-8 所示，从数字比较来看，中国目前的产业结构处于工业化中期，但是已经具有向后期过渡的特征。这一点也支持我们对中国工业化将步入走向成熟阶段的看法。表 5-9 和表 5-10 为美国和中国工业化期间三种产业的占比。

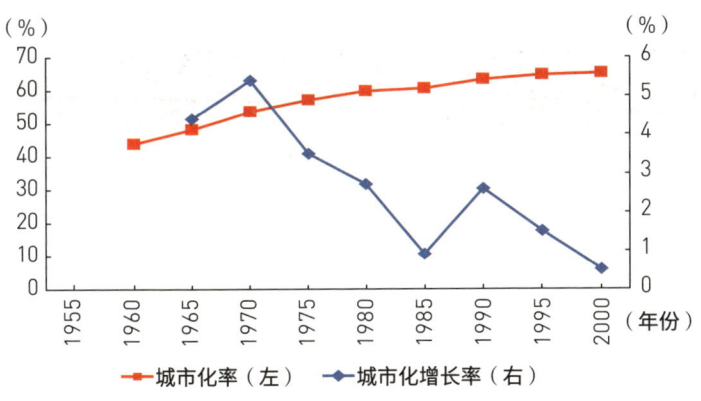

图 5-15 日本的城市化率及城市化增长率

资料来源：《日本统计年鉴》，长江证券研究所。

表 5-8 不同工业化阶段产业结构的变动

工业化阶段	产业产值结构的变动
工业化前期	第一产业＞第二产业
工业化初期	第一产业＜第二产业，且第一产业＞20%
工业化中期	第一产业＜20%，第二产业＞第三产业
工业化后期	第一产业＜10%，第二产业＞第三产业
后工业化阶段	第一产业＜10%，第三产业＞第二产业

资料来源：《中国工业化进程报告》。

表 5-9 美国工业化期间三种产业的占比

时期	第一产业（%）	第二产业（%）	第三产业（%）
1935—1939 年	11.43	49.15	39.42
1930—1934 年	12.44	51.68	35.88
1919—1928 年	14.84	49.27	35.89
1914—1923 年	18.16	47.19	34.65
1909—1918 年	20.68	44.39	34.93
1904—1913 年	19.84	43.76	36.41
1899—1908 年	19.72	43.33	36.95
1889—1899 年	20.80	44.16	35.04
1879—1889 年	19.78	44.35	35.87
1869—1879 年	25.37	40.72	33.91

资料来源：长江证券研究所估算。

05　走向成熟

表 5-10　中国工业化期间三种产业的占比

年份	就业人员占比（%）			占 GDP 比例（%）		
	第一产业	第二产业	第三产业	第一产业	第二产业	第三产业
1991	59.70	21.40	18.90	24.53	41.79	33.69
1995	52.20	23.00	24.80	19.86	47.18	32.86
2000	50.00	22.50	27.50	15.06	45.92	39.02
2001	50.00	22.30	27.70	14.39	45.05	40.46
2002	50.00	21.40	28.60	13.74	44.79	41.47
2003	49.10	21.60	29.30	12.80	45.97	41.23
2004	46.90	22.50	30.60	13.39	46.23	40.38
2005	44.80	23.80	31.40	12.20	47.70	40.10
2006	42.60	25.20	32.20	11.30	48.70	40.00
2007	40.80	26.80	32.40	11.30	48.60	40.10

资料来源：国家统计局。

关于制造业内部的结构问题，一般可以使用科迪指标，即制造业增加值在总商品生产部门增加值中的比例，总生产部门指农林牧渔、采矿业、制造业、公用事业、建筑业，即物质生产部门，这个指标实质上是衡量物质生产的加工程度的指标。可以理解为产品的加工程度越高，工业化进程越先进。根据这一指标，我们可以认为，当前中国的制造业加工程度类似于美国 1900 年的水平（可参考表 5-11）。

表 5-11　中美制造业发展阶段对比

年份	农业（%）	矿业（%）	制造业（%）	建筑业（%）	科迪指标（%）
美国 1869	52.6	0.40	33.03	12.23	33.03
美国 1879	49.06	0.59	36.98	11.13	36.98
美国 1889	37.41	0.92	48.04	10.62	48.04
美国 1899	33.33	1.02	53.23	8.67	53.23
中国 2005	—	—	—	—	52.00

资料来源：美国人口调查局，科迪指标为近似计算，略有高估；中国数据引自《中国工业化进程报告》。

中国当前阶段与美日走向成熟阶段的可比性

事实上，产业变动也好，人均 GDP 也罢，都是工业化的结果，而原动力还是投资和城市化。钱纳里将经济发展进程中的经济结构变动指标转换为人均收入，这里用人均 GDP 代替。表 5-12 是经过折算的人均 GDP 所反映的工业化阶段。按照《中国工业化进程报告》的折算，以汇率平价法折算的 2005 年价格，中国人均 GDP 为 4 137 美元，基本上处于工业化中期水平。而日本以 1964 年的价格计算的 1962—1966 年的人均 GDP 为 641~1 072 美元，也基本处于工业化中期向后期过渡的阶段，所以，这一点能够辅助证明我们认为中国类似于日本 1962—1966 年的结论。

表 5-12 人均 GDP 水平所反映的工业化阶段

工业化阶段	前工业化阶段	工业化阶段			后工业化阶段	
时期	初级产品	工业化初期	工业化中期	工业化后期	发达经济初级	发达经济高级
人均 GDP（1964 年美元）	100~200	200~400	400~800	800~1 500	1 500~2 400	2 400~3 600
人均 GDP（1970 年美元）	140~280	280~560	560~1 120	1 120~2 100	2 100~3 360	3 360~5 040
人均 GDP（2005 年美元）	745~1 490	1 490~2 980	2 980~5 960	5 960~11 170	11 170~17 890	17 890~26 830

资料来源：钱纳里等，《工业化和经济增长的比较研究》，转引自《中国工业化进程报告》。

走向成熟是工业化的扩散期

上面的论述说明，中国当时的工业化阶段类似于美国 1900 年左右和日本 1965 年左右走向成熟的工业化阶段。那么。在走向成熟阶段会出现什么样的特征？在这里，我们对罗斯托的理论进行了总结。

正如上面所论述的，成熟阶段并非一个工业化的结束期，而是一个工业化的扩散期。在这个阶段，投资拉动经济的增长模式依然持续，但是投资可能会在一个区间内窄幅波动。而城市化依然处于加速期，只不过具体结构发生了变化，所以，这也是我们前面的论述所强调的，起飞结束的萧条是一个能够迅速恢复的萧条，根本原因就是原动力依然存在。

产业扩散与装备业繁荣

工业化的扩散期表现在产业方面,就是工业化向多样化发展,而这种多样化扩展下去就是新的主导产业逐渐替代老的主导产业。在大多数例证中,工业化初期阶段属于分工发展的量变阶段;工业化中期则属于分工发展的质变阶段;工业化后期,分工发展又倾向于相对稳定,进入新的量变阶段。这种特定阶段的产业结构变革,其实质就是社会分工的细化和中游产业的膨胀,也就是我们所说的装备业的繁荣阶段。

香西泰在《高速增长的时代》中对日本20世纪60年代前期的经济活动描述时指出,仅限于大企业的技术革新和现代化逐渐波及中小企业和流通部门。但是这种增长的扩散暂时并没有以制造业内部的某些产业的衰落为代价。所以,在制造业内部,我们看到的是原有的重化工业,如钢铁等部门,与新的主导部门,如装备等同时增长。而这种增长就是罗斯托所说的,把现代技术在当时所能提供的最好的办法系统地应用于大部分资源的时期。而这种情况在产业中的表现,就必然是以设备投资为核心的生产效率的提高。所以,整个走向成熟阶段的前期,将呈现设备投资与原有的主导产业共同繁荣的时期(见图5-16、图5-17)。这也就是我们感受到的产业与增长的扩散。

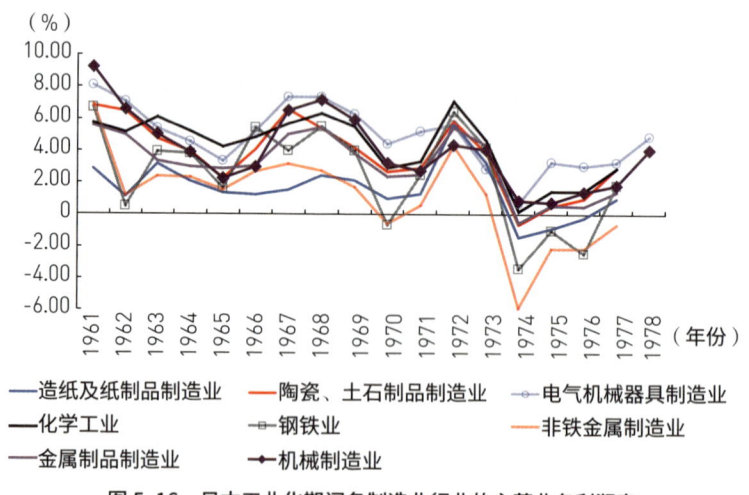

图5-16 日本工业化期间各制造业行业的主营业务利润率

资料来源:《日本统计年鉴》,长江证券研究所。

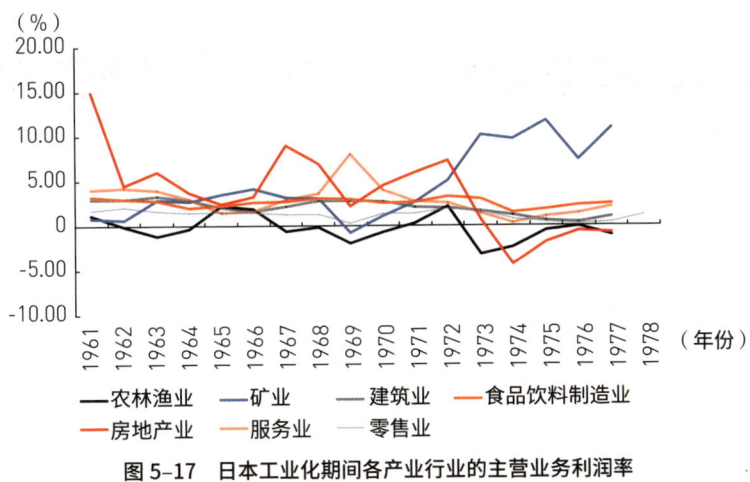

图 5-17 日本工业化期间各产业行业的主营业务利润率

资料来源：《日本统计年鉴》，长江证券研究所。

所以，这里的潜台词是，主导产业的更迭不是一次经济萧条完成的，而是一个长期的过程，整个走向成熟阶段都是一个产业升级的过程，但这并不代表在未来的经济复苏中，中国的经济增长就换了模式。所以，走向成熟阶段的本质就是过渡阶段。

区域扩散与产业转移

我们前面已经举美国的例子说明，在走向成熟阶段，一个国家的城市化率的区域间差异开始达到顶峰，并开始出现区域城市化率缩小的趋势，这也是我们在后面将要谈到的走向成熟阶段的区域扩散。事实上，在日本的例证中，香西泰指出，日本以太平洋沿岸地带为中心的工业化在 20 世纪 60 年代初期却出现了向地方分散的倾向。这种倾向在美国的类似阶段也出现过（见表 5-13），美国 19 世纪后半期最重要的工业区是新英格兰和大西洋中部各州，新英格兰地区（马萨诸塞、康涅狄格）在 1880 年之后增长开始减速，在生产上受到了资源的限制，开始朝着高度加工的方向发展。而大西洋中部（纽约、宾夕法尼亚、新泽西）仍是主要的工业区。相比较而言，资源丰富且农业发达的中东北部地区（俄亥俄、印第安纳、伊利诺伊、威斯康星）在经济发展中的地位开始上升。所以，区域扩散是走向成熟阶段的一个重要的经济特点。这一点也是与城市化扩散相伴随的。

05　走向成熟

表 5-13　1840—1910 年美国各地区人均收入与美国人均收入的比率

	1840 年（%）	1880 年（%）	1900 年（%）	1910 年（%）
新英格兰	132	141	134	124
中大西洋	136	141	139	134
南大西洋	70	45	45	59
中东北部	67	102	106	108
中西北部	75	90	97	87
中东南部	73	51	49	52
中西南部	144	60	61	72
落基山区	—	168	139	100
太平洋地区	—	204	168	195

资料来源：美国人口调查局，长江证券研究所。

基于这种认识，我们可以确认，未来中国的经济增长可能会出现区域扩散的特征（见表 5-14），特别是劳动密集型产业向工业化相对落后地区如中部和东北部转移。

表 5-14　中国各区域的工业化水平差异（2005 年）

阶段		全国	四大经济板块	七大经济区	31 个省、自治区、直辖市
后工业化阶段（五）					上海、北京
工业化后期（四）	后半阶段			长三角、珠三角	天津、广东
	前半阶段		东部	环渤海	浙江、江苏、山东
工业化中期（三）	后半阶段	全国			辽宁、福建
	前半阶段		东北	东北	山西、吉林、内蒙古、湖北、河北、黑龙江、宁夏、重庆
工业化初期（二）	后半阶段		中部、西部	中部六省、大西北、大西南	陕西、青海、湖南、河南、新疆、安徽、江西、四川、甘肃、云南、广西、海南
	前半阶段				贵州
前工业化阶段（一）					西藏

资料来源：《中国工业化进程报告》。

经济的大型化

香西泰在对日本走向成熟阶段的经济描述时说道:"……不禁让人对 20 世纪 60 年代后期的经济增长有一种换汤不换药的印象。1.5 万吨的高炉变成 5 万吨的高炉,5 万吨的乙烯成套设备变成了 30 万吨的成套设备。"事实上,以八幡制铁所和富士制铁公司联合形成新日本制铁公司为标志的大型企业合并,是反映日本 60 年代后半期景气的显著特征。1964 年三菱三个重工业公司合并,1965 年神户制钢所和尼崎制造所、石川岛播磨和吴海军工厂、东洋高压和三井化学、日产汽车和王子汽车工业、富士制铁和东海制铁、第一银行和日本劝业银行、太阳银行和神户银行都进行了合并(《日本通商产业政策史》)。总之,大规模的合并对确立日本经济在国际上的竞争力起到了重要作用。

走向成熟阶段的早期设备投资与起飞阶段的不同在于,起飞阶段的投资带有新产业和新产品开发的性质。而在走向成熟阶段,在起飞阶段技术开发的基础上,将重点放在生产能力的规模化及设备的大型化方面,这是资本集中后的必然表现。

事实上,美国 19 世纪末 20 世纪初第一次并购浪潮的出现,就是当时美国经济走向成熟的表现,当时美国的并购以横向兼并为主,这次兼并的高潮出现在 1901 年,一些工业部门的集中率指数高达 78.8%(钢铁行业)、71%(造纸)和 57.3%(运输设备)(可参考表 5–15)。(沙伊贝,《近百年美国经济史》)

表 5–15 美国第一次并购浪潮中的企业兼并

年份	被兼并企业(家)	被兼并资本(百万美元)
1897	69	120
1898	303	651
1899	1 208	2 263
1900	340	442
1901	423	2 053
1902	379	911
1903	142	293
1904	79	110
1905	226	243

续表

年份	被兼并企业（家）	被兼并资本（百万美元）
1906	128	378
1907	87	185

资料来源：美国人口调查局。

对中国而言，成熟的上游产业的大型化将是势不可当的潮流，这种基于并购和大型化的企业繁荣在走向成熟阶段将是重要的投资主题。

创新与改革分配政策的关键意义

如果从社会发展的角度看，走向成熟阶段是一个政策导向十分重要的时期，罗斯托说，"成熟阶段是一个提供新的富有希望的选择的时期，也是一个带有危险性的时期"。之所以带有危险性，就在于我们对转折期的描述中关于民族主义、贫富分化的问题。事实上，关于成熟阶段的选择，可能存在三个方向：一个是国家追求在国际上的势力和影响；一个是福利国家；一个是走向大众消费时代。任何国家都是这三种目标的组合，任何一种选择都是起飞期间利益分配矛盾朝着不同方向演进的结果。所以就政策而言，如果单纯从经济角度出发，在走向成熟阶段，至少有三个政策是重要的。推动成熟产业的大型化、促进技术扩散和自主创新、改革分配制度并顺应大众的财富要求，从长期来看，这些是最佳的政策选择。而这里居于核心的就是分配政策的改革，它也是走向成熟阶段的危险所在。所以，走向成熟阶段作为起飞与大众消费时代的过渡阶段，对工业化能否顺利向下一阶段推进具有极其重要的作用。

大都市化与大众消费时代的准备

在走向成熟阶段，部分工业化发达地区已经开始经历大众消费时代的过程。而在罗斯托看来，美国在1910年之后开始从走向成熟阶段向大众消费时代过渡，大都市化是其中的重要环节。我们在前文指出，大都市化是中国未来城市化发展的主要方向，那么，这些日益倾向于提供和享受消费品和服务的人生活在什么地方？回答是不仅城市中心的人口越来越多，城市郊区的人口也越来越多。在20世纪20年代，整个美国人口增长了16%，住在城市中心的人口增长了22%，但是住在卫星地区的人口增长了44%。所以，大都市化对我们今天所说的提升内需具有至关重要的作用。日本的大都市化起点也大致发生在走向成熟阶段，即1965—1970年（见图5-18、图5-19、表5-16）。

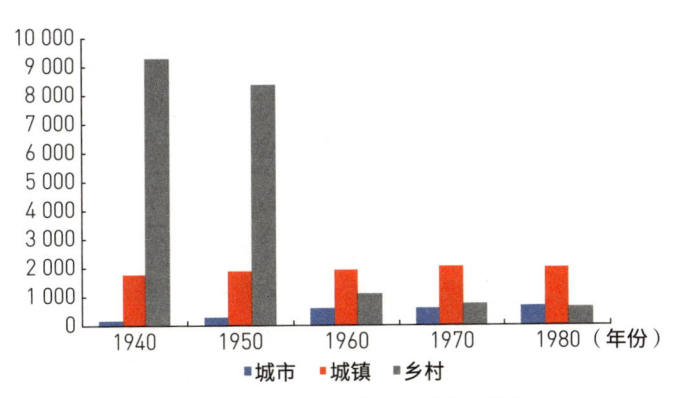

图5-18 日本城市、城镇、乡村数量统计

资料来源：《日本统计年鉴》，长江证券研究所。

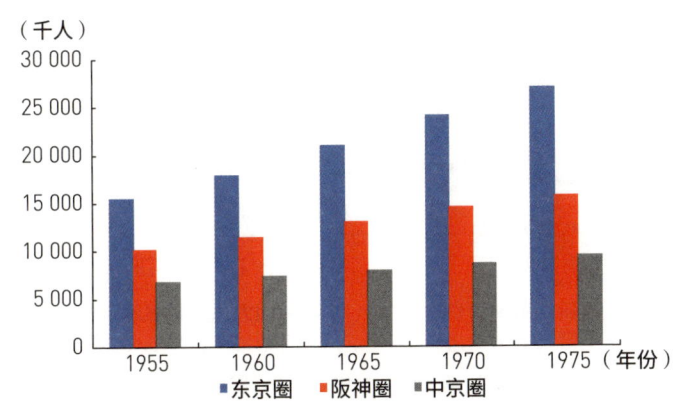

图5-19 日本三大都市圈人口增长

资料来源：《日本统计年鉴》，长江证券研究所。

表5-16 1955—1975年日本人口向城市集中

时间	1955年	1960年	1965年	1970年	1975年
总人口（千人）	89 276	93 419	98 275	104 665	111 940
三大都市圈人口（千人）	32 434	36 599	42 100	47 329	52 156
三大都市圈人口占比（%）	36.3	39.2	42.8	45.2	46.6

资料来源：《现在日本经济》，长江证券研究所。

日本第二阶段出现大城市化倾向后，消费结构方面变化的主要特征有三个：其一，耐用消费品普及率上升速度加快，并呈现一般耐用消费品向高档耐用消费品的升级，耐用消费品消费支出实际增速不断加快；其二，必需消费品支出所占比例不断下滑，恩格尔系数总体呈下降趋势；其三，服务性消费支出随城市化进程加快保持快速上升。这就是大都市化启动内需的原理。

分析结果表明，中国将在2010年和2011年，分别出现新增劳动力低于劳动力需求的情况（见图5-20）。因此，我们认为，2010年左右中国将会出现"刘易斯拐点"的始点，与此同时，劳动力价格快速重构出现。因此，我们认为，在中国的城市化进程中，城市人口占比迅速提高的发展期基本结束。可以说，中国正处在类似于日本城市化进程中出现的第二阶段后期，即伴随着城市化率的快速提高，小城镇人口逐步向中心城市集中的趋势即将开始，实际上，这也是未来中国城市化进程的深化阶段。

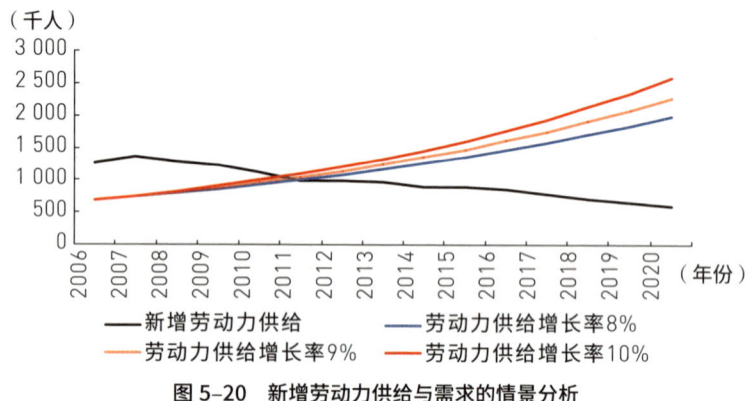

图5-20　新增劳动力供给与需求的情景分析

资料来源：长江证券研究所。

所以，关注中国对城市化的推进问题，对中国未来增长模式的变化以及对相关产业选择具有十分关键的作用。

走向成熟阶段是对原有模式的改进

对于成熟阶段的特征，我们做如下总结。首先，它是一个经济扩散的阶段，是产业扩散与区域扩散的阶段，但是，扩散不是转折。这里最根本的例证在于，投资和城市化的加速依然处于高位，也就是增长的原动力依然存在，而这种状态将持续到成熟的完成。所以，中国在2010年之后的经济增长依然是在对原有模式不断改变过程中的增长，但是原有模式依然存在和有效。

所以，从产业的角度看，这不是原有模式中的重化工业已经走到了增速的拐点或尽头，这是一个进一步在高速增长中提升效率的过程。在这样的过程中，我们将迎来经济的大型化，这种大型化与其说是产业生命周期的原因，不如说是资本的缘由，这就是我们后面所说的企业繁荣的一个方面，也就是大型化的繁荣。

对中游而言，这绝对是罗斯托所认为的走向成熟的必然方向，但是这种中游的多样化膨胀是与大型化相随的，所以，产业结构的变化必将发生。因此，未来公司繁荣的本质是产业组织的变更，在讨论未来中国中游机会的选择时，我们除了关注企业的成长，还关注它为什么成长，可能会发生变化的理由。

对于区域扩散，这是中国未来必然发生的事情，所以，需要更加关注工业化欠发达地区。但是，成长的前沿仍然是工业化核心的东部地区，这就是我们在选择机会的时候也需要扩散的逻辑。

关于我反复提出的在成熟阶段政策的重要性，实际上政策在成熟阶段怎么强调都不为过。因为政策导向决定了中国工业化是成功还是停滞，所以，必须关注最核心的产业政策，如创新和节能环保政策、并购政策等。同时，必须关注基于分配改革的政策，我们实质上已经指出，政策的任何倾向都必须朝着改变分配不均和福利化方向发展，这是我们在推测政策导向时的必备思维模式。

在经济政策方面，基于凯恩斯主义的需求，扩张政策依然有效，这是由中国特定的工业化阶段决定的，只不过我们需要深入研究这种政策与长波衰退的关系，从而对政策效果做出必要的修订。

在经历了上述过程之后，中国的经济可能会走向公司繁荣的经济，这种公司繁荣源于中国的资本积累程度和中国产业结构的变更。虽然这种情况可能更多地发生在走向成熟阶段的后期，但是它的起点必然是从大型化和多样化开始的。

大型化、多样化与公司繁荣

我们提出的公司繁荣的命题,是对未来一段时期中国投资标的选择和投资策略脉络的一种思考,它不一定是 2009 年的全部,但是应当从 2009 年展开。公司繁荣是有别于行业繁荣的一种经济现象,行业繁荣是全行业蓬勃发展的一种业态,不管大公司小公司都能分享行业成长的利润,比如起飞期的房地产和钢铁。而公司繁荣指的是在行业发展减速时期,个别公司突出于同行公司获得超出行业平均水平的发展,这个时期的主要表现是公司并购、商业创新和全球化。在这种背景下,公司繁荣并不是一个完全自下而上的概念,而是对未来的增长方式的一种理解,是一个微观主体在经济中发挥更大作用的时代。

大型化是公司繁荣的起点

工业化中期、经济危机、长波衰退、经济转型以及政府投资,这是我们对当前中国经济状态的认识。事实上,从经济史的角度看,1980 年韩国进入工业化转折期就走向成熟。纵观 1980 年后韩国公司繁荣时代的一些背景,我们可以概括为财政支出拉动、政府保护以及产业政策支持下的并购、国际竞争力的培育、引进必要的外资和技术(见表 5-17)。从这个意义上讲,韩国公司的繁荣过程也是其投入国际经济合作并在其中扎根的过程,也就是从引进外资转而向外发展的过程(见表 5-18)。

表 5-17 韩国经济开发计划

时期		基本目标	备注
一五	1962—1966 年	纠正经济的恶性循环,构筑必要的经济基础	大力开发基础产业和其他重要产业
二五	1967—1971 年	实现产业结构现代化,促进自主经济的确立	政策导向型计划,列示重点投资项目
三五	1972—1976 年	争取出口大幅增长,开展重工业建设	开展重工业建设
四五	1977—1981 年	构筑自力成长的基础,技术革新和提高效率	以重工业化为轴心

续表

时期		基本目标	备注
五五	1982—1986 年	稳定物价、均衡发展，改善国际竞争力	政府主导大规模投资生产项目
六五	1987—1991 年	同上，局部调整	海外投资持续增长

资料来源：长江证券研究所。

表 5-18　韩国八大商社重工业品出口比例

	1976 年（%）	1980 年（%）	1985 年（%）
三星	28.8	52.2	74.1
双龙	87.6	81.8	84.5
大宇	11.7	45.5	74.6
国际	8.3	33.9	36.1
晓星	4.0	41.0	51.7
乐喜金星	26.4	51.1	77.0
鲜京	6.9	31.8	52.1
现代	93.9	86.1	95.6
商社平均	22.6	54.1	70.5
全国平均	33.2	43.9	58.6

资料来源：韩国贸易协会《贸易统计》。

韩国的经验表明，经济转折期的大型经济刺激计划并不是简单地刺激经济和资本市场那么简单，它将改变经济结构以调整经济增长模式。从韩国的情况来看，在经济面临巨大危险迫切需要转型的过程中，政府强力的财政政策会给经济和国内的企业带来深远的影响。一开始，经济整体下滑，会使几乎所有行业都处在低迷之中，相当多的企业倒闭和停工。接着，政府出台的经济刺激计划会使有实力的国有企业和民营企业参与到这项计划中来，由于这项计划不是一年之内被完成的，所以这些企业可以获得发展的长期资金，助其度过经济危机时刻。但与此同时，其他倒闭的企业释放出的产能和市场有可能被这些存活下来的企业占领。因此，在这个危急时刻过去后，大企业逐渐开始出现。所以我们也可以把这个时期定义为公司繁荣时代的起点，可以说，公司繁荣的起点就是从大型化开始的。而多样化带来的中游繁荣，更

05　走向成熟

多是一个漫长的过程。

中间企业与产业组织变更

香西泰在描述日本经济史时写道:"20 世纪 60 年代,一方面是少数巨大的企业,另一方面是大量小企业。"这些小企业的共同特征就是加工程度高。中村秀一郎教授通过确实的案例研究,将这些由以往的中小企业发展起来的中等规模的企业定名为中坚企业。中坚企业的出现与经济的高速增长、产业组织的变革有着极为密切的关系。60 年代,日本主导行业的快速发展,加上政府较为宽松的金融政策,带动了子行业的繁荣。同时流通革命和技术革新引发中游膨胀,在个人消费多样化、个性化的助推下,部分具有创新精神和研发能力的中小企业抓住协作配套生产的机会脱颖而出,成长为独立于大型企业的新型企业。

20 世纪 60 年代是八幡制铁所、富士制铁公司、日立制造所、东芝公司、丰田汽车、日产汽车等大企业,扶植多个承(转)包公司、零部件生产厂家,并通过企业间的交易维持交易产品高质量的时期。当然,这一过程出现了分化现象,有的中小企业得到发展,有的则走向消亡。这种企业集团内外的竞争,导致了中小企业的更新换代,造就了有别于中小企业的敢于向技术革新积极挑战的"中坚企业"(可参考表 5–19)。

表 5–19 日本中坚企业的发展

	中坚企业成长的主要原因	中坚企业出现的领域
20 世纪 60 年代	"独特的领域选择"和"为实现量产化而引进机械设备"	不仅是制造业领域,超市、批发店、连锁店等商业领域也出现了中坚企业
20 世纪 70 年代	"独特的开发"、"技术关联型多样化"和"适应多品种少量化的生产"	大量生产、大量消费时代接近尾声,消费需求呈现多样性,伴随产业结构的升级,产生了大量开发新技术、新产品的研究开发型中坚企业
20 世纪 80 年代	"以客户需要为导向"和"独特的设计"	进入后工业化时代,信息、通信领域出现大量中坚企业,更加重视新市场、新业务、新组织的创新

资料来源:长江证券研究所。

所以,中坚企业的成长就是中游的膨胀,也就是所谓的产业升级的过程,它事实上伴随着产业组织的变化,大企业的发展带动与其相关的中小企业的发展，这种产业组织模式的深刻变革往往给处于底层的中小企业的发展和壮大带来了空前的奇迹（可参考表5-20）。事实上，战后日本经济的飞速发展离不开这种大企业与中小企业之间所建立的新的较为稳定的共生关系。

表5-20 纵向非一体化产业组织的国际比较

模式类型	美国模式	日本模式	意大利、中国台湾模式
结构特征	寡头主导，大中小企业共生	寡头主导，大中小企业共生	中小企业主导，交互共生
大中小企业关系	市场化供需关系	长期稳定的合同供需关系	密切的纵向或者水平协作关系
中小企业关系	竞争关系	有限竞争关系	市场化的分工协作关系
订货成本	高订货成本、订货量和库存	较低订货成本、订货量和库存	较低订货成本、订货量和库存
订货频率	较低	较高	较高

资料来源：长江证券研究所。

06

结构主义的薪火
周期波动、结构演进与制度变革

- 2010 年 9 月 9 日

结构主义的薪火　资本市场研究逻辑

  2009 年之前，在经济繁荣期使用总量的研究逻辑是一种更客观的方式。但是，按照对长波的理解，我们说的 2010 年 4 月的大拐点是一个相当大的问题。根据我们对长波运行中经济特征的研究，在未来的 20 年中，全球经济增长总量的边际递减是不可抗拒的。所以，依据总量进行投资的逻辑只可能是一个反弹波段取胜的问题。而且，作为美元本位制下的货币主义经济学理论，我们在长波衰退期可能面临一些适用性问题，最为现实的问题是，长波的转折点理论上就是流动性的转折点，这与金本位还是美元本位无关。

  现实的情况是，在发达国家，货币释放的能力已经达到极限，继续实行极度宽松的货币政策的边际效用很低，可能无法对冲总需求的下降和生产率的下滑，这意味着实体经济对流动性的吸收和消化已经达到一个极值，长期流动性的拐点已经到来。在长波衰退之后的这个历史阶段，实体经济无法继续吸收流动性。也就是说，微观主体已经无法对货币的宽松和持续宽松做出理性的反应，因为在这个阶段，不断下滑的总需求制约了微观主体的行为，他们更加注重经济基本面和未来的预期，而对流动性宽松程度的反应事实上已经下降了。

自 2005 年以来，我们就在使用结构主义的框架分析经济和市场，但是这套理论体系真正发挥作用，是在 2007 年长波进入剧烈的衰退期之后，我们对重要顶底的预测说明结构主义框架在显示其作用。惊人的巧合是，在上一次长波的衰退及萧条期（1966—1980 年），西方经济学对结构主义的讨论主要集中在 20 世纪 80 年代之前。而在此之后，由于长波进入了复苏期，结构主义的周期研究开始衰落。所以，任何的理论框架都是应运而生的，不可能统治久远，这就是我们这个世界的法则。但重要的是，对结构主义来说，长波的衰退和萧条期，即未来的 20 年将是一个重要的适用期，这恰如 20 世纪 70 年代理论界如火如荼地研究长波一样。

为什么我们要说明这个框架的适用性？因为结构主义经济学本身就是一门探讨经济增长动力源的学科，所以经济波动和结构变动就是它的两条基本线索。在未来的一段时间里，我们相信问题的核心在于经济新的增长点，而不是我们还能把泡沫吹得更大。所以，按照康德拉季耶夫所揭示的人类行为规律，未来 20 年就是要洗去过去 30 年繁荣中的过度需求成分，探索未来新的经济动力源，从而为下一次繁荣做好准备。因此，探索动力源就是结构主义的基本理论核心，在这一点上，结构主义的时代已经开启。

在这样的全球背景下，我们认为，中国尤其将表现出经济增长结构变动的可能性，同时具备资本市场的结构性机会。原因在于，结构变动本身就分为经济特征的结构变动和经济周期中的结构变动两个级别。我们相信，欧美国家在未来的中周期中只存在经济周期的结构性变动，而中国作为正在工业化的发展中国家，自 2008 年进入了我们所定义的走向成熟阶段，这将是一个经济结构的大级别变动期，我们通常所讨论的中国经济结构调整就是一个大级别的变化。所以，未来的机会更多地存在于结构变动而不是总量的变化中，这是一个投资逻辑的改变。按照我们对当前资本市场的认识，至少在可以预见的一两年内，市场对机会的认识和把握都不可能是前 10 年的重复，而是一个颠覆。

特别值得强调的是，我们的结构主义分析框架借用了结构主义经济学的部分理论，而不是结构主义经济学本身。根据 2005 年以来的实践，我们的结构主义理论体系就是研究经济增长和波动中的必然，而认为政策或流动性都属于增长中的外生变量。

周期波动和结构演进是结构主义的两条主线

结构变化在周期中的实现

根据多年的探索，我们认为，对策略研究的两个核心即趋势和配置而言，结构主义就是以周期波动和结构变动两条逻辑的交会来完成研究的（见图 6-1）。对中国经济的研究而言，显然首先是一个结构性问题，因为中国是一个发展中国家。自 2005 年开始，我们先是运用罗斯托理论对中国经济的发展进行探讨。但是，我们在后来的工业化进程研究中发现，结构的变化不是孤立存在的，结构的变化是靠经济周期波动来实现的。最典型的是，长波对一个国家的工业化具有极强的约束作用，所以，只有将周期的波动和结构研究结合起来，才能对趋势和配置有一个全面的把握，就在这样的实践中，我们的理论体系开始成熟。

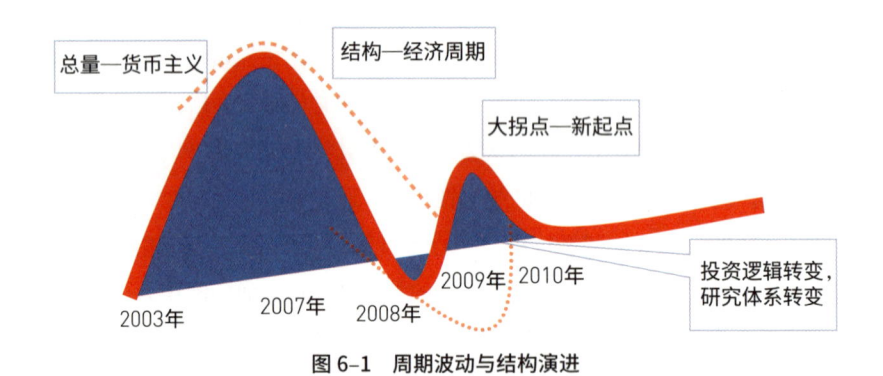

图 6-1　周期波动与结构演进

资料来源：中信建投证券研究发展部。

实际上，根据罗斯托理论，2000—2008 年中国工业化起飞期，是以研究增长为主的理论阶段，而到 2009 年进入走向成熟阶段后，罗斯托理论的重点开始进入一个转换期，罗斯托也承认，这是一个提供富有希望的选择的时期，也是一个具有危险性的时期。因为进入走向成熟阶段后，增长问题的重要性降低，而全社会由于劳动力等生产要素的变化，开始进入一个更加关注财富分配的阶段，这是工业化自身的宿命，是起飞期财富集中的结果。我们面临的核心问题，是如何在结构主义框架下继续解释中国经济的未来增长潜力，而在这个问题上，存在比以前10年（2000—2008年）大得多的不确定性。与此同时，我们在这个阶段遭遇到不可避免的长波衰退以及随后的萧条，这对一个国家工业化的抑制是不可抗拒的，在这些问题的认识上，我们的理论在2008年实现了第一次飞跃，具体体现在《走向成熟》这一报告中。

关于三周期嵌套

随着对周期波动的不断研究，事实证明了熊彼特的三周期嵌套模型（见图6-2）是一个非常全面的周期解释框架。熊彼特的创新经济学和三周期嵌套理论，是我们考察经济周期变动的主要分析工具。当长波、中波和短波周期力量的方向一致时，我们就很容易感受到经济运行的特征，而当三个周期力量相冲突时，我们就需要辨别哪个力量是主导性的，而这个工作往往超出人们的预期能力，为此，在这个特殊的历史阶段市场就会显得很迷茫、很困惑。

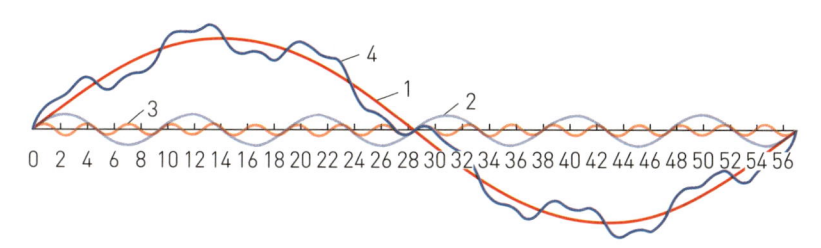

曲线1，长周期；曲线2，中周期；曲线3，短周期；曲线4，三周期叠加

图6-2　熊彼特三周期嵌套模型

资料来源：Joseph A.Schumpeter.*Business Cycles: A Theoretical, Historical and Statistical Analysis of the Capitalist Process*.McGraw-Hill, 1939。

在2007年底，我们曾经使用长波理论对全球经济即将步入长波衰退的剧烈阶段做出预测，当时应该是长波在经济周期中占主导的阶段。而在2009年以后，我们主要使用库存周期理论做出了中级反弹的顶底和热点判断，时至今日，本次库存周期运行在其最后的二次去库存阶段。

2017年下半年及接下来的一两年，中周期的趋势将成为主导，探索中周期的启动机制已经成为未来一段时间的研究核心，这就是所谓新的增长点问题，即新起点。但是，对经济周期理论而言，新的增长点不等同于创新。我们在前文提到，结构变动本身就存在周期中的结构变动和经济特征的结构变动两个级别，现在看来，这两个问题对中国同时存在。但是首要研究的应该是周期中的结构变动。这个问题再次体现了我们的框架的要义，即在周期波动中体现结构的机会。

这个问题从行业的角度出发，我们通过工业化理论及其结构的演进，来分析经济体系中产业链和经济结构的变化，从而为市场提供"结构性"机会。各个行业在不同的经济发展阶段弹性是不一样的，因此，行业演进的次序和程度是有区别的，我们希望通过结构变迁这个中观视角来剖析市场机会（可参考图6-3）。但同时，在周期的运动中，各个行业的变迁又有其特定的规律，这一点对配置更有短期意义。所以，要厘清周期中的结构变动和经济特征中的结构变动的不同意义，这对配置极为重要。

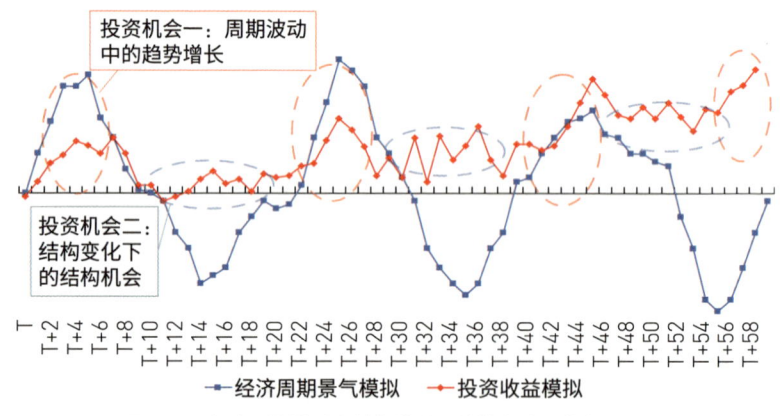

图6-3 经济周期波动和结构演进：结构主义下的投资机会

资料来源：中信建投证券研究发展部。

结构刚性和制度刚性是深层因素

更深层的因素是制度性的。结构主义经济学分析的视角是多样的，条条道路通罗马，但是结构主义最终的归宿就是制度。这既是结构主义的一个缺陷，也是它的一个优势。缺陷在于它无法获得总量分析框架下的定量结论，优势在于它可以获得总量分析框架下难以企及的方向性。对投资而言，这个方向性很多时候具有实质性意义。

拉美结构主义的代表普雷维什说，"经济进程趋向于使发展的成果局限于社会的一个有限的范围内"，这就是结构主义的必然理论归宿。我们在前文指出，罗斯托在走向成熟这一工业化阶段中对分配制度的关注也体现了结构主义的归宿问题。在这个问题上，奥尔森从社会调和的角度出发，提出了打破制度刚性的改良理论，他的公共选择理论诠释了如何打破制度刚性。

当经济增长趋缓时，财富分配的重要性就会得到凸显，这种局面的产生从技术层面上看是资本边际收益递减与人口红利减少的结果。从制度层面上看，由于分利集团的膨胀对创新的抑制，为了经济社会发展，必须进行实质性的制度变革。

结构主义在投资策略中的运用

结构主义的试探：罗斯托工业化理论的实践

早在 2005 年底，结构主义分析框架就从罗斯托工业化理论中的工业化转型期的投资路径出发，研究中国虚拟经济繁荣的起点，认为 2005 年以来的中周期投资增长可能是未来一段较长历史阶段无法逾越的。中国高速增长和工业化处在一个重要的转折期，工业化起飞及其城市化是当时经济周期起飞的动力源。产业多样化过程中的主导产业将会沿着市场化的线索展开，城市深化过程中的房地产、金融、基础设施、流通、零售业态等将不断创新，日益成为未来的主导产业。

与此同时，中国经济在 2005—2006 年正好处在虚拟经济繁荣的起点阶段，工业化深化阶段的实体经济将会对虚拟经济产生支撑作用，从一个相对较长的视野来看，虚拟经济大繁荣将超越周期。在特定的历史时期，伴随着一些临界条件的发生，虚拟经济将走向大繁荣，而且时间会比较长。随后，证券市场从 2005 年开始启动，直到 2007 年，实际上也是一种超越经济周期的趋势。

周期波动与结构演进的首次结合：周期内核

在 2007 年市场演绎的疯狂行情中，在观察到全球市场的疲态之后，结构主义的分析框架从资源约束、信用膨胀和美元币值为要素的周期内核分析方面指出，全球经济已经进入长波衰退中的通胀阶段。在这个阶段，信用的膨胀和资源品价格、资产价格爆发式上涨扮演了经济增长的"掘墓人"角色，全球经济注定进入一个大衰退阶段。2007 年底，我们的结构主义分析框架就根据长波的演进，得出全球经济将在 2008 年陷入衰退的巨大转折中。

对中国而言，在全球产业链中，中国是美国的上游，为此中国经济将受到美国经济的极大制约，陷入国际化博弈，中国经济的走势和中国市场的表现将取决于国际化博弈的结果。对市场策略而言，转攻为守的时刻已经到来。

周期波动与结构演进的二次结合：结构内核

美国次贷危机以其意外性和巨大冲击性，极大地摧毁了市场的信心和经济增长的动能。危机的酝酿、爆发和深化，标志着长波周期大拐点的到来，以一种极其暴力的方式演绎了结构主义对长波周期演进的判断，这种冲击的猛烈程度甚至超出我们的预期。全球经济在 2008 年秋季之后，开始进入风声鹤唳的时期。

中国经济在国际化博弈中被动陷入大衰退，这也是改革开放及工业化开启以来未曾有过的。当然，这个衰退是以外部冲击的方式展开的，但是按照我们的研究逻辑，工业化理论，即中国工业化起飞完成之后的起飞萧条阶段具有一定的必然性。同时，按照这个逻辑，我们认为 2008 年底的衰退将是一个最剧烈的阶段，其后的经济将在工业化的主导下进入一个走向成熟阶段的过渡，经济将逐步复苏，市场也将开始一个基于估值修复和复苏预期的中级反弹。

经济结构转型的开始：过渡期的复杂性

从工业化起飞向工业化成熟的过渡是一个复杂的过程。由于消费的双低点模式，实际上收入滞后调整而导致的消费回落是一个大概率事件，政府投资的潜力和深度伴随着去政策化的过程和财政收入的约束，经济逐步回落是更可能出现的大概率事件。特别是通货膨胀预期的显性化，市场将逐步转向未来通胀和去刺激政策，这都将影响市场信心。从这个角度出发，市场将达到一个关键的选择时点，中期反弹的顶部已经得到构筑，2009年下半年的主旋律将是调整（详见报告《过渡期的复杂性：中级反弹的终结》），市场将开始演绎结构转型的特征。此后，市场和经济也演绎了一个下滑的过程。

经济结构转型的确认：站在周期的大拐点

在我们结构主义分析框架的逻辑中，市场和经济的确是沿着我们的结论演进的，当大幅下跌后，市场开始处在一种混沌状态，看多和看空的力量僵持不下。而根据经济周期的此起彼伏，我们判断2010年第二季度是库存周期的大拐点，也是长波周期的一个阶段性拐点，其后经济将进入大拐点之后的景象，即具有过渡和萧条的特征。为此，我们判断原有的经济增长模式转型趋势已经确立，在新动力尚未建立之前，经济和市场将是一个趋势性下行的过程（详见《站在周期的大拐点》系列报告、《大拐点之后的经济景象》）。2010年第二季度以来，经济和市场再次演绎了我们的策略逻辑。

结构主义需要回答的现实问题

对全球而言，结构主义要研究的是一个周期运动的问题，而结构的问题是次要的，因为发达经济体短期内不存在升级式的大级别结构变动。而且，由于长波处于衰退后期，其拐点特征十分明显，是一个总量增长向结构增长的过渡阶段，同时又将在一段时间内存在虚实分离的特点。所以，这是一个虚拟财富的下降阶段，我们需要解决2010年第二季度周期大拐点之后全球经济和美国经济的景象是如何的，以及长波统治下短波和中波的力量能否带来结构性上升机会等问题。特别是面临主要发达经济体去杠杆的进程，不同经济体的投资储蓄缺口和外汇缺口将会如何演进，即全球经济再平衡对总需求及其结构变化的影响。

对中国经济和市场而言，在结构主义分析框架下，我们最需要回答的问题主要有以下几个。

第一，中国未来经济波动中的市场的底部和顶部是由中周期的运行决定的。在全球经济长波遭遇大拐点之后，中国经济的短周期、中周期与全球经济长波周期的关系及其相互影响，实际上是一个经济周期嵌套中的主导性选择问题，也是一个周期运动的问题。

第二，发展模式转化和经济结构演进中的结构性机会或成长的线索。是继续走投资和出口双轮驱动的发展模式，还是转向以内需为主、消费为主的增长模式，即中国工业化演进的结构性问题。当然，这里还涉及要素的变化。在这个过程中，产业之间的关联及顺序可能会发生变化，即所谓的前向和后向效应的考察。这个问题本质上是资本积累问题，各个行业资本积累速度和程度的不同决定了未来经济的结构。从这个路径出发，我们需要找到弹性不同的各个行业的发展趋势及其带来的成长线索或投资机会。这实际上是一个结构问题，与发达国家不一样，这是一个根本性的结构变迁，即大结构，而不是一个次要的问题。

第三，增长与分配的关系。当经济增长到达工业化起飞完成阶段时，社会矛盾就会十分明显，社会利益集团分立，收入分配差距达到高点，经济效率开始明显下降，分配等制度改革的重要性十分明显，即中国是否存在制度红利问题，制度红利能否对冲其他风险。

当然，不管是全球经济、美国经济还是中国经济，对其经济周期波动和结构演进的研究实际上都是为了指导我们的投资。而在周期和结构两个研究主线中，我们也是在寻找成长的线索，用以指导投资的逻辑，一方面避免在周期的力量中陷入起伏的无序性，另一方面又能掌握好周期起伏的波段和结构变化中的机会。

三周期嵌套中的市场趋势

三周期嵌套是周期理论的最高境界

对于经济周期，从不同的考察标的出发，得出的周期特征是不一样的。比如，基钦通过研究食物价格和心理等节奏性的变化，认为存在一种大致40个月的小周期。实际上，基钦周期的价格和心理变化是微观经济主体对经济运行的短期波动进行的行为调整。比如厂家看到产品价格上升就会增加生产，反之亦然。在经济出现下滑时，厂家会赶紧消化库存，在经济向好时，会主动增加库存。所以，产品价格、产品库存就成为考察基钦周期的重要指标。这也是我们将库存周期作为短周期研究重点的理论基础。

中周期最早是由法国经济学家朱格拉在1862年提出的。他以法国、英国和美国的经济危机为研究对象，认为资本主义经济存在一个9~10年的周期性波动，即9~10年总会发生一次危机，熊彼特将朱格拉周期称为中周期。中周期实际上最典型的是资本支出的周期性变化，为此有时也被称为资本支出周期。

在长波周期方面，最经典的是苏联经济学家康德拉季耶夫在1925年提出的资本主义经济存在50~60年的周期特征，他以资本主义世界的重大经济危机作为划分依据，该周期也被称为康德拉季耶夫周期，或康波周期。但是，康波周期只是以重大危机作为划分的根据，没有特定的宏观变量，为此争议最大。

熊彼特认为，尽管三种周期划分标准不一，但是并没有出现不可调和的矛盾。每个经济体的运行都可能存在长、中、短周期，即三周期。每个长波周期都套有中周期，每个中周期都套有短周期。一般来说，每个长波周期包括6个中周期，每个中周期包括3个短周期，即多层次三周期嵌套理论。

更进一步，熊彼特以其之前的创新理论为基础，认为技术创新可以作为长波周期划分的根据，即不同的技术创新与不同的长波周期相互联系起来，这比重大危机的划分更有说服力，也验证了其1912年就提出的资本主义创新经济。为此，康波周期也被称为技术创新周期，或熊彼特创新周期（可参考图6-4）。可以看出，2008年美国金融危机的爆发是本次长波（第五次）从繁荣向衰退转换的大拐点。

三周期嵌套下的市场起伏：顶部和底部

一般来说，如果三个周期力量在同一时期呈现出相同或相似的方向，那么经济周期的运行方向是明确的。但是，如果长期、中期和短期的不同经济力量处在不同的起伏阶段，那就要观测哪个力量是主导性的。如果三个力量呈现一致的方向，那么经济运行将被强化；如果三个周期力量方向不一致，那么经济运行将陷入混沌状态，其走势最终取决于主导力量（见图6-5、

图6-6）。沿着这个方向，我们就能在周期性主导力量的考察中找到经济的底部和顶部。

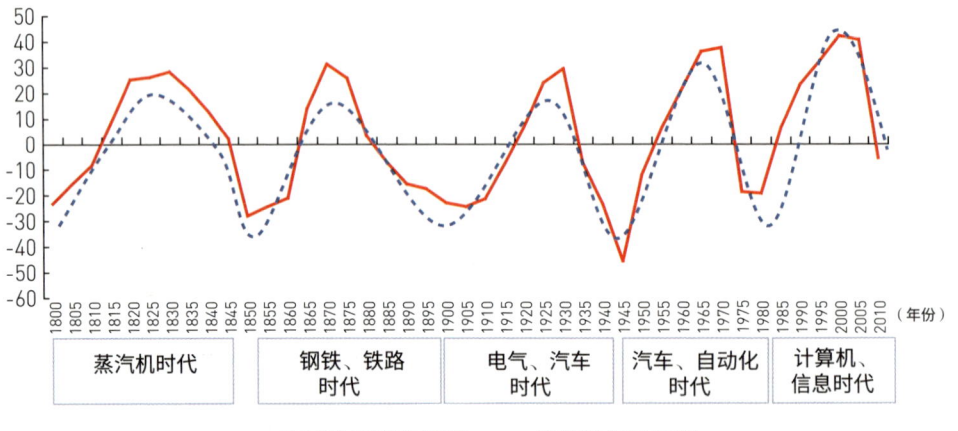

图6-4 技术创新下的长波周期

资料来源：世界银行，熊彼特，雅各布·范杜因，中信建投证券研究发展部。

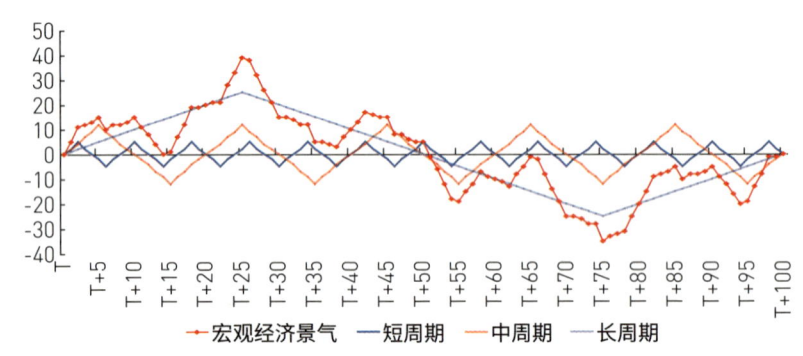

图6-5 三周期嵌套的模拟：三股周期力量的此消彼长

资料来源：中信建投证券研究发展部。

在市场顶底的寻找过程中，我们首先应该确定的是三周期中的主导周期。主导周期级别的不同，决定了市场顶底的决定因素不同。比如，2008—2009年顶底的主导力量是长波衰退，所以，研究长波衰退50年出现一次的异常点的运行机制才是解决问题的根本。而从2008年底开始，全球运行的是一个被动加强型的库存周期，库存周期的决定性因素是价格和利率，这就决定了经济和市场的超跌反弹性质。随后，当我们说的二次去库存结束后，经济将进入中周期的真正起点，而决定这一真正新起点的就是固定资产投资。

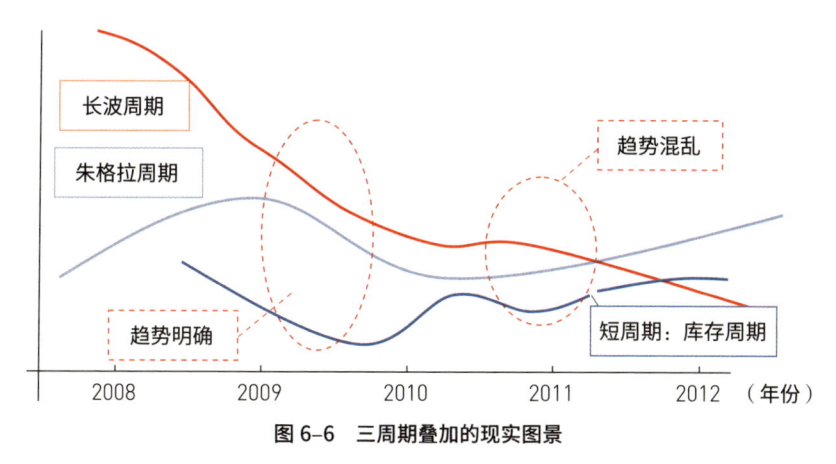

图 6-6　三周期叠加的现实图景

资料来源：中信建投证券研究发展部。

　　经济或市场底部的形成显然十分缓慢，虽然我们曾经多次在恰当的时候预测了顶部，但预测底部十分困难。经济周期的顶部、底部机制是不同的，顶部从来都是一个系统性问题，因此易于预测。但底部从来都不是一个系统性问题，这一点熊彼特已经论述得十分清楚，二次去库存之后的短期需求从来都不能用系统的原因去解释，因为在二次去库存之后的经济向中周期过渡的过程中，真实需求源于微观企业的个体行为，源于微观为提升效率而进行的努力。我们提出，真实需求的开端总是在于中游，但中游更多是一个微观而不是宏观问题。所以，还是应该对市场怀有敬畏的心态，我们从对经济学的理解出发，基本上不能相信一些城镇化之类的中期理由对底部的判断，这是值得警惕的。

长波衰退后半期：虚实分离与政治博弈

　　就长波来看，在 2010 年 4 月的大拐点之后，长波开始进入衰退的后半期。按照我们对长波的理解，衰退的后半期是一个缓冲期，在经济的长波拐点（2005—2008 年）确立之后，开始步入一个平稳的阶段，我们曾经在《大拐点之后的经济景象》的报告中对这个平稳阶段做过详细描述。未来

3~5年,可以认为是经济在弱势均衡中进入了一个相对平稳期,在这个平稳期,我们可以观察到几个重要的特征。

首先,无论是美国还是中国,在经历了2009年的救赎之后,经济开始进入一个平稳阶段,但这个阶段是一个在更低的平衡上的增长阶段。而且,每个国家在货币政策的使用到达穷尽之后,都面临着通缩或滞胀等问题,所以,这个相对平稳期虽然可能带来一个中周期的繁荣,但这个繁荣又是力不从心的。一方面,我们对未来3~5年中周期繁荣的出现并不悲观;但另一方面,这个繁荣又是短暂而不确定的(见图6-7)。

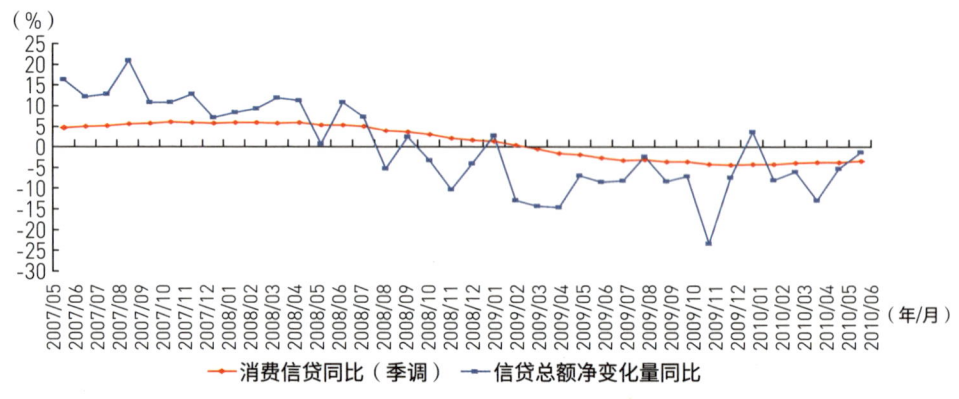

图6-7 美国消费信贷同比和信贷总额净变化量同比

资料来源:彭博。

其次,需求未被破坏的国家,比如中国,通胀会是一个中期问题,是个有持续性同时又不会爆发的问题。而且,长波衰退的后半期都是一个从滞胀到通缩的过渡阶段,这个阶段存在明确的虚实分离,即我们现在看到的景象。这种由过度流动性造成的景象,实质上是一种流动性式微的前兆,所以,此时貌似理所应当的泡沫机会,却总是如浮光掠影。

最后,在这样的一个短暂的繁荣阶段,经济政策能对经济起到的作用在明显减弱,而当各国国内的空间被压缩后,各国在国内趋于稳定之后开始通过政治手段进行经济博弈,就比如20世纪70年代美国压迫日元升值。但是,在这样的博弈中,美国作为主导国始终扮演着决定性角色。所以,未来中周期中的不确定性会更多源于政治博弈。由此我们应高度关注军工、北斗之类的产业。

本次的长波衰退给我们留下了一个悬念，因为在以往的长波衰退（20世纪70年代）中，美国和日本作为主导国和追赶国同时面临滞胀问题。而在本次长波中，美国由于需求被破坏而进入通缩，中国却由于需求良好、货币超发和工资刚性上升的问题而不可避免地进入滞胀，这是一个十分明显的史无前例的差异。在20世纪80年代，流动性的最终崩溃是通过主导国加息的办法来实现的，但这次的解决机制扑朔迷离，虽然这不是当前最重要的问题，却应该是未来的核心问题。

上面的描述实际上说明，在长波衰退的后半期，长波的统治实际上是一个过渡阶段。此时，中周期才是三周期嵌套模式研究的重点，但它又是一个准备消灭流动性的阶段，所以，长波的影响在深入。因此，此时的经济和投资特征都应该摒弃总量繁荣的固有模式，而应更多关注中周期繁荣的动力源问题。

2010年与2011年之交是二次去库存的底部

在我们提出大拐点之后，二次去库存与长波一致可能就是主导市场趋势特征的内在短期力量。就目前来看，在政策退出的大背景下，尚没有其他外力能够改变二次去库存进程。这与熊彼特关于长波、中波和短波三周期叠加研究的结论是一致的。我们认为，2010年与2011年之交是二次去库存的底部（可参考图6-8）。现在看来，这个问题并不重要，或者可以说，市场在这个问题上已经达成一致性预期，真正重要的是中周期的启动机制，因为这决定了未来的增长斜率问题。

当二次去库存达到底部之后，库存转换问题就会产生，即从一个被动型库存周期向主动型库存周期转换（可参考图6-9）。被动型库存周期是一个政府主导的过程，而主动型库存周期是一个私人部门主导的过程。在库存转化中，经济波动产生了，二次去库存是一个库存自然回落的过程，为此经济的方向是向下的。而在库存重建中，总需求处于一个复苏的过程。更重要的是，我们指出（《大拐点、新起点和两次转换》），库存转换将是一个投资品先行的进程，特别是中游偏下的行业将更加明显，我们提出了投资品→半投资品→半消费品→消费品的演进逻辑。当库存重建展开后，向中周期的过渡从理论上就开始了。

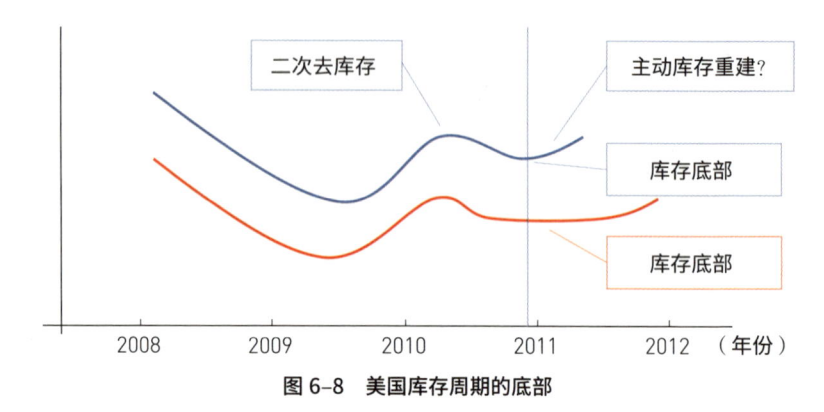

图 6-8　美国库存周期的底部

资料来源：中信建投证券研究发展部。

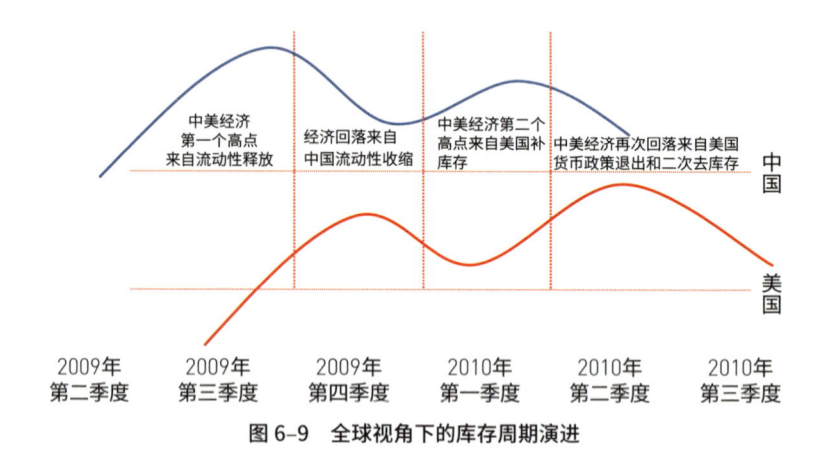

图 6-9　全球视角下的库存周期演进

资料来源：中信建投证券研究发展部。

结构性反弹的持续：新起点与中周期

熊彼特认为，第一个短波的演进是"结构性"的，是经济增长模式和经济结构的量变调整。而第二个短波是自我质变调整，可能是增长路径的实质性调整。在短周期的第二波，其经济现象特别是质量比第一波更重要，因为这一波的覆盖面更广、更主动。据此引申出短周期的重建可能是一个"反弹"，而新一轮中周期（即新起点）的重启代表的是可能的"反转"。结构反弹能否持续取决于库存周期能否向资本投资周期转换，即新起点的到来。

2011年第一季度、第二季度可能是被动性库存周期向主动型库存周期的转化期，这对库存周期而言是一个新的开始，但对宏观经济而言并不必然是新起点的开始。

按照我们对中周期本源的理解，中周期就是一个固定资产投资所引致的周期，所以，中周期的起点就是对固定资产投资的研究。但对目前市场所感知的固定资产投资而言，我们认为增长率并不是此轮中周期固定资产投资的关键问题，固定资产投资的结构转换才是问题的根本。主动型库存周期是私人部门主导的，带有私人投资扩张的元素，而这个对新起点的寻找，表面看来是经济的周期问题，而内核是经济的结构问题。当然，我们需要把结构分成两个层次考虑，第一层是一种基于长期经济发展的大级别结构变动，第二层则是在经济周期的结构变动中实现这种大级别变动的一个片段。

中周期与新起点：结构转换的考察

对长波的讨论只是说明了一个结构转换的背景，因为就全球来看，长波后半期实际上不是一个结构的进步，而是为下一个结构的进步做准备，市场所热衷的真正能推动长波的技术仍未出现。所以，在发达国家的范围内，其结构变动主要体现为总量下降中的此消彼长，以及一种经济结构中的逆向运动，比如美国重新对其制造业的重视。但是对发展中国家而言，这种情况是其结构变动的推动力，但是该发展中国家会发生什么样的结构变动取决于其自身的发展阶段。正如在这个过程中资源国将走向衰落，而某些非工业化国家和经济体可能会展开其工业化的准备阶段（比如20世纪70年代的亚洲四小龙等经济体或者当今的印度），而中国的结构变化也与其所具有的特征分不开。

长波衰退后半期：转型中的追赶型经济体

在现行的国际经济运行体系中，美国处在中心国家的位置，是消费国的代表，而外围国家中的生产型国家和资源型国家无疑将受到美国总需求不足的直接冲击（可参考图6-10）。全球经济将进入一个低增长、弱需求的"新常态"，尤其是处于去杠杆进程的经济体，其需求水平将会相对不足。同时，生产型和资源型国家的需求也处于相对不足的态势，即发展中国家无法与美国"脱钩"。

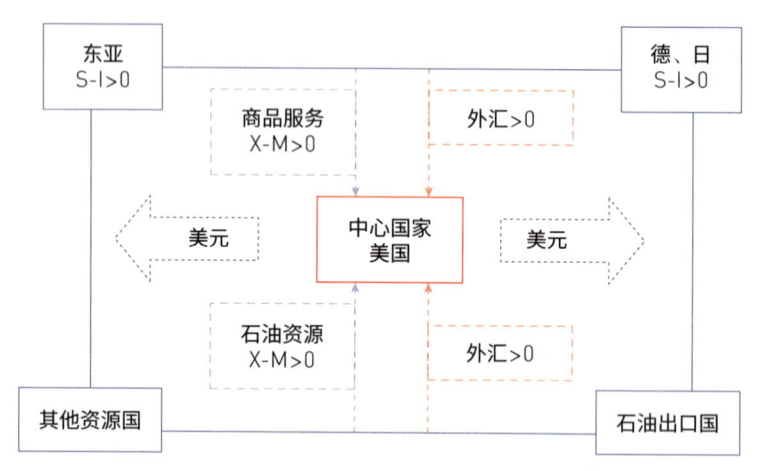

图 6-10　后布雷顿森林体系格局下的中心、外围国家

资料来源：钱纳里，中信建投证券研究发展部。

在此条件下，对发展中国家而言，内部投资储蓄的重要性就提高了。发展中国家必须将外汇缺口收窄带来的压力以改善储蓄投资缺口的方式加以化解，即国内要增加投资或减少储蓄，扩大内需，而内需扩大并非一个一蹴而就的过程。而以出口为导向的原有的增长模式和经济结构将面临日益明显的挑战。以中国为例，继续强化出口的空间已经不大，一是缺少有效的出口需求，二是出口导向增长的效率难以保障，三是约束条件剧增，比如人口和资源。为此，发展中经济体的需求水平整体上可能也要下降。

但是，以往长波衰退的后半期有时却是追赶型经济体进一步繁荣的阶段。比如 20 世纪 70 年代的日本和德国，作为当时的追赶型经济体，在美国经济减速时依然保持着增长。再比如 1980 年之前的拉美，经济在崩溃之前曾经有中期的景气。这是一个不可否认的问题，这就是我们前面提出的，长波衰退的后半期（2010—2015 年）可能是一个相对稳定的国际环境，从而为追赶国的经济转型提供了某些有利条件。事实上，这些国家在此阶段的增长都是一个结构式的进程，都与这些国家的工业化升级有关。

结构升级的不同层次

具体到中美两国,两个经济体处在不同的经济发展阶段,中国现在处在一个工业化起飞结束、向工业化成熟转化的过渡期,目前及未来若干年,投资仍是中国第一增长动力。美国早在二战后就进入一个大众消费时代,并向更高级的享受阶段和福利社会迈进,在这个过程中消费一直是其主要的增长动力。

两个不同经济体所处的发展阶段和增长动力的迥异,决定了周期波动和结构演进具有不同的比较意义。作为成熟经济体,美国经济的运行将会是低幅的波动态势,经济周期的波动会带来私人和公共部门结构的相对调整,比如在经济下行阶段自动削减消费和投资。但是整体而言,美国的经济结构相对稳定,比如消费、投资和出口在经济增长中的贡献度是相对稳定的。中国在经济波动的过程中,经济结构发生了实质性变化,比如消费、投资和出口比重此消彼长程度明显,因此,中国的结构变化是一个"大结构"问题。

简言之,对美国而言,经济波动的影响力要强于结构变化(参见图6-11),因为美国的结构变化往往是结构性调整的变化,比如消费结构从低端向高端升级,但是消费的比重保持相对稳定。对中国而言,结构变化的影响力要强于周期波动,即便是大萧条以来最严重的金融危机,也不能将中国拉入一个长期衰退的境地,使其经济增长迅速回归原有的水平。但是中国经济结构调整的压力更大,结构演进对经济增长和市场投资而言更重要,因为这是寻找成长的方向和线索。

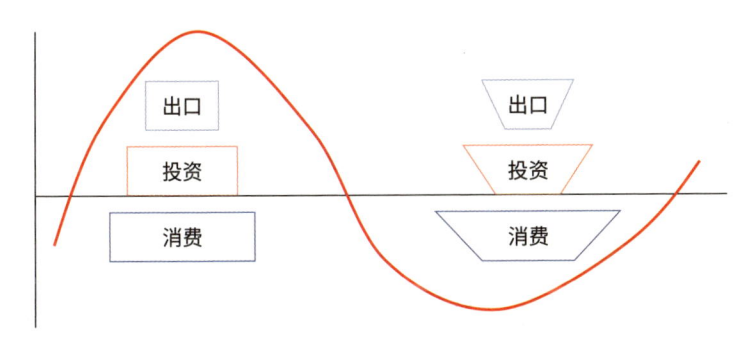

图 6-11 周期波动与结构演进中的美国:大周期、小结构

资料来源:中信建投证券研究发展部。

前文提及大级别的结构性变动是一个经济结构的变迁问题，但是这个结构变化存在于周期的变动中。所以，低级别的结构变动在每个周期中都存在。从经济周期的角度看，任何新一轮的经济增长和新起点都是从结构开始的，一般都是先有结构的变化再有经济增长的明显变化，这是量变与质变的关系。熊彼特在创新经济与经济周期的关系中就指出，任何的经济新增长及其中的结构演进的开始往往都是在几个毫不相干的行业中展现出来的，"任何的增长问题都是结构问题"。因此，对美国经济而言，未来的中周期启动也会存在结构性变动，但这种结构性变动只是周期发动力量的变化，不代表一定是结构的进步。而中国一定是靠结构的进步来发动周期的，因此，我们理应对中国的经济增长有比美国更高的信心。

实际上，经济结构的变化往往都是投资结构变化的结果，投资结构变化一般都体现了经济增长模式转向的先行指标，随之而来的就是结构的变化和增长模式的转变。更重要的是，结构的变迁都具有一定的承前启后性，即结构的变迁不会完全抛弃旧的结构而全面转化为一个新的结构，为此我们应该从两个角度看待结构问题。对于老的结构，如果存在产业升级的机会，那么它们还是有可能获得新生的，而不会立即成为一个夕阳产业；对于新的结构，主要以新兴产业为主导，但是新兴产业并不代表一种必然。为此，我们必须辩证地看待结构的演进问题，即从结构线索中寻找成长性也需要区分新旧两个方面。

对我们的逻辑而言，跟踪结构变化最好的途径无疑是对工业化进程的考察，特别是对一个发展中的经济体工业化进程主导下的资本投资周期，即中周期进行考察。它甚至可能主导这个经济体的周期特征，抵消短期和长期的趋势性力量，即结构演进可能存在新的起点。所以，结构起点的寻找历来是将大级别的结构变动和周期级别的结构变动结合在一起的，而对结构变动剧烈的中国而言，大级别的结构变动是寻找机会的起点（可参考图6-12、图6-13）。

走向成熟之后：寻找成长的线索

如果从工业化进程来说，中国目前与20世纪初期的美国和20世纪60年代中期的日本相似，都处在一个工业化起飞向成熟的升级过程中。在这个特殊的历史阶段中，最重要的特征是工业化的扩散，即将现有的先进技术应用于所有资源和产业的过程。在这个阶段，我们在2008年的报告《走向成熟》中已经做了系统的描述，现在看来，下面这些是已经、正在或者即将发生的变化（参见图6-14）。

第一，投资拉动经济的增长模式仍将持续，但投资的结构发生实质性变化。第二，生产能力规模化，资本集中趋势强化，经济出现大型化，尤其是中游偏上产业。第三，新老主导产业的交替，促进社会分工的深化、中游产业的膨胀以及装备制造业的繁荣。第四，城市化与工业化相伴进入加速期，区域差异达到顶峰，并出现去差异的进程，城市化扩散开来。第五，收入分配不均达到高峰，分配改革将实质性进行，出现多样化消费，为大众消费时代做铺垫。

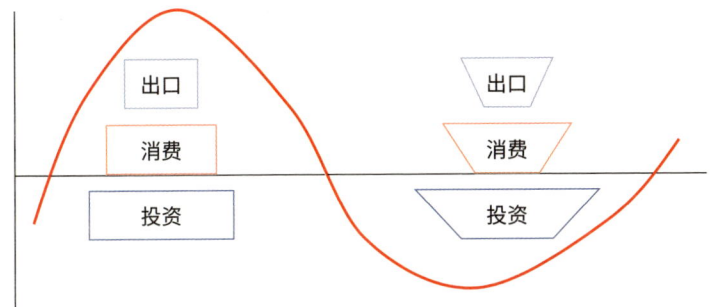

图6-12　周期波动与结构演进中的中国：大结构、小周期

资料来源：中信建投证券研究发展部。

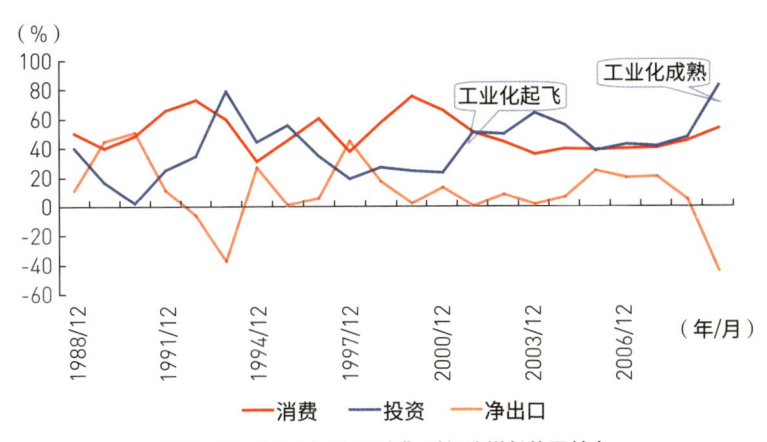

图6-13　中国"三驾马车"对经济增长的贡献率

资料来源：国家统计局。

06　结构主义的薪火　　185

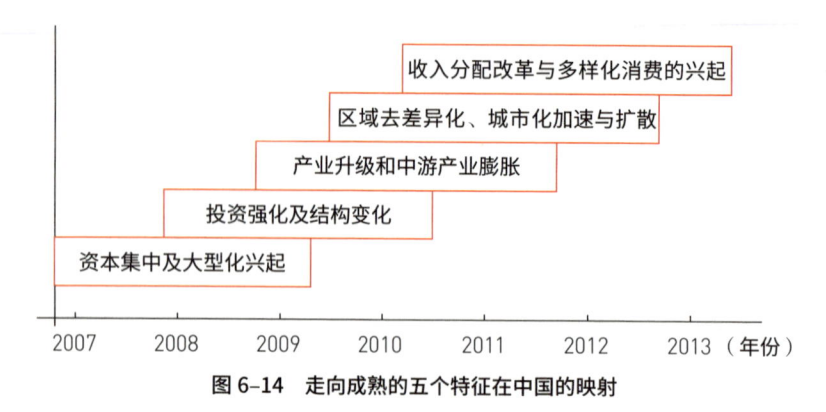

```
                                    收入分配改革与多样化消费的兴起
                             区域去差异化、城市化加速与扩散
                        产业升级和中游产业膨胀
                   投资强化及结构变化
              资本集中及大型化兴起

    2007    2008    2009    2010    2011    2012    2013  （年份）
```

图 6-14 走向成熟的五个特征在中国的映射

资料来源：中信建投证券研究发展部。

这五个方面更是我们寻找中国成长的重要线索。

这是我们关于工业化走向成熟的一个现象描述，而对促进结构变化的本质问题而言，我们可能应该循着这样的线索展开：

第一，需求的转向（增长模式）。

第二，结构升级的继承性（投资强化及其结构变化）。

第三，要素的变更（刘易斯拐点）。

第四，周期遗留问题（流动性过度释放）。

需求转向：工业化升级是根本所在

根据历史经验，英国、美国等老牌工业国家的工业化进程都与长波周期的复苏和繁荣阶段紧密联系在一起，尤其是工业化起飞和成熟阶段基本上都处在一个长波周期的繁荣期中。日本则与英美有所不同，日本 1956 年就完成了工业化准备阶段，并进入工业化起飞阶段，1965 年左右从工业化起飞阶段向成熟期转变，1975 年左右基本完成工业化成熟期，并向大众消费时代迈进。可以说，日本的工业化准备阶段和起飞阶段处在长波周期的复苏和繁荣阶段，工业化成熟阶段大部分时间处在长波的繁荣阶段（可参考表 6-1）。不过，在日本工业化成熟阶段的后期，全球经济已经处在长波繁荣和衰退的转折时期。

与日本不同的是，中国工业化正逐步迈向成熟阶段，而全球长波周期已经陷入衰退时期。中国的工业化升级将在全球经济长波周期衰退阶段进行，中国工业化成熟阶段的发展挑战要大于日本。从本质上讲，长波衰退是一个总需求下降的过程，而工业化升级是一个新产能不断被创造的过程，即总供给扩大的过程。如果中国内部对总供给的吸收能力不能扩大，那么中国经济将进一步受长波统治。如果中国能够创造出新的有效需求，那么工业化的上升浪头将盖过全球衰退的下跌力量，中国还可以保持较高增长。也就是说，工业化升级是中国面临外需萎缩下的根本性的内需拉动战略。

表 6-1　日本工业化各阶段特征

时期	工业化阶段	特征
1948—1955 年	准备阶段	工业高速发展，建立初步的工业体系
1956—1965 年	起飞阶段	设备投资高速进行，重化工业占比迅速提高
1965—1974 年	成熟阶段	设备更新和技术升级，行业重组大型化，产业结构升级
1975—1987 年	后工业化阶段	城市化快速进行，进入大众消费时代

资料来源：中信建投证券研究发展部。

但是，需求转变不等于消费将在经济增长中占主要地位。一方面，中国的工业化阶段决定了投资仍是未来经济波动的主要推动力，而消费作为稳定的增长部分，不可能支撑超过 6% 的增速。因此，中国的结构转型从方向上虽然可以总结为由投资向消费的转换，但从未来 10 年的方向上看，固定资产投资依然是工业化走向成熟阶段的主导力量。所以，未来资本市场投资仍不会抛弃投资品。2010 年之后的高投资将是中国工业化转型的必然趋势，中国继续维持较高的投资率和投资增长水平，这是工业化中结构的继承性。

结构升级的继承性：投资强化及投资结构的变化

工业化起飞之后是一个可以获得继续向前发展但存在波动的阶段，这时由于投资率的较高水平保证了经济增长的自动性和持续性，这种经济的自我持续增长是一种可能的"自动增长"。这种自动增长可能性的大小最核心的决定因素是投资率水平，即资本积累的程度，也决定着资本投资周期或中周期能否顺利开启。具体而言，取决于原主导部门的后向效应和旁侧效应能否继续发挥作用，即旧主导部门作用的下降不是骤变式、崩溃式的，或者旧主导部门通过技术、模式、组织等创新继续发挥主导作用；还取决于新旧部门的转化是否顺利，新主导部门可以不断替代旧主导部门会引起"起飞过程的不断重复"，这与熊彼特的"破坏均衡"有异曲同工之效。这一因素决定了经济波动的剧烈程度，也决定了经济增长的可持续性（可参见图6-16）。

所以，按照我们研究的工业化走向成熟阶段的规律，中国的固定资产投资在速度和结构上都将发生变化。但是，固定资产结构的变化才是关键，因为此时的结构决定了此时的速度。日本在工业化走向成熟期间（1965—1974年），固定资产的投资结构有了明显的向装备业转移的倾向，这是一个工业化的产业演进规律，也是我们看好装备业的重要依据（可参考图6-16）。

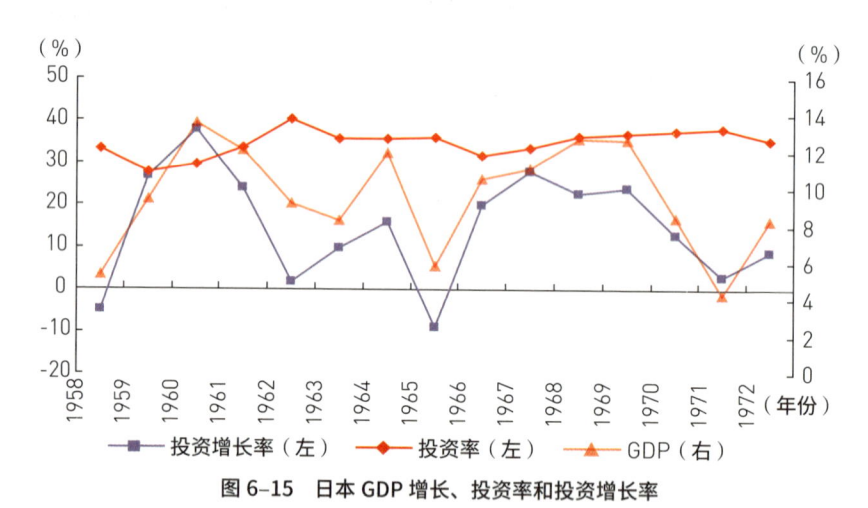

图6-15 日本GDP增长、投资率和投资增长率

资料来源：《战后日本经济社会统计》，CEIC数据库，中信建投证券研究发展部。

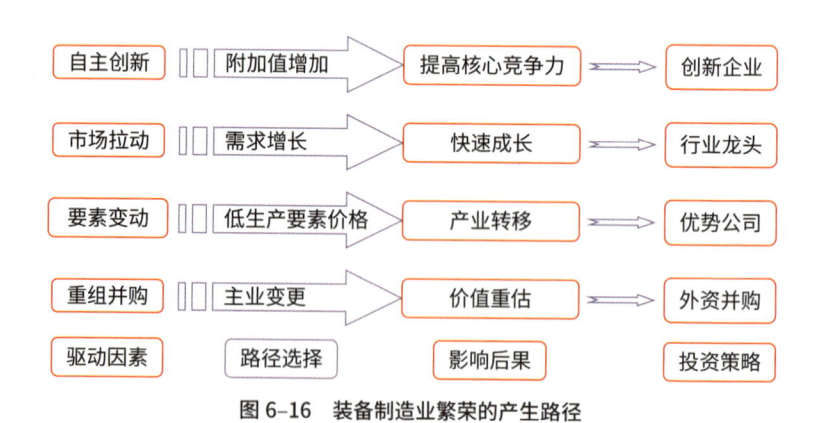

图6-16 装备制造业繁荣的产生路径

资料来源：中信建投证券研究发展部。

现在看来，新起点大概率源于中游的装备业。新起点的意义对应于上述两个方面，一是原有主导产业的创新、升级、改造，二是新主导产业的兴起。而这两个新起点的主导力量应该是私人部门和资本积累。从这个意义上说，经济危机之后的经济刺激可能都不能获得自动增长的能力，因为经济增长并不是自动的。只有政策退出之后的增长，即私人部门主导的资本积累、产业升级和新兴产业带动的增长才有可能具有可持续的自动增长，这才是我们寻找新起点的关键。

值得特别注意的是，中国工业化进程走完起飞阶段后，中国经济内部的要素发生了悄然的实质性变化。在人力、资本和技术的分析框架下，前两项的负面效应已经开始显现，并且其冲击可能越来越大，归结起来，实际上是两个重大的问题：一是中国的人口结构，即所谓的刘易斯拐点，这是生产要素的本质变化；二是中国的过度刺激政策，即泡沫经济问题。而这两个问题将可能实质性改变中国结构转换的节奏和方向。

刘易斯拐点：要素的质变

我们观察到，2008年中国劳动人口占比高达55.3%，但这可能是中国劳动人口占比最高的时期。随着时间的推移，劳动人口的下降是一种必然。因为这种下降源于低出生率、低死亡率和低自然增长率的长期延续。另外，从横向比较的角度来看，日本在1968年劳动人口占比达到最高值56%，而目前的中国已接近其峰值（见图6-17）。

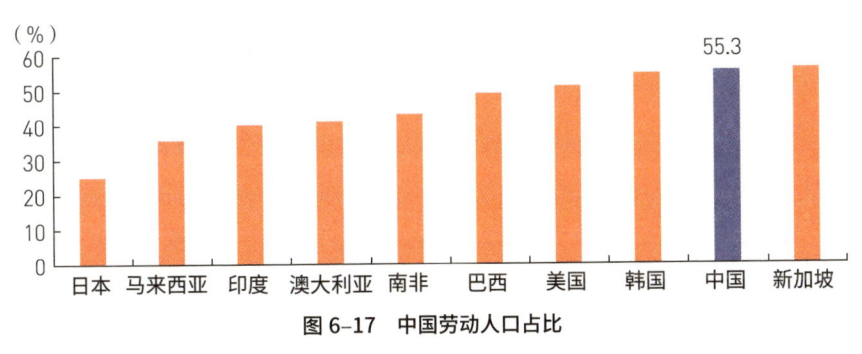

图6-17 中国劳动人口占比

资料来源：世界卫生组织，经济合作与发展组织，中信建投证券研究发展部（印度、巴西、南非和美国的数据来自经济合作与发展组织，2006年；其余数据来自世界卫生组织，2008年）。

从劳动人口绝对数量和相对比例的减少、劳动力绝对剩余走向相对剩余甚至结构性紧缺以及工人工资上涨的系统性压力等指标看，中国的人口结构已经发生重大改变。根据刘易斯的人口结构分析框架，劳动力供需形势的逆转、工资的不断上升是刘易斯拐点悄然而至的直接表现。我们认为，中国已经在2006—2010年的某个时刻悄然越过了刘易斯拐点。

在过去的30多年里，在实现经济增长和参与国际分工的过程中，中国对丰富且廉价的劳动力高度依赖。按照前文的划分，目前的中国与20世纪60年代中期的日本和80年代初期的韩国非常相似，都处于"走向成熟"的转型关键期。然而，特殊的计划生育政策使中国比这两国提前5~12年遭遇了刘易斯拐点。如果再考虑全球经济长波的影响，当下的中国正在遭遇的是三重负面因素的共振。是落入"中等收入陷阱"，还是继续变革以通往发达之路——中国正站在历史的岔口上。

为了指导投资，我们详细描绘了刘易斯拐点到来后的经济和社会景象：（1）"三驾马车"中将有"两驾半"受到负面冲击，因此增长的中枢可能下移1~2个百分点，不过中国并不会缺钱；（2）由于工资可能会被全面上调，农产品价格上涨的压力巨大，成本推动下CPI的中枢可能会上移约1个百分点，通胀的问题中期化；（3）贫富分化的扩大和社会矛盾的积累，使社会问题的集中爆发成为刘易斯拐点到来后的社会新常态。此时，劳动力会要求议价权力，以期重分蛋糕，资方会重视提高效率，以期做大蛋糕，于是问题逐步泛政治化——这就是我们前面描述的社会景象。

实际上，劳动力价格的上升及其刚性的存在，劳动力在增长中所分蛋糕的增大，必然带来中国资本收益率的中期下降趋势，净资产收益率的下降可能是一个不可避免的过程，这是一个对市场具有长期影响的问题，值得深入研究。

我们判断，不良贷款率回升的最大压力时刻当在2011年第一季度，在2012年可能集中爆发。不良贷款率可能逐步回升4~6个百分点；2009年第一季度贷款余额近35万亿元，对应的2012年后不良贷款规模就是1.5万亿~2万亿元，新增数量在1万亿元以上。更重要的是，理智的中央政府不会给商业银行和市场预留二次剥离的想象空间。可以明确，政策剥离、外汇注资、损失挂账的方式不再适用于商业银行未来的坏账处置。不存在二次政策性剥离，意味着不存在对银行体系的二次红利。

关于中国未来结构变动的几条线索，我们实质上描述了这样一种景象：调结构仍然是沿着固定资产投资的道路展开的，所以，研究固定资产投资仍是研究经济波动的主要入手点，也是研究经济中结构性机会的入手点。而在这个过程中，投资受到劳动力成本推升以及货币泡沫化的双重制约。所以，这种投资的现实效果可能是，投资的启动有内在基础，但始终不能摆脱通胀的制约。

因此，这种固定资产投资虽然是产生结构性机会的源泉，却缺少持续性，这就是未来的固定资产投资与前10年（2000—2008年）的区别，也是经济周期的波动与前10年的区别，在前10年，政策之手总是期望摁住市场，而在未来，政策之手不得不游离于保持增长与防止通胀恶化之间，所以，这是一个典型的结构增长的时代。

中周期波动中的结构变动：固定资产投资的视角

资本投资周期下的结构元素

以我们对周期理论的理解，短周期被动型库存周期走向底部时，就会向新一轮主动型库存周期转换，这是短周期运动的必然。这个必然的过程往往还有偶然性因子存在，那就是向新一轮资本投资周期的转换（可参见图6-18）。这就是我们之前提出的，未来经济和市场的走势取决于"两个转换"：被动型库存周期向主动型库存周期的转换和库存周期向资本支出周期的转换。

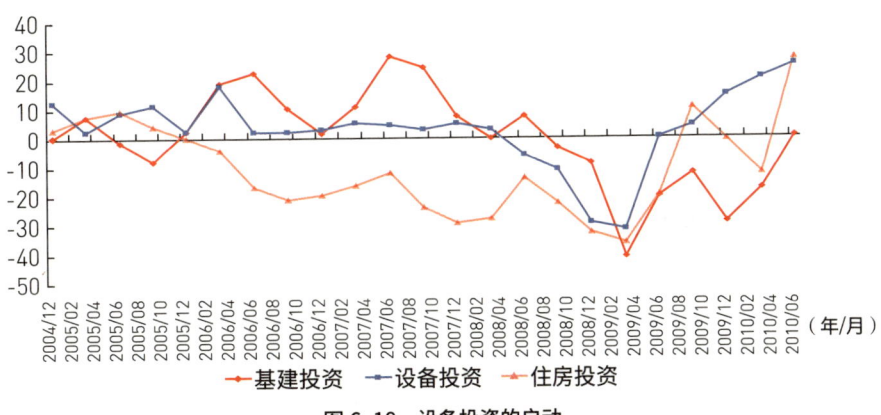

图6-18 设备投资的启动

资料来源：彭博。

短周期向中周期转换实际上存在一个小级别的结构变化，这也是典型的结构增长阶段的体现（可参见图6-19）。但是这个小级别的结构变化意义重大，因为它蕴藏着未来新增长动力的要素。根据熊彼特的理论，中周期的启动是由企业家的更新改造和提高效率的行为决定的，所以，这与是不是出现技术创新没有必然联系，而根据对以往美国经济周期的观察，只有装备业和房地产是中周期启动的先导行业，这是一个纯粹的周期中的结构变化问题，但也很难说不涉及经济大结构变化的问题。所以，周期的结构变动往往是大结构升级的一个片段。20世纪70年代，美国在库存周期向新一轮资本投资周期的转换中，建筑建材、机械设备、电器设备等投资品行业和电子计算机等新型产业投资率不断提高，产能利用率持续增长。对中国而言，设备投资扩张也可能是中期实践，并可能是新一轮资本投资周期重启的模糊起点，更重要的是，它可能是中国大结构变化的准备与前奏。

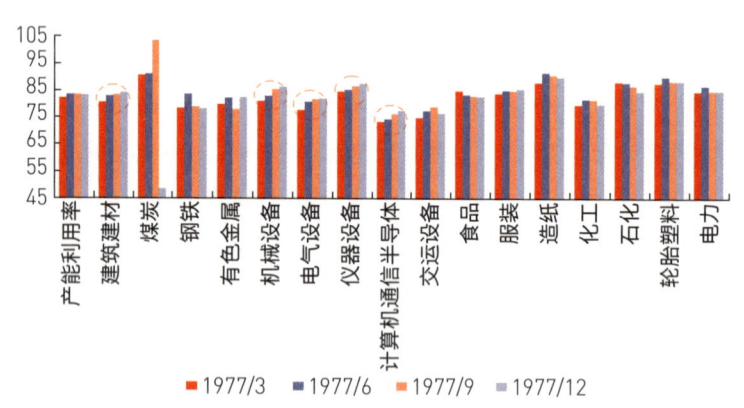

图6-19 美国在短周期向中周期转换中的结构"星火"：产能利用率的视角

资料来源：CEIC数据库，中信建投证券研究发展部。

中周期转换下的投资结构变化：日本的经验

这里我们以石油危机之后日本二次去库存后的中周期为例，来解释什么是周期波动中的结构变动和经济的大级别结构变动，虽然这本质上是分不开的，但还是能看出周期波动中的结构运动。

以20世纪70年代的日本为例，就1975—1978年的库存周期向资本投资周期的转换进程来看，日本在1976年第二季度GDP增速达到阶段高点后逐步回落。库存则在 1977 年 3 月达到补库存的高点,开始二次去库存的进程,到 1978 年 1 月基本结束,二次去库存经历了 3 个季度。随后,日本经济也经历了一个季度的库存周期转换期,而后开始了一轮 9 个季度的中周期繁荣。而在这个短周期向中周期的转换中,结构变化是明显的。

20 世纪 70 年代中后期,在库存周期向资本投资周期转换的过程中,日本固定资产投资的投向和结构发生了重大变化。日本实现了从工业起飞阶段到成熟阶段的顺利转型,其产业结构得到提升,生产效率大幅提高,而工业品价格保持稳定。从行业看,装备制造业、电子电气、精密仪器、汽车、家电等中游偏下产业快速发展。与此同时,钢铁、化工、石化、普通机械等中游偏上的产业虽然也保持较快发展,但其重要性相对降低。处于上游的产业基本上处于萎缩状态,不过食品行业仍然保持较强的竞争力。

在投资投向方面,当工业化从起飞向成熟阶段转移时,重化工业出现大型化。由于技术创新的边际产出效应在递减,作为合理的应对,微观企业向横向和纵向实行兼并的倾向增强,以进一步扩大规模经济效应和范围经济效应。另一个途径就是改变资本投放的方向,将更多的资本投向其他产业(将会产生新的企业,部分将成长为中坚企业)。作为投资的标的,微观企业最关注的是该投资项目的成长性。在工业化起飞向成熟转移阶段,日本的经验是从中游向下游倾斜,从中游的上端向下端发展(可参见表 6-2)。

表 6-2　日本 GDP 中不同行业产值的占比

年份	农林渔(%)	采矿业(%)	制造业(%)	建筑业(%)	电力燃气(%)	批发零售(%)	金融保险(%)	房地产业(%)	运输通信(%)	服务业(%)
1968	12.62	0.65	16.96	11.04	2.15	5.56	1.57	11.87	6.09	15.63
1969	11.83	0.69	17.24	11.43	2.13	5.94	1.89	12.01	6.39	14.84
1970	10.62	0.65	19.08	11.39	2.27	6.19	2.02	11.85	6.85	13.76
1971	9.91	0.66	20.29	11.67	2.36	7.00	2.19	11.21	6.70	13.53
1972	9.39	0.66	20.22	11.80	2.56	7.24	2.36	11.34	7.06	13.07
1973	8.84	0.71	20.86	11.38	2.60	8.12	2.32	10.98	7.08	13.50
1974	8.03	0.58	22.08	10.55	2.59	8.37	2.41	10.66	7.33	14.61
1975	6.97	0.54	22.78	10.91	2.70	9.18	2.53	10.06	7.42	15.15
1976	6.18	0.55	23.52	11.46	2.73	9.22	2.50	9.85	7.54	15.82

续表

年份	农林渔(%)	采矿业(%)	制造业(%)	建筑业(%)	电力燃气(%)	批发零售(%)	金融保险(%)	房地产业(%)	运输通信(%)	服务业(%)
1977	5.08	0.55	24.58	12.57	2.70	9.68	2.51	9.68	7.62	15.28
1978	4.93	0.52	24.87	12.86	2.61	9.71	2.67	9.91	7.85	15.91
1979	4.51	0.51	24.91	12.83	2.62	9.73	2.73	9.96	7.92	15.93

资料来源：日本总务省统计局，中信建投证券研究发展部。

资本投资周期下的结构变动：中国的考察

我们认为，随着工业化进程的演进和中国城市化的下移，三个投资结构的变化趋势将出现：第一，中游产业将出现一个兼并重组热潮，即大型化；第二，在第二产业内部，投资重点将从中游上端向下端发展，投资的重点将从中游向下游转移，整体造成装备制造业的繁荣；第三，第三产业增长空间将更大，即会产生新兴消费产业。

出于经济结构转型的目的以及工业化进程的内在规律，我们认为，未来中国在中游的固定资产投资将从上端向下端转移，下端相关产业的投资将进一步加速和集中，中游偏下行业将持续繁荣。主要原因有三个。

（1）全球经济周期处在长波衰退阶段，中游本来就是一个强周期行业，尤其是中游偏上端的行业周期性更强。随着经济周期往长波衰退阶段演进，强周期行业的投资和产出将有一个下行的总体趋势。同时，从熊彼特创新周期看，目前全球都处在一个创新周期的低谷，具有支撑性的技术创新短期内难以出现，无法支持重化工业取得重大的技术升级和设备升级，而且重化工业基本上是成熟的产业，其技术设备升级的难度更大。

（2）从经济结构调整的现实出发，中国目前面临着与日本20世纪60年代中后期相似的资源能源瓶颈。尤其是钢铁、石化等行业，如果继续大肆进行这类行业的投资，未来对资源能源的需求将进一步提升，重化工业面临的外部约束将更加严重。而且从产出效率看，重化工业的整体投资效率在下降。为了规避资源能源约束，提高固定投资的总体效率，政府政策可能会向下端倾斜。比如，汽车行业产业链比钢铁等更长，投资的整体效益可能更好。我们依照看好的后工业化阶段的主导产业，预测未来需求空间较大、增长速度较快的机械设备行业包括：自动化装备、高级机床、大型铸锻件、工程机械、交通运输设备、航空设备、轻工机械等（可参见图6-20）。

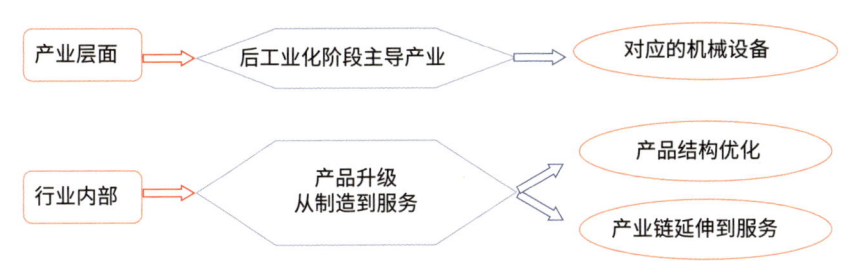

```
产业层面 → 后工业化阶段主导产业 → 对应的机械设备

行业内部 → 产品升级
         从制造到服务 → 产品结构优化
                     → 产业链延伸到服务
```

图 6-20　我国机械行业产业升级前景

资料来源：中信建投证券研究发展部。

（3）中国城市化的深入和消费时代的临近迫使工业化进程必须向下端转移。从日本的经验看，日本工业进程的升级伴随着城市化的加速，日本的四个工业带形成了诸多新兴城市，加速了日本经济对中游偏下产业的需求，以及对第三产业的强劲需求。与此同时，工业化进程的升级，使得大型化、合理化和高级化等成为工业发展的新要求。中游偏上的产业由于其资本和技术密集型的特征，将主要走向大型化；而中游偏下的行业更接近终端需求，其主要是走向合理化和高级化，即产业结构升级。随着下端需求的启动和加速，中游偏下的行业的投资将持续高涨，其投资的需求弹性更大。从2004年以来中国固定资产投资的行业特征看：中游上端的采掘、钢铁、石化等行业在近期的投资速度下降；而靠近下端的电子、电气、汽车、建筑、医药、橡胶、印刷等行业投资增长率较高。我们认为，这个趋势在中期会得到强化。

在从工业化起飞到成熟阶段的转移中，产业结构内部发生了重大变化，即出现了我们所论述的高投资率、高投资增长率、大型化、高级化等明显特征。与此同时，伴随这些产业结构的变迁，第二产业作为工业化的核心，大型企业和新兴产业作为增长的重要支撑，是需要外围企业和其他行业的支持的。

为此，从工业化起飞到成熟的演进，围绕着工业化进程加速将会出现工业需求集中化、工业化引致的城市化以及消费多元化、消费升级等重要衍生趋势，这样就形成了支持生产和支持消费两个"支持"体系，这就带来了整个服务业的投资和新型消费的兴起。

投资视角下的新型消费产业

工业化向消费阶段升级,生产者和消费者对服务业的需求是空前的。一是工业升级和深化,带来生产服务业(中间需求)的结构转变;二是城市化及消费结构变化带来消费服务业(最终需求)的结构转变。整体投资就呈现为工业各产业分工的细化、中间产品的技术深化、中游产业的膨胀以及下游三产的蓬勃发展,这实际上是向新型消费行业发展。

从过去三年我们对第三产业投资和业态环境的考察看,第三产业出现了三个重大投资趋势。第一个重大趋势是大型化和国际化相伴随。大型化主要是外延式增长,即通过兼并重组进行横向或纵向规模扩张。如果是消费性产业,一般是横向扩张,而生产型产业一般是纵向扩张。前者主要是解决市场占有率问题,后者则突出产业链延伸问题,尤其是保障上游原材料问题。不管是横向还是纵向,都突破了国界的限制,从而产生了国际化趋势。

第二个重大趋势是与消费升级相关的第三产业投资增长迅速。工业化进程的升级和城市化下移带来主要消费品总量增加,并将出现结构性转变,消费出现普及与升级并行。如果未来城市化率以年增1%计算,每年将增加1 300万~1 400万城市人口,增加消费支出1 000亿元左右。消费水平和层次沿着中心城市向二线城市再向三线、四线城市递次延伸,消费结构将得到显著优化。这一趋势将强化相关产业的投资,如汽车、家电、教育、医疗卫生、商业零售等投资增速将加快(可参见表6-3)。

表6-3 主要消费行业发展阶段与增长模式

行业	发展阶段	增长模式
食品饮料	消费普及与升级并行,升级为主	内生性与外延式增长并存
汽车	普及阶段远未结束	主要依靠外延式增长
家电	普及与升级	主要依靠外延式增长
商业零售	消费升级	外延式增长为主
电子产品	普及与升级,升级空间更大	内生性和外延式并存,技术创新的内生生长为驱动力
旅游	消费普及与升级并行,升级为主	外延式增长为主

资料来源:中信建投证券研究发展部。

第三个重大趋势是与技术创新相关的产业投资增长空间最大。从日本

20世纪60年代至70年代的工业化进程及行业演进看，日本当时的新兴产业及相关技术创新的投资增长迅速，其电子元器件、数字计算机、电气等的产出大幅增加。但是2010年之前，中国对信息传输、电子计算机和软件等高新技术产业的投资仍低于第三产业投资的整体水平。我们认为，2010年之后其未来发展空间巨大，极具投资发展空间。按三网融合专家组专家估算，未来3年，三网融合相关产业市场规模6 880亿元，其中有线网相关建设投资2 490亿元，未来3年信息服务收入与终端消费预计4 390亿元（可参见图6-21、图6-22、图6-23）。

通过工业化升级和消费多样性的考察，我们认为在短周期向中周期转换中，投资结构的变化将产生一些新型消费产业，其中互联网、IT（互联网技术）、电信增值及服务等行业很受欢迎（可参见图6-24）。而与中国社会福利事业相关的医疗卫生健康、教育等行业也很受青睐。最后，市场较看好传媒娱乐业。我们认为，通信设备、移动互联、增值服务、物联网、云计算、数字地理、数字出版以及与消费升级相关的行业将受益于中国未来工业化进程的升级、城市化下移和消费多元化等带来的发展机遇，相对于结构型和升级型而言，这一发展型机遇重大。与此同时，像智能电网、核电、新能源等带来的投资机会也非常明显。而这些结构的变化最后将会整体启动新一轮投资周期，促成新一轮朱格拉周期。

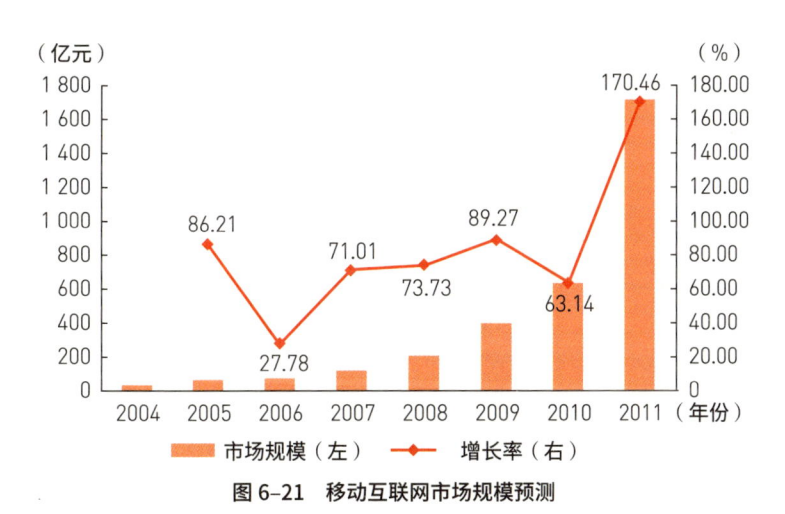

图6-21 移动互联网市场规模预测

资料来源：弗若斯特沙利文咨询公司，中信建投证券研究发展部。

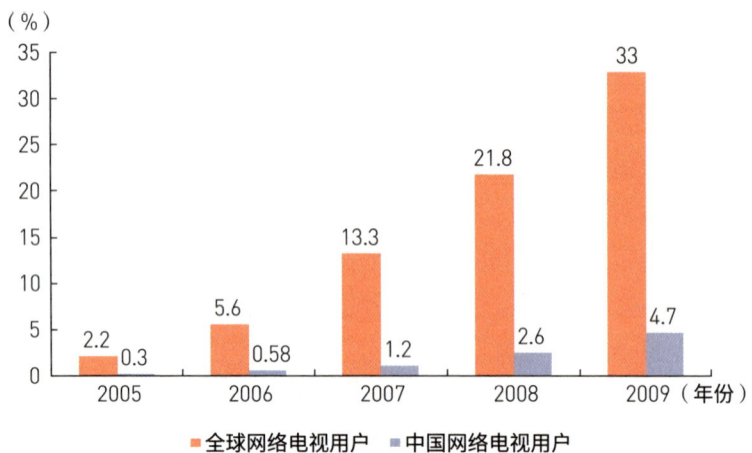

图 6-22 全球和中国网络电视用户发展情况

资料来源：中信建投证券研究发展部。

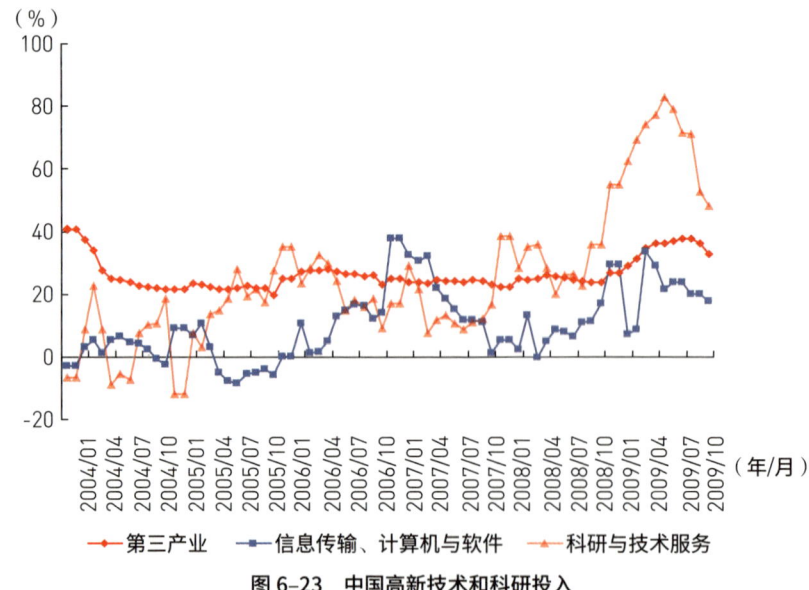

图 6-23 中国高新技术和科研投入

资料来源：中信建投证券研究发展部。

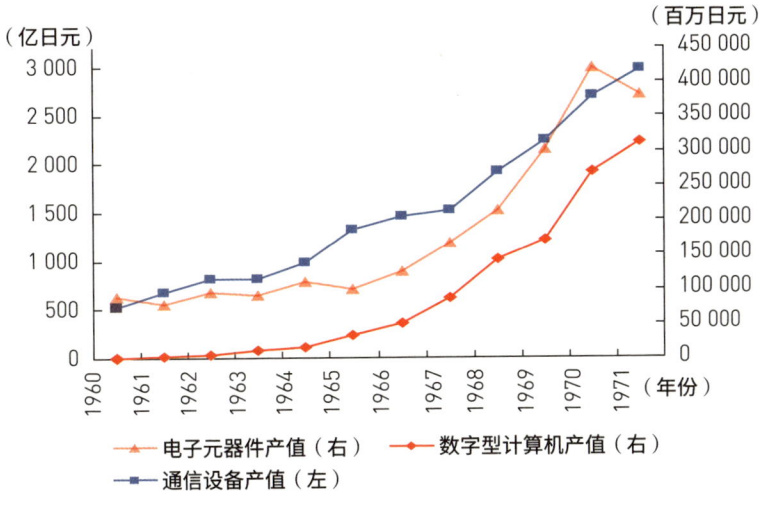

图6-24 日本20世纪60年代至70年代高新技术产值

资料来源：CEIC数据库，《战后日本经济社会统计》。

小结：中周期、新起点和反转趋势的等待

如果理论上确认中周期繁荣是存在的，那么其核心驱动力也就是所谓新的增长点在哪里？这正是我们上面为何从固定资产投资的视角来寻找新起点。在这个问题上，市场对战略性新兴产业的投资反映的也是一种中期转型预期，而不是一种周期繁荣的预期。这就是我们强调结构变动存在两个级别的根本出发点。

经济周期理论从来都不可能把某项独立的技术作为中周期拉动的标志，技术创新是典型的长周期问题。所以，某些技术扩散或组织创新和模式创新可以通过拉动传统产业的改造而带来中周期繁荣。如果这与固定资产投资的逻辑相结合，对未来增长点的寻找就要集中于更切实际的传统产业升级和消费升级。如果未来会出现中周期景气，大概率其拉动力来自设备投资领域，也就是基于现实需求的典型产业升级和消费兴起。投资品、半投资品行业中与经济增长动力相近的行业具有更好的机会，而重化工业中的投资品行业没有大机会。

我们认为，这种新的起点不会立即出现。即便是在2011年末附近出现二次去库存的低点，2011年上半年也不会出现基于新增长点的经济景气。

因为在新的起点出现时，经济本身都是一种模糊的状态，其最初的启动动力也基于价格下跌对需求的某种激发，或者缓慢的升级及模式创新所形成的局部领域或局部公司的增长，这些都可能是未来系统的一部分。但在2011年前能见到这个系统性逻辑实现的可能性不大。也就是说，市场的反转趋势基础仍然欠缺。按经济周期的惯常经验，在库存周期回落后，经历2~4个季度的混沌模糊期是正常的，对这一点我们要有充分的准备。当然，我们在这个模糊的过程中也并非无线索可循，至少在二次去库存之后，新起点的开始仍然是一个库存周期，任何一个新起点本质上都是被动的供需规律的结果。

总之，对于市场所期待的新起点问题，我们还是应该从两个角度来看，即不能把中周期景气等同于经济转型。中周期景气是经济转型的一个片段，这个片段可能会体现出经济转型的方向。但是，它有自身的独立特征，所以，对资本市场而言，在2012年之前，研究清楚在转型背景下的中周期景气才是问题的核心。

07

三周期嵌套
从熊彼特到罗斯托

- 2013年5月6日

  我们在之前的一篇文章中论述了撰写《三周期嵌套》系列的初衷，对《周期之轮》系列做了更体系化、理论化的研究。我们首先回答了"经济周期是否已经过时"这一问题。为了回答经济周期的本质问题（包括经济周期如何产生，如何传导，如何演化），我们介绍并总结了主流的经济周期理论：（1）凯恩斯边际递减率下的周期机制；（2）新古典学派乘数–加速数作用下的经济周期；（3）希克斯"超级乘数"下经济从萧条到繁荣的周期波动；（4）"纯货币现象"的货币主义周期理论；（5）哈耶克结构失衡下的繁荣与萧条的必然；（6）熊彼特基于创新的周期嵌套理论等。

  在综合分析主流经济学流派关于经济周期理论的基础上，我们提出了作为卖方研究的周期理论选择原则。

  （1）合理性。对我们的研究而言，我们只是观察、判断经济周期，更关注"经济会如何运行"而非"经济应当如何运行"，熊彼特"关于不给出任何对策"的态度于我们而言更合理。

  （2）前瞻性。凯恩斯的"边际效率崩溃和恢复"、希克斯的"上下限"、弗里德曼对"货币幻觉"的看法、哈耶克的"信贷与投资结构突变"、熊彼特的"从属波突变"等，都满足前瞻性特征，理论上我们可以应用这些理论分析和预判经济周期的拐点。

（3）开放性。一个合理的周期理论应该能灵活地适用于不同的经济阶段，熊彼特创新本质下的"从属波"理论具有开放性优势，除了其指出的三周期，还可以融入其他从属波周期，在这一点上，我们倾向于用熊彼特的理论来解释和研究经济周期。

（4）可观测性。虽然熊彼特的"创新"也难以直接衡量，但其从属波中的某些周期具有特定的时间规律，便于观测和判断。从可观测性和跟踪性角度看，熊彼特的模型具有优势。

因此，我们更倾向于采用熊彼特的周期理论来研究中国的经济周期，我们甚至可以将凯恩斯、希克斯、哈耶克、弗里德曼等关于周期的理论融合起来，用来研究中国的经济周期和资本市场运行。

熊彼特的理论虽然有诸多优点，但也存在诸多不足，这使得其在实际应用中受到限制，例如，"创新"驱动经济增长和周期波动就难以服众。奥地利学派的罗斯巴德对此提出诸多批判，但正如我们以"开放性"为前提来选择经济周期理论一样，这些不足都是可以得到"弥补"的。因此，本章我们除了详细介绍熊彼特周期嵌套理论，针对"创新"，我们也做了一些有益的补充。

概述

在20世纪初，熊彼特就已看到经济危机对资本主义经济的重要影响，并着手研究这一问题。熊彼特的经济学理论深受奥地利学派和马克思主义思想的影响，一方面坚持洛桑学派创始人瓦尔拉的经济均衡体系作为一般均衡理论的起点；另一方面坚持跨越一般均衡理论的静态模式，建立一套从经济体系内部因素来说明经济动态现象的理论。因为他深信经济体系内部存在一种能量，使得经济在达到均衡时遭到破坏。那就必然有一种理论，能够阐明并非由经济以外的因素使经济体系发生从一个均衡推向另一个均衡的纯经济理论。

熊彼特的经济周期理论集中见于《经济周期》一书以及《经济变化分

析》一文。熊彼特在《经济周期》一书的序言中强调了该书的三个特点：

第一，从理论分析、历史过程和统计资料三个方面对资本主义的经济危机进行分析。

第二，以创新活动为中心，对经济周期的起因和过程进行实证分析。

第三，不给出任何有关对策的建议。

熊彼特将引起经济波动的因素分为三类：外部因素、增长因素和创新。外部因素主要指革命、战争、灾害、制度变迁、经济政策变化、银行和货币管理、支付习惯以至黄金生产变化等。熊彼特认为，外部因素变化是导致经济波动的一个明显的重要根源，但仅从外部因素去探索经济周期的原因是远远不够的。增长因素指人口增长这类不会引起经济波动或周期的因素。

熊彼特强调，在分析周期问题时应该排除这类非周期因素，但即便排除了非周期因素，经济也会呈现周期现象，之所以如此，是因为存在创新活动。

熊彼特将"创新"一词定义为"新的生产函数的建立"，即"企业家对生产要素的新的组合"。按照熊彼特的解释，创新并不是单纯的技术概念，而是经济生产中出现的新事物，也就是说，把一种从未有过的关于生产要素和生产条件的"新组合"引入生产体系。包括：

（1）引进新产品或提供某种产品的新质量；

（2）采用新的生产方法；

（3）开辟新的市场；

（4）发掘原料与半成品的新供应渠道；

（5）建立新的企业组织形式，如建立或打破垄断地位。

所以，创新与技术上的发明不是一码事，一般的企业经理不是企业家，只有那些富有冒险精神、勇于率先把创新活动付诸实践的创新者才是竞争市场上的企业家。在熊彼特看来，作为资本主义"灵魂"的企业家的职能就是实现"创新"、引进"新组合"。所谓"经济发展"，就是指整个资本主义社会不断实现这种"新组合"，熊彼特将这种所谓"不断地从内部革新经济结构，即不断地破坏旧的、不断地创造新的结构"的过程，称为"产业突变"，是一种"创造性的破坏过程"。

创新非连续性和扩散性，才是经济体系内本质的、引起经济周期波动的根源。

两阶段理论：单纯创新周期

熊彼特在应用"创新"概念来说明商业社会内生的周期现象时，提出了一个只包括上升期和下降期两阶段的单纯模型。

首先，在增长因素的作用下，先假定一个一般均衡的经济体系。在该体系中，每个家庭和企业均处于长期均衡，整个经济不存在非自愿闲置资源，增长因素决定了长期的经济趋势。

其次，企业家为追求利润，引入创新，为实现基于其设想的创新，企业家依靠信用从银行借入资金，以此作为资本建立新工厂，订购新设备，进而购买间接劳动资料及生产要素进行生产。企业家的创新扰乱了经济体系的长期均衡，经济增长开始脱离其长期趋势。

当一个企业家成功的创新活动带来盈利的机会时，在美好前景的诱惑下，其他企业家纷纷效仿，结果形成由创新活动所造成的风暴——"创新风暴"。"创新风暴"扩大了对生产资料的需求，而初始的均衡状态中不存在闲置资源，因此企业家将支付更高的价格才能获得生产资料，结果是生产资料价格快速上升，而为了支付，企业家扩大了对银行信贷的需求，引起信贷扩张。物价上涨和信贷扩张带来经济的上升阶段。

由于创新的导入，经济活动变得非常活跃，从而带来繁荣。然而，创新所掀起的风暴是对均衡的大扰乱，经济必然走向新的均衡，也必然经历一段经济下行阶段。"创新风暴"使得企业家为获得创新所需的生产资料价格升高，成本增加。同时，创新造成产品的产量大量增加，导致价格下降，于是银行的信用开始紧缩，创新企业的利润趋于零，部分经营不善的企业倒闭，经济回落，直至达到新的均衡。

创新活动的不连续性使得经济呈现周期波动而非持续繁荣。

如果没有创新带来的繁荣，那就不会有衰退，均衡体系也将保持原来的状态。我们可以把这一模型简单归纳为：（1）创新活动使企业家获得利润，创新引起模仿并打破垄断，创新浪潮的出现引起经济繁荣；（2）当创新扩展到较多企业、赢利机会趋于消失时，我们将面临经济危机。

资本主义经济本质上处在繁荣与危机两个阶段的循环中，一次创新造成的下降不能被下一次创新造成的上升抵消，于是经济生活就呈现出周期波动。

熊彼特两阶段经济周期模式（见图7-1）只有繁荣和衰退，没有复苏和萧条，它揭示了创新作用于均衡体系的一般原理。然而，现实的经济体系远比这一模型复杂得多：外部因素导致经济非正常波动，但必然会回归均衡；除了外部因素、增长因素和创新，还存在许多投机行为，经济波动穿越其长期均衡也是必然。所以，熊彼特提出了四阶段模型，即繁荣→衰退→萧条→复苏，构成了一个完整的、现实的经济周期波动图景。

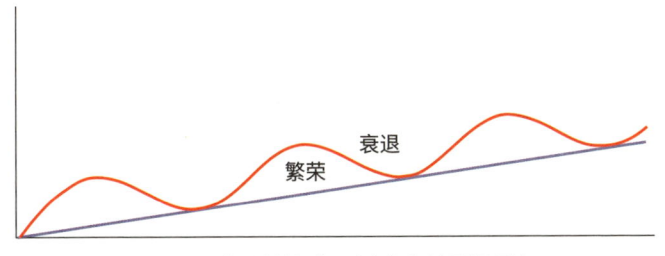

图7-1　熊彼特的"两阶段"经济周期理论

资料来源：中信建投证券研究发展部。

四阶段理论：从属波与周期嵌套理论

这个单纯的繁荣和衰退两阶段模式排除了创新所诱发的各种从属现象：如创新者的投资活动所引起的各种连锁反应，以及随着繁荣的逐渐到来而造成的投机心理和投机活动。熊彼特认为，这种从属现象将大大加强周期的振幅，他把这种被诱发出来的各种从属现象总称为"从属波"。

四阶段周期理论

为了把从属波引起的后果纳入周期理论，熊彼特建立了关于经济周期的四阶段模型，该模型把经济周期分为繁荣、衰退、萧条和复苏四个阶段（见图7-2）。

繁荣：（1）由于从属波的作用，即创新所引起的信贷扩张和对生产资料需求的扩张促成了新工厂的建立和新设备的增多，也增加了社会对消费品的需求；（2）整个社会出现大量投资机会，出现大量投机活动；（3）创新活动所引起的上升将越过新均衡，以至形成过度繁荣。从属波造成的许多投资机会发生在与创新活动无关的部门中，这时的信贷扩张也与创新无关，仅仅是为一般企业和投机活动提供资金。

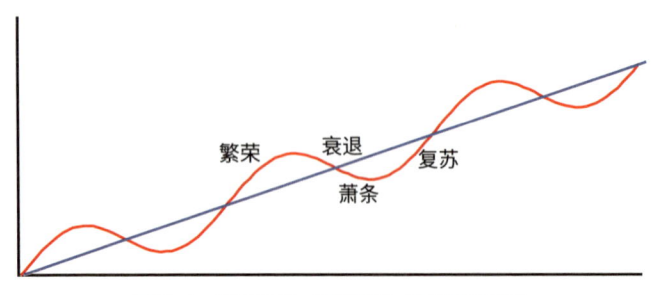

图 7-2 熊彼特的"四阶段"经济周期理论

资料来源：中信建投证券研究发展部。

衰退：经过一段时间的繁荣后，新产品将大量出现在市场上，物价下跌，繁荣终止，此时企业家既有偿还其债务的能力，又乐于偿还其债务，新创造的购买力由此消失，引起经济衰退。

萧条：创新活动促使经济高涨的推动力一旦消失，从属波往往戛然而止，这就使得经济的下降过程越过单纯因创新停止而造成的衰退阶段进入萧条。在萧条阶段，不仅投机活动消失，许多正常活动也受到破坏。

复苏：在萧条低谷期，企业经营活动萎缩，几乎不进行投资，从属波的影响逐渐消失，经过普遍的企业整顿，由于某些收入阶层的存在（如官僚，这一社会集团不直接受资本规律的影响），不会出现所有产业全部失去需求的情况，经济中存在一个"回归点"。在极低利率的刺激下，新投资活动会出现，这样，复苏过程开始，企业重新着手生产，雇员人数增加，不久经济将达到新的均衡。复苏阶段是病态失衡的水平趋向均衡的过程。要使经济由"复苏"走向"繁荣"，就需要新的创新活动，以便使经济超越复苏阶段所达到或将要达到的均衡，趋向新的高涨和经济繁荣。

虽然在复苏和繁荣阶段经济都趋于上升，但造成上升的动力是不同的。正是这种不同使上升运动有可能构成两种性质不同的阶段。

简言之，熊彼特把复苏和衰退阶段视为经济体自身的适应过程，是不需要施加外部力量就能达到的；而繁荣和萧条阶段表现为离开均衡位置的一种运动，分别由创新和诸如投机、恐慌、经济政策不当之类的外生的、非实质性的现象引起。

繁荣和衰退阶段对资本主义过程来说是本质的存在，而萧条和复苏阶段则不是。

从属波与多周期嵌套模型

熊彼特认为，经济发展和经济波动的原动力是创新。这种创新期长短是不定的，创新是不连续的、不稳定的和不均匀的，同时又具有多样性。创新对经济发展的影响有所不同，从而形成了不同长度的周期。现实不可能只存在一种周期形式，不同的周期时长、影响均有不同，因此，为了更加形象有效地说明经济周期的规律，熊彼特提出了三周期模型。

第一种是长达 50 多年的经济长周期，被称为长波，由苏联经济学家康德拉季耶夫于 1925 年首先提出，故又名康德拉季耶夫周期。

第二种是 9~10 年的中周期，被称为中波。1862 年由法国医生、经济学家朱格拉在《论法国、英国和美国的商业危机以及发生周期》一书中首次提出，是由设备投资周期为经济带来的周期性变动，故又名朱格拉周期。

第三种是平均 40 个月的短周期，被称为短波。1923 年，英国的约瑟夫·基钦从厂商生产过多时就会形成存货，进而减少生产的现象出发提出一种周期现象，基钦在《经济因素中的周期与倾向》中把这种 2~4 年的短期调整称为"存货"周期，熊彼特将这一周期现象称为"基钦周期"。

熊彼特认为，一个康德拉季耶夫周期大约包括 6 个朱格拉中周期和 18 个基钦短周期；一个中周期包含约 3 个短周期。长周期是对中周期起制约作用的因素，并影响着中周期赖以发生的背景。中周期的繁荣和萧条的程度受到长周期特定阶段的影响，中周期与短周期之间也有类似的关系。

三种周期中的任何一种都与一定的"创新"活动相联系。尤其是长周期，与重大"创新"集群有相当密切的关系。而雅各布·范杜因的研究结论与熊彼特的相呼应，范杜因指出，在长波的不同阶段，创新的倾向是不同的。根据经济学家罗伯逊的研究成果，中周期也与一些特殊工业和特殊"创新"相联系。至于短周期，虽然从理论上讲也是"创新"活动的结果，但难以将某个特定的短周期与某项特定的"创新"活动联系起来。

除了上述三种周期，熊彼特还提到"其他形式的周期波"，如库兹涅茨周期（也被称为建筑业周期或房地产周期）等。

资料 1
范·盖尔德伦长波理论
——

"长波"或"长周期"，通常又被称为康德拉季耶夫长波，因康德拉季耶夫在一篇发表于 1925 年的论文中提出并初步论证了长波的存在而得名。但事实上，在康德拉季耶夫之前，荷兰社会主义者范·盖尔德伦第一次提出并研究了长波问题。盖尔德伦于 1912 年以荷兰语发表了一篇题为《春潮》的文章，这篇文章现在被公认为是长波理论的起源。

盖尔德伦以大量统计材料论证了长波现象的存在，并对长波的产生进行了因果分析。在他看来，1850—1873 年和 1896—1911 年先后两次出现了资本积累的春潮，这两次长期扩张都伴随着价格的长期上升。他认为，以下几方面的因素可以说明这两次长期的经济扩张。

（1）重大产品创新开辟了新的经济增长主导部门。在他看来，一个或几个迅速成长的新部门推动形成了长波的上升期。就 1850—1873 年而言，主导部门是铁路建设，其连带效应是金属、钢、煤生产的扩张。就 1896 年以后的又一次长波上升期而言，电力和汽车工业扮演了主导部门的角色，带动了金属（特别是铜）、绝缘材料和煤的生产。

（2）周期性的资本过度投资。在长波的上升期，投资品的生产比消费品的生产扩张得更快。

（3）信用扩张。长波的上升伴随着信用扩张和利率上升。由利率上升带来的资本市场的紧张可能是使扩张逐渐终结的原因之一。

（4）基本原材料的稀缺。在长波扩张期，基本原材料的生产落后于工业品的生产。他以棉花和铜为例，论证了基本原材料的稀缺推动产品价格上涨，从而使扩张性长波走向终结。

（5）世界市场的扩大和移民浪潮。他把开辟殖民地以及北美、巴西、阿根廷和日本的工业化视为核心工业化国家经济长期萧条的直接结果，并有助于西欧工业化国家的扩张性长波的出现。

（6）黄金生产。他强调加利福尼亚、澳大利亚和南非的黄金生产对长期价格波动起了重要作用，但在他看来，这只是一个次要因素。

康德拉季耶夫 1925 年在其文章中分析了长波的存在。英国研究技术创新的著名经济学家弗里曼指出，康德拉季耶夫的分析与盖尔德伦的观点有许多共同之处，比如，两人都分析了价格、利率、工资、对外贸易和特定商品（尤其是生铁）的产量的长期涨落；两人都使用了英、法、德、美的统计数据；两人都根据这些数据宣称，长波是资本主义发展的特征。但是他们对长波原因的解释并不一致。

资料来源：中信建投证券研究发展部，摘自孙涛涛，《20 世纪三派长波理论比较研究》，《当代经济研究》，2003 年第 10 期。

资料 2
长波产生的机制

康德拉季耶夫提出观察长波的三个实证模式：（1）在上升波开始之后和之前，社会经济生活经历了相当大的变化；（2）与下降波相比，上升波期间伴随着更多的社会动乱和激烈的变化；（3）下降波期间伴随着较长和较严重的农业衰退。至于长波发生的原因，康德拉季耶夫并没有做出回答，他只是认为"长波是资本主义体系的一个有机的部分"，"资本主义危机是自我修正且持续的循环，因而是重复的"。

关于长波的成因，以及长波为什么是 50 年，存在其他不同的理论解释。

罗斯托的商品价格运动理论：美国著名经济史学家罗斯托认为，50 年的波动主要与商品价格特别是农产品、原材料的价格波动有关。起初是农产品、原材料价格上涨，农业快速扩张，产品大量生产，发展到一定阶段出现过剩，价格开始下降。此时，对新产品、原材料进行开发，从而产生大量新的需求，新产品的价格再次上涨……如此循环，形成一定的周期。至于为什么完成一次循环的时间要长达 50 年之久，罗斯托只是提出，产品和原材料新来源的开发需要大量时间。

基础设施生命周期理论：荷兰学者范杜因认为，"基本的创新引起新的工业部门的产生，新的部门需要自己的基础设施，但库存的过度积累将会发生。与此同时，在有创新投入的部门中，需求的稳定使资本的过度扩张更为明显。这两种力量结合起来促成了长波中的低迷。而从整体发展来看，这种演变的类型可以用一个五阶段产品生命周期来表示，即革新、成长、成熟、饱和、衰退"。长波恰恰是这五个阶段的循环。

资本 – 寿命理论：美国经济和管理学家福雷斯特建立了一个精细的美国经济的 15 个部门系统动态模型，其中呈现出 50 年的长波：30 年的投资，10 年的市场饱和，10 年的衰退。福雷斯特认为，每一次主要的扩张都围绕着高度一体化和相互支撑的技术合作而进行，特别是运输和能源技术。在发展顺利的时候，企业拒绝创新。这个过程在债务过度和投资过度中达到顶点，随后出现衰退。在衰退中，原有资本被淘汰，也得到充分更新。而无力偿还贷款和破产也解除了企业过度的债务负担。这之后是下一个重新建立的新时代的来临。

技术僵局论：门斯的主要观点是，通过一连串的创新，经济最终从一个技术僵局中解脱出来。这些创新来自一个投资机会的"蓄水池"，而这个"蓄水池"由一个连续的科学发现的"溪流"形成。当旧的行为被抛弃，并被新的创新行为取代时，一个结构性变迁就产生了。当然，随着经济的发展，原有的创新也会陷入下一个技术僵局。

贝里的长波节律周期理论：贝里的观点建立在库兹涅茨周期论的基础上。库兹涅茨认为，"实际的增长刺激在一个实现完整波动的、平均长度 20 年以上的时期到来。这些波动是投资或建设的周期。在经济持续的发展中，周期的平均长度约为 22 年"。贝里认为，长波不仅仅是简单的价格波动，而且是经济增长的波动。而库兹涅茨周期恰恰反映了这一内容。除了肯定库兹涅茨周期，贝里的创新之处在于，将康德拉季耶夫长波与库兹涅茨周期有机地联系起来。贝里认为，技术变迁的确发生在大约为 50 年的康德拉季耶夫长波的频率中，这一时间长短也反映了基础设施替代的变化。但增长是在 25 年左右的库兹涅茨周期中加速和减速的，像实际 GNP 的增长率、劳动力、家庭构成、居所建筑、资本构成等方面的变化都反映了这一点。而每一个康德拉季耶夫长波恰好都有两个库兹涅茨周期。

资料来源：中信建投证券研究发展部，摘自王勇，《"长波"探索的轨迹》，《理论与现代化》，2003 年第 6 期。

熊彼特周期理论的不足

熊彼特将经济繁荣归功于企业家的创新活动，而将经济过热归因于由创新扩散导致的投机活动，即所谓的从属波，萧条则是从属波退潮的必然结果。这一点与奥地利学派主张的低利率下"不正当投资"的兴起和清算带来经济的繁荣与萧条有异曲同工之妙。但相比较而言，熊彼特更进一步，认为即便没有从属波，经济也能繁荣，这是奥地利学派所不能解释的。熊彼特承认银行信贷在创新和经济周期中的作用，但因忽略"时间偏好"而被奥地利学派诟病（见默里·罗斯巴德《美国大萧条》），熊彼特并不认同凯恩斯的边际递减率和"乘数－加速数"。货币不是经济周期的实质，但作为外生因素，它是经济周期的重要根源。

熊彼特周期理论在以下方面略显不足。

（1）熊彼特强调企业家的创新，也指出长波周期与中波周期都能用创新来解释，但短期的经济波动难以用创新来解释。此外，即使按照熊彼特的描述，创新最终都会表现在投资和价格上，创新也难以被观测和衡量。

（2）创新能带来经济繁荣和经济增长，但熊彼特并没有指出什么样的创新、发生在什么领域的创新才能担此重任，罗斯托的主导产业或许是一个有益的补充。

（3）当前主要经济体执行的"相机决策"宏观政策，或多或少仍然受凯恩斯、弗里德曼等政策主张的影响，过分淡化需求的逆周期管理和货币在经济周期波动中的作用，有可能会出现误判，这也是熊彼特在中国卖方研究中不受重视的直接原因。值得肯定的是，熊彼特的"从属波"和周期嵌套模型弥补了部分不足。在实际分析中，上述这些因素都可能通过"从属波"对熊彼特的经济周期产生作用。

（4）人口不仅仅是简单的增长因素，20世纪90年代以来，日本从不缺乏创新，但人口老龄化、房地产周期的末路使得日本经济经历了长达20年的"增长的衰退"，经济周期的繁荣对日本而言已经是奢谈。我们将在之后对人口因素与经济周期做更深入的研究。

（5）罗斯巴德还指出以下不足：①熊彼特没有解释为什么陈旧的企业和新兴的企业都未能对未来做出预测（预测创新、繁荣和衰退）；②新兴行业中一系列创新的发展需要很长时间，而创新引起该行业产量的增加则发生在相对较短的时间内，而熊彼特必须假设产量的增加发生在一系列创新产生作用之后，除此之外，就不会有繁荣和衰退（不能解释经济的频繁波动）；③忽略了时间偏好、利率和储蓄的作用；④熊彼特假设繁荣时期的创新具有周期性，但并没有进一步做出解释。相反，罗斯巴德认为，创新、技术进步持续发生在多数而不是少数企业中，创新的周期性也意味着企业家的能力具有周期性。

虽然熊彼特的经济周期理论有诸多缺陷，但我们认为，在做一定的补充后，其理论仍是用来分析经济周期的重要方法和理论。

从熊彼特到罗斯托：创新与主导产业

正如上面所指出的，关于创新如何推动经济繁荣，熊彼特未尽的论述在罗斯托的理论中得到完美解决。

主导产业的创新推动经济发展

罗斯托指出，主导产业是那些具有足够创新的产业，是那些在经济增长过程中起到主导和引领作用的产业，是那些对整个产业链产生重要影响的、具有强大扩散效应的产业。罗斯托的主导产业理论解释了创新推动经济繁荣的先决条件：（1）发生在非主导产业中的创新活动并不能带来经济的繁荣；（2）发生在主导产业中的创新活动才能使经济脱离长期趋势，迈向繁荣；（3）有些创新领域开始时影响甚微，但有可能逐渐成为主导产业，成为繁荣的基石，也成为长波的基础。

罗斯托认为，纺织工业是"起飞"阶段古典式的主导产业，而在美国、法国、德国等国家的起飞阶段，铁路为基础的重工业体系被认为是主导产业。但主导产业也可能是木材、纸浆（瑞典）、乳制品（丹麦）等。钢铁、电力、煤炭、通用机械、化肥工业被视为成熟阶段的主导产业，而房屋建筑、汽车和耐用品制造业则是大众高消费阶段的主导产业。

在罗斯托的工业化理论中，每个工业化阶段都存在不同的主导产业。罗斯托的产业结构成长并非一成不变，随着经济的发展和科学技术的进步，旧的主导产业一旦完成带动整个经济发展的使命，主导产业的更替就会发生。旧的主导产业的衰落和新的主导产业的形成标志着产业结构成长的不同阶段。这是罗斯托关于经济发展阶段主导产业演化理论的精髓。

创新是一种微观行为，与宏观经济的发展之间还存在一个中观行业层次。微观的创新在其生命周期中有可能逐渐成长为产业，即创新的扩散。罗斯托的经济发展理论认为，长期的宏观经济的增长是主导部门连续作用的结果，在经济发展的过程中，有些产业可能会衰落，有些产业则可能出现停滞，而某些产业仍然保持平均的增长速度，但将有一个或多个采用新技术的主导产业的增长速度高于平均水平。而在范杜因看来，这些"主导产业"不过是"处于增长阶段的主要创新生命周期"。

那么，"处于增长阶段的主要创新生命周期"又是如何演化成主导产业的？

首先是采用阶段，这一阶段虽然存在大量产品创新，但只存在于少数公司，创新并没有形成产业，产业链也并不完善，未来的主导产业有可能在这些创新的产业化过程中出现，但现阶段要么没有主导产业，要么主导产业仍然是上一创新生命周期的产物。

其次是增长阶段，某个或某些创新产品逐渐深入人心，创新的产业标准化使得产品创新逐渐产业化，并形成完善的产业链，其作用也扩散至其他产业，甚至包括已有产业，新的产业部门完成了向主导产业的蜕变。

再次是成熟阶段，产品创新的产业化极大扩散，作为主导产业其对经济的贡献也达到极致，此时没有任何外力能改变创新产业部门主导产业的地位。

最后是下降阶段，由于仍然没有新的产品创新能够主导市场和引领经济增长，"旧的"创新产业仍然扮演着主导产业的角色。

在范杜因看来，主要的创新创造了主导产业，而主导产业是处于增长阶段的主要创新生命周期。繁荣阶段是由一个或多个主导产业的强有力增长支撑的。同样，主导产业也可以挽救经济于萧条阶段，并在下一个上升阶段再次扩张。因此，一个主导产业的生命周期有可能横跨经济的长波周期。通过长波演化和技术创新，我们就能把握主导产业的更替规律。纵观资本主义世界经济的发展历程，我们不难发现，主导产业部门的形成是一种市场的力量，是创新与长波周期运行的必然结果（参见图7-3、表7-1）。

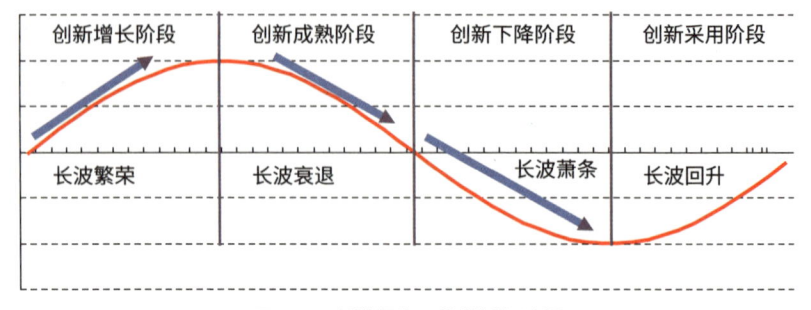

图7-3　长波视角下的创新加速器

资料来源：雅各布·范杜因，《创新随时间的波动》，《现代外国经济学论文选（第十辑）》，商务印书馆，1986年；中信建投证券研究发展部。

表7-1　长波、创新、主导产业

长波周期	时期	技术和组织创新集群	最主要的创新	主导部门	核心/关键投入	管理和组织变革
I	1782—1845年	工业机械化（水力）	纺纱机、织布机	棉纺织、铁制品等	铁、棉花、煤	工业系统、企业家、合伙制
II	1845—1892年	工业和运输机械化（蒸汽）	铁路	铁路、铁路设备、蒸汽机	铁、煤	股份公司
III	1892—1948年	工业、运输和家庭电气化	电力、汽车	电气设备、重型机械、重化工、汽车、钢制品	钢、铜、合金	专门人才管理系统、"泰勒主义"、巨型企业
IV	1948—1991年	运输、民用经济和战争动力化、机动化	汽车、坦克、飞机、炼油	汽车、军工、石化	石油、天然气、合成材料	大规模生产消费
V	1991年—？	国民经济计算机化	信息产业、生物技术	计算机、电信设备	集成电路	内部网、局域网、互联网

资料来源：克里斯·弗里曼，《光阴似箭：从工业革命到信息革命》；中信建投证券研究发展部。

范杜因长波与创新周期

范杜因长波阶段分别对应创新生命周期的增长（创新产品的需求增加促使技术标准化）、成熟（竞争越发激烈、创新关注节约劳动的供需创新和技术改良）、下降（市场饱和、节约劳动的工序创新继续）和采用（存在大量的产品创新和技术选择）阶段（见表 7-2）。

表 7-2 长波不同阶段的创新倾向

创新类型	长波萧条	长波回升	长波繁荣	长波衰退
产品创新（新工业）	+	++++	++	+
产品创新（现有工业）	+++	+++	+	+
工序创新（现有工业）	+++	+	++	++
工序创新（基础部门）	+	++	+++	++

资料来源：雅各布·范杜因，《创新随时间的波动》，《现代外国经济学论文选（第十辑）》，商务印书馆，1986 年；中信建投证券研究发展部。

长波回升阶段对替代投资不断增大的需求将使萧条阶段的悲观主义转为更乐观的经济前景，经济进入创新活跃期，产品创新频繁，产生新产业部门的创新出现的概率更大，节约成本的工序创新并不迫切。

长波繁荣期，由于需求扩张，往往是技术大规模产业化的阶段。此时，没什么动力能够促使企业进行冒险的产品创新活动，降低成本、增强竞争力的工序创新占主导。基础部门的创新通常是对最终需求增加做出的反应，在生产货物部门，由需求导致的创新将主要在长波扩张阶段被采用。

在长波衰退阶段，新技术已变成成熟产业，产品趋于饱和，对经济的积极影响逐渐减弱。总体而言，这个阶段是四个长波阶段中最不活跃的阶段，尤其是产品创新最不活跃。

而长波萧条期，产品过剩，销售下降，经济面临沉重的打击，创新生命周期随之进入下降阶段。对现有产品需求出现饱和，出现了除进行技术创新和创造新的部门外，根本无法解决的所谓门斯的"技术僵局"。"只有创新才能克服萧条"，创新主要发生在现有工业部门的产品和工序上。

对当前而言，全球处于（2007 年以后进入）长波衰退阶段，最主要的创新是提升效率的工序创新（管理创新），革命性的产品创新仍处于孕育或萌芽阶段，未来的主导产业仍然朦胧而不可捉摸。

资料 3
罗斯托生平

—

罗斯托（1916—2003 年），美国经济史学家，发展经济学先驱之一，生于纽约。1938 年获牛津大学巴利奥尔学院文学硕士学位，1939 年获耶鲁大学哲学博士学位。从 1940 年开始，先后在哥伦比亚大学、牛津大学、剑桥大学、麻省理工学院、奥斯汀得克萨斯大学任教授，讲授经济史、经济学与历史。先后担任欧洲共同体执行秘书助理、总统国家安全事务特别助理帮办、国务院政策计划委员会顾问和主席、总统国家安全事务特别助理等。罗斯托在学术上最重要的研究成果是提出经济成长阶段理论。他试图用经济理论解释经济历史的进程，把社会发展分为必须依次经过的 6 个阶段：传统社会阶段、起飞准备阶段、起飞进入自我持续增长阶段、成熟阶段、高额群众消费阶段和追求生活质量阶段。他用这种理论代替马克思对人类社会历史发展阶段的划分。他确信他的理论解释了西方各国已经历的工业化过程，揭示了一个国家在经济成长过程中所要遇到的一系列战略决策问题。另外，他还积极研究美国的外交政策。罗斯托著有《十九世纪英国经济论文集》《经济增长过程》《经济成长阶段——非共产主义宣言》《政治和成长阶段》《这一切是怎样开始的：近代经济的起源》《世界经济：历史与展望》《1868—1896 年英国贸易的波动》等。

资料来源：中信建投证券研究发展部。

资料 4
范杜因长波理论

—

20 世纪 70 年代至 80 年代，范杜因长波理论由荷兰代尔夫特理工大学管理研究生院经济学教授雅各布·范杜因提出。他试图把熊彼特创新理论与福雷斯特对固定资本品的过度需求联系起来，加上产品生命周期作为第三个解释要素。他认为，新消费品增多，对它们的额外消费需求表现出来，就引起了资本品部门需求的增加。难以解释的是，范杜因自己引用的经验证据日趋显示生产新产品的创新通常远早于新的扩张性长波的开始。为什么那时资本突然高涨，去大量投资生产？再者，如果不考虑利润率大幅上升这个关键因素，这些解释虽然有价值，但仍然不足以解释从萧条性长波到扩张性长波的转折。范杜因注意到了从内生的萧条性长波向扩张性长波的转折点的不对称性，它与生产力过剩现象联系紧密。

范杜因以熊彼特技术长波论为基础，提出了用创新生命周期解释长期波动的长波理论。认为任何一次基础技术创新都要经历四个阶段。第一阶段是基础技术创新的介绍阶段，这一阶段的特征是：对旧产品、旧技术的投资日益减少，新产品和新技术已出现，但还未被公认。第二阶段是扩散阶段，特征是：新产品、新技术得到广泛承认，投资有丰厚的利润，风靡一时，逐步形成新的产业部门。第三阶段是基础创新的成熟阶段，特征是：新产业的发展达到顶峰，基础技术创新日趋成熟。第四阶段是衰落阶段，特征是：新兴产业已饱和，生产能力和产品出现过剩，投资萎缩，原来的新产品、新技术变得过时。

范杜因认为，由于中观经济层次的创新生命周期有四个阶段，影响宏观经济层次的长期波动也相应出现四个阶段，即复苏、繁荣、衰退、危机。繁荣和衰退一起形成长波的上升阶段，危机和复苏一起构成长波的下降阶段。一般大的基础技术创新的成长阶段约为 20 年，扩散阶段约 20 年，生命周期约半个世纪或稍长。

资料来源：中信建投证券研究发展部。

二战后日本主导产业的选择：电力→重化工业→耐用消费品→信息技术

从 1948 年开始，资本主义世界进入为期近 20 年的长波繁荣期，为战后日本经济复苏提供了一个绝佳的外部环境，也使日本在政策和主导产业选择上更为主动。

日本经济复兴时期（1946—1960年）。战后日本复兴经济的突破口放在了能源部门。当时日本官方认为原料、煤炭、电力等不足造成生产不振，而电力不足是由于煤炭供应不上，煤炭供应不上是因为钢铁等器材缺乏，钢铁不足又对交通运输等部门造成不良影响。为此，日本政府实施了对煤炭、钢铁重点扶持的"倾斜生产方式"政策。随着火电站的大规模建设，同时培育了仪器和自动化工业的发展，带动了石油化学、钢铁的自动化机器工业的发展，带来石油加工设备的扩大，这一阶段日本的主导产业为煤炭、钢铁和火力发电。

日本经济高速增长时期（1960—1973年）。自从引入了自动化技术，日本工业迅速建立了高质量、低价格的原材料供给体系。产品成本的降低和市场规模的扩大，推动了新的投资，又引起了对运输工具的新需求，日本的造船工业获得一个发展的大好时机，造船工业的发展反过来引发对钢铁的大量需求，促进了钢铁工业的发展，同时促进了对运输钢铁这些原材料的船舶工业的需求，重化工业部门的螺旋式发展推动日本经济步入高速增长的轨道。这一时期主导产业是石油化工和钢铁工业，即重化工业。

日本经济稳定增长与调整时期（1973—1990年）。1970年日本人均收入由1950年的113美元迅速达到1560美元的高水平，收入的提高刺激了消费市场的扩大，对消费品的需求越来越多样化，消费结构也升级换代，对高档耐用消费品汽车、家用电器（空调、彩电等）的需求更加强烈。有效需求的扩大刺激了供给的扩大，原材料的高质量和大批量生产使原材料价格大幅下降，制造成本下降，促进了产品的有效供给。此时主导产业转为耐用消费品，如汽车、家用电器工业。

日本泡沫经济崩溃与恢复时期（1990年至今）。20世纪90年代以来，股市和楼市等资产价格过度膨胀导致泡沫经济崩溃，引发了20世纪90年代的金融危机和长期经济萧条。严重的经济衰退迫使日本政府着手对产业结构进行重大调整，政府认识到，曾经在日本经济中发挥牵引作用的传统主导产业已经趋于成熟，而且在亚洲新兴工业国家和地区的追赶下已不再具有往日的竞争优势。为此，日本提出了"IT立国"的经济发展新战略，将电子、信息产业作为带动和促进传统产业结构变革的"火车头"。尽管目前日本的信息产业与美国相比仍存在较大的差距，但是它在创造市场规模和容纳就业量、克服能源制约、产品高附加值并促进第三产业发展等方面逐渐成为21

世纪初日本经济中首屈一指的主导产业。

中国主导产业的历史选择：纺织→电气→通信计算机、设备制造、汽车→信息技术

作为后起的工业化国家，中国的主导产业有诸多选择，就如日本1945年以来所做的选择一样，在追赶过程中主导产业的变化是频繁的，当发展到一定程度后，主导产业的选择就脱离不了长波的约束。

产业关联效应是甄别主导产业的关键性指标（见表7-3）。如果单纯从产业关联的角度考察主导产业，根据1987年至2007年产业关联总效应，在这20年里，中国经济的主导产业，至少是产业链上起重要作用的产业并非一成不变（见图7-4）。某些产业在产业链上的作用逐渐减弱，而有些产业逐渐加强，这一强一弱的相对变化就是产业升级和高级化的结果，也是主导产业动态更替的结果。

表7-3 根据产业关联效应甄别的中国经济主导产业变迁

年份	主导产业
1987	建筑业、金属冶炼加工业、机械工业、化学工业、纺织业、电气机械、食品制造业
1992	建筑业、金属冶炼加工业、化学工业、机械工业、纺织业、建筑材料、金属制品业
1997	建筑业、化学工业、金属冶炼加工业、非金属矿物制品业、机械工业、电气机械、金属制品业
2002	建筑业、金属冶炼工业、化学工业、通信设备计算机、通用专用设备、交通运输设备、电气机械
2007	金属冶炼加工业、建筑业、化学工业、通信设备计算机、通用专用设备、交通运输设备、电气机械

资料来源：中信建投证券研究发展部。

改革开放以来，中国经济经历了长达数十年的高速增长，而增长背后最大的推动力是规模庞大的固定资产投资和基础设施的兴建，因而，建筑业、钢铁、化工、机械等行业顺理成章地成为推动中国经济增长的火车头。纺织业、电器机械以及食品制造等轻工业在1987年之前也属于产业链关联效应较大的产业，共同构成主导产业群。1992年，食品工业被金属制品业代替；

1997年纺织业被水泥等建材代替；2002年之后，由于信息技术的迅猛发展以及汽车工业的发展，通信设备计算机制造业和交通运输设备制造业逐渐成为主导产业。如果撇开建筑、钢材、化工、机械等行业，我们看到主导产业的演化规律是"纺织→电气→通信计算机、设备制造、汽车→信息技术"。

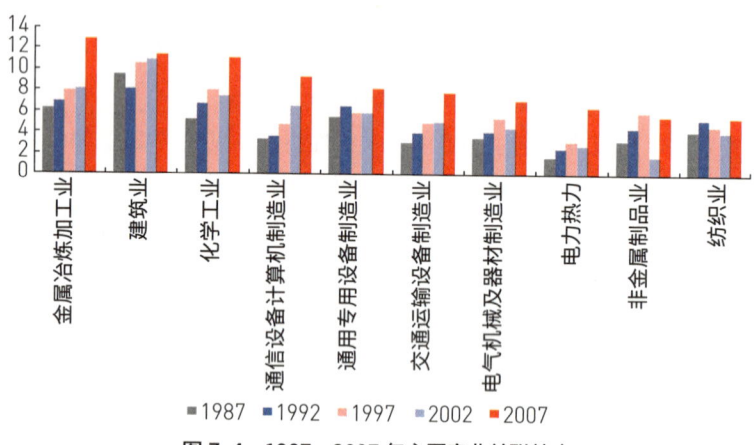

图7-4　1987—2007年主要产业关联效应

资料来源：中信建投证券研究发展部。

中国主导产业：新兴产业的培育期

改革开放后的1981年至今，中国经济经历了世界经济为期10年的长波回升阶段、17年的长波繁荣阶段。虽然改革开放初期外部环境不如日本，但中国也处在一个长波回升阶段。在这个阶段，发达国家逐步进入信息化时代，这使得传统产业向中国转移具备了条件。毫无疑问，纺织业是第一选择，中国通过纺织业出口带动国内经济发展以及产业升级。1986年纺织业工业总产值占全部工业产值的10%，1990年则提高到12.3%，但之后一直在下降，这也表明纺织业作为中国经济的主导产业已经逐渐退出历史舞台。

中国的主导产业已逐渐从纺织业、基建、电气、重化工、耐用消费品变为信息产业，全球仍然没有出现能够替代信息产业充当主导产业的行业，中国在主导产业选择问题上也面临长波的约束。

从周期演化规律来看，当前中国经济处在全球长波衰退下的中周期复苏阶段。在这样一个中周期中，即使我们会迎来中周期的繁荣（我们认为，本轮中周期高点在 2011 年已经出现），那也是一种长波衰退下的中波繁荣，经济增长中枢是下移的。那么是什么力量引领本次中周期的繁荣呢？创新肯定是主要因素，但创新也仅仅是有限的创新，是已有工业部门内部的创新，房地产、钢铁、化工、信息、汽车等产业在长波衰退下的本次中周期中将构成中国经济的主导产业群（可参见图 7-5）。以熊彼特的观点来看，房地产只是创新繁荣下的投机产业，作为"从属波"对经济周期产生作用，并非经济周期的本质，但会增加经济周期的波动。

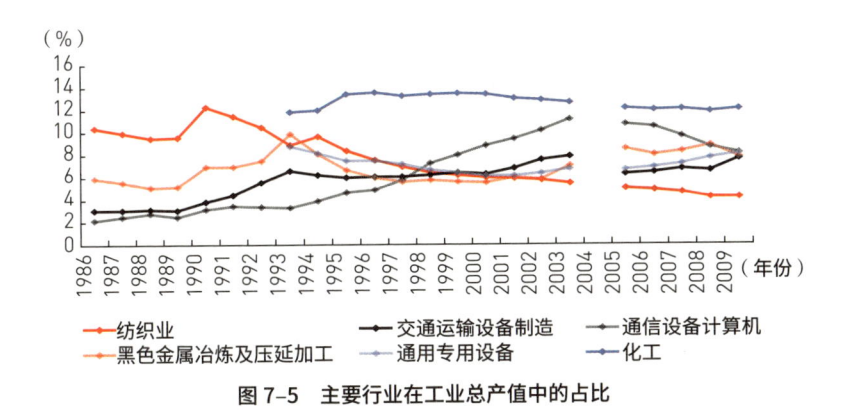

图 7-5　主要行业在工业总产值中的占比

资料来源：中经数据，中信建投证券研究发展部。

在长波衰退的约束下，节能环保、新一代信息技术、生物制药、高端制造、新能源、新材料和新能源汽车等七大新兴产业短期内难以成为新的主导产业，但也处于萌芽与成长过程，上述这些新兴产业都产生在已有的工业部门中。根据范杜因的创新周期，在未来 10 年的长波萧条中，这些产业的创新将更为活跃，但成长为新工业的产业仍未出现或仍处于萌芽阶段而不为我们所知。

总结：从熊彼特到罗斯托

在这一章我们对熊彼特的经济周期理论做了系统介绍：首先是熊彼特式的"创新概念"，其次是引入"创新"的两阶段经济周期模型，再次是引入

"从属波"概念后的四阶段经济周期模型。需要指出的是，虽然两阶段模型比较简单，但更能反映熊彼特经济周期的本质，不过四阶段更为一般读者所接受。

三周期嵌套模型（熊彼特曾经研究过四周期嵌套甚至多周期嵌套）是熊彼特周期理论的精髓之一，以长波为背景，中波、短波的相互嵌套能够解释诸多周期现象与现象背后的实质，与资本主义世界频发的经济危机很好地结合在一起。

虽然熊彼特的周期理论有诸多不足，尤其是饱受奥地利学派所抨击的创新与经济周期以及经济增长问题，但我们引入罗斯托的主导产业创新以及范杜因的创新生命周期理论，是对熊彼特式创新的有益补充：主导产业中的创新是经济增长和经济繁荣的前提，生命周期决定创新必然是非连续的，这也解释了创新下的周期波动。

08 康波衰退二次冲击正在靠近

- 2014 年 10 月 11 日

近期市场关于快牛或慢牛的讨论很多，而其基本理由在于三点，即无风险利率的下降，改革的预期以及并购重组等积极行为。在我们看来，可以成为中期逻辑的只有改革的预期，而利率问题是宏观经济的附属物。至于并购重组行为，一定是经济衰退模式的产物，只不过这种衰退模式要求结构的变化以解决经济运行中的动力缺失问题。但是改革问题是无法证伪的，如果我们有足够的智慧通过制度变革解决一切问题，那么所谓的中等收入陷阱就不存在，所谓的经济危机也不存在，这就注定了制度变革不可能是市场趋势逻辑体系的最核心要素。

在争鸣的过程中，我们认为没必要偏离一些公认的逻辑线索。之所以有意无意地淡化增长对市场的核心影响力，可能是因为我们已经习惯于经济在衰退与复苏之间徘徊的收敛形态。我们以为经济将不断收敛下去，我们有足够的稳定环境去创新和改革，这种状态自然是美好的幻觉。自 2008 年之后，世界经济已经平稳运行了 6 年之久，人们淡忘了这是处于康波的衰退阶段，有一种力量告诉我们，我们正在靠近康波衰退的第二次冲击阶段，我们不能以静态的视角去看待当前的格局，现在处于崩溃的节点。

美元破百

2011年底，我们根据康波的规律推导出美国即将启动房地产周期，美元指数已经出现底部。而这一轮美元指数上升与美国的房地产周期相随，将一直延续到2017年左右，世界经济的增长动力由中国重新回到美国，彼时我推算美元指数将达到100。这个情景现在已经渐渐清晰，而如果这一切都如常运行，我们认为世界经济在2015年至2017年会到达剧烈动荡的时间窗口，现在看来，其根源越来越可能是美元指数上涨、欧洲长期通缩所带来的政治动荡和资源国式微所引发的某些问题。

以周期理论来解释，2015年美国是房地产周期、投资周期和库存周期三周期共振向上，其中周期高点可延续至2017年附近，虽然在2015年第二季度左右美国经济可能出现库存周期回落，但这不影响世界经济增长核心回归美国的进程。而2012年以来，欧洲、中国和日本都处在中周期下行期库存周期的反弹中，我们当时认为，美元的加速升值阶段将出现在2014年下半年，因为2014年下半年是本次世界库存周期的高点。由于美国的库存周期回落将滞后欧洲或中国两个季度，所以美元的加速将产生在欧洲和中国库存周期见顶之时，这就是当下的格局。

虽然2015年全球都处于库存周期的高点位置，但2015年第二季度之后，欧洲和中国的颓势会越来越明显，那时如果美国出现经济增长的不确定性，全球资本回流美国的态势也许会更明显，而那时世界经济动荡程度如何，可能取决于美国的加息时点、中国的地产价格等多种不可测因素。但有一点可以肯定，2009年以来反危机已经过去6年，全球经济稳定运行的阶段正在结束，2015年至2018年，我们认为全球都面临着经济波动的加剧。彼时，大宗商品在经历了B浪反弹之后，可能因为需求的减弱而重新步入熊途，上游价格的回落有可能加剧库存周期的波动，强化去库存的过程，这也可能是经济加剧波动的重要因素。

谁将崩溃

美元的确定升值周期一定会对附属国经济产生影响，康波衰退一定以一个强势美元结束。而在这个过程中，一些国家一定会崩溃，而现在看来，首当其冲的是资源国。我们不能认为中国经济中枢长期的下移对世界无关紧要，其对资源需求的边际下降已经促使大宗商品在 2011 年美元底部的时候出现了康波头部，这个头部理论上将持续 30 年。2011 年以来，资源国的增长每况愈下，而 2015 年美元的加速下行也促使大宗商品在短期反弹之后加速下行，资源国的增长问题将日益突出。从以往的康波研究来看，此时世界范围内局部冲突呈现不断增多的趋势，所以，军工的活跃是有理论根源的。以我们的理解，我们短期需要密切关注资源国的动向，关注国际资本流动的走势。我们的猜测是，本次崩溃的应该是欧洲或资源国的部分国家。

中国三周期共振回落与真正的低点在何时

需要再次强调的观点是，2014 年是中国房地产周期的高点，而这个拐点之后，地产周期将步入 5 年的调整期，至 2018 年结束。虽然有观点认为，房地产周期的调整是温和的震荡式调整，但这是一种静态分析。我们认为，房地产周期的调整与经济调整之间是一个互相强化的过程，而且会受到资本流动的影响，没有什么是必然的。但有一点是肯定的，房地产周期调整时的大类资产配置体现出"股熊债牛"的特征，这是我们系统研究的结论（《地产周期大拐点之后的投资策略》）。

与世界经济的加剧波动相呼应的是，我们认为中国经济的三年收敛期已经结束，这三年的经济收敛本质上是投资周期向下、库存周期向上的结果，但收敛绝对不是永恒。我们认为，自 2014 年第四季度之后，中国经济将向下突破，从而完成第二次中枢下移。而按照我们对工业化的理解，中国的中枢下移将分三次完成，在 2016 年出现第三库存周期反弹之后，中枢下移的完成当在 2018 年，那是本次中周期的低点位置，也是地产周期调整结束的时点。所以，对于中国经济我们的观点总结为：从 2014 年第四季度开始，地产周期、投资周期、库存周期共振回落，2016年第一季度触底反弹，随后展开第三库存周期反弹。而真正的中国经济低点将在2018年左右出现，是地产周期、投资周期、库存周期共振的低点。

从我们对经济中期趋势的认识来看，在经济动荡加剧的状态下，我们很难想象中国会出现一个资本市场牛市的环境。而历史经验告诉我们，在房地产周期调整的大背景下，股市不会出现牛市。我们发现，随着中国房地产投资属性的下降，资金配置向资本市场的转移是一种短期的推动力量，但从中期来看，这是从一种崩溃走向另一种崩溃，现在对资本市场过度乐观的人一定会在三年内的某一时点付出代价。

制度的边界与改革的核心

有观点以东亚国家为例，指出改革可以催生牛市，我们认为这个观点需要仔细推敲。什么样的改革将通过什么样的途径带来牛市，需要进一步研究。那么，韩国和中国台湾在工业化中期经历了怎样的社会动荡？而这种动荡首先带来的是熊市的加深，并不是牛市。我们并不期望这种动荡出现，而缓慢的改革也可能从一些方面带来经济层面的改善。但我们相信，和缓的改革并不足以阻挡经济波动加剧对资本市场的冲击。早在2008年我们就指出，中国经济和社会将进入制度变革期，而这种制度变革是由投资模式不可维系推动的。但我们认为，这种制度变革的核心是分配问题，迄今为止，我们并没有看到此问题有实质性进展，反而是主导原有分配模式的旧的增长方式在不断膨胀。改革必然需要经济波动的推动，创造性崩溃是经济周期运动的根本动力，2015年之后的中国经济和改革就是不破不立。

早在2008年，我们就在报告《走向成熟》中阐述了对中国工业化未来进展的看法，现在看来，中国就是沿着工业化走向成熟阶段的特征在运行，如果沿着这样的逻辑框架扩展下去，方向是明确的。自2011年之后，中国进入一个结构变动期，即在经济方面，各层面都在为寻找新的增长动力而努力，经济结构变迁带来了社会结构的变动，人们对改革和制度变革的热衷就是这种结构变迁的产物。而体现在资本市场上，我们一直认为，随着4万亿元将中国的工业化推向极致，中国的资本市场就开始进入逻辑上的春秋时代。虽然从方向上看，我们在逻辑上都朝着创新和改革的方向努力，但事实上，市场对创新和改革的认识是极其不统一的，这就是所谓的百家争鸣现象，它事实上反映了中国经济和社会进入了变革期。时至今日，我们并没有找到可以带来资本市场反身向上的具体逻辑，这种讨论还停留在不断的探索之中，没有伟大的思想，就没有伟大的时代。

2015年第二季度是重要的观察点

我们已经说过世界经济和中国经济波动加剧的可能性，那何时会出现呢？我们认为2015年第二季度就是一个观察点。首先，美国经济是否会如我们所料的那样在2015年第二季度出现库存周期调整？如果确实如此，美元可能会加速升值，全球的风险偏好可能会下降，而资本可能会回流美国。其次，我们认为2015年的库存周期下降为先滞胀后通缩，而按照我们对周期的理解，从滞胀向通缩的转换大概率会出现在第二季度。如果通缩趋势确实会出现，股市百分之百会出现回落。所以，2015年的核心风险点可能在第二季度左右。

如果我们对三年的判断太过久远，那么让我们观察2015年第二季度世界经济和中国经济的走势来验证我们对趋势的判断。经济周期理论复杂的系统已经发出了信号，我们再次强调，康波衰退向来以两次危机来完成。而我们所观测到的各种迹象已经说明，康波第二次危机的冲击正在靠近，只有冲击之后机会才会真正来临。以静态的收敛形态看待经济趋势一定会存在重大的不确定性，是时候该重新审视中长期资产配置了。

[第二部分]

大类资产配置

09 改造"美林投资时钟"
全球大类资产配置框架研究

- 2015年6月9日

全球投资时代美林投资时钟亟须升级改造

美林投资时钟——实用的投资周期指导工具

美林投资时钟理论是一种将"资产""行业轮动""债券收益率曲线""经济周期四个阶段"联系起来的方法,是一种非常实用的指导投资周期的工具。为验证投资时钟理论,美林采用1973年至2004年间30年左右的美国经济和各资产类回报的历史数据进行了检验,结果发现美林投资时钟很好地描述了美国经济周期和资产配置轮动的准确性。

美林投资时钟理论按照经济增长与通胀的不同搭配,将经济周期划分为四个阶段(见图9-1)。

(1)"经济上行,通胀下行"构成复苏阶段。此阶段由于股票对经济的弹性更大,其相对债券和现金具备明显超额收益。

(2)"经济上行,通胀上行"构成过热阶段。在此阶段,通胀上升增加了持有现金的机会成本，可能出台的加息政策降低了债券的吸引力，股票的配置价值相对较强，而商品将明显走牛。

（3）"经济下行，通胀上行"构成滞胀阶段。在滞胀阶段，现金收益率提高，持有现金最明智，经济下行对企业盈利的冲击将对股票构成负面影响，债券相对股票的收益率提高。

（4）"经济下行，通胀下行"构成衰退阶段。在衰退阶段，通胀压力下降，货币政策趋松，债券表现最突出，随着经济即将见底的预期逐步形成，股票的吸引力逐步增强。

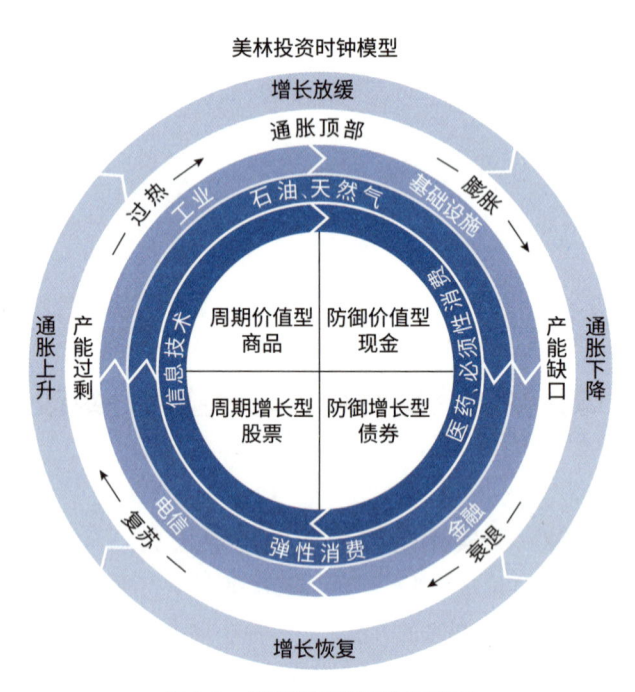

图 9-1　传统美林投资时钟示意图

资料来源：Wind 资讯，中信建投证券研究发展部。

外汇与跨国投资乃美林投资时钟固有盲区

美林投资时钟的价值已经得到投资界的公认，此处不再赘言。然而，投资界尤其是跨国投资界非常关注的汇率问题，美林投资时钟却未曾涉及，这不能不说是个重大遗憾。在金融投资全球化的时代，如果不考虑汇率问题而直接照搬美林投资时钟，就好比用一个没有经过时区校准的进口表来直接指导自己的工作作息，必然会导致节奏错乱。

比如，全球经济在经历了金融风暴冲击并于 2009 年初出现触底回升之后到 2011 年，全球股票市场均出现了大幅攀升。那么，在这轮股票牛市行情中，是更多地配置亚洲新兴经济体市场还是欧美市场，还是有明显差别的。因为其间美元指数从 2009 年第一季度的高点 89 回落到了 2011 年中的低点 73，降幅达 18%，而且亚洲市场的涨幅比美国道琼斯指数的涨幅还大。而对于从 2011 年中以来的投资，是更多配置新兴市场还是美国市场，则会产生截然相反的结果，因为除了美元汇率已经从当初的低点 73 蹿升到了 2017 年的 95，涨幅超过 30%，且本阶段美国市场的涨幅也远超新兴市场。

同一类资产在同一个全球周期中因为汇率问题（因为国家之间的周期不同步问题）而出现如此巨大的收益分化，显然是美林投资时钟无法解释的。而对全球资产配置来讲，美林投资时钟就成了一块中看不中用的废表，毫无指导意义。因此，在金融投资全球化高度发达的今天，仅仅根据发达经济体（主要是美国）经济周期所总结出来的美林投资时钟进行投资已经跟不上时代的步伐，构建一个包含汇率因素的国际大类资产投资分析框架已十分必要。

黄金与大宗投资研判中美元因素不可忽视

商品价格既取决于全球周期趋势，也取决于主要经济体周期节奏之差。

根据美林投资时钟理论，在经济的衰退期与复苏期大宗商品表现较差，在经济走向过热与滞胀的阶段商品有超额收益。从图 9-2、图 9-3 中可以看出，全球经济增速、通胀变化与商品价格之间确实存在较为一致的波动方向（背离的情况较少）。不过，虽然商品价格与全球周期在波动方向上保持大概率的一致，但是经济周期波动幅度对商品价格涨跌幅度的解释力却不能令人满意。如果用美国的周期数据与商品价格变化的历史做比较，美国数据的解释力要比全球总体数据更差一些（见图 9-4、图 9-5）。

对黄金价格的趋势与波动幅度而言，不管是全球经济周期数据还是美国经济周期数据，解释力都远不如大宗商品（如图 9-6 至图 9-9）。这意味着在黄金与大宗商品的投资中，仅依据全球经济周期数据，我们很难判断一波行情的级别大小，而且对具体的趋势拐点判断也会较为模糊。

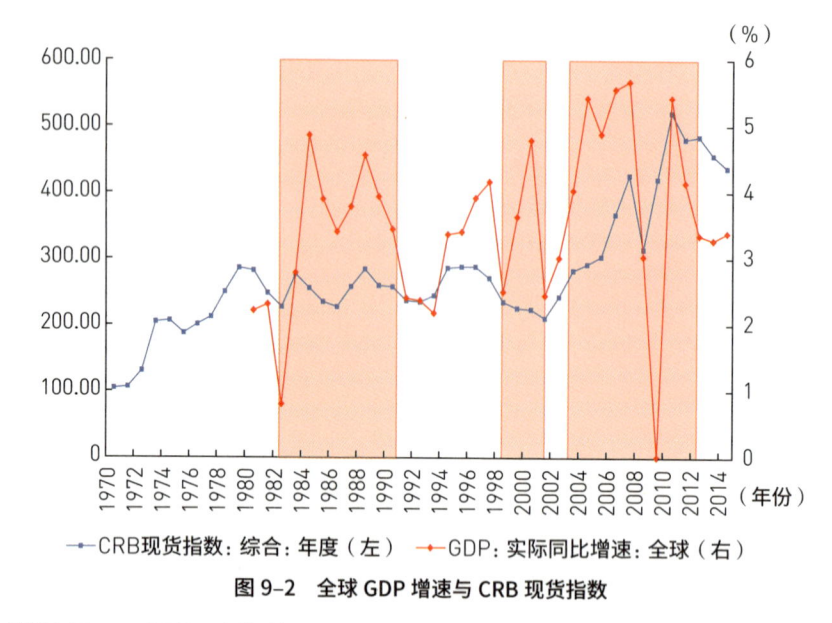

图 9-2　全球 GDP 增速与 CRB 现货指数

资料来源：Wind 资讯，中信建投证券研究发展部。

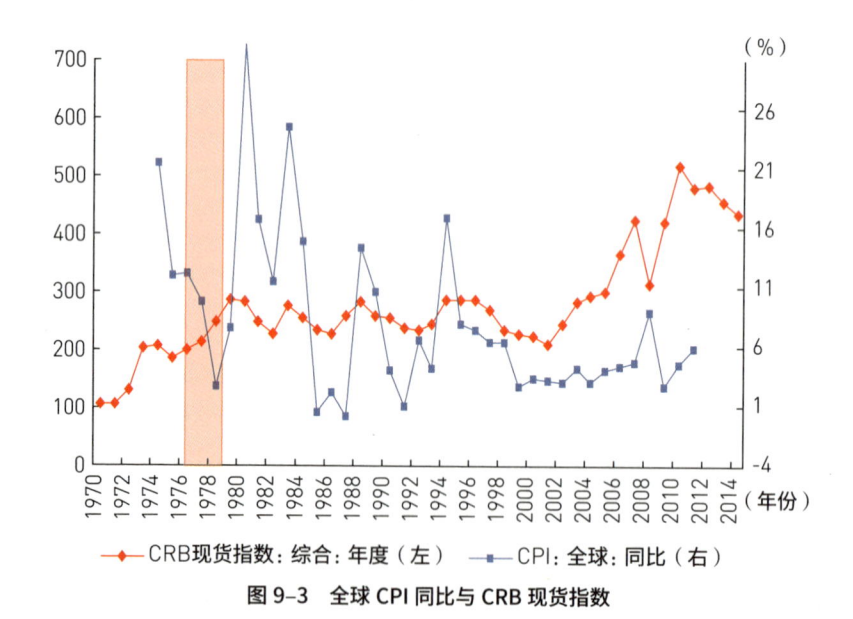

图 9-3　全球 CPI 同比与 CRB 现货指数

资料来源：Wind 资讯，中信建投证券研究发展部。

234　人生财富靠康波

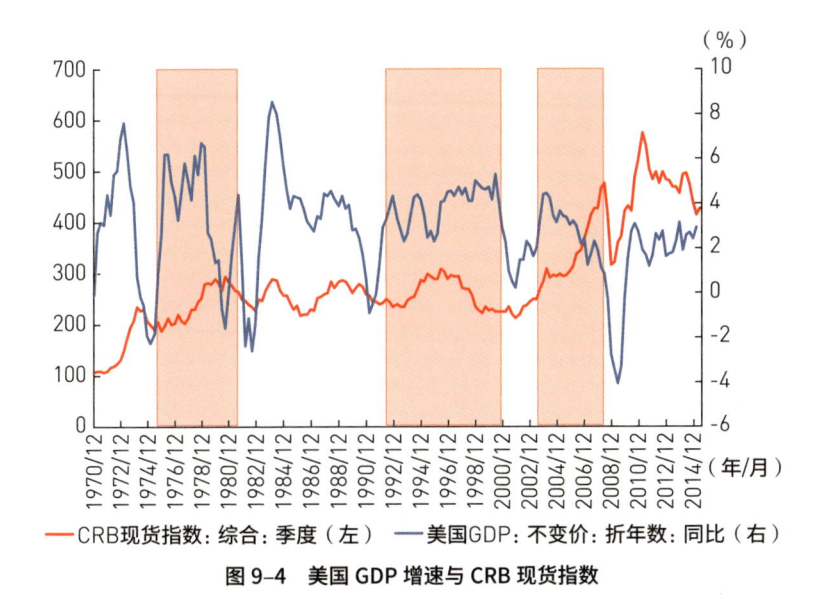

图 9-4　美国 GDP 增速与 CRB 现货指数

资料来源：Wind 资讯，中信建投证券研究发展部。

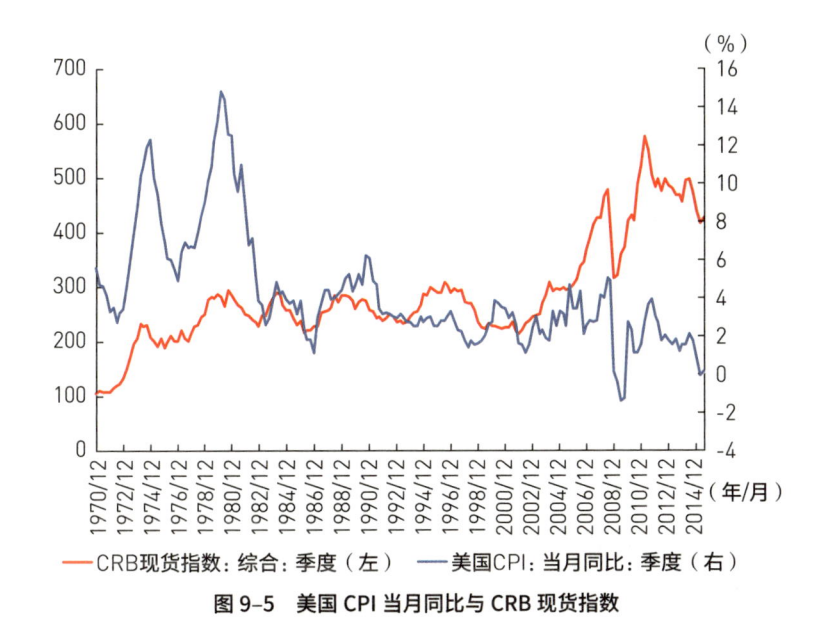

图 9-5　美国 CPI 当月同比与 CRB 现货指数

资料来源：Wind 资讯，中信建投证券研究发展部。

09　改造"美林投资时钟"

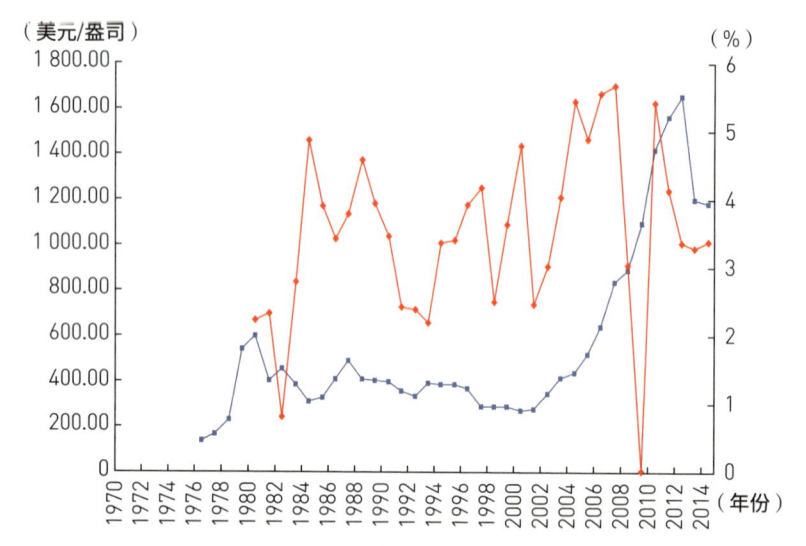

图 9-6　全球 GDP 增速与 COMEX（纽约商业交易所）黄金期货价格

资料来源：Wind 资讯，中信建投证券研究发展部。

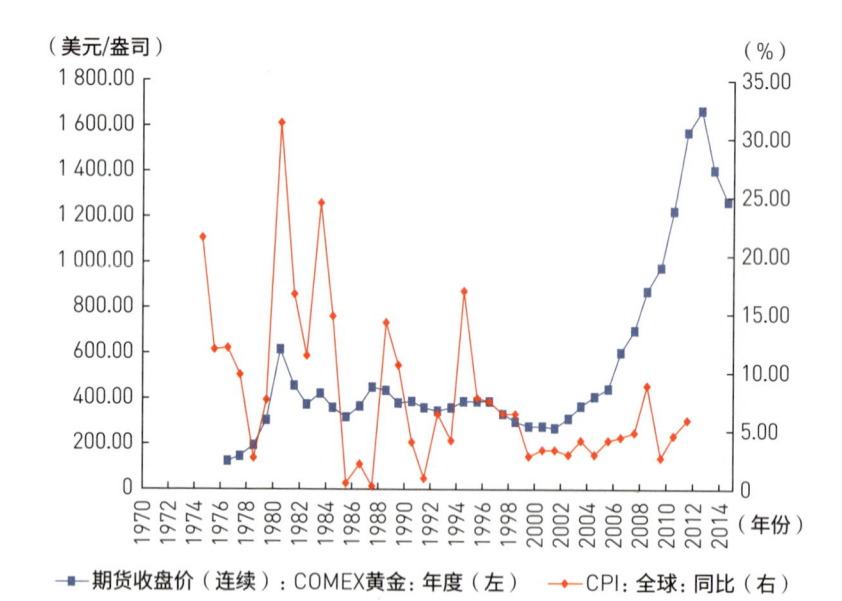

图 9-7　全球 CPI 同比与 COMEX 黄金期货价格

资料来源：Wind 资讯，中信建投证券研究发展部。

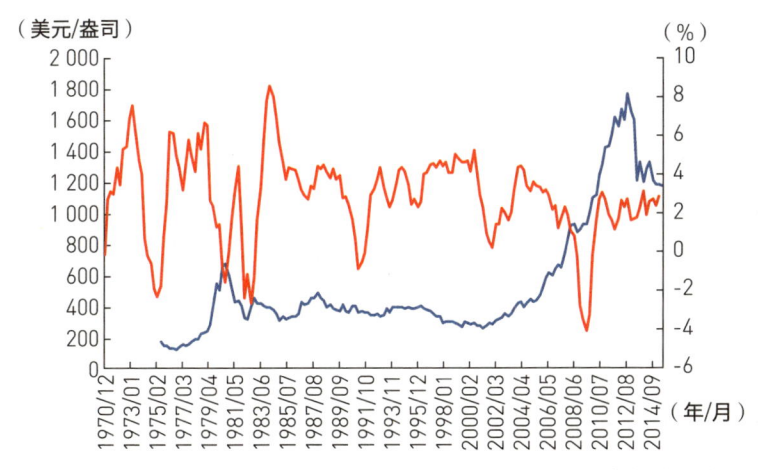

图 9-8　美国 GDP 增速与 COMEX 黄金期货价格

资料来源：Wind 资讯，中信建投证券研究发展部。

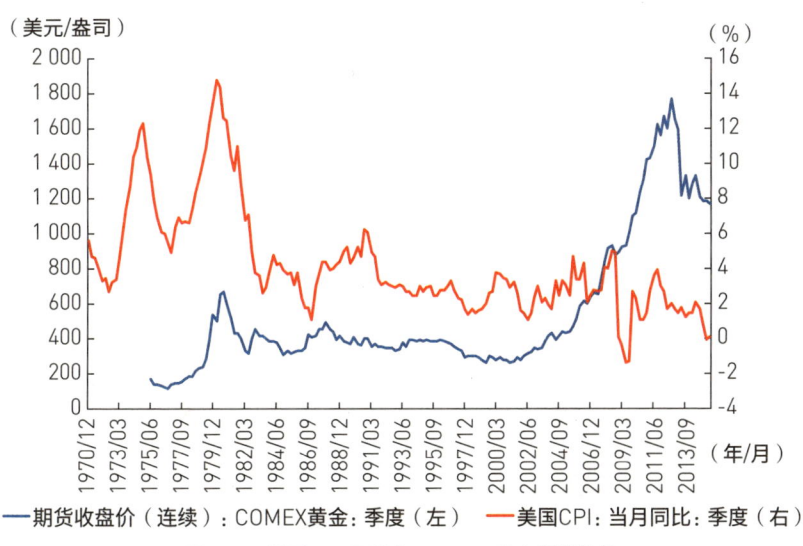

图 9-9　美国 CPI 同比与 COMEX 黄金期货价格

资料来源：Wind 资讯，中信建投证券研究发展部。

由于在当今世界经济格局中美国仍是全球头号引擎，美元仍是最核心的国际货币，是大宗商品与黄金的定价货币，所以大宗商品与黄金价格波动应该与美元强弱之间存在密切的镜像关系。从图 9-10 和图 9-11 中也可以明显

09　改造"美林投资时钟"　237

看出，美元走势对大宗商品及黄金价格波动的解释力强于前面分析的周期数据。

图 9-10　美元指数与 CRB 现货指数

资料来源：Wind 资讯，中信建投证券研究发展部。

图 9-11　美元指数与 COMEX 黄金期货价格

资料来源：Wind 资讯，中信建投证券研究发展部。

因此，在黄金与大宗商品全球定价的时代，在美元作为其定价货币的情况下，忽视美元因素的美林投资时钟理论的精准性是远远不够的。反过来讲，如果在美林投资时钟分析框架中加入美元（汇率）分析，其适用范围与研判的精准性就会显著提高。经济运行存在多周期嵌套决定了大类资产轮动的复杂性。

从周期的角度看，美林时钟理论基于经济朱格拉周期的波动而建立起来，它解释了以固定资产投资为主导的中周期运行中的资产轮动问题。但是从周期的角度看，这个模型至少存在两个大的缺陷。首先，中周期受制于康波及房地产周期，中周期在康波及房地产周期中处于不同的位置决定了这个中周期的根本特征。从康波的角度看，由于一个康波包含6个中周期，所以每个中周期的强弱取决于当时的康波阶段。而从大类资产的角度看，这个问题更复杂，虽然股债更多受中周期趋势的制约，美林时钟理论对其大致可用，但商品却由康波决定，特别是在康波的衰退和萧条期，商品将表现出异常波动。所以，美林时钟并不适用于商品的研判，这是一个重大缺陷。其次，从细节的角度看，由于中周期本身由3个库存周期组成，3个库存周期又有各自的循环规律，资产配置在从道向术的层面落实时，实际上使用的是以中周期为指针的时间钟，有时候使用的却是库存周期循环，所以很多时候这种指针是很模糊的。

在我们看来，美林时钟理论可以作为大类资产配置的基础，但必须被改造，从而建立一套完善的全球大类资产配置的方法。在这方面，我们认为至少有几件事情可以做。第一，加入全球因素，第一步是加入美元，而美元主要研究欧美相对强弱问题。第二步是加入中国，中国与欧美的关系基于房地产周期反身性的关系。第二，加入康波因素，将时钟置于不同康波阶段进行分别配置。第三，分清中周期和库存周期对大类资产配置的不同影响，从道落实到术。本章先做第一步，即加入美元因素。

美元周期对国际大类资产配置的意义

美元仍是国际外汇与商品市场上的价值评判尺度

浮动汇率制下，反映美元强弱的已不再是其对黄金的绝对购买力，而是相对于其他主要国际货币的比价。这就意味着，美元指数走强必然存在其他主要货币兑美元走弱。而且，即便是美元指数权重构成之外的其他货币，其币值强弱也与美元指数之间存在紧密的负相关关系。因此，在当今的全球化投资时代，除了对象国标的资产的收益率，由美元周期所影响的对象国汇率变化同样是一个不可忽视的因素（见图9-12至图9-15）。

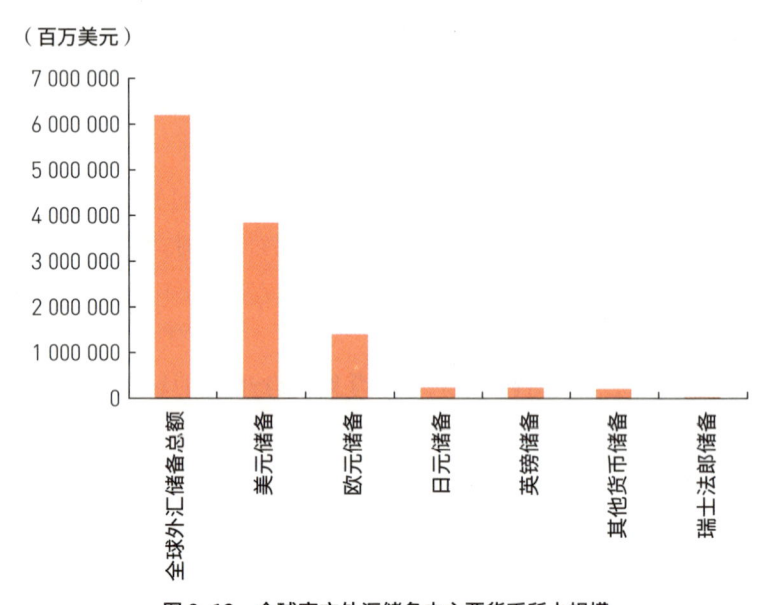

图9-12 全球官方外汇储备中主要货币所占规模

资料来源：Wind 资讯，中信建投证券研究发展部。

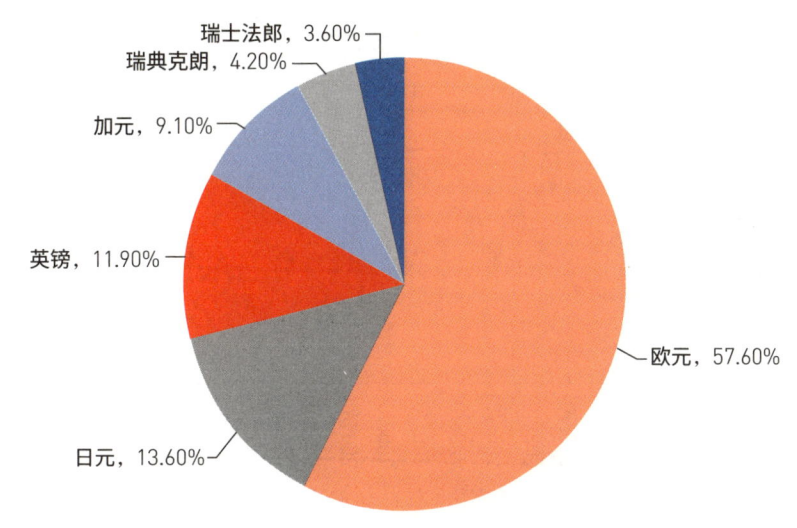

图9-13 美元指数权重构成

资料来源：Wind资讯，中信建投证券研究发展部。

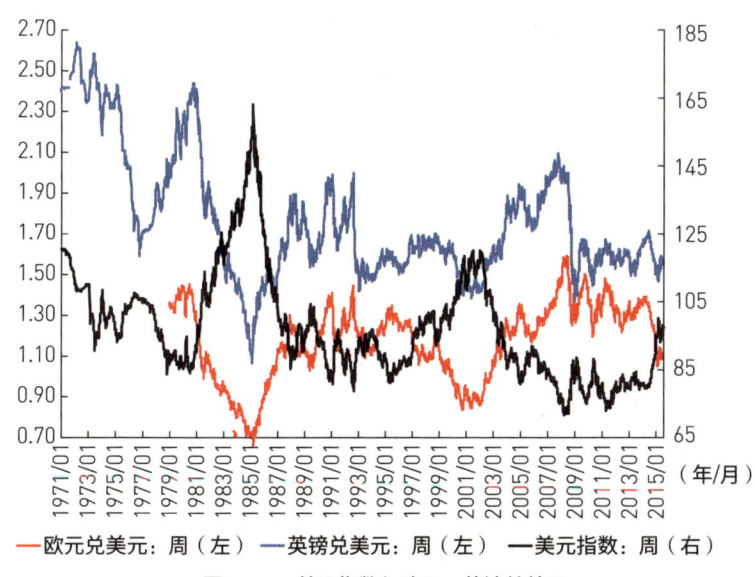

图9-14 美元指数与欧元、英镑兑美元

资料来源：Wind资讯，中信建投证券研究发展部。

09 改造"美林投资时钟"

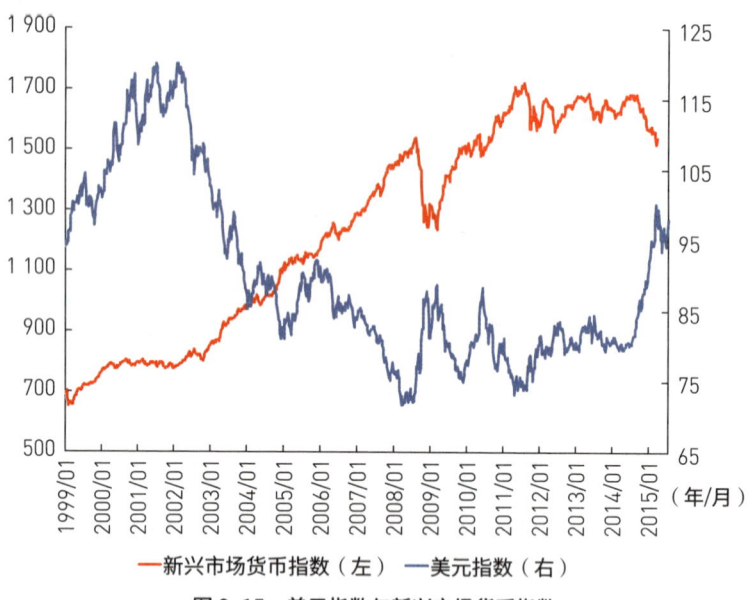

图 9-15　美元指数与新兴市场货币指数

资料来源：Wind 资讯，中信建投证券研究发展部。

商品（黄金与大宗）价格周期与美元周期

除了第一部分已经讲过的，美元作为当今国际大宗商品定价货币对商品价格有不可忽视的影响，美元周期中也蕴含着国际经济强弱格局变化的逻辑。在后面的分析中我们将详细阐述，美元的强势期一般都是国际经济的相对疲弱期，尤其是作为大宗商品主要需求对象的工业生产国往往也处于不太景气的态势。因此，美元在周期强弱演变的过程中对国际大宗商品的影响除了直接的"价值尺度"角色，还包含对大宗商品需求强弱变化的逻辑。这也是我们在第一部分能明显看出美元周期对大宗商品价格变化的解释力要强于经济周期的原因。

在浮动汇率制与信用货币制度下，美元的价值不稳定和长期趋向贬值是一个国际社会普遍担忧和不满的问题。作为曾经的实物货币以及后来的货币之锚，黄金的真实价值相对美元更受国际社会的认可。由于黄金用美元标价，而美元价格不稳定，这就使得黄金的名义价值（价格）呈现出随美元持续波动的态势，并且在投资需求追涨杀跌的推动下，黄金价格出现幅度更大的波动。因此，做贵金属投资，研究美元周期比研究经济周期更重要（见

图 9-16、图 9-17）。

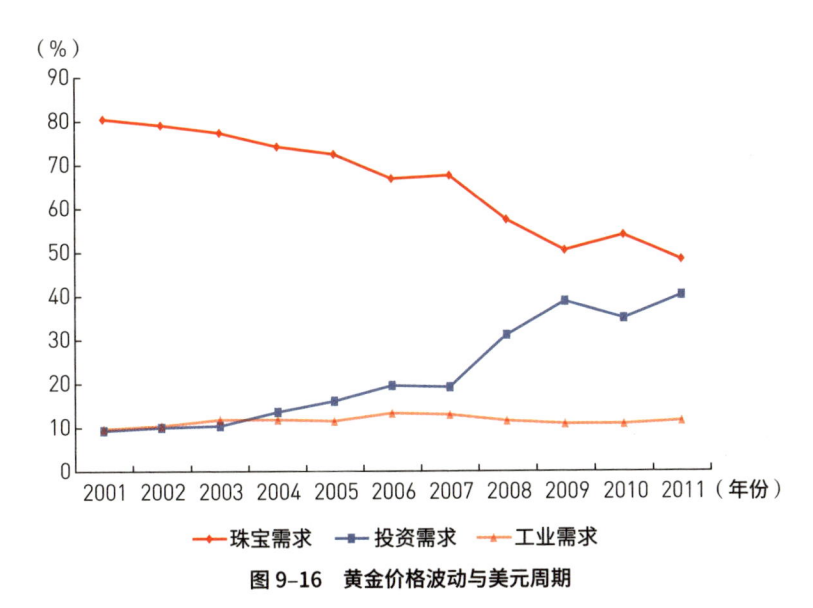

图 9-16　黄金价格波动与美元周期

资料来源：Erbands Havey（2013），中信建投证券研究发展部。

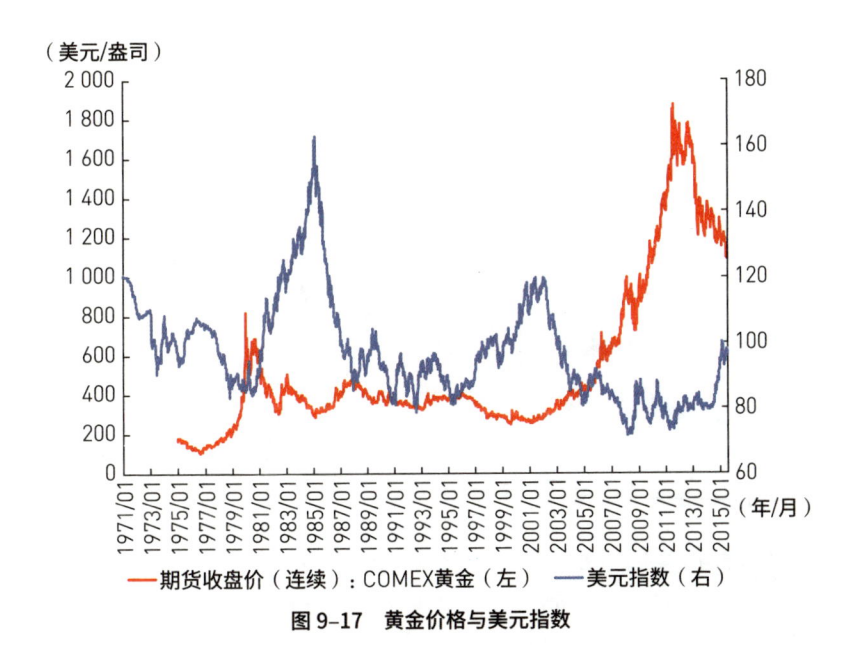

图 9-17　黄金价格与美元指数

资料来源：Wind 资讯，中信建投证券研究发展部。

09　改造"美林投资时钟"

美元周期主导新兴市场与发达市场间的趋同与背离

除了前述作为"价值评判尺度"而对外汇与大宗商品市场走势具有不可忽视的影响，美元的强弱变化还直接决定着国家之间股市与债市的牛熊背离。从图 9-18、图 9-19、图 9-20、图 9-21、图 9-22、图 9-23 中可以明显看出，在美元的相对弱势期，新兴市场与发达市场股市与债市牛熊格局趋同；而在美元的强势阶段，新兴市场与发达市场股市与债市均表现出显著的牛熊背离格局。对于不同的美元走势阶段，新兴市场与发达市场股市与债市之间的这种趋同与背离，我们认为是由于强势美元阶段往往是新兴市场的风险高发期，新兴市场与发达市场在强势美元阶段风险水平出现了明显的分化。

我们在国际经济年度报告《美元崛起：挑战与机遇》中已经做过分析：历史上美元两轮牛市行情期间，也是新兴市场的风险高发期，比如 20 世纪 80 年代美元牛市行情中爆发了拉美债务危机，90 年代美元牛市行情中爆发了亚洲金融危机。美元趋势走强往往引爆新兴经济体群体性危机，原因在于，在美元走强的过程中，那些对国际市场或资源依赖较大的新兴经济体将遭遇经常账户与资本账户的双重冲击，进而先前隐藏的风险容易被暴露、放大，最终发生危机。

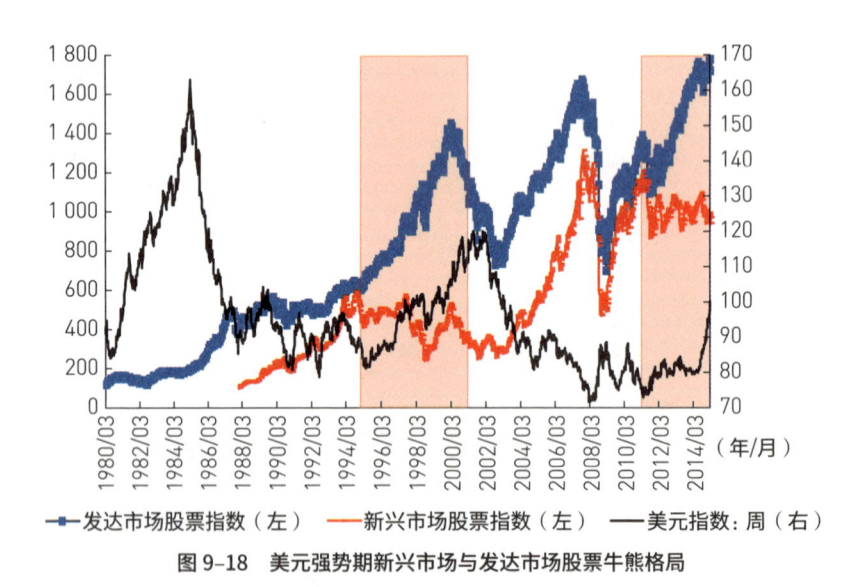

图 9-18 美元强势期新兴市场与发达市场股票牛熊格局

资料来源：Wind 资讯，中信建投证券研究发展部。

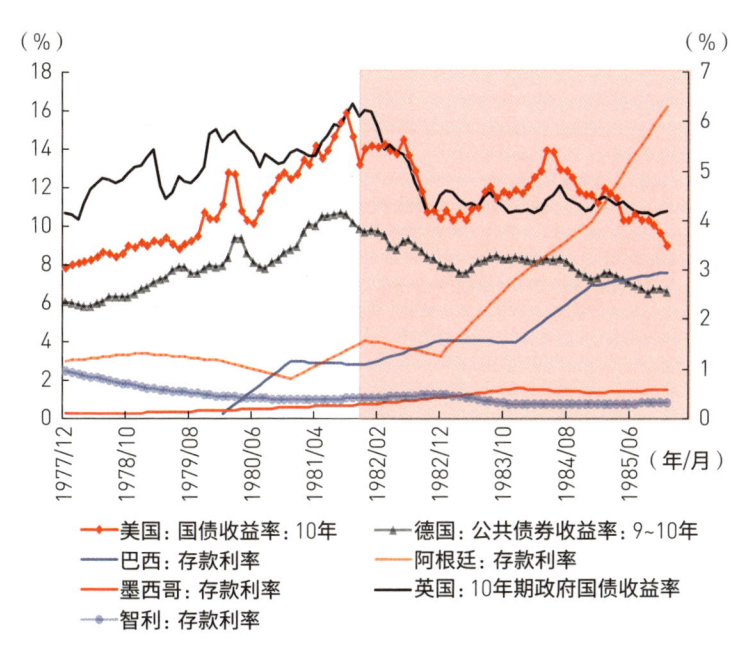

图 9-19 美元强势期新兴市场与发达市场债市牛熊格局（1）

资料来源：Wind 资讯，中信建投证券研究发展部。

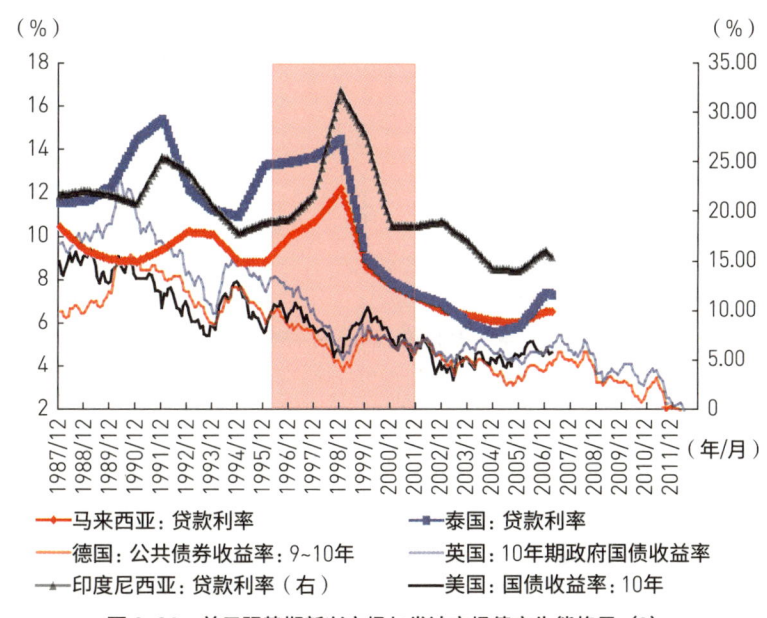

图 9-20 美元强势期新兴市场与发达市场债市牛熊格局（2）

资料来源：Wind 资讯，中信建投证券研究发展部。

09 改造"美林投资时钟" 245

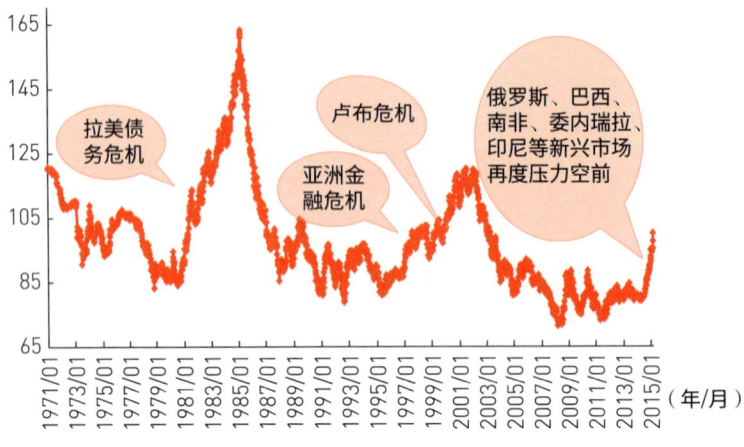

图 9-21 美元指数与新兴市场的群体性危机

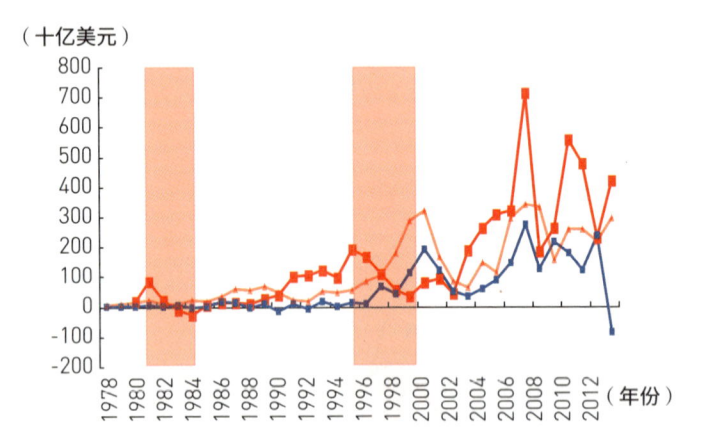

资料来源：Wind 资讯，中信建投证券研究发展部。

图 9-22 美元强势期国际私人资本逃离新兴市场

资料来源：Wind 资讯，中信建投证券研究发展部。

在经常账户方面，形成美元牛市的美强而欧弱（第二次还包括日本弱）的格局意味着全球经济是相对低迷的，进而对新兴经济体的出口不利（强美元对资源品出口国还存在进一步的冲击）。在资本账户方面，美元走强，美国资产升值，还会诱发国际资本从已经相对脆弱的新兴市场回流美国。资本大规模外流容易引发货币危机，恐慌情绪蔓延之后进一步发展成债务危机，甚至升级为经济危机。

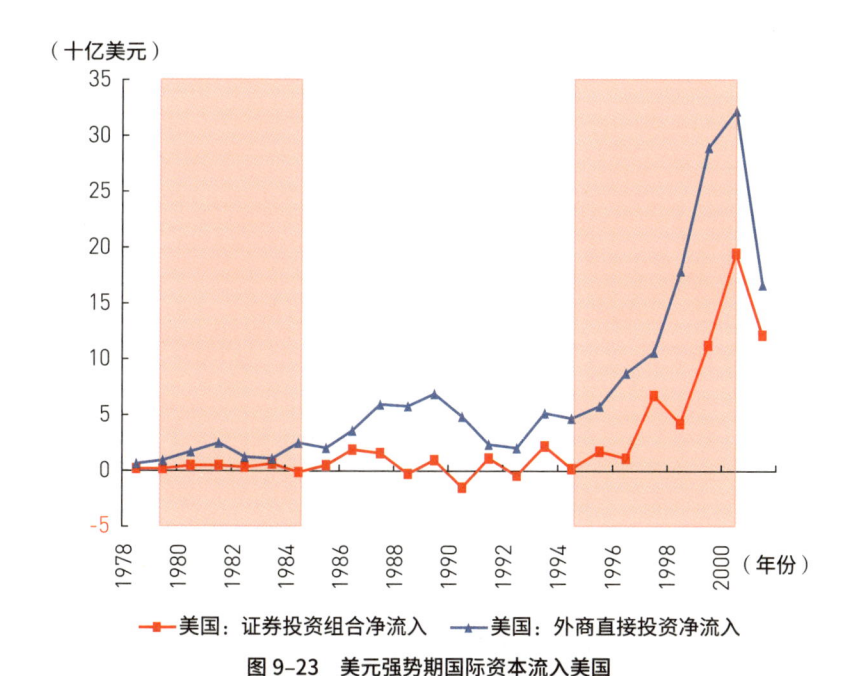

图 9-23 美元强势期国际资本流入美国

资料来源：Wind 资讯，中信建投证券研究发展部。

美元强弱演变过程中的国际格局背景与经济周期逻辑

美元牛市的国际格局背景

1971 年美元与黄金脱钩之后，国际货币体系进入浮动汇率时代。在浮动汇率制下，反映美元强弱的已不再是其对黄金的绝对购买力，而是相对于其他主要国际货币的比价。这意味着，美元指数走强必然存在其他主要货币兑美元走弱。在影响美元指数的主要货币中，欧洲货币（现在的欧元，过去的德国马克、法郎、里拉、荷兰盾）的权重占据了半壁江山还多。因此，回顾布雷顿森林体系崩溃之后美元在 1980—1985 年与 1995—2001 年的两轮牛市行情，基本上均呈现出美强欧弱的国际格局。此外，20 世纪 90 年代的

09 改造"美林投资时钟" 247

牛市行情还包括美强日弱的格局。

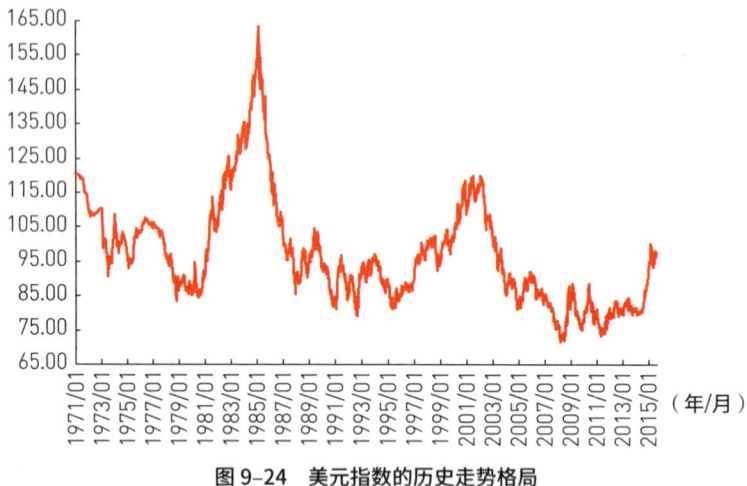

图 9-24 美元指数的历史走势格局

资料来源：Wind 资讯，中信建投证券研究发展部。

1980—1985 年的美元牛市

1978 年底，伊朗政局动荡，之后又爆发两伊战争，油价在 1979 年开始暴涨，从每桶 13 美元猛增至 1981 年的每桶 34 美元，导致第二次石油危机出现。随着石油危机的发酵蔓延，20 世纪 70 年代末 80 年代初，一场世界级的经济危机席卷主要资本主义国家，首先在美国（1979 年 4 月）、英国（1979 年 7 月）爆发，到 1980 年上半年，西欧 20 多个国家和日本等普遍陷入危机。

1981 年初里根入主白宫，为了摆脱长期存在的经济滞胀局面，他以控制通货膨胀作为宏观政策的首要目标，采取了松财政、紧货币的政策。一方面实行减税以刺激增长；另一方面严格控制货币发行量，抑制通货膨胀，并提高利率以吸引外资来弥补巨额的财政赤字。美国经济从 1983 年底开始回升，工业生产连续增长。到 1984 年，美国的经济复苏更为强劲，达到 6.9%，为 33 年来的最高纪录，比同期其他西方国家高出两倍多（可参考表 9-1）。经济的高速增长，增强了国际金融界对美元的信心。

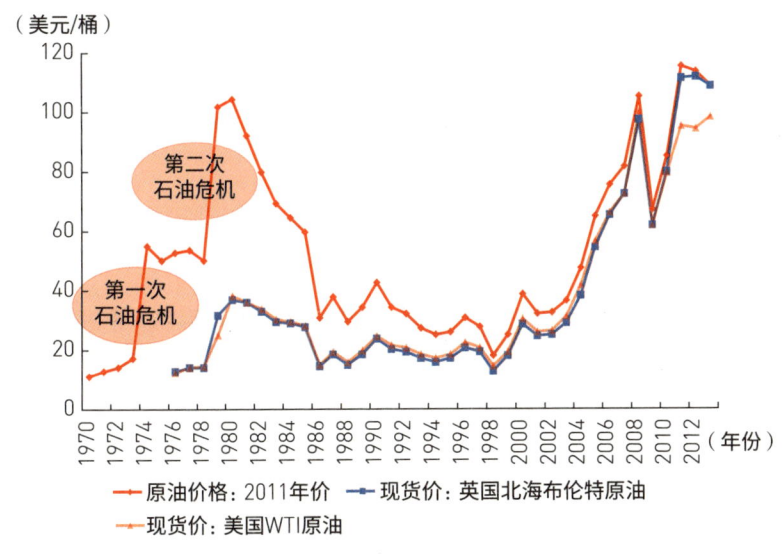

图 9-25 原油价格

资料来源：Wind 资讯，中信建投证券研究发展部。

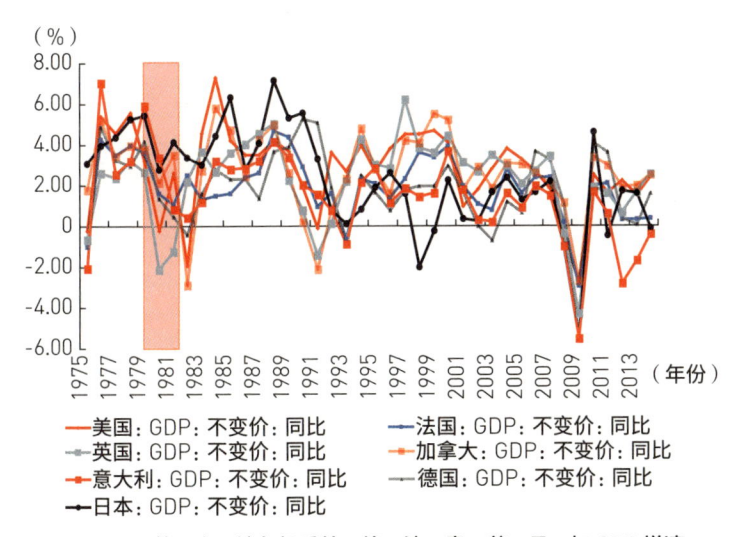

图 9-26 第二次石油危机后美、德、法、意、英、日、加 GDP 增速

资料来源：Wind 资讯，中信建投证券研究发展部。

美国通货膨胀下降而利率高企。美国通货膨胀从 1980 年起就有所下降，到 1984 年通胀情况有了明显改善，消费者物价上涨率从过去的两位数降至 4%。美国在通货膨胀得到控制的同时，利率一直维持较高水平。1984 年，

09　改造"美林投资时钟"　249

美国联邦储备银行的贴现率一直维持在8%～9%，商业银行的优惠放款利率则在10%上下波动。在其他国家相继调低利率之时，美国利率保持较高水平，吸引了大量国际资金，从而有力地支持了美元汇率。据估计，1984年从世界各地流入美国的资金共约1 000亿美元。这个数目足以弥补美国联邦预算赤字的一半以上，或者相当于美国净投资总额的40%。

表 9-1 美国劳动生产率的变化

	1965—1970年	1970—1975年	1975—1980年	1980—1985年	1985—1987年
制造业（%）	0.46	2.68	1.82	4.48	3.79
全国（%）	0.9	0.7	0.5	1.0	0.5

资料来源：陈宝森，《美国经济与政府政策——从罗斯福到里根》，社会科学文献出版社，2014年；中信建投证券研究发展部。

与此同时，欧洲遭遇沉重打击，且复苏缓慢乏力。在美国经济回升的带动下，英国从1982年12月，联邦德国、卢森堡、荷兰、比利时等西欧国家从1983年初开始回升。法国和意大利1983年上半年尚在沟底徘徊，直到年底才出现一些转机。而且即便在走出危机低谷之后，相较于美国经济的强劲表现，西欧经济的表现也逊色很多（可参考图9-27至图9-30）。

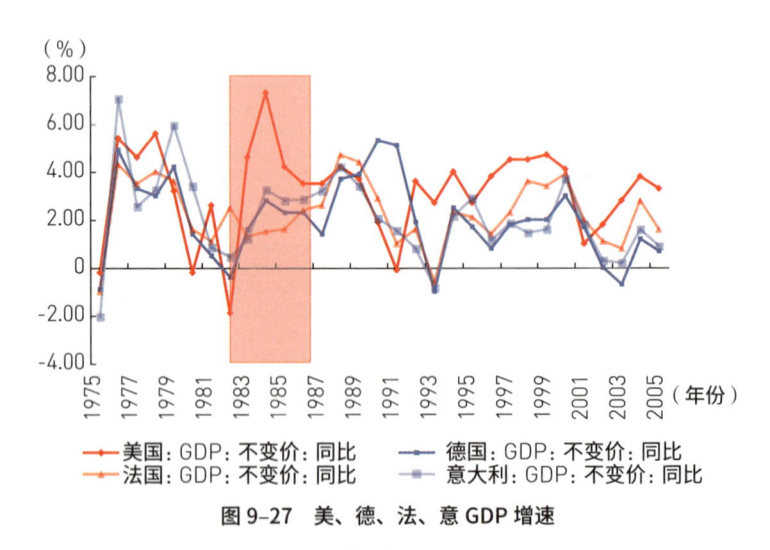

图 9-27 美、德、法、意 GDP 增速

资料来源：Wind 资讯，中信建投证券研究发展部。

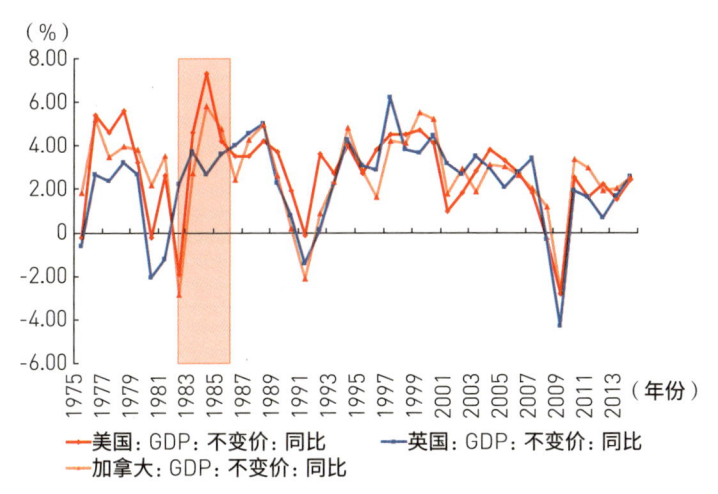

图 9-28 美、英、加 GDP 增速

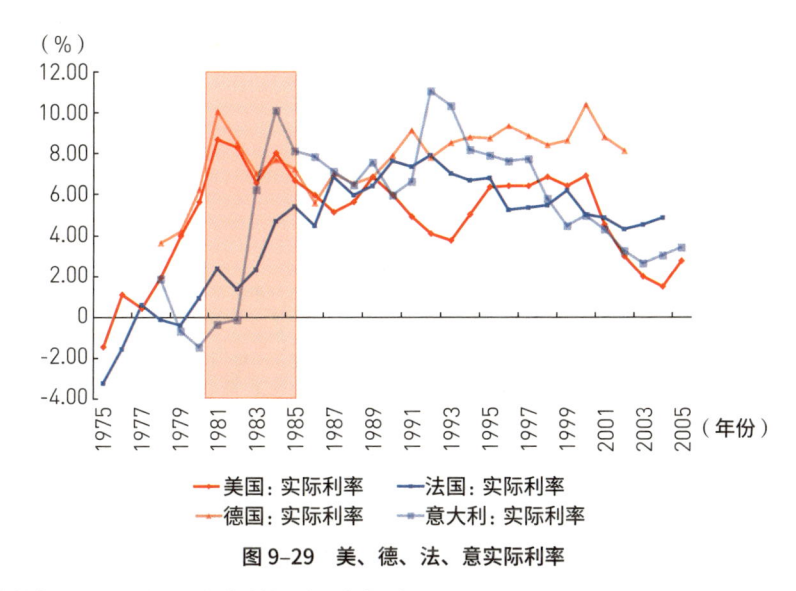

资料来源：Wind 资讯，中信建投证券研究发展部。

图 9-29 美、德、法、意实际利率

资料来源：Wind 资讯，中信建投证券研究发展部。

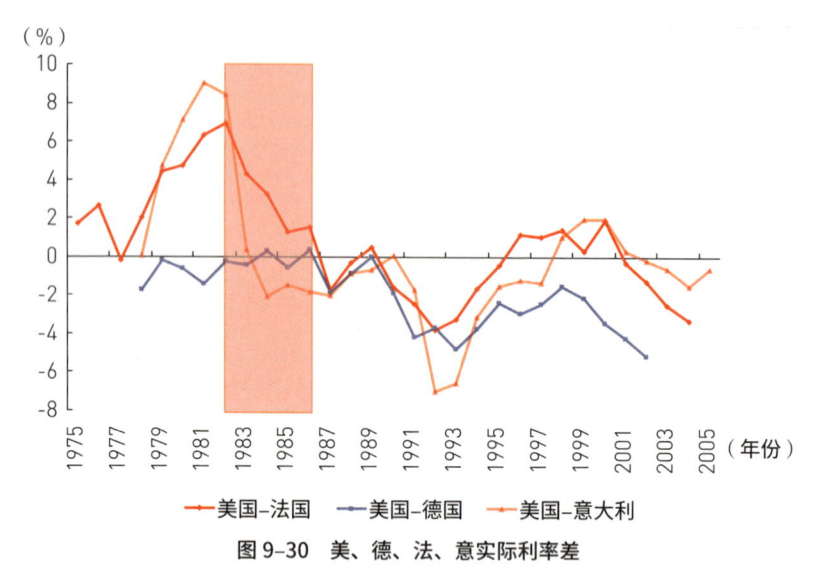

图 9-30 美、德、法、意实际利率差

资料来源：Wind 资讯，中信建投证券研究发展部。

20世纪80年代的美元牛市发生在第五次康波的复苏阶段，康波的复苏由主导国引导，这是周期的必然规律，按照美国的周期规律，1982年应该是中周期的低点，同时也是美国房地产周期的中段。但必须注意的是，欧洲在康波及房地产周期趋势上与美国保持一致，欧美的强弱差异是美元强势的基本原因（见图9-31、图9-32）。

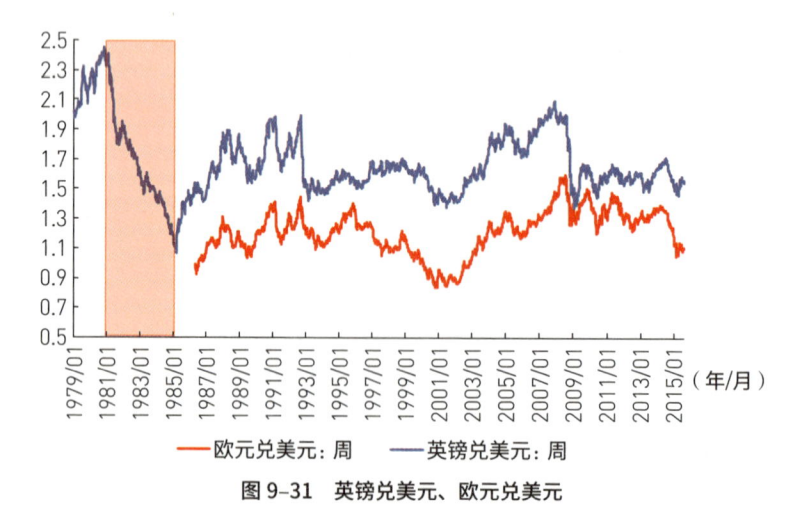

图 9-31 英镑兑美元、欧元兑美元

资料来源：Wind 资讯，中信建投证券研究发展部。

图 9-32 美元兑瑞士法郎

资料来源：Wind 资讯，中信建投证券研究发展部。

1995—2001 年的美元牛市

美元自 1995 年开始的一轮牛市行情一直持续到 2001 年 7 月（科技网络股泡沫破裂效益开始蔓延）。从主要货币的升值程度来看，从 1995 年 4 月美元兑日元的低点 81 日元兑 1 美元，到 1998 年 8 月 147 日元兑 1 美元，升值幅度超过 80%；欧元兑美元从 1996 年 11 月 1.41 美元兑 1 欧元的高点到 2001 年 11 月 0.84 美元兑 1 欧元，贬值幅度超过 40%；英镑兑美元从 1996 年 11 月的高点到 2001 年 6 月的低点，贬值幅度达 19%。

1991—2000 年的美国经济状况超出了传统经济理论。美国经济自 1991 年 3 月走出衰退以后，保持了近 10 年的持续增长势态，经济扩张周期明显延长，而收缩期明显缩短。特别是 20 世纪 90 年代最后几年，经济在高速平稳增长的同时，通货膨胀率、失业率和财政赤字都控制在较低水平，呈现出近几十年少有的"一高三低"的理想状态（见图 9-33、图 9-34、图 9-35）。1995—1999 年的 5 年间，美国经济生产率年均增长 4.8%，这个增长率近一半的贡献来自劳动力投入的增加，这是劳动力的一个自然增长率，还得益于 20 世纪 90 年代初失业率的下降；另外一半多的贡献来自平均劳动生产率的提高，这个时期劳动生产率的增长是 25 年前的 2 倍。

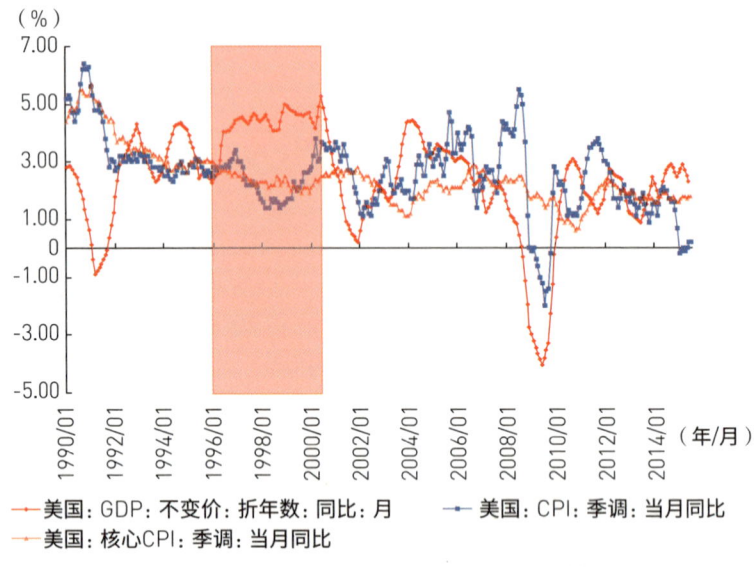

图9-33 美国20世纪90年代高增长低通胀的黄金期

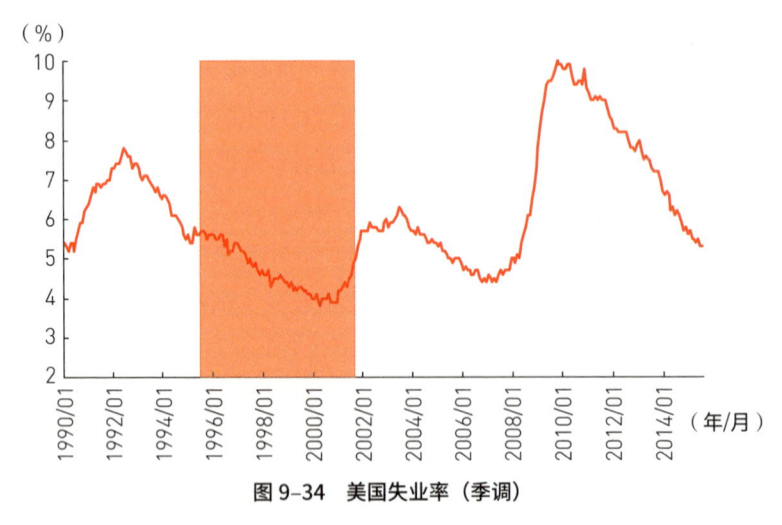

资料来源：Wind资讯，中信建投证券研究发展部。

图9-34 美国失业率（季调）

资料来源：Wind资讯，中信建投证券研究发展部。

图 9-35 美国道琼斯工业平均指数与纳斯达克综合指数

资料来源：Wind 资讯，中信建投证券研究发展部。

进入 20 世纪 90 年代之后，当世界经济从之前的低迷中逐步恢复发展，并表现出相对景气的状态时，由主要发达国家构成的西欧经济却走向增长的低谷。90 年代前半期，西欧经济遭到严重危机和多次货币风潮的打击，陷入了起伏不定、失业恶化、财政困难的局面。1991—1993 年，严重的经济危机席卷西欧各国。1992 年秋、1993 年秋和 1995 年春，欧洲货币体系连遭三次危机的冲击。在此期间，在德国统一后紧缩政策和高利率的钳制、欧洲汇率机制动荡不稳、各国巨额财政赤字的沉重压力及《马斯特里赫特条约》达标的约束等影响下，欧盟国家普遍实行严厉的宏观调控政策，试图通过提高利率以遏制赤字和整顿财政失衡，控制预期通货膨胀的上升。因此，西欧经济在 20 世纪 90 年代前半期出现了"三高两低"（失业率高，政府财政赤字、国债高，利率水平高，经济增速低，通胀水平低）的显著特点（见图 9-36 至图 9-39）。

1989 年，欧共体 12 国的经济增长率为 3.5%，而到了 1995 年，欧盟 15 国经济增长率已下降到 2.5%，1996 年下降到 1.6%。其中德国为 1.3%，英国为 2.2%，法国为 1.3%，意大利为 1.1%。直到 1997 年下半年，主要国家的经济景气才走出低谷，开始缓慢复苏。而且失业率居高不下，政府预算吃紧的局面仍未得到根本的扭转，通货紧缩的风险迟迟挥之不去。

从周期的角度看，1991 年美国启动新的中周期，1995 年之后，美国的中周期进入强势阶段，而彼时是美国房地产周期的强势阶段，所以，美元升值理论上都是在美国房地产周期和中周期的强势阶段出现的。值得注意的

09 改造"美林投资时钟"

是，1995年的美元牛市出现在康波的繁荣阶段，但那时美国经济相对于欧日的强势却不如1980年的美元牛市明显。

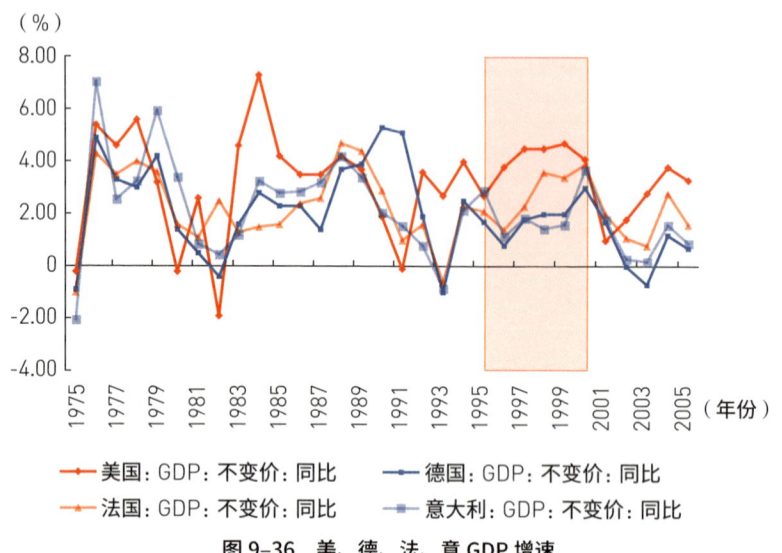

图9-36 美、德、法、意GDP增速

资料来源：Wind资讯，中信建投证券研究发展部。

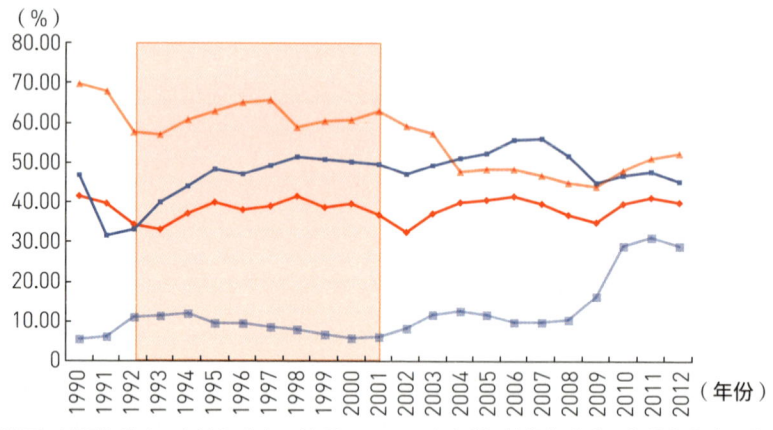

图9-37 美、德、法、意长期失业率

资料来源：Wind资讯，中信建投证券研究发展部。

图 9-38 美、德、法、意实际利率差

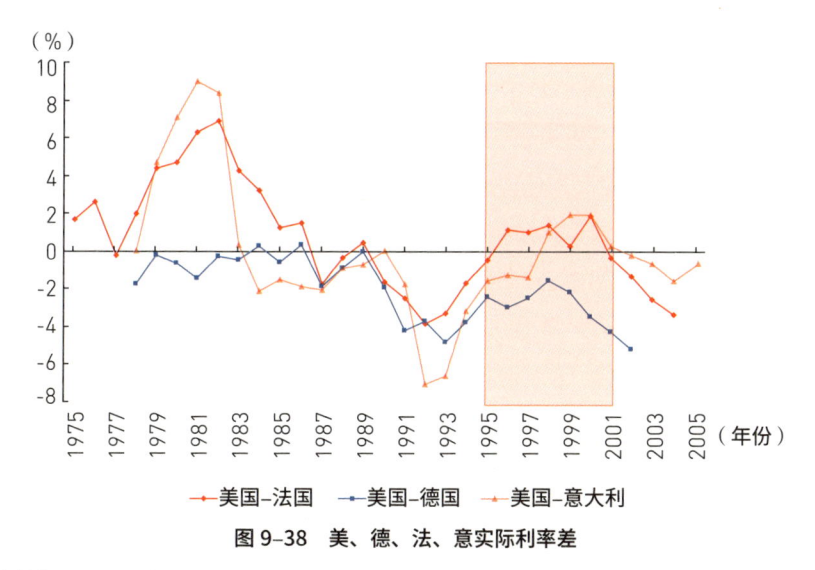

资料来源：Wind 资讯，中信建投证券研究发展部。

图 9-39 英镑兑美元、欧元兑美元

资料来源：Wind 资讯，中信建投证券研究发展部。

2011—2015 年的美元牛市

2011年12月15日，我们发表了《美元破百 冲击中国》的报告，指出："长波创新周期中，主导国货币与其他货币强弱关系会呈现周期波动，波长约为15年。一个长波包含3个货币周期。而2012年开始，美国中周期力

09 改造"美林投资时钟" 257

量恢复。在中、短周期力量作用下，经济上行。同时，利用周期理论，可以判断出 2012—2013 年，英国、德国、法国经济中周期尚未启动。世界经济格局，美强欧弱。"这些判断实际上支持了我们美元牛市的判断。

我们当时基于对美国经济周期的判断，认为美国的新一轮房地产周期已经在 2011 年启动，而当时的欧洲正饱受主权债务危机之苦，欧元区会不会解体，何时解体成为国际社会探讨的热点。随着危机的持续发酵升级，欧洲经济也急转直下，GDP 增速在零以下挣扎了 6 个季度之久。直到 2013 年随着欧洲央行和欧盟应对危机的态度日渐坚决、果断，欧债危机才开始缓和，经济景气情况缓慢好转。而同时，美国经济在接连的 QE（量化宽松）助推下，房地产市场与金融系统不断得到修复，总体景气态势不断回升。

2014 年下半年以来，由于受乌克兰局势恶化、对俄罗斯经济制裁升级、中国与美国之外的其他经济体景气持续低迷的影响，欧洲出口形势恶化，景气再度低迷。与此同时，美国经济继续保持着令人羡慕的一枝独秀，房地产市场持续复苏，居民就业持续改善，收入水平稳步提高，消费情况良好，整个经济系统的正反馈效应明显形成。由于美强欧弱的格局自 2011 年一直延续到 2015 年中期，因此美元总体呈现强势特征（可参见图 9-40 至图 9-42）。

图 9-40 美元指数

资料来源：Wind 资讯，中信建投证券研究发展部。

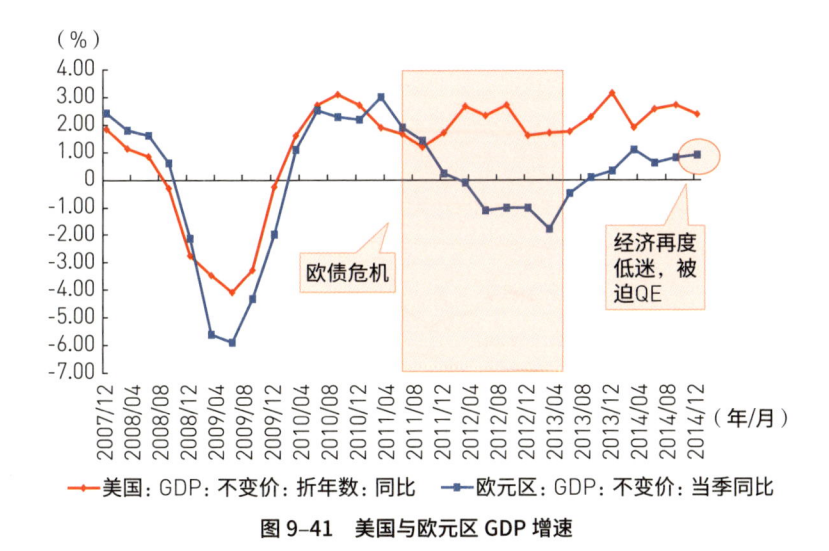

图 9-41　美国与欧元区 GDP 增速

资料来源：Wind 资讯，中信建投证券研究发展部。

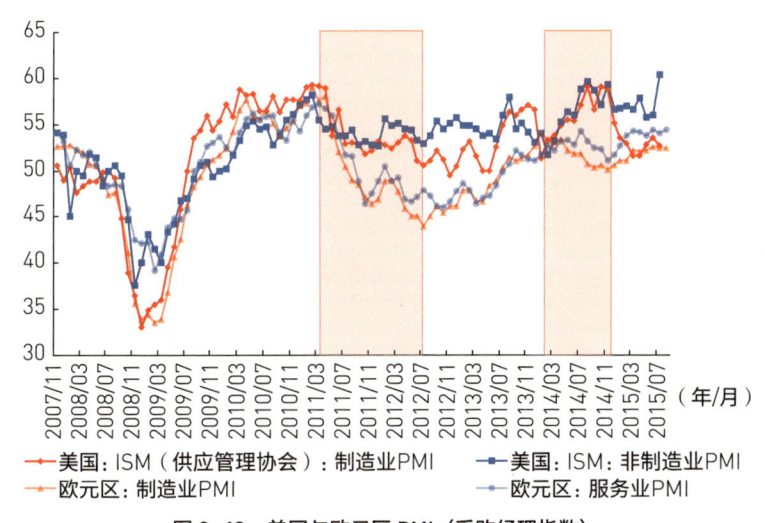

图 9-42　美国与欧元区 PMI（采购经理指数）

资料来源：Wind 资讯，中信建投证券研究发展部。

除了在美元走势中起决定作用的美欧经济景气格局，美元指数中的日元因素再度在本轮美元牛市行情中起到推波助澜的作用（见图 9-43 至图 9-44）。从 2012 年底以超宽松货币政策和汇率贬值为主要特征的安倍经济学推出，到 2014 年下半年安倍经济学光环褪去经济再陷技术性衰退，美元

09　改造"美林投资时钟"　259

兑日元持续升值。2012年9月，1美元兑78日元，而到2014年1美元已经升值到了兑121日元。

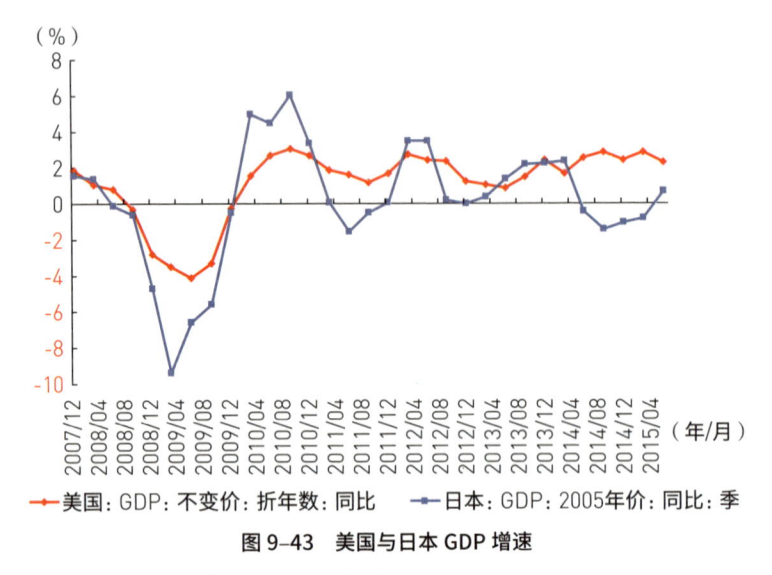

图9-43 美国与日本GDP增速

资料来源：Wind资讯，中信建投证券研究发展部。

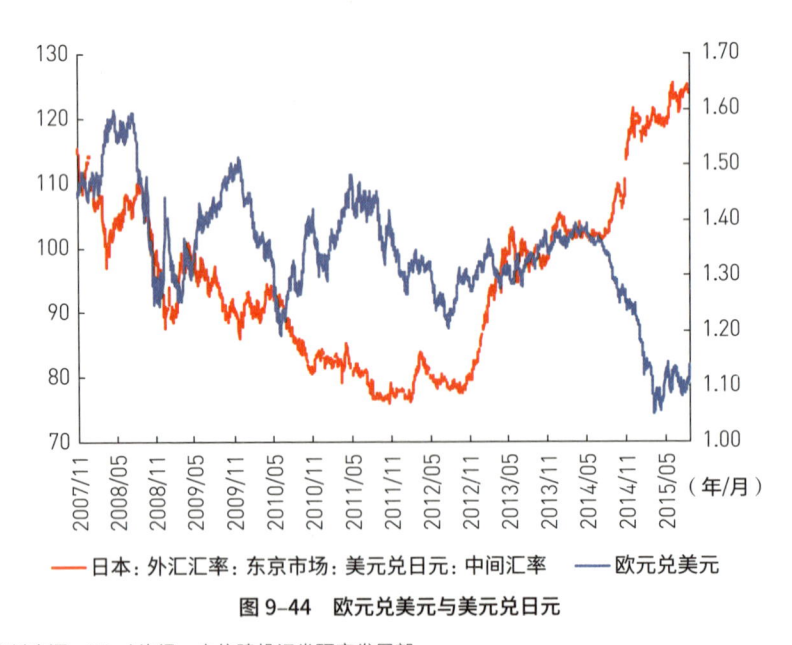

图9-44 欧元兑美元与美元兑日元

资料来源：Wind资讯，中信建投证券研究发展部。

美元强弱演变的周期逻辑——地产周期

我们在前面分析了布雷顿森林体系崩溃后的三轮美元牛市行情，皆发生在一次大的全球经济调整之后所出现的美强欧弱（一定程度上还包括日本）的大背景下。

如果从经济周期的逻辑来审视美元牛熊周期，三次美元牛市行情形成之前所出现的全球经济的显著回落形成了全球经济周期的低谷期，标志着前一个周期的结束和新周期的开始。如果从美国与欧洲经济增速的角度考察，我们可以发现，三轮美元牛市行情启动之前的美欧经济调整，皆出现经济增速负增长级别的回落。正是美欧经济同时出现了负增长的回落，才造就了全球经济的回落。

美元牛市与房地产周期

概括而言，布雷顿森林体系崩溃之后的三轮美元周期与美国的地产景气周期重叠。由于全球经济一体化的影响，欧美地产景气周期除了节奏上略有差别，趋势趋同，所以也可以说，美元周期孕育了欧美地产景气周期。

回顾房地产周期，1930年美国经济学家西蒙·库兹涅茨在《生产和价格的长期运动》一书中提出，经济中存在长度为15~25年的长期波动。这种波动在美国的许多经济活动尤其是建筑业中表现得特别明显，所以库兹涅茨周期也被称为建筑业周期。

由于房地产周期与经济周期、金融条件、人口增长、移民周期等息息相关，除了人口增长有其自身相对稳定的变化周期，经济周期、货币金融条件与移民情况等都存在一定的不稳定性。比如央行的货币政策理念，美联储掌门人从20世纪70年代末期以来就经历了新古典学派向凯恩斯学派的演变，欧洲央行的货币政策理念在经历欧债危机冲击之后也发生了明显的变化。经济周期存在多周期嵌套问题，因此每轮周期又都有一定的差别。移民受中央政府的政策影响很大，且易变化。所以，受这些不稳定因素的影响，每个房地产周期在时间长度上都呈现出一定的差别。

欧美房地产周期强弱之差原因研究

对于地产周期为什么会孕育美元周期,我们认为,关键还在于欧美地产周期中两者的节奏与强弱差异。对于为什么美国的地产周期总是领先于欧洲,显然从人口包括移民的角度都不太好解释,而用经济周期节奏差异解释地产周期节奏差异,显然又是一个因果关系难以理清的问题,因为地产周期与经济增长周期几乎是同步的。我们认为,造成这种节奏差异的关键因素在于两者货币金融条件的差异,因为欧洲的中央银行(德国模式)和美联储在货币政策目标与理念上有着明显的差别。

在欧洲大陆,德国央行主导着货币政策理念的主基调,由于受历史上多次严重通胀教训的影响,二战之后的德国央行把稳定通胀作为其几乎唯一的政策目标。与欧洲众央行不同,美联储既重视通胀问题,也重视就业问题。所以在遇到经济困难时,美联储为了稳定社会就业会毫不犹豫地采取积极的货币政策,而欧洲央行在该问题上会表现得比较谨慎。对于大家最为熟知的最近一轮的全球经济危机,美联储在快速把利率降到地板上之后,又不遗余力地推出了第三轮量化宽松。而欧洲央行在危机之后经济刚有好转的情况下便急忙加息,导致经济二次探底,在主权债务危机蔓延之际迟迟不愿伸手相助,坐看危机爆发,就是一种典型的由于政策理念差别造成的景气显著分化。

概括而言,地产周期是影响经济周期众因素中最有力的一个,所以地产周期的回落往往意味着经济周期将出现深度调整。而在经济出现深度调整的情况下,欧美央行由于货币政策理念的差别,在刺激经济的节奏与力度上产生差别,造成危机后出现美强欧弱,美国的经济与货币政策周期领先于欧洲,进而出现美元走牛的气候和格局。同样,美国的经济与政策周期领先于欧洲,造成美国地产景气先于欧洲受到货币因素的抑制,进而导致美强欧弱的格局逐渐反转,形成美元弱势的气候与格局。

关于美强欧弱解释美元问题的延伸思考

当然,这里面有一个核心问题,就是美强欧弱的格局是不是有中长期的因素,或者美强欧弱是不是未来几十年的大趋势(见图9-45至图9-50)。以目前对欧美经济增长的核心驱动力的研判来看,美强欧弱是一个中期因素,但这个因素并不是当前才出现的。所以,美强欧弱问题仅能解释美元强势

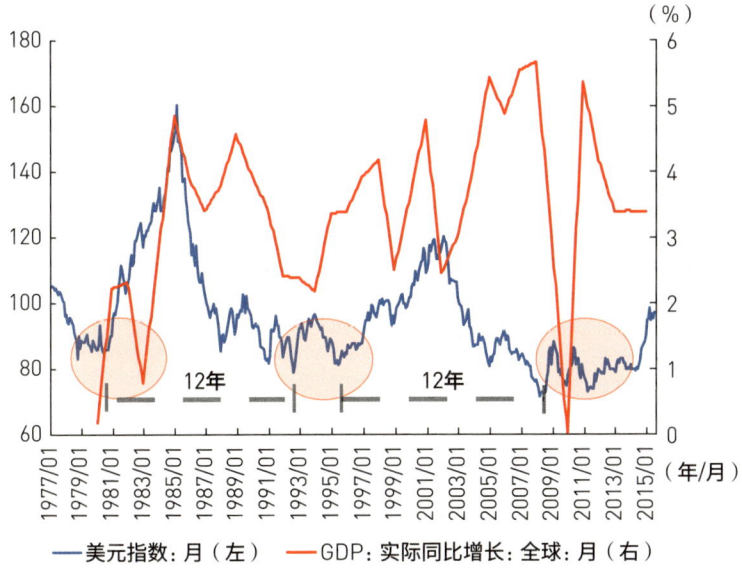

图 9-45　全球 GDP 增速与美元指数

资料来源：Wind 资讯，中信建投证券研究发展部。

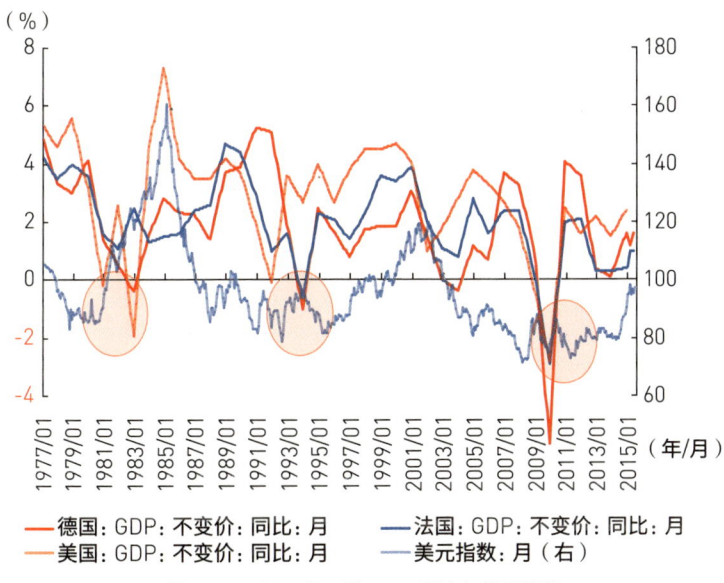

图 9-46　美、德、法 GDP 增速与美元指数

资料来源：Wind 资讯，中信建投证券研究发展部。

09　改造"美林投资时钟"　263

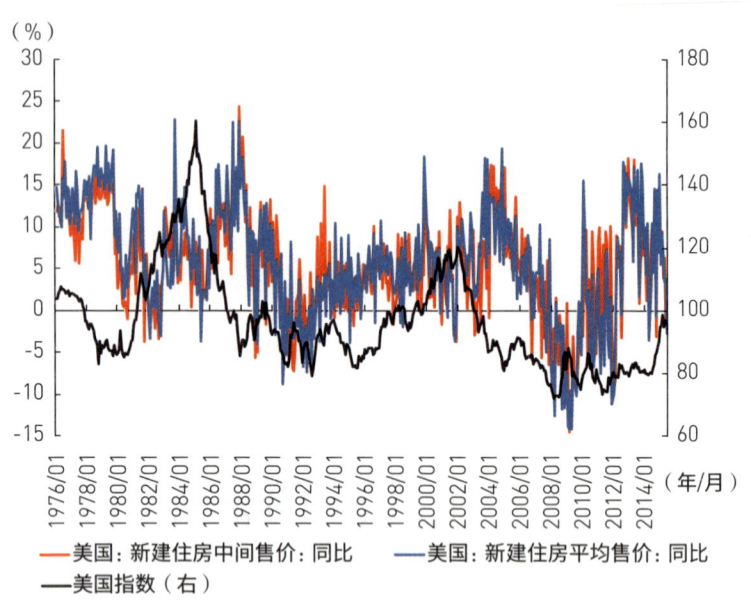

图9-47 美国房价同比增速与美元指数

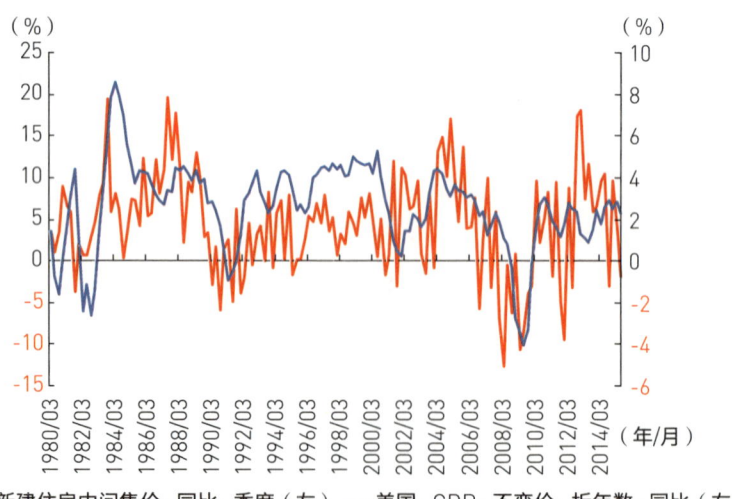

资料来源：Wind资讯，中信建投证券研究发展部。

图9-48 美国房价增速与GDP增速

资料来源：Wind资讯，中信建投证券研究发展部。

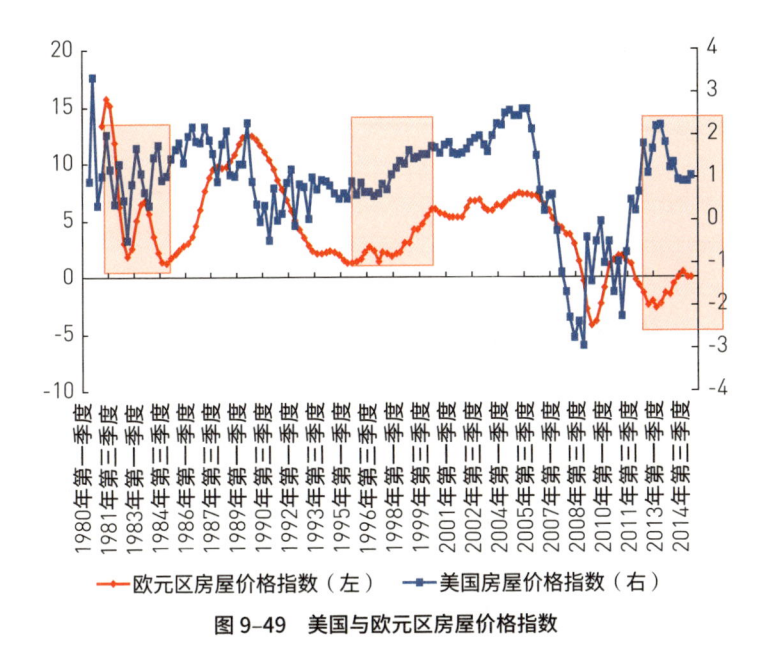

图 9-49 美国与欧元区房屋价格指数

资料来源：Wind 资讯，中信建投证券研究发展部。

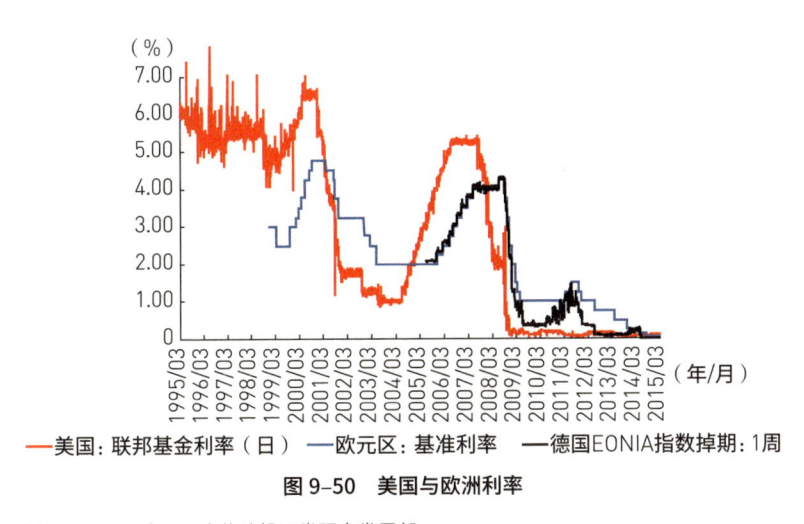

图 9-50 美国与欧洲利率

资料来源：Wind 资讯，中信建投证券研究发展部。

的原因，对为何在美强欧弱中期趋势中美元会在某个阶段呈现美元弱势状态是不能做出有力解释的。这就涉及另一个美元弱势期原因研究的问题，在我们看来，美元弱势期的根源还是在于东西半球房地产周期的反身性问题，即

09 改造"美林投资时钟" 265

东半球房地产周期呈现上行趋势时,美元处于弱势期。所以,在国际大类资产配置中加入美元因素,并用美欧的强弱差异来解释,这是一个美元强势期的框架。而当进入美元弱势期后,我们必须加入亚洲国家因素,才能解释当时的国际大类资产配置。

纳入美元因素的全球宏观对冲框架

美欧坐标系下的美林投资时钟与美元强弱格局

美林投资时钟讲述的是不同周期阶段的大类资产配置理论,而如我们前面所述,在当今全球经济一体化的时代,美国经济主导着世界经济运行的主旋律,如果欧美经济运行同步,则对世界经济周期走势的代表性更强。如果以美欧经济周期为横竖坐标,则经典的美林投资时钟中所描述的经济周期的四个阶段,就相当于美欧坐标系第一、第三象限中的四个区块(如图9-51)。

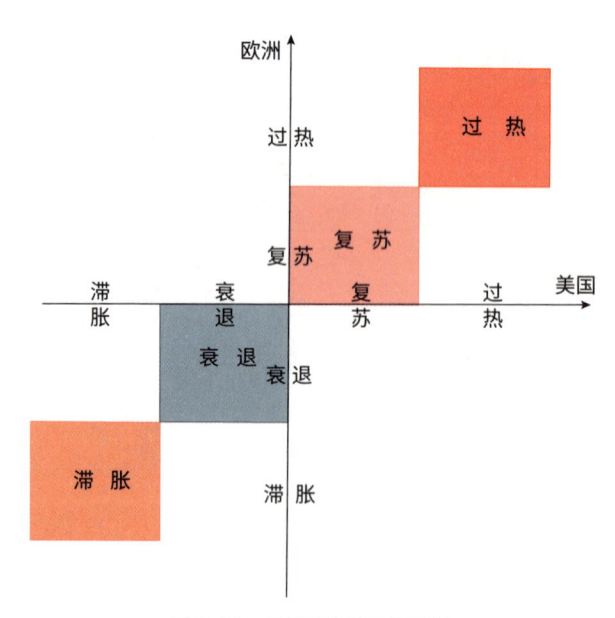

图9-51 坐标系中的象限分布

资料来源:Wind 资讯,中信建投证券研究发展部。

在美欧周期坐标体系中，经典的美林投资时钟只占我们坐标系中的一少部分，经典区域之外还有更多符合现实中欧美经济周期不同步的区域。我们已经分析过，决定美元强弱变化的直接原因是欧美经济周期不同步，美强欧弱形成美元强势行情，欧强美弱（欧洲变强美国变弱）则形成弱美元走势。

于是严格来讲，在我们的这个坐标系中，美国和欧洲经济周期完全同步的时刻只能出现在穿越第一、第三象限的那条45度线上。第一象限45度线的下方属于美国景气好于欧洲经济周期的情况，45度线的上方属于欧洲景气好于美国的情况。在第二象限中，欧洲的情况要好于美国。第三象限属于美欧都不理想的状态，45度线以上属于欧洲比美国更差的区域，45度线下方属于美国比欧洲更差的情况。第四象限属于美国好于欧洲的情况。随着各区域中美欧景气格局强弱差别的转换，相应地也就出现了美元的强弱区间（见图9-52）。

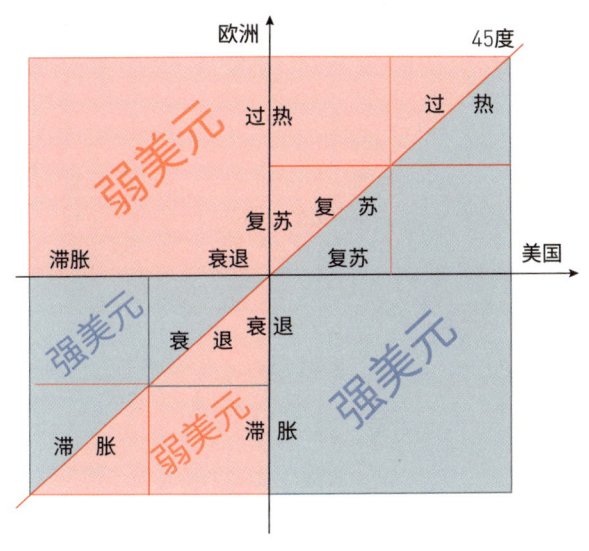

图9-52 美欧周期坐标系中的美元强弱区间

资料来源：Wind资讯，中信建投证券研究发展部。

不过需要说明的是，在现实中，在欧美景气态势未表现出显著分化的情况下，亦即在接近45度线的区域，美元更多地会表现出一种无趋势震荡态势，也即随机波动（见图9-53、图9-54）。

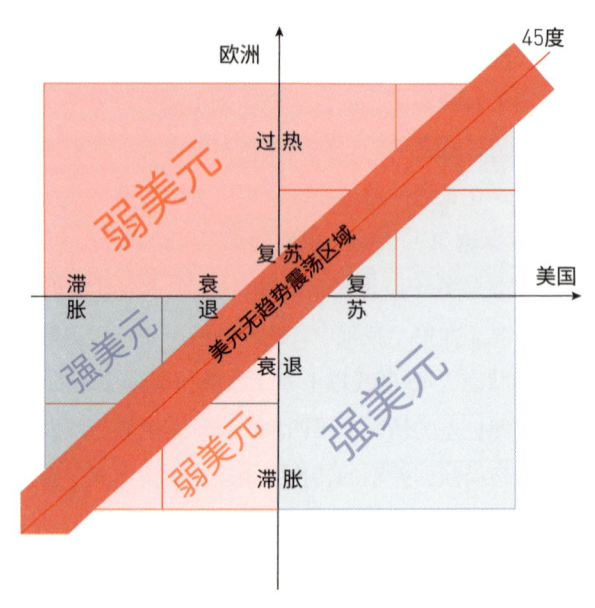

图 9-53 美欧周期坐标系中的美元无趋势震荡区域

资料来源：Wind 资讯，中信建投证券研究发展部。

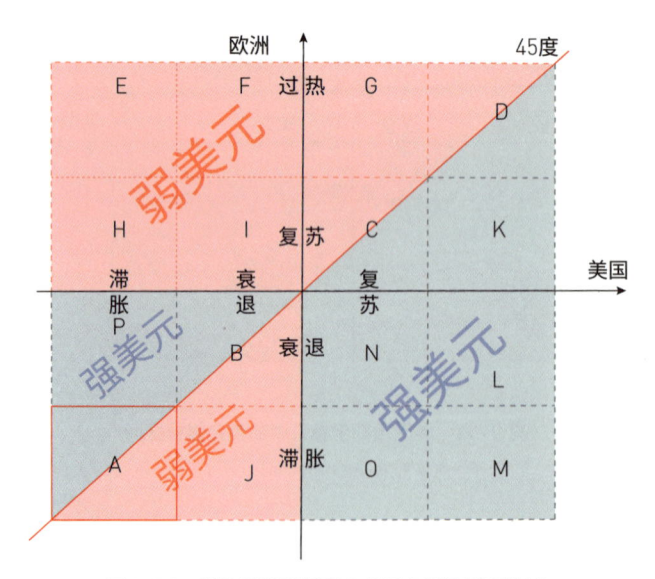

图 9-54 美欧周期坐标系中的景气强弱格局划分

资料来源：Wind 资讯，中信建投证券研究发展部。

美欧坐标系下的全球宏观对冲框架

关于大宗商品的做多做空区间，在经典的美林投资时钟框架下，大宗商品的高收益率阶段在过热阶段（区域 D）和滞胀阶段（区域 A）。不过在我们的欧美双坐标宏观对冲框架下，除了区域 A 和区域 D，美国经济处于滞胀而欧洲经济处于过热或复苏阶段的区域 E、区域 H，以及欧洲经济处于过热阶段而美国经济处于复苏阶段的区域 G 都是可以做多的区间。这些区间除了有需求方面的因素，还有弱美元因素对大宗商品价格形成支撑。对于大宗商品的做空区间，除了美林投资时钟中经济衰退阶段（区域 B），美国经济处于从滞胀向衰退阶段转变且欧洲已处于衰退阶段的区域 P，以及美国经济刚刚走出衰退但欧洲仍处于衰退阶段的区域 N 都是适合做空的区域。虽然区域 P 和区域 N 的需求状况要略好于区域 B，但是区域 P 和区域 N 的强美元因素是不可忽视的利空因素。

关于黄金（贵金属）的做多做空区间，相较于一般大宗商品，黄金与贵金属的做多区间更广泛，除了经典的美林投资时钟中的区域 A 与区域 B，弱美元区域 E、区域 F、区域 I、区域 J 都是可以做多的区间。而做空区间则集中在强美元区间的第四象限（见表 9-2）。

表 9-2 从一维到二维，美欧双周期框架下的国际投资时钟

类别	做多区域	做空区域
大宗商品	A、D、E、G、H	B、P、N
黄金	A、E、H、B、F、I、J	第四象限
股票（全球市场）	第一象限	第三象限
债券（全球市场）	B、P、J	第一象限
美元资产（股票、地产）	第一、第四象限	第二、第三象限
欧元资产（股票、地产）	第一、第二象限	第三、第四象限
资源出口型新兴市场（股票、地产）	C、D、G、E、H、B、P、	第四象限

资料来源：Wind 资讯，中信建投证券研究发展部。

美国、欧洲、中国三周期框架下的全球大类资产配置

虽然我们在欧美双坐标框架体系下对全球大类资产配置的研判已经较经

典投资有了显著提升，但是在当今的国际经济体系下，忽视中国的分析框架仍是不完备的。

中国加入世界贸易组织后，经济高速增长，中国因素成为左右全球大宗商品市场价格走势的最重要力量，全球大宗商品市场 80% 以上的增量需求来自中国，能源价格和工业金属价格也从当年开始一飞冲天。现在，中国已经成为全球最大的大宗商品消费国。在当今的国际分工体系中，中国处于中游制造的环节，因此其经济景气状况受下游主要终端消费品市场（美、欧）的影响较大，经济周期在趋势上保持较高的一致性。不过，中国作为一个发展中的制造大国，其自身的发展存在结构性不平衡，这使其经济周期在趋势上与美欧保持一致的情况下，节奏上会有一定的区别（中国政府宏观调控的导向与力度对中国经济周期运行节奏影响较大）。

我们在前面已经提出，本章是在美欧框架下在美林投资时钟的基础上添加了美元因素，但这只是美元强势期的框架，在解释美元弱势期的框架时，必须加入亚洲及中国因素，这将是我们工作的第二步（见图 9-55 至图 9-58）。

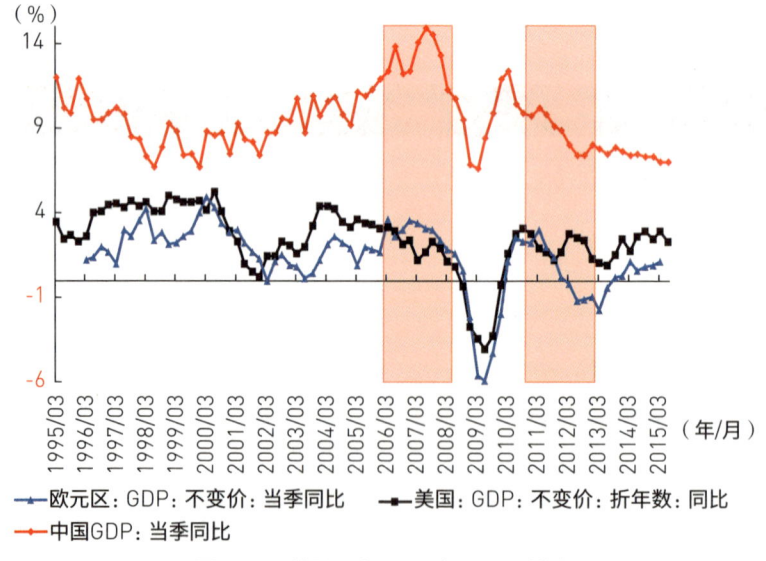

图 9-55 美国、欧元区、中国 GDP 增速

资料来源：Wind 资讯，中信建投证券研究发展部。

图9-56 美国、欧元区、中国经济总量（购买力平价法）在全球的比重

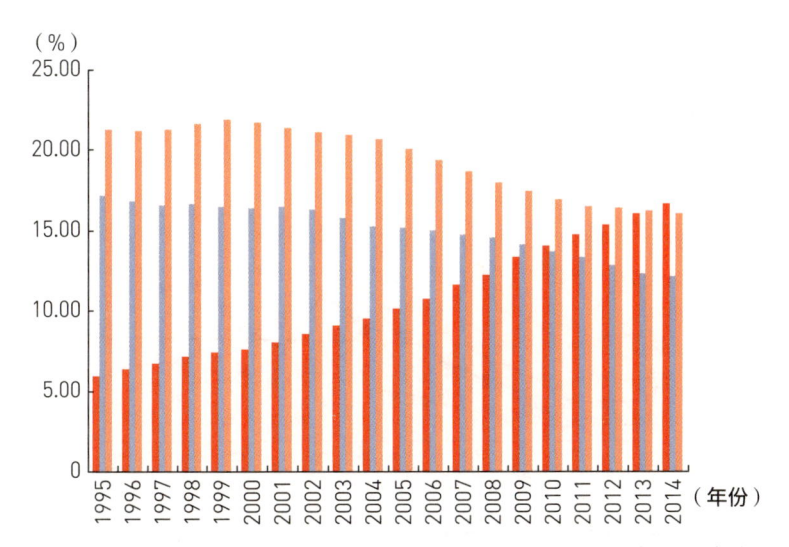

资料来源：Wind资讯，中信建投证券研究发展部。

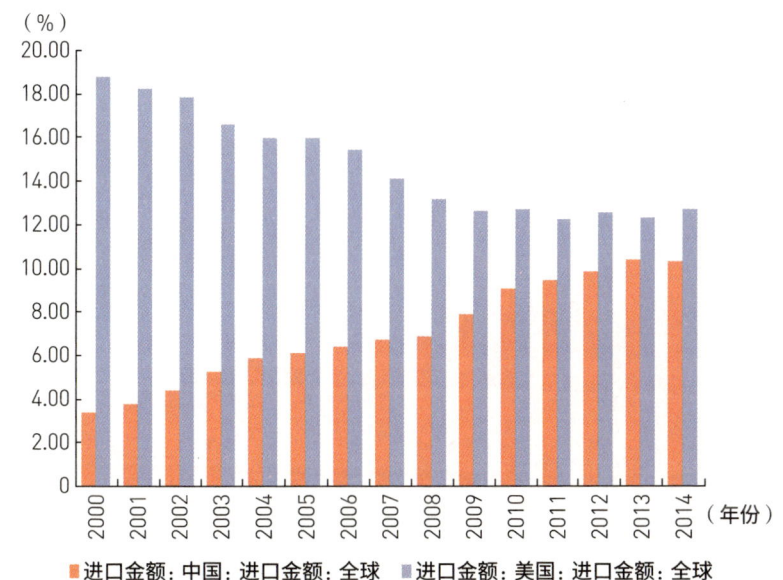

图9-57 美国与中国商品贸易进口规模占全球的比重

资料来源：Wind资讯，中信建投证券研究发展部。

09 改造"美林投资时钟" 271

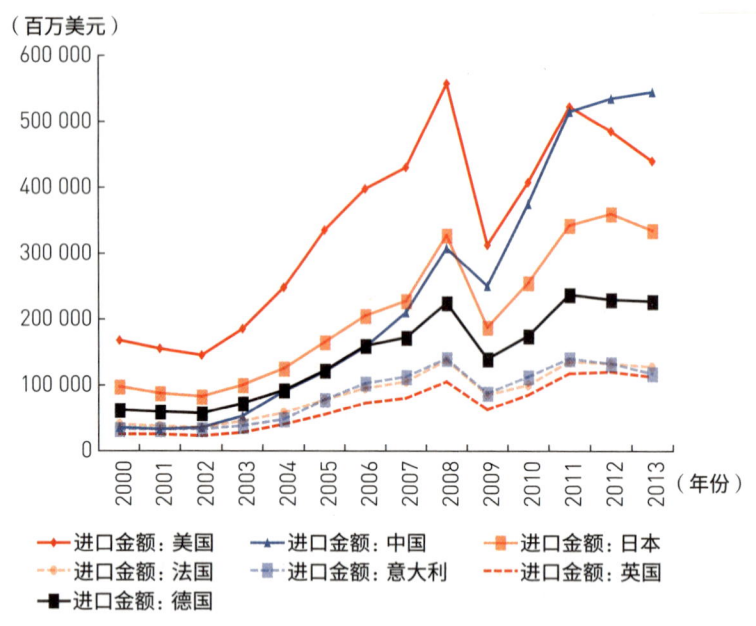

图 9-58　世界贸易组织燃料和矿产品进口规模

资料来源：Wind 资讯，中信建投证券研究发展部。

10　美元破百的全球影响

- 2011年12月15日

　　在我们研究的长波创新中，国际货币体系成员强弱格局会随之变动，从而形成一种还未引起人们广泛关注的货币强弱周期。长波繁荣前期，主导国货币会处于强势地位，比如1950—1955年、1995—2000年。而在长波衰退期和复苏期，主导国与其他货币之间的强弱关系会发生倾斜，而这之后，主导国货币会出现纠偏，重新确立强势货币地位。

　　从我们掌握的数据看，1935年之后罗斯福采用弱势美元政策，因而可以把1935年看作美元的一个强势高点；1950—1955年繁荣前期，美元高点；数据显示，1970年是美元强势高点，1985年、2000年左右也是美元高点。观察这个序列我们发现，美元强弱呈现一个时长约为15年的周期。如果这个规律可以延续，美元下个高点应该在2015年前后。而由于美元升值阶段一般要经历5~7年的时间，所以2011年之后，美元将进入升值周期。这就是我们研究美元升值问题的初因与灵感。

　　美元升值牵连之广、影响之巨无须多言。在分析货币体系强弱前，我们需要先分析各国的经济条件。

2012年美强欧弱

美国中、短周期上行

2011年第三季度为库存周期底部

根据我们的研究，当库存对GDP拉动率变化先行指标大于3时，拉动率变化为正的概率约为90%；当先行指标小于零时，拉动率变化为负的概率约为90%。从图10-1中可以看出，美国库存投资拉动率在经历了多个季度的负增长之后，将出现方向性变化。这证明了我们之前的一系列判断，9月附近是库存周期的底部。这之前，私人库存投资对经济增长持续形成向下的力量。这之后，如果不出现外部的价格和需求冲击，库存投资本身将对经济增长起到向上的拉动作用（见图10-2）。

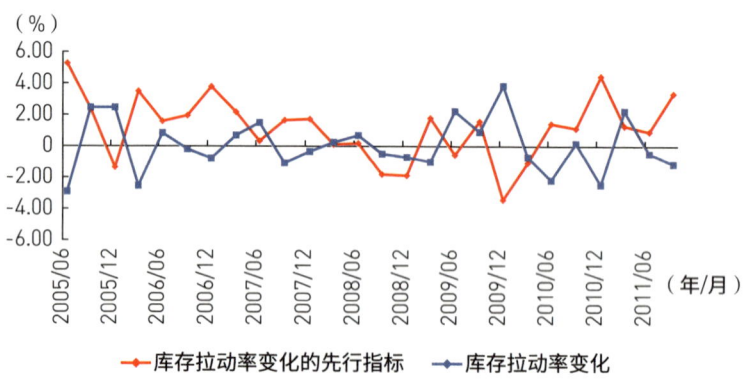

图10-1 美国库存投资拉动率

资料来源：Wind资讯，中信建投证券研究发展部。

在之前的一些报告中讨论产能利用率时，我们讨论过利用早周期行业研判周期运行的方法，低点看汽车，高点看纺织。纺织行业、汽车行业产能利用率从2011年3月开始出现显著下滑，这标志着短期去库存进入了加速阶段（见图10-3）。[1] 在这之后，汽车行业产能利用率呈现盘整态势，而10月

---

[1] 去库存初始阶段在2010年6月至9月已经开始。

产能利用率运行到前期高点附近，这显示了短周期力量开始出现方向性变化。从10月开始，居民部门补库存，在20个月的时间跨度内美国短周期力量为正。

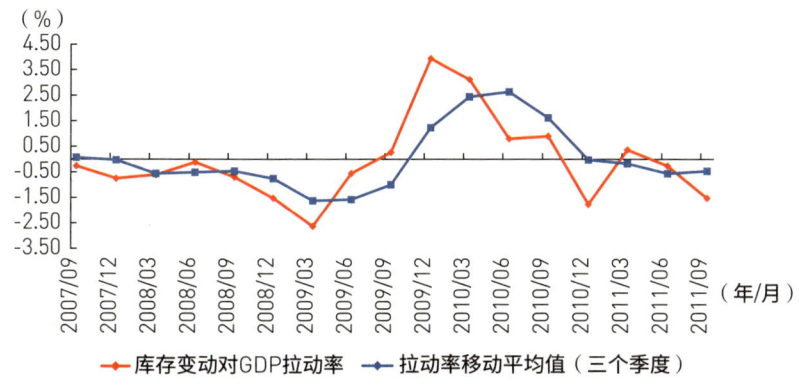

图 10-2　私人库存投资对 GDP 的拉动率

资料来源：Wind 资讯，中信建投证券研究发展部。

图 10-3　汽车行业产能利用率

资料来源：Wind 资讯，中信建投证券研究发展部。

根据对中周期的研究，如果房地产周期无法启动，那么美国复苏所经历的就是弱势中周期。但中周期力量是向上的，其力量主要来自产能扩张。截至 2011 年，美国建筑业周期还没有启动迹象，但房价早已企稳，成交量也不再萎缩，这都是建筑业周期力量由负转正的先兆。而如果未来房租持续上涨、资本流入，建筑业周期也有启动的可能。

但毋庸置疑的是，美国经济在未来两三年内会持续恢复。我们预测，2012年美国GDP增速约为2%，而2013年高于2012年。当然，这并不是说美国的经济复苏是一帆风顺的，其间它必然受到各种考验。目前可以预见的风险将出现在2012年第一季度。

风险考验在2012年第一季度

经济运行在外部环境之中，必然受到各种外力的影响。当外力不大时，正反两个方向的力相互抵消，经济自身的运行态势不会被改变。但如果出现大的冲击，或者出现某个方向的持续冲击，那么经济运行轨迹将受到影响。所以在经济分析中，我们必须考虑巨大冲击出现的可能性。尤其是在经济依靠自身动力恢复的初期，要非常警惕外部冲击。2011年美国经济面临两大风险：第一，欧洲债务危机超预期恶化；第二，美国工资税减税等政策到期对居民消费的负面影响。

欧洲债务危机冲击

截至2011年，欧元区各国的所有努力的确可以帮助一些银行缓解融资压力，而且可以向市场表明政府救市的决心，有助于延缓欧债危机的扩大。但这些措施对改善欧洲各国的财务状况没有多大用处，也无法改变欧债爆发的趋势。欧债问题从本质上讲是一个财政问题，在有效的财政改革政策出台前，欧债问题将继续深化。2012年2月，意大利到期债务再融资数量是全年的峰值，这是一个不可忽视的风险点。

虽然我们仍然偏乐观地认为，欧债问题最终可以得到解决，但当前还不是欧洲债务危机最坏的时刻。美国2012年第一季度的GDP增速必然受到欧洲问题的影响。

工资税和紧急失业救济政策到期

2011年12月16日我们将看到工资税减税和紧急失业救济政策是否能够延期。鉴于美国国会超级委员会令人失望的表现，我们觉得美国两党之间难以达成共识。所以我们判断，这两个政策不会同时延期。当然，这两个政策的退出会改善政府债务状况，但政府债务改善对经济正面影响的释放需要时间，而退出导致的居民消费下降等负面效果将立刻显现，所以，这将拖累经济增长。工资税减税退出会拖累美国 2012 年第一季度、第二季度年均 GDP 环比约 0.4 个百分点，而失业救济将拖累美国 2012 年第一季度、第二季度年均 GDP 约 0.3 个百分点。

困难是暂时的，2012 年第一季度后，美国经济会重拾升势。

美国经济增长数据预测

表 10-1 预测的基本假设是：工资税减税政策得以延期，而紧急失业救济被终止；美国没有出台新的经济刺激计划（从当前的条件看，党派斗争使得大选前出台刺激政策的可能性很小）。鉴于美国经济 2011 年 11 月良好的表现，调高我们对 2011 年第四季度 GDP 环比折年率预测 0.5 个百分点。在未来的 5 个季度里，2012 年第一季度是风险最高的时段。

表 10-1　美国未来 5 个季度的 GDP 预测

	2011 年第四季度	2012 年第一季度	2012 年第二季度	2012 年第三季度	2012 年第四季度
GDP 环比折年率（%）	2.5	1.2~1.5	1.8~2.1	2.2~2.5	2.4~2.7

资料来源：中信建投证券研究发展部。

英国、德国、法国经济增速缓慢

英国、德国、法国本次短周期调整起始点略滞后于美国，但由于债务危机形成的持续冲击，其调整幅度将大于美国，调整时间也将更长。从历史上看，英国与德国、法国经济增速之间是非常一致的。图 10-4 显示，英国在中周期下行阶段的表现会略逊于法国、德国，但在上行阶段会好于它们。总体来讲，英国、德国、法国的 GDP 平均增速相差无几。

中周期的力量来自产能扩张，目前英国、德国、法国中周期在 2 年内无法启动，预计英国、德国、法国在 2012 年的 GDP 同比增速为 0.5%~0.8%。

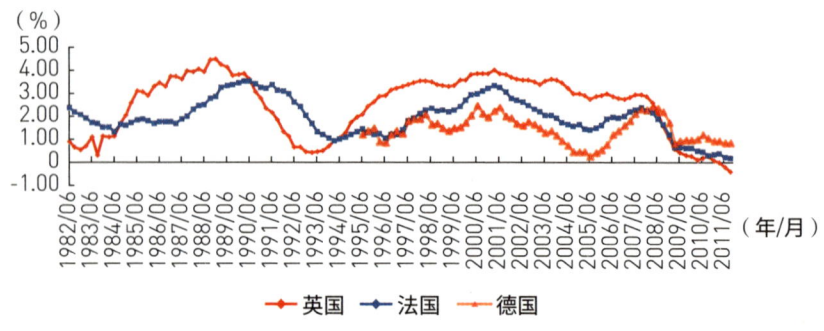

图 10-4　英国与法国、德国经济增速对比（4 年环比折年率平均值）

资料来源：Wind 资讯，中信建投证券研究发展部。

2012—2013 年是美国年

虽然美国经济中还存在很多不确定因素，但我们认为 2012—2013 年是美国年。美国经济相对于金砖四国或"灵猫六国"、欧元区国家以及资源国等而言，将表现得相对稳健。

2011 年 7 月，我们在报告中正确地指出了美国房价在 6 月已经出现了历史大底。2011 年 9 月，在高盛、克鲁格曼等人对美国将要二次衰退充满悲观情绪的时候，我们就强调美国国内需求依然健康，美国没有衰退之忧，而且预测第三轮量化宽松 2011 年内不会出台。在 2011 年第三季度美国 GDP 初值为 2.5% 公布之后，我们指出，不要过于乐观，真实值应该在 2% 附近。这一切成绩都归因于对经济周期的理解与把握。

2011 年即将结束，在新旧交替之际，我们讨论一个极其重大的话题：美元升值。

本章探寻美元升值的基础、证据、动力。美元即将进入升值周期，估计 2012 年冲破 90，2013 年冲破 100。这个判断的基础是美国与其他国家（主要是欧元区国家）周期运动的特点。2012—2013 年全球经济增速下滑，资源国货币相对于美国必然走弱，下文不做过多分析，主要分析美元相对于欧元的走势，因为欧元在美元指数中占比最大（为 57.6%），其走势基本上决定了美元指数的变化。

美元指数简介

USDX（美元指数）中使用的外币、权重与美联储的美元交易加权指数一样。USDX 由 1973 年 3 月十几种主要货币对美元汇率变化的几何平均加权计算而来，并以 100.00 点为基准来衡量其价值。比如，106.30 点是指相对于 1973 年 3 月，其价值上升了 6.30%。

1973 年 3 月被选作参照点，是因为当时是外汇市场转折的历史性时刻，从那时起，主要的贸易国容许本国货币自由地与另一国货币进行浮动报价，即《史密斯索尼安协议》代替了布雷顿森林体系。在 1999 年 1 月 1 日欧元推出后，USDX 的参照从 10 个国家减少为 6 个国家，欧元成了最重要、权重最大的货币，其所占权重达到 57.6%。因此，欧元的波动对 USDX 的强弱影响最大。其他币种以及权重如下：日元 13.6%、英镑 11.9%、加拿大元 9.1%、瑞典克朗 4.2%、瑞士法郎 3.6%。

美元指数呈现一定的周期特征，1980—1985 年升值，1985—1995 年贬值，1995—2002 年升值，2002—2011 年贬值。升值时间 5~7 年，贬值时间大约为 10 年。以美元指数到达 85 作为升值起始点，第一次升值幅度为 68%，第二次升值幅度为 39%。从图 10-5 中可以看出，目前美元指数处于底部区域。

图 10-5 美元指数呈现周期特征

资料来源：Wind 资讯，中信建投证券研究发展部。

美元升值的经济基础已经具备

货币市场参与者可以根据需求在各种货币之间做出选择。如果随着经济的发展越来越多的参与者期望持有美元,那么美元相对于其他货币就会升值,美元指数就会上涨。我们下面来分析,为何在未来两年内经济发展会使越来越多的人愿意持有美元。

如果不考虑交易成本,参与者持有某种货币或者与这种货币相联系的资产,最关心的是风险折减后的收益率[1]。投资者更愿意持有风险折减收益率高的货币,从而导致该货币升值,最终使得各种货币的风险折减收益率相同。这就是风险折减收益率平价理论,其他购买力平价理论、无风险利率理论等都是这个理论在某种假设下的变体。所以,我们需要证明的是:随着时间的推移,货币市场参与者越来越确信,持有美元的风险折减收益率会高于其他货币。风险折减收益率可以来自持有货币的真实利率[2],也可以来自以该货币为媒介的其他投资收益率[3]。如果来自真实利率,那么只要参与者预期美元真实利率在几年内持续高于其他货币的真实利率就会促使美元升值;如果来自其他投资收益,那么该国的经济增长和环境风险[4]的加总就要在几年内持续优于其他国家。

真实利率持续高于其他国家是充分非必要条件

在不考虑交易成本、风险可以被忽略的条件下,投资者如果预期某国的真实利率持续高于其他国家,该国货币就会升值。

从历史上看,1980年以前,由于高通胀,美元处于弱势。1980年底,沃尔克把美国联邦基金利率提高到20%以上。从1980年底到1984年底,美国的真实利率持续高于德国、法国、日本等国家,此时美元升值(见图10-6左面阴影)。1995年之后,美国经济持续景气,真实利率高于其他国家,此时美元经历了升值。

---

[1] 下文简称风险折减收益率。
[2] 可以用联邦基金利率减去通货膨胀率近似代替。
[3] 由于参与者众多,其平均收益率和货币所属国的经济增速直接相关,所以从总体来看,这个值可以用GDP增长率减去投资风险近似代替。
[4] 环境风险的评估可以用GDP减去国债收益率近似代替。

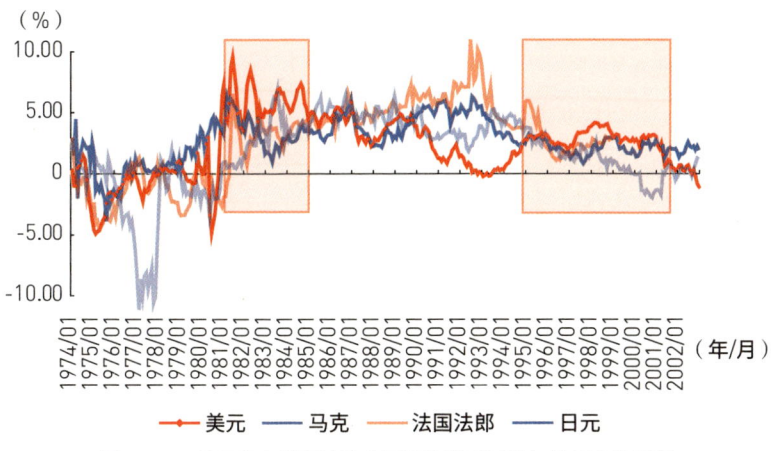

图 10-6　美元真实利率持续高于其他货币时段与美元升值时段

资料来源：Wind 资讯，中信建投证券研究发展部。

但是要注意，真实利率持续多年高于其他国家，是美元进入升值周期的充分但非必要条件。因为真实利率不一定能够良好地反映全社会平均的风险折减收益率情况。

在正常条件下，真实利率应该围绕 GDP 增速波动（见图 10-7）。但政府为了达到调控目的，可以人为地把真实利率大幅提高到 GDP 增速之上，或者压低到其之下。如果 GDP 增速不高于其他国家，而真实利率持续高于

图 10-7　真实利率围绕 GDP 增速波动

资料来源：Wind 资讯，中信建投证券研究发展部。

10　美元破百的全球影响　281

其他国家,也提供了一种风险折减收益率高于其他国家的情况,美元就会升值。但当压低真实利率时,即使真实利率低于其他国家,也不表明美国其他投资方式的平均风险折减收益率低于其他国家。

虽然图 10-8 显示,美国的真实利率低于欧盟,但因为在美国投资的风险显著低于其他国家,如果按照 GDP 增速水平比较,美国的风险折减收益率就会高于欧盟、英国、日本等。所以,美元已经具备升值条件。

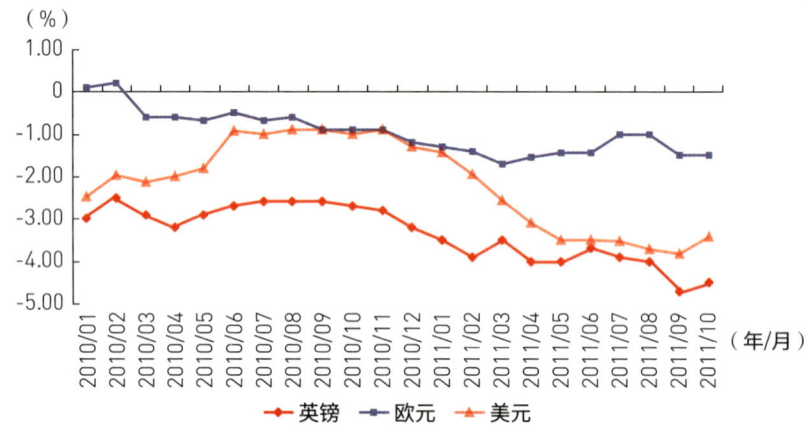

图 10-8 2010 年以来美元、英镑、欧元的真实利率

资料来源:Wind 资讯,中信建投证券研究发展部。

扣除风险的 GDP 增长高于其他国家也是充分条件

1995—2002 年美元升值的经济基础也可以解释为:美国经济增长好于日本、欧洲等国家,那时投资于美国的资产会获得更好的平均收益(也就是以美元作为媒介会获得更高的风险折减收益率)。有学者认为,这次升值主要是因为美国主动干预。的确,当时美元在国际外汇储备中的比重从比较稳定的 60% 降至 50% 的边缘。1995 年,美国联合其他国家进行了五次大规模市场干预。这个阶段之后,美元在国际外汇储备中的比重回到 70% 之上。但应该认识到,即使升值的直接原因是市场干预,干预成功的基础也是美元的风险折减收益率高于其他货币。(经济环境更好,或者真实利率高于其他国家。)

实际上，在扣除风险之后，美国 GDP 增长持续高于其他国家就是美元升值的充分条件（见图 10-9）。因为在这种条件下，从参与者总体看，美元的风险折减收益率必然高于其他国家。也许美国这种基本面情况不会马上刺激升值过程，但积累一段时间后，升值必然发生（当然，有可能是在货币等政策的刺激下）。这是因为，如果投资获利机会越来越确定，那就会有越来越多的参与者发现并利用这种机会，结果就是美元的升值。从 1992 年开始，美国 GDP 增速高于其他国家。美元相对于英镑的升值发生在 1992 年，而美元相对于欧元的升值发生在 1995 年。

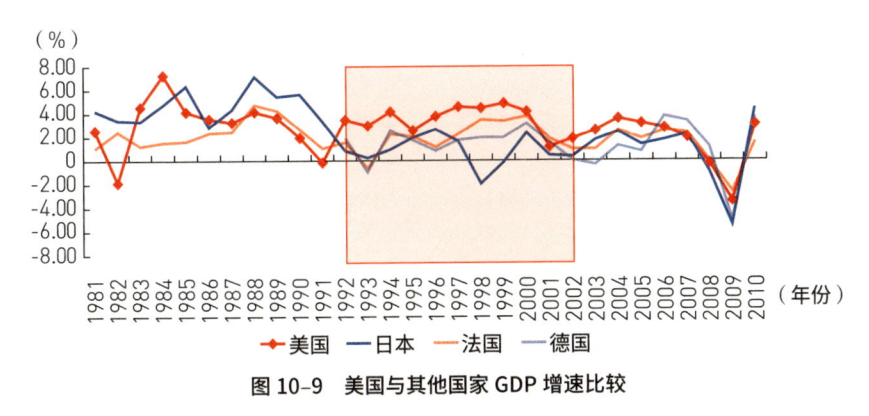

图 10-9 美国与其他国家 GDP 增速比较

资料来源：Wind 资讯，中信建投证券研究发展部。

2011 年，美国经济增长的不确定性风险小于欧盟，而美国经济增长在未来两三年内都要好于欧盟国家。实际上，2010—2011 年美国 GDP 增速已经高于欧盟国家。2009 年开始，美元对英镑已经明显升值。而从经济环境看，欧元区其他国家的平均水平并不好于英国，所以，美元相对于欧元也将升值。欧元升值之所以缓慢，一方面由于欧元区货币政策调整缓慢，另一方面由于投资者仍然存在欧元幻觉[1]。

---

[1] 欧元幻觉指的是，当很多国家凑成一个整体时，好像抗击风险的能力更强了，这好像符合风险分散的理论。但实际上，当经济发生中周期调整时，这些国家几乎会同时变差，因而不具有分散风险的功能。

美元将要升值的其他证据——购买力平价角度

弗里德曼在《美国货币史（1867—1960）》中讨论过："尽管我们习惯于将美国看作一个自给自足的国家，但是由于当时整个西方经济的一体化足够紧密，所以当用同一种货币计价时，美国的价格水平相对于外部价格水平几乎不具有灵活性。"而且，不难推断，内部物价变动以及汇率变动是相对价格调整的重要机制。

经过汇率调整之后，弗里德曼研究了美国相对于英国的物价变动。他发现1870—1960年，这个相对价格基本在0.84到1.11之间波动。其间经历了两次世界大战，而这种关系却能基本上得以保持。[1] 利用近年的数据，我们发现这个规律仍然存在，也就是说，这个规律在150多年来没有多大变化。

从图10-10中可以看出，购买力变化周期波动，波动中枢约为1.05，当该值低于中枢时，就有向上波动的趋势。此时，要么英镑贬值，要么美国相对于英国通货膨胀。通过数据可以看出，2008年该值恢复主要来自英镑的贬值。

图10-10 美元相对于英镑的购买力变化区间波动

资料来源：Wind资讯，中信建投证券研究发展部。

只要两个国家联系足够紧密，其货币就会有以上这种关系。再来看美元与日元。在研究时间内，日元相对于美元升值了近70%，但这种关系是稳定的。波动中枢在1.15附近。由于美元对日元在中枢附近，所以通过图10-11我们很难确定日元相对于美元未来的走势。

---

[1] 1950年以后，随着英国国际地位的下降以及统计方法的改变，这个变化范围变为0.8~1.4。

图 10-11　美元相对于日元的购买力变化区间波动

资料来源：Wind 资讯，中信建投证券研究发展部。

下面看看欧元与美元。这个关系也保持稳定，波动中枢为 1.0~1.2。上次向上波动对应的是美元在 1995—2002 年的升值。

在图 10-12 中，数值处于底部区域，可以使其向上的因素有：美元相对于欧元升值，或者美国通胀程度高于欧盟。未来两年内，美国通胀程度大大高于[1]欧盟的可能性不大。所以，这张图显示，美元购买力被低估，美元相对于欧元有升值潜力和趋势。美元被低估来自 QE 之后通胀预期下催生的弱势美元，但实际上，美国未来两三年通胀是可控的。美联储放出去的钱是可以收回的，这一点和我们国家有巨大的不同。[2] 当经济转好时，美联储可以用当初购买的 MBS（按揭抵押债券）、ABS（资产证券化）等回收流动性。

图 10-12　美元相对于欧元的购买力变化区间波动

资料来源：Wind 资讯，中信建投证券研究发展部。

1　所谓大大高于，指的是如果使数值在 3 年内达到 1.3 的水平，美国必须 3 年内通胀水平超过欧盟 30% 以上。
2　我国投入的钱很多以低效率投资转为个人所有，这部分钱就成为通胀的隐患。

美元升值的时点与幅度——英镑贬值领先于欧元

从图 10-13 中可以看出,在欧元区组建之前,英镑和欧洲货币单位(欧元)相对于美元的走势基本上一样,不仅波动方向一致,变化幅度也相同。1992 年,欧元被在马斯特里赫特签订的《欧洲联盟条约》确定。从此,欧元与英镑相对于美元的走势不再一致。

这并不是因为欧洲各国凑在一起经济实力得到了提升(因为就算能提升,1993 年也显现不出效果),原因可能有两个。

图 10-13 英镑、欧元兑美元的汇率

资料来源:Wind 资讯,中信建投证券研究发展部。

第一,很多国家凑在一起之后,由于各国情况不同,由于更加烦琐的议事日程,货币政策调整更加缓慢。图 10-14 显示,1992 年 6 月,在英镑相对于美元大幅快速贬值(其实也是英镑相对于欧元的贬值)之前,英镑的 M2 增速[1]一直大幅高于欧元。这种货币增速效果的积累会引发货币的贬值。而图 10-15 显示,自 2007 年起,英镑的 M2 增速也一直大幅高于欧元,这是英镑走软的重要原因。然而,在债务危机的压迫下,欧洲央行将开始长时间释放货币,欧元对美元走势会在某个时点与英镑大体贴合。

第二,很多国家使用同一种货币,会使持有该货币更有吸引力。(这是因为,人们觉得很多国家使用同一种货币可以分散风险,因为不会很多国家

---

[1] 这里的 M2 增速采用的是四年增速,这样更能表现货币的积累效果。

一起变坏。当然，真正的情况是，当经济调整时，所有国家的确都会变坏，只是有先有后。比如"欧猪五国"先变坏，然后是意大利，然后是法国和德国。平均来讲，欧元区经济情况并不比英国好，只是某种原因导致了欧元幻觉。）

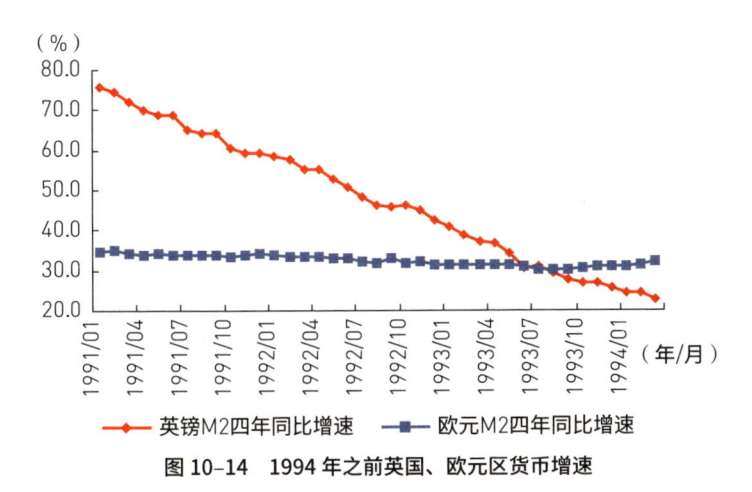

图 10-14　1994 年之前英国、欧元区货币增速

资料来源：Wind 资讯，中信建投证券研究发展部。

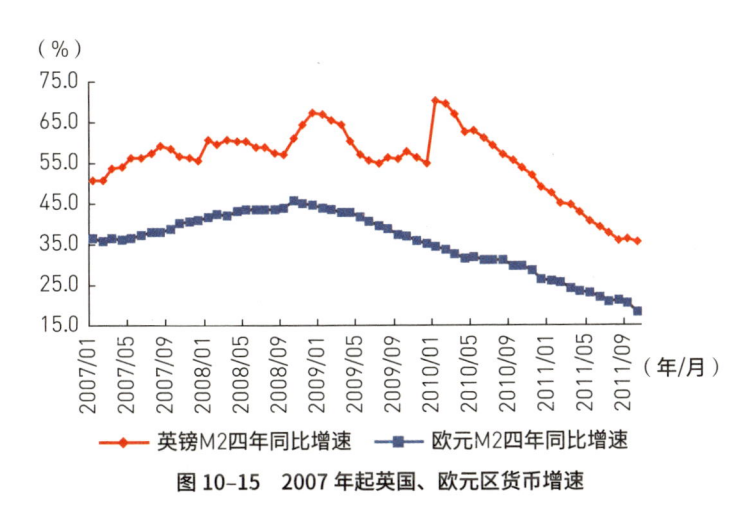

图 10-15　2007 年起英国、欧元区货币增速

资料来源：Wind 资讯，中信建投证券研究发展部。

不管是以上哪个原因，都使得欧元相对于美元的调整更慢。但随着真实情况的暴露，最终的调整幅度会与英镑基本相同（见图 10-13 中 1993—

10　美元破百的全球影响　　287

2002年)。从 1993—2002 年的经验看，欧元的调整滞后于英镑 4 年左右，这之后英镑与欧元相对于美元开始同步。英镑从 2009 年开始贬值，到 2012 年也是 4 年，而欧债危机还会加速欧元的调整过程，这也从侧面支持美元 2012 年升值的判断。我们认为，2012 年是美元相对于欧元趋势性升值的起点。在可以预见的未来两年中，英镑相对于美元没有升值理由，而如果欧元与英镑走势重合，那么欧元将在未来下跌 20% 以上，从而推动美元指数破百。

两年内美元升值对经济复苏利大于弊

很多人担心，美国会主动阻止美元升值，因为美元升值会损害美国的出口，从而损害美国的经济复苏。实际上，从两年的时间长度看，美元升值对美国有利无害。有两点原因：第一，J 曲线效应；第二，吸引资本流入。

J 曲线效应

由于 J 曲线效应，升值初期经常账户不会马上受到影响。而出现影响时，美国经济可能已经恢复。图 10-16 显示，1980—1983 年以及 1995—1997 年，在美元大幅升值的前 3 年，经常项目差额并没有扩大。

图 10-16　美元升值后的两年内经常项目差额没有明显扩大

资料来源：Wind 资讯，中信建投证券研究发展部。

但长期升值会损害工业竞争力，所以升值过程一般不会过长，因为升值本身会减弱升值的基础。

吸引资本流入

由于连年赤字，美国政府难为无米之炊，而美国净储蓄在零以下，整个社会都处在资本极度匮乏的状态中。美元升值会吸引大量资本进入，这是美国政府希望看到的。升值可以获得外部资金流入，促进实体经济发展、增加就业。所以升值对出口的影响不是美国当前最关心的问题。

而且现代贸易越来越由资源禀赋差异决定，价格的影响越来越不明显。比如，从理论上讲，顺差国在本币大幅升值后，出口产品价格下降，其贸易顺差将会收窄。但是，从日本和德国的历史经验看，日元和马克的大幅升值并没有改变日本和德国的长期贸易顺差，甚至《广场协议》签订之后的快速大幅升值也仅仅是带来贸易顺差的脉冲性调整，基本上没有改变两国的贸易格局。

美元升值对中国的冲击

从历史上看，每次美元大幅升值都要影响一些国家。1980—1985年的升值伤害了拉美，20世纪90年代的升值拖累了日本。我国有大量的外汇储备，在正常条件下，美元短时间、低幅度的升值对我国经济冲击不大。但如果我国处于增长中枢下移的过程中，美元长时间、较大幅度的升值就可能引发共振，加速我国经济中泡沫的破灭。

资本的本质是增值，货币是资本的一种形态。如果世界各地都没有好的投资机会，货币不会形成方向性流动。以前，虽然我国经济中存在的风险相对较高，但较高的收益率还是留住了很多资本。但当我国经济不景气时，美元的持续升值必然吸引资本向美国流动，这就会导致资产价格下降。

即使那时人民币采取跟随美元走势的策略，但因为投资美国的风险明显小于中国，海外资金也会选择流向美国而不是中国。而原来待在中国的资金，也会有一部分选择去美国。

11 世界大宗商品周期研究

- 2016 年 1 月 18 日

2011 年以来，全球的大宗商品价格经历了 5 年的下跌，特别是 2014 年之后，大宗商品经历了数次暴跌的过程。我们认为，大宗商品价格的暴跌极大地改变了原有的世界秩序，主导国美国和追赶国中国都在商品价格暴跌中获益，而资源国却走向崩溃的边缘，商品价格已经成为当今世界利益分配的核心问题。在经历了 5 年的下跌之后，大宗商品是否已经见底？这会是一个什么级别的底部？这个问题不仅仅是短期大宗商品价格波动的问题，更是一个大宗商品投资的战略问题。我们一直认为，大宗商品投资是人生资产中最战略的品种，主要因其投资的长周期和暴利性。如果大宗商品是一个重要的战略底部，那么在实体经济中不断地买进矿产，就是为未来的暴利而投资，所以，现在研究大宗商品底部的级别至关重要。

大宗商品的底部级别问题，本质上就是商品周期的问题，以我们对世界经济周期嵌套的理解，大宗商品一定存在不同级别的周期及嵌套模式。康德拉季耶夫周期是决定世界商品价格波动的根本驱动力，这一点我们在前面已经做过详细的阐述。但是除了在每次康波的衰退期出现为期 10 年的商品牛市，商品自身在康波的复苏、繁荣和萧条期也一定有周期性波动。这一点显然是我们在商品周期中需要进一步关注的问题。这里有几个关键的问题需要解释。第一，大宗商品的产能周期显然不会像康波50~60年那么久，作为周期性行业，大宗商品的产能周期一定对商品的价格具有十分重要的影响，而大宗商品的产能周期与康波周期是如何嵌套的，这是商品周期研究的最核心问题。第二，大宗商品作为周期性行业，其价格波动一定与固定资产投资周期相关，而从商品价格波动来看，我们是否可以分离出其与投资周期的关系，这对商品周期研究有一定的意义。第三，任何周期性行业的价格波动都是由库存周期推动的，库存周期在商品周期中是如何表现的，这是捕捉大宗商品短期机会的基本逻辑。

带着上述构想，本章艰难地寻找长序列数据，进行分析和研究，最终构建了一套大宗商品价格四周期嵌套模型。现在看来，虽然商品的价格走势根本上由康波决定，但是在一个大趋势内部，大宗商品的价格波动存在显著的多级别嵌套模式，而这种模式的规律性亦非常明显。根据我们的研究结果，一个康波周期大宗商品价格波动的内部嵌套着两个大宗商品的产能周期，每个产能周期25~30年。而在产能周期运动的同时，大宗商品存在18~20年的超级波动周期，超级周期的大趋势服从康波和产能周期，但也存在自我的价格波动特征。一个超级周期内部存在三个显著的小级别周期波动，我们称其为商品的涛动周期，因为这一周期类似于我们理解的太阳黑子周期中的厄尔尼诺现象。

根据这一模型的相互印证，我们对大宗商品价格的底部级别进行了准确定位。

（1）从康波周期来看，显然，2015年商品熊市仍在持续。（2）从产能周期来看，2015年处于15~20年产能周期下降期的中段，这一定不是产能周期的最低点，但是产能周期中的价格将在下降6~8年后到达低点，随后进入价格的横盘震荡。截至2015年，价格已经下降5年，如果以过去的规律推测，价格低点在2018年至2019年之间。（3）从超级周期来看，本次超级周期始于2001年，高点出现在2010年，而根据规律推导，本次超级周期的最终低点将出现在2019年，这个年份与产能周期中的价格下降低点是重合的。同时，在到达最终低点之前的两年内，商品将出现双底形态，也就是2016年将出现年度级别的超跌反弹。(4)以超级周期内部涛动周期的规律来看，本次超级周期仅经历两个涛动周期，在2019年之前一定还会出现一次涛动周期，时间应该在2016年至2019年。

上述定位说明，2016年之后的商品价格将先出现一次超跌反弹，在2019年之前再次探底，而在2019年之后，商品价格大概率进入横盘阶段，此时是可以对大宗商品进行战略投资的阶段。而这个横盘阶段大致在2030年附近结束，随后，大宗商品开启新的产能周期。

第五次康波中的大宗商品熊市

关于在四周期嵌套模型下对大宗商品周期的研究，我们从2006年起就一直在进行，2006年我们发表了《色即是空》，用康德拉季耶夫周期及其嵌套理论解释当时的大宗商品牛市。2008年我们发表了《走向成熟》，指出康波冲击最剧烈的阶段已经过去，中国经济将出现V形反转。随后发表了《资源约束、信用膨胀与美元币值——长波衰退中的增长与通胀》，对康波第一次进行了系统性论述，解释了康波中的商品价格现象。2009年之后，我们一直把精力集中在对房地产周期和库存周期的研究上。解释了中国库存周期的发生机制问题，并对中国库存周期的多个高低点进行了预测和检验。2011年是第五次康波衰退的一个重要关口，本次康波商品牛市的第二个头部在2011年第二季度出现。2014年下半年之后，我们判断伴随着美元指数的上行，大宗商品的暴跌，世界经济可能进入康波衰退二次冲击阶段，世界经济将出现动荡加剧的景象。

康波周期中的大宗商品价格波动

康德拉季耶夫周期理论是世界商品价格的根本决定力量，这一点我们在前面已经详细论述。目前受到比较广泛认可的康波划分方法是荷兰经济学家雅各布·范杜因的划分。他的划分列出了有资本主义世界以来前四次康波的四阶段划分，以及标志性的技术创新。我们可以看出，第五次康波自1982年起进入回升阶段，1991年之后进入繁荣阶段，而根据对康波的理解，我们定位主导国美国繁荣的高点为康波繁荣的顶点,即2000年或2004年。2004年之后,康波进入衰退阶段,而第五次康波的标志性技术创新为信息技术。

对于康波而言,大宗商品价格的剧烈波动是其有别于其他周期的重要特征,而这种价格的剧烈波动主要集中于从衰退到萧条的阶段。罗斯托的观察描述了这种康波价格波动的基本特征,即价格的波动在一个很短的时间内急剧变大,最终对经济造成冲击,这实际上就是康波衰退的冲击,而这种冲击一般集中于康波衰退期,但在第四次康波中,冲击贯穿了整个衰退和萧条期。

实际上,大宗商品价格本身也会随着经济中周期和短周期而波动,这是一个比较简单的供需机制问题。而康波对价格研究的意义在于,价格机制会在康波繁荣到达顶点之前发生突然变化,即所谓的大宗商品10年牛市,而10年牛市之后,又会出现一个价格剧烈波动的熊市,这个熊市一般贯穿康波的衰退和萧条阶段,主要下跌阶段可能维持十几年(见图11-1)。在大宗商品牛市和熊市阶段中,增长与通胀表现出迥异于之前的特征,可见,过去10年价格的波动特征并不适用于未来10年。因此,必须在大周期格局下理解短期的商品价格波动,这才是研究康波中价格波动的根本意义。

图11-1 康波中的大宗商品牛市和熊市

资料来源:彭博。

第五次康波周期中的大宗商品牛熊转换

第五次康波的大宗商品牛市始于2001年至2002年,而美国GDP增长的最高峰出现在2000年,按照康波的划分,2000年或2002年之后就是第五次康波的繁荣与衰退的交接阶段。2002年之后,大宗商品经历了一个长达10年的牛市,其中2008年可以被视为大宗商品牛市的第一个头部,2011年被视为大宗商品牛市的第二个头部,从康波大宗商品牛市的形态上看,我们可以确认本次康波大宗商品牛市的终结。自2011年之后,大宗商品一直在熊市中运行,至2015年底已有5年的时间,这就是对当前大宗商品价格运行的基本定位。但是,问题的复杂性在于,大宗商品熊市会表现出什么样的走势,这是当前和未来商品价格研究中长期的核心问题。

第五次康波周期中的大宗商品熊市

在2002—2011年长达10年的大宗商品牛市中,CRB现货综指累计涨幅达到171.7%,能源、金属和农产品价格均创下历史新高。2011年商品价格见顶后,整个大宗商品市场开启了漫长的熊市,至2015年底CRB现货综指从高点的579.68点跌至374.7点,累计跌幅达到35.36%。分类别来看,食品价格下跌33.93%,工业原材料价格下跌35.49%,畜禽价格下跌40.02%,纺织品价格下跌26.33%。相较于其他商品,能源和工业金属价格的波动更剧烈,布伦特原油和WTI原油期货收盘价5年内分别累计下跌70.39%和67.49%,LME(伦敦金属交易所)基本金属价格指数相较于最高点下跌50.87%,其中铜价下跌52.5%,铝价下跌42.36%,铅价下跌37.48%,锌价下跌36.43%,镍价下跌68.14%,锡价下跌56.13%(见图11-2、图11-3)。

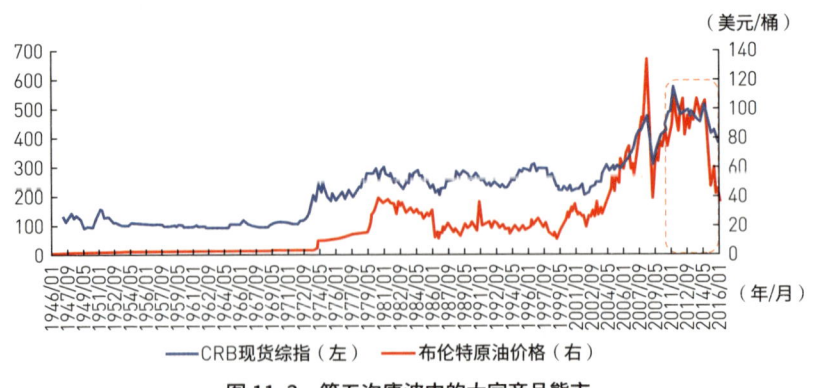

图11-2 第五次康波中的大宗商品熊市

资料来源:Wind资讯,CEIC数据库。

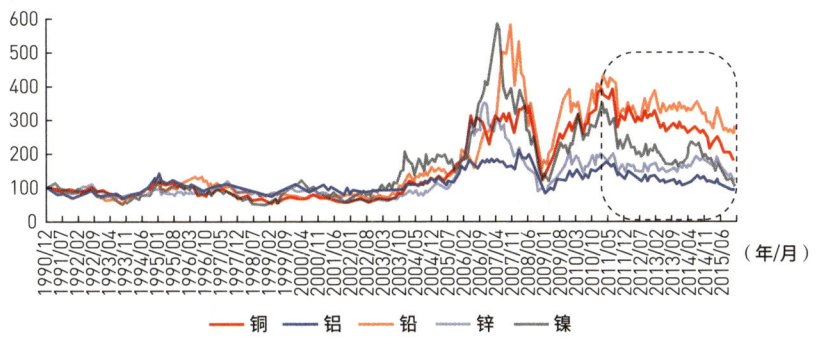

图 11-3　本次大宗商品熊市中的基本金属走势

资料来源：Wind 资讯，CEIC 数据库。

第五次康波周期中的大宗商品价格低点

经过 5 年的下跌之后，商品是否会达到一个低点？而这个低点是什么级别的低点？这是大宗商品投资中的核心问题。以商品周期与康波周期的对应关系来看，我们似乎可以得到一些启示。2002 年或 2004 年之后，康波已经确认了从繁荣向衰退的转换，而经历了 2008 年的康波一次冲击之后，2015 年之后康波应进入二次冲击阶段并向萧条转换，这个转换点大概率出现在 2018 年至 2019 年附近。有一个结论是可以肯定的，即衰退和萧条的连接点一定是康波中大宗商品价格的重要低点，这一点为前四次康波的价格形态所证明。

如果我们以美国的 CPI（消费者物价指数）来看，其 CPI 和 PPI（生产者物价指数）长期来看是一致的，所以我们以康波划分美国的 CPI 趋势，得到的结论很有意义。(1) 康波的繁荣期百分之百是价格的平稳期；(2) 康波的回升期三次中有两次价格平稳；(3) 康波的衰退期价格百分之百剧烈波动；(4) 康波的萧条期百分之百都是冲高回落。这个研究的意义在于，我们正处在衰退即将结束、向第五次康波萧条过渡的阶段，而 2015 年全球都处于货币大量释放后的通缩阶段，康波的规律向我们预示当前处于价格低点附近的概率非常高，这为我们的价格低点研究提供了佐证。

前三次康波的价格形态表现出很明显的古典周期的波动形态，而第四次康波表现出了增长型周期的波动形态，这与世界经济的历史趋势相吻合。第四次康波中大宗商品的价格波动与前三次出现了不同的形态，没有出现通缩，而是出现滞胀。可以肯定的是，第五次康波衰退向萧条转换的位置（大概率是 2016—2020 年），应是一个商品价格的长期低点，第五次康波衰退以来并没有出现类似第四次康波的滞胀问题，而是表现出明显的通缩特征，这种纷繁复杂的现象需要我们进一步研究。

1966 年之后，美国结束了高增长低通胀的局面，而在 1966 年至 1982 年始终处于滞胀状态，这就是康波的衰退与萧条期。1982 年之后，美国进入了高增长低通胀的局面，直到 2007 年。但 2007 年后，全球的本质是通缩，这一点与经典的康波是一致的，但这并不等于说，本次康波将在通缩的局面中结束。

商品资产的人生意义

我一直认为，对大部分工业化人口而言，人生的财富由康波决定，而在大宗商品、黄金、房地产、艺术品和股票五类资产中，大宗商品的价格波动最具长周期意义，而且是最暴利的资产。所以，对大宗商品底部的研究具有战略意义，如果我们能够确认大宗商品进入了以 5 年或 10 年计算的底部位置，那就不仅仅是一个商品期货的交易问题，而更多是一个如何在实体经济中进行战略性商品资产投资的问题，这当然需要进一步研究。

美林选用经济合作与发展组织"产出缺口"、消费者物价指数以及美国超过 30 年（1973 年 4 月至 2004 年 7 月）的资产回报率数据，对经济周期进行了划分，表 11–1 描述了经济周期的不同阶段各类资产收益率排序。从统计数据看，虽然大宗商品的长期平均回报落后于股票，但其价格波动呈现鲜明的周期性和"暴力性"，其收益率在不同的时期呈现出两个极端，这说明在大宗商品的下行周期中，其收益率远低于其他资产；而在上行周期中，大宗商品的表现又远远超过其他资产。

表 11–1　不同阶段各类资产收益统计

经济周期阶段	债券(%)	股票(%)	大宗商品(%)	现金(%)	资产收益率排序
衰退	9.8	6.4	-11.9	3.3	债券>股票>现金>大宗商品
复苏	7.0	19.9	-7.9	2.1	股票>债券>现金>大宗商品
过热	0.2	6.0	19.7	1.2	大宗商品>股票>现金>债券
滞胀	-1.9	-11.7	28.6	-0.3	大宗商品>现金>债券>股票
长期平均回报	3.5	6.1	5.8	1.5	股票>大宗商品>债券>现金

注：用于上述测试选用的标的分别为，债券：美林美国债券指数，股票：标准普尔 500 指数，大宗商品：高盛大宗商品全收益指数，现金：3 月期美国国库券。
资料来源：美林银行，《投资时钟》，2004 年；中信建投证券研究发展部。

图 11-5 描述了投资标准普尔 500 指数股票、大宗商品和美元现金 42 年内的持有期收益率，横轴表示持有资产至今的年数。可以看出，在长期范围内，优质成分股的总体收益率远远超过大宗商品，且价格波动周期较短，而对于大宗商品投资，其收益率呈显著的长周期波动特性。大宗商品资产收益的长周期性和"暴力性"赋予了其与传统金融资产不同的属性，这告诉我们，在大类资产配置中，我们应该更注重大宗商品的战略投资价值。

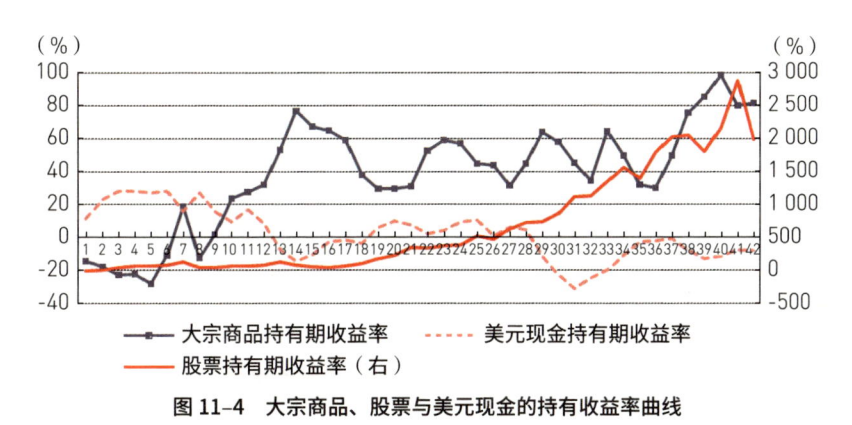

图 11-4 大宗商品、股票与美元现金的持有收益率曲线

资料来源：Wind 资讯，中信建投证券研究发展部。

大宗商品的熊市研究及产能周期

为了研究历史上商品的价格波动，我们在学术论文中进行了大量数据搜索，分别得到长期名义价格指数和长期实际价格指数（工业金属、食品、能源三类）。其来源采自世界银行和国际货币基金组织公布的数据。

历次大宗商品熊市

我们前面计算了第五次康波衰退以来商品的跌幅，显然，这种下跌在历史上曾经数次出现，而我们也对历史上大宗商品各次主要熊市的跌幅进行了统计（见图 11-5、图 11-6、图 11-7）。

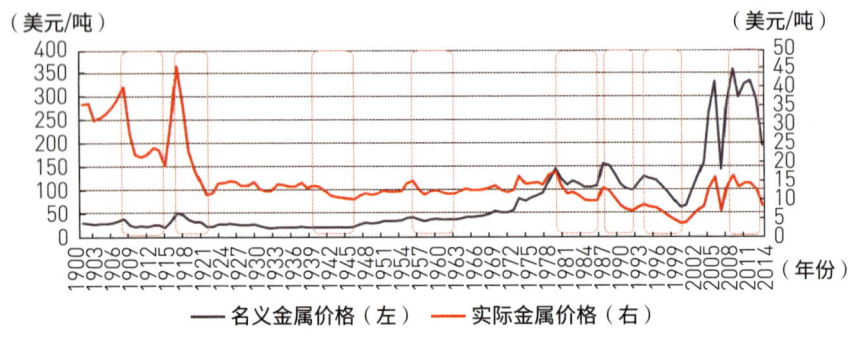

图 11-5 历史上的基本工业金属熊市

资料来源：中信建投证券研究发展部。

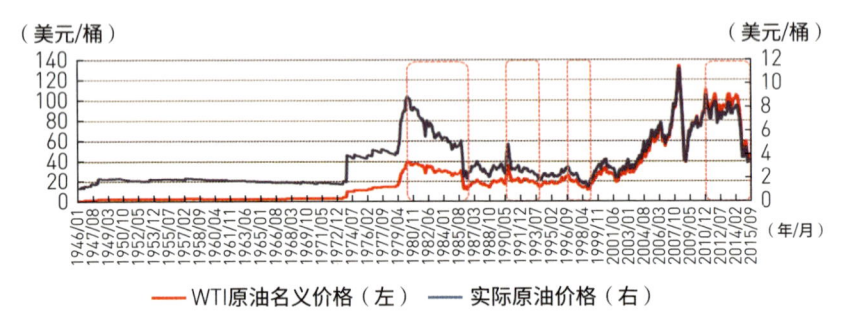

图 11-6 历史上的原油熊市

资料来源：中信建投证券研究发展部。

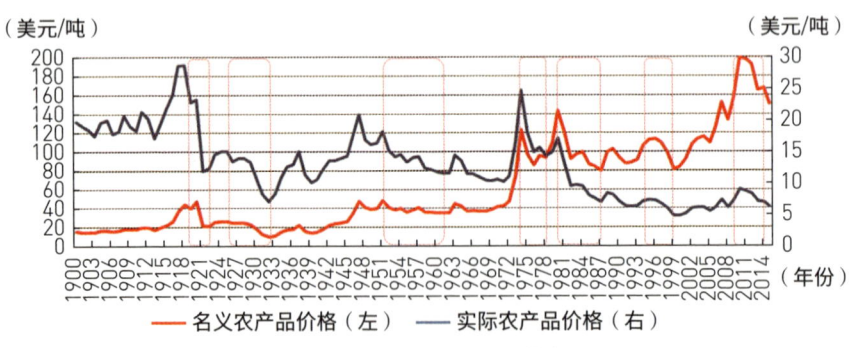

图 11-7 历史上的农产品熊市

资料来源：中信建投证券研究发展部。

我们统计了自 1900 年以来的金属熊市，前 7 次熊市平均下跌时间为 6 年，而本次熊市自 2011 年以来已经下跌 5 年（见表 11-2）。实际价格平均跌幅为 44.4%，而本次熊市跌幅为 54.9%。名义价格平均跌幅为 34.8%，而本次熊市跌幅为 50.8%。就金属熊市来看，本次跌幅已经超过平均水平。我们统计了 1980 年后的三次原油熊市，平均下跌时间为 5 年，而本次熊市自 2011 年以来已经下跌 5 年。实际价格平均跌幅为 54.8%，而本次熊市跌幅为 63.1%。名义价格平均跌幅为 57.4%，而本次熊市跌幅为 61.1%。就原油熊市来看，本次跌幅已经超过平均水平。食品价格有其自身的规律，与金属和原油均不同步，从目前统计的 6 次熊市来看，平均下跌时间为 6 年，而本次熊市自 2011 年以来已经下跌 5 年。实际价格平均跌幅为 47.4%，而本次熊市跌幅为 30.7%。名义价格平均跌幅为 38.9%，而本次熊市跌幅为 24.6%。就农业熊市来看，本次跌幅低于平均水平。

从上述数据来看，无论是时间还是跌幅，金属和石油都已经到达可以讨论熊市底部问题的阶段。但统计研究的前提是如何进行周期划分，我们在第一部分已经论述了大宗商品周期的康波规律，但商品价格一次性冲击毕竟是一个综合因素的结果。而如何界定每次大宗商品熊市的性质并在可对比的情况下进行研究，需要进行更系统的大宗商品周期划分，我们要解决的第一个问题就是商品产能周期问题。

大宗商品的产能周期

关于大宗商品价格的解释，罗斯托认为，初级产品部门（含能源、原材料和食品）生产能力的不足和生产能力的过剩交替过程较长，原因在于，这些产品的需求不能平稳发展。（1）在获利能力出现后和为开发它进行投资决策之间存在长时间的延迟，在开辟新的生产能力上存在长时间的酝酿。（2）在完成投资和最有效的利用之间存在延迟。事实上，这就是所谓的产能周期问题。罗斯托也认为，决定康波中大宗商品价格波动的根本是产能周期，产能周期不能解释 50~60 年的长期价格波动，但是产能周期显然是大宗商品周期的入手点。

表 11-2 历史上的商品熊市以及与本次熊市的对比

商品	历史上的熊市						本次熊市	对比	
金属价格下跌区间	1907—1914年	1916—1921年	1940—1946年	1956—1963年	1980—1986年	1987—1993年	1995—2001年	平均下跌时间：6年	本次下跌时间：5年
实际价格跌幅（%）	52.4	75.5	26.1	24.5	45.3	27.9	58.9	平均跌幅：44.4	本次跌幅：54.9
名义价格跌幅（%）	47.4	59.8	5.5	15.2	27.2	36.4	52.2	平均跌幅：34.8	本次跌幅：50.8
原油价格下跌区间	—	—	—	—	1980—1988年	1990—1995年	1996—1998年	平均下跌时间：5年	本次下跌时间：5年
实际价格跌幅（%）	—	—	—	—	68.6	39.0	56.9	平均跌幅：54.8	本次跌幅：63.1
名义价格跌幅（%）	—	—	—	—	65.1	51.5	55.6	平均跌幅：57.4	本次跌幅：61.1
食品价格下跌区间	1918—1921年	1925—1932年	1947—1955年	1984—1978年	1980—1987年	1995—1999年	—	平均下跌时间：6年	本次下跌时间：5年
实际价格跌幅（%）	58.5	53.3	36.1	42.3	59.6	34.6	—	平均跌幅：47.4	本次跌幅：30.7
名义价格跌幅（%）	50.8	63.5	23.1	44.3	28.4	38.9	—	平均跌幅：38.9	本次跌幅：24.6

资料来源：中信建投证券研究发展部。

由于产能的形成一般需要数年的时间，当期投入到产出存在明显的时滞效应，所以当期投入在未来某个时间才能转换成供给，这直接导致当期需求与当期供给的结构性错配。这种永恒的错配也引发了产能扩张和减少的波动，这是产能周期波动的核心逻辑。需要注意的是，价格与产能的关系是相互推动的，产能是价格的滞后指标。

衡量产能的指标基本围绕着固定资本的形成展开，我们在研究商品产能周期的过程中使用了美国经济分析局的数据，主要采用美国的产能指数同比、固定资产形成同比、固定资产投资同比、固定资产平均使用时间四个指标进行比较。我们选取了基本金属的上述指标，从对比情况来看，我们发现美国的基本金属产能指数主要与固定资产投资同比关联性更紧密（见图11-8、图11-9）。显然，固定资产投资同比是一个中周期的指标，它更多代表中周期的供需格局所导致的投资。而我们认为，商品的产能周期一定是超越中周期范围的，后面的研究充分验证了这一点。而且我们确实找不到世界范围内的权威产能数据，美国的固定资产投资数据也只能代表美国的中周期需求，不代表世界的基本金属产能。

图11-8 美国工业金属产能、固定资产与总产能对比

资料来源：CEIC数据库，BEA（美国经济分析局），中信建投证券研究发展部。

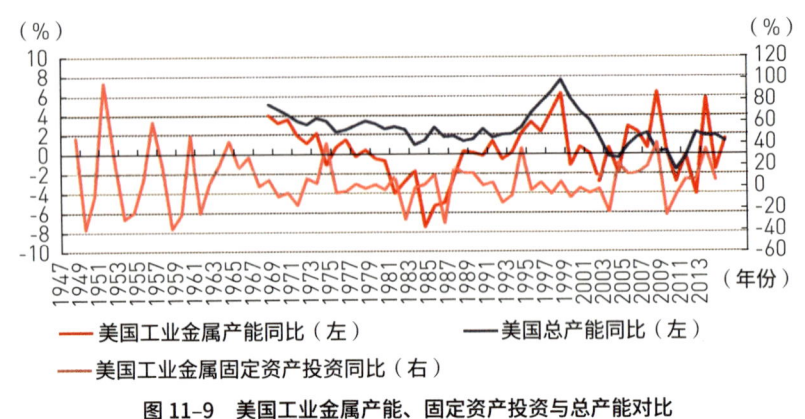

图 11-9 美国工业金属产能、固定资产投资与总产能对比

资料来源：CEIC 数据库，BEA，中信建投证券研究发展部。

还有一种衡量商品产能周期的方法，就是用固定资产的平均使用时间衡量商品的产能周期。这个指标指的是美国经济分析局通过间接法测量净固定资产数据，即 Fix（t）=Fix（t-1）+Gross Investment（t）-Depreciationor Consumption of fixed capital（t）。固定资产平均使用时间基于所有在产设备的加权平均使用时间，权重是每部分固定资产占总净固定资产的份额。固定资产平均使用时间的变化是由过去的投资和折旧的速率决定的，一项包含大量旧投资的固定资产的平均使用时间会较高。固定资产平均使用时间的上升阶段也是产能周期的下降期，也就是说，这个阶段固定资产投资是减少的。按照此逻辑可以推导出，这个阶段商品价格应该是下降的。相反，固定资产平均使用时间的下降阶段也是产能周期的上升期，这个阶段的固定资产投资是增加的，所以，对应此阶段的商品价格是上升的。

我们将基本金属的固定资产平均使用时间和固定资产同比以及固定资产投资同比增速三个指标进行了对比，发现固定资产投资同比的指标更多地反映了产能在中周期范围内的波动，但固定资产平均使用时间指标具有更强的长趋势性。但就基本趋势而言，固定资产平均使用时间指标与固定资产同比和固定资产投资同比增速都是反相关的，二者在 20~30 年的序列上是可以相互印证的（见图 11-10、图 11-11）。

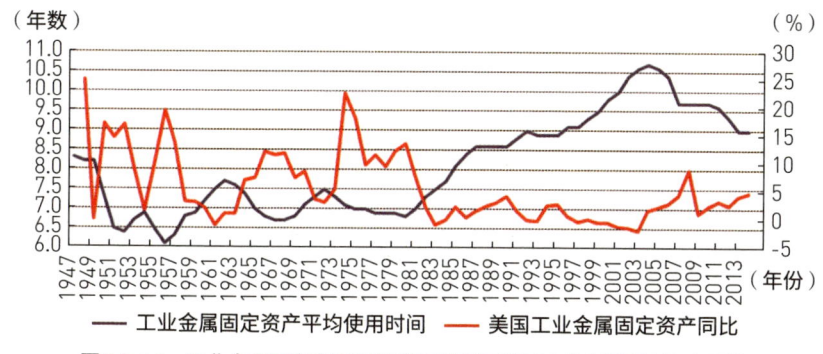

图 11-10 工业金属固定资产平均使用时间与美国工业金属固定资产同比

资料来源：BEA，中信建投证券研究发展部。

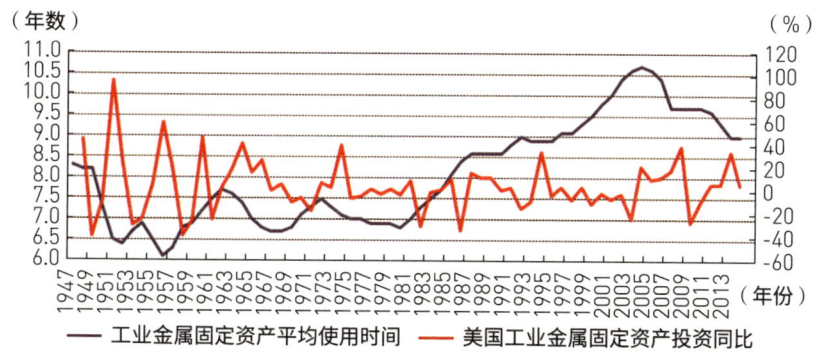

图 11-11 工业金属固定资产平均使用时间与美国工业金属固定资产投资同比

资料来源：BEA，中信建投证券研究发展部。

关于固定资产平均使用时间指标，我们进一步做了行业比对（见图 11-12）。从不同性质行业的该指标特征来看，该指标是可以反映一个行业的生命周期的。比如在美国，造纸、服装皮革等行业都表现出了很明显的产能周期下降特征，而这个特征显然是由这个行业进入生命周期的成熟或者衰退阶段造成的。但很多行业并非如此，大部分上游资源品行业，如基本金属、农业表现出强周期性，而没有明显的行业生命周期波动特征。所以，我们认为这个指标反映了上游资源品行业的周期趋势，可以用于界定上游资源品行业的周期性。实际上，固定资产平均使用时间可能代表的是一种产能上的时间结构，而这种固定资产的使用时间结构是代表全球的，不单单是美国的结构，所以我们可以认为，美国固定资产平均使用时间在一定程度上可以代表

11 世界大宗商品周期研究　303

全球的产能周期。

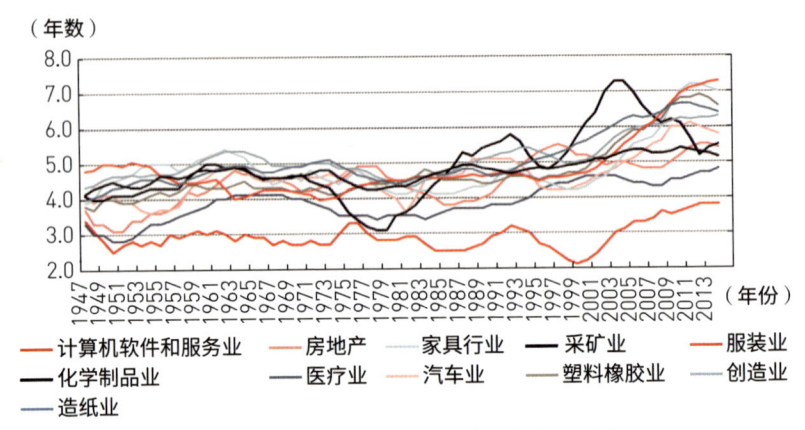

图 11-12 美国各行业固定资产平均使用时间

资料来源：BEA，中信建投证券研究发展部。

我们将金属价格与基本金属行业的固定资产平均使用时间进行了对比，发现了非常显著的反相关特征，也发现了明显的基本金属的产能周期（见图 11-13、图 11-14）。从数据可得，1947 年之后，综合对大宗商品周期的理解，我们认为可以划分出两个大的周期。以固定资产平均使用时间为基准，第一周期从 1956 年开始回升，经历 1962 年和 1972 年两个头部之后，在 1972 年达到高点，这一上升期历时 16 年，随后下降期至 1980 年结束，历时 8 年，总的周期自 1956 年到 1980 年，历时 24 年。第二周期从 1980 年开始回升，一直上升至 2004 年，历时 24 年，而从 2004 年开始下降，2014 年应该是一个新低位置，下降期历时 10 年，总的周期历时 34 年。而在这个过程中，商品价格也有对应的变化，见表 11-3。问题在于，1956 年至 1972 年的产能下降阶段出现了双头结构，似乎在划分上存在疑义。但我们在参考了石油的产能周期后，认为这样划分是合适的（见图 11-15）。

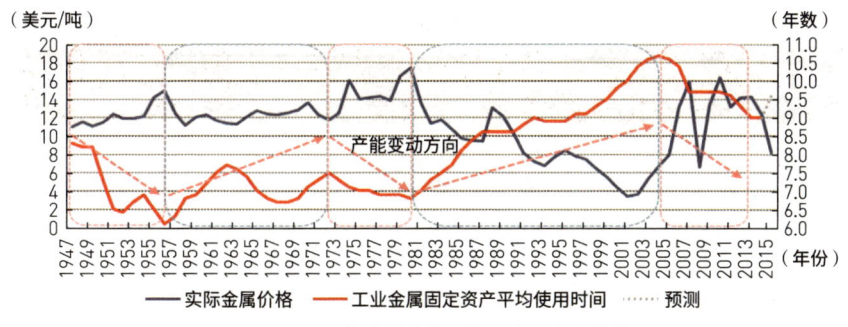

图 11-13 工业金属产能周期与实际金属价格

资料来源：BEA，中信建投证券研究发展部。

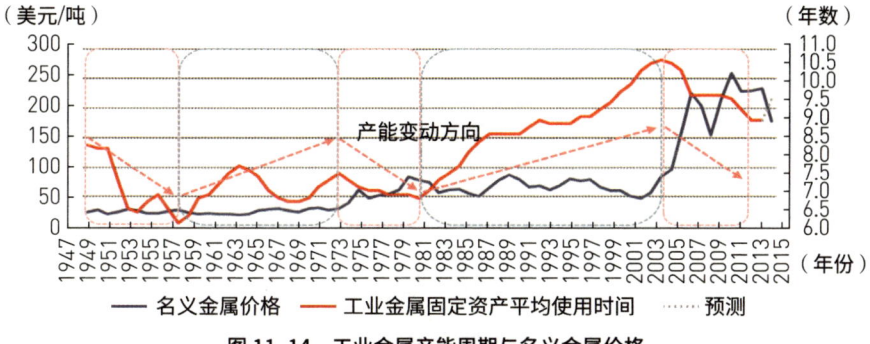

图 11-14 工业金属产能周期与名义金属价格

资料来源：BEA，中信建投证券研究发展部。

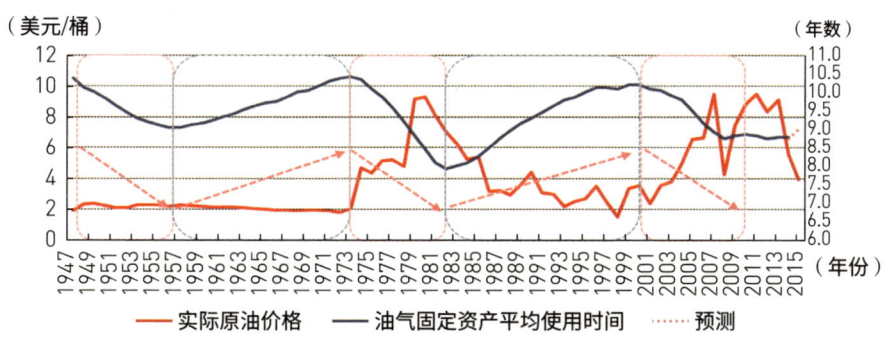

图 11-15 油气产能周期与实际原油价格

资料来源：BEA，中信建投证券研究发展部。

11 世界大宗商品周期研究

表 11-3 两次产能周期统计

工业金属的两次产能周期

两轮周期	设备使用年数低点	对应金属实际价格高点	设备使用年数高点	对应金属实际价格低点
1956—1980 年	1956 年（上升 16 年）	1956 年（下降 7 年后横盘）实际价格下跌 24.5%	1972 年（下降 8 年）	1972 年（上升 8 年）
1980—2014 年	1980 年（上升 24 年）	1980 年（下降 7 年后横盘）实际价格下跌 45.3%	2004 年（下降 10 年）	2001 年（至 2010 年上升 9 年，随后下降 5 年）

原油的两次产能周期

两轮周期	设备使用年数低点	对应原油实际价格高点	设备使用年数高点	对应原油实际价格低点
1956—1980 年	1956 年（上升 17 年）	1956 年（下降 7 年后横盘）（原油定价非市场化）	1973 年（下降 9 年）	1972 年（上升 8 年）
1980—2014 年	1980 年（上升 24 年）	1980 年（下降 6 年后横盘）实际价格下跌 68.6%	2000 年（下降 12 年，2012 年后走平）	1998 年（至 2011 年上升 12 年，随后下降 5 年）

资料来源：中信建投证券研究发展部。

按照上述两个产能周期分别为 24 年和 34 年的情况推测，一个康波的运行中大致存在两个产能周期（见图 11-16），由于没有更长序列的数据，我们无法知道 1956 年之前的产能周期情形。但依据现有数据，我们可以推测上一个产能周期的启动点是在 1945 年附近。按照现在我们可以知道的，在 2011 年附近，产能周期大致应该会进入下降阶段。而以上两次的经验来看，这个下降阶段要经历 16~24 年，也就是说，下一个新的产能周期的启动点在 2030 年附近。我们原来推测 2030 年是第六次康波回升阶段的开始年。这样我们得到的产能周期的启动点序列是 1945—1972—2002—2030 年，间隔 25~30 年，这应该就是大宗商品的产能周期。

我们注意到，大宗商品价格的波动在产能周期的高点位置前后非常剧烈，这实际上就是我们提出的，商品价格由供需边际变化决定。我们注意到，在产能周期最初向下的时候，价格都要经历一个为期 7 年的迅猛下跌阶段，随后放缓。我们理解，这个阶段应该是供给边际上升最快而需求边际下降最快的阶段，所以，这应该是价格最凌厉的下跌期。本次产能周期在 2011

年基本见顶之后，2011—2015年所经历的就是这样的阶段，特别突出的就是中国边际需求的下降速度最快，所以，这5年应该是商品产能周期熊市的主跌阶段。而当产能供给边际上升和产能需求边际下降已经进入放缓阶段时，价格将向底部靠近。

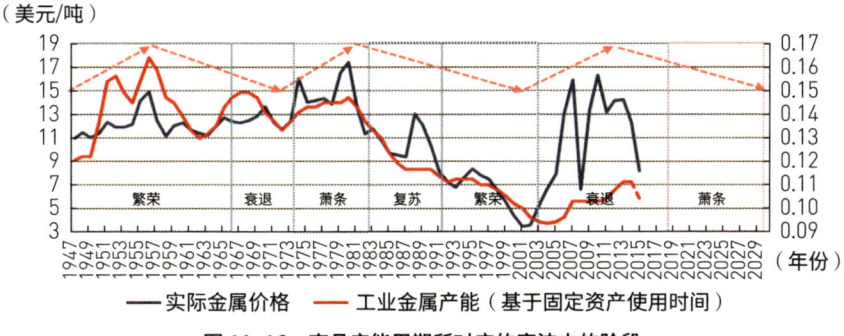

图11-16 商品产能周期所对应的康波中的阶段

资料来源：BEA，中信建投证券研究发展部。

我们使用固定资产平均使用时间的倒数来表示产能周期方向，这样可以更明显地感受产能周期的上升与下降，并且这种表达与价格的方向是一致的，见图11-17。

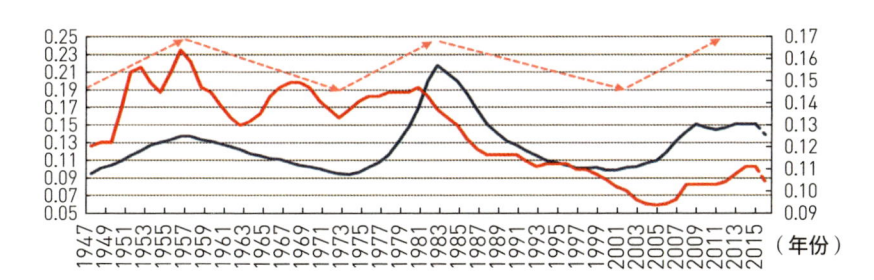

图11-17 基本工业金属和原油的产能周期基本一致（基于固定资产平均使用时间的倒数）

资料来源：BEA，中信建投证券研究发展部。

至于为什么大宗商品的产能周期是25~30年，以我们对价格和产能关系的理解，在价格低点，一定是需求引致了价格的上升，然后引致了产能的上升。所以，我们推测这种需求来自三个方面，一是主导国的经济繁荣，如

1947年是第四次康波繁荣的启动，资本主义产生了20年的黄金发展期。二是追赶国的工业化，如2000年后中国的工业化，1955年后日本的工业化。三是货币体系变化或通胀因素。必须说明，这些解释都是无力的，当后面研究大宗商品的价格波动周期时，我们可能有更贴切的解释方法。

目前来看，大宗商品周期及其价格确实与代表投资需求的产能周期不一致。从时间来看，美国的产能周期与中周期时长是一致的，都是9年左右，根源在于，中周期和产能周期本质上都是固定资产投资问题。但产能周期与中周期也存在明显的不同，从大的波动特征来看，产能周期显著存在超越10年以上的剧烈波动序列，但是大宗商品产能周期与总产能周期不同（见图11–18），大宗商品产能周期表现出更强的波动性与长序列，节奏上也不一致。但有一点值得注意，就是根据我们以前的研究《中国经济即将触底》，美国产能周期的平均下行期为5年，而中国产能周期的下行期也是5年，从上述大宗商品产能周期的研究可以看出，大宗商品产能周期的重要下行波动也是5~7年，这一点具有一定的可比较意义。

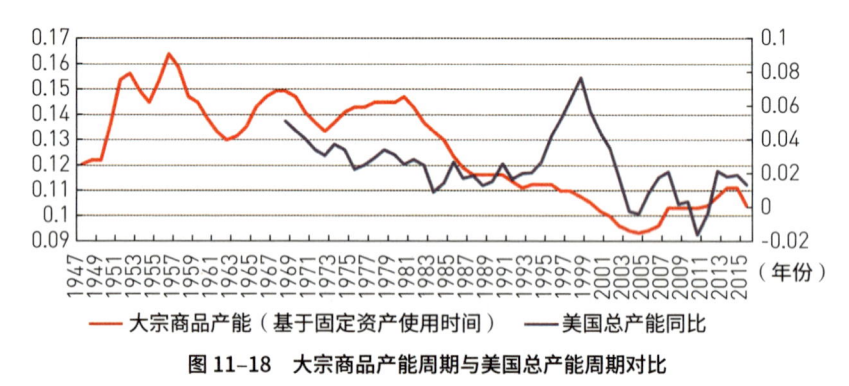

图11–18 大宗商品产能周期与美国总产能周期对比

资料来源：BEA，CEIC数据库，中信建投证券研究发展部。

当然，用牛鞭效应可以解释为什么大宗商品的产能周期长于其他行业。牛鞭效应的基本思想是：当供应链上的各节点企业只根据来自其相邻的下级企业的需求信息进行生产或者供应决策时，需求信息的不真实性会沿着供应链逆流而上，产生逐级放大的现象。当信息到达最源头的供应商时，其所获得的需求信息和实际消费市场中的顾客需求信息发生了很大的偏差。由于这种需求放大效应的影响，供应方往往维持比需求方更高的库存水平或者生产准备计划。由于上游资源品处于供应链的最末端，其波动性最大，反应最慢，也最剧烈。

当然，还有一种可能，就是大宗商品的物理勘探和产能建设周期，根据我们对主要金属冶炼厂生产建设周期的调查，基本工业金属的投资—产出周期一般为3年，其中铝厂的投资周期只需1~1.5年。总体来看，工业金属的供给价格弹性并不是很差，因此可以认为产能建设周期并不是金属行业产能周期更迭的原因。总之，可以确认的是，以金属、能源为代表的大宗商品市场产能周期在2011—2012年达到顶峰，当前已经步入产能下降期。

大宗商品产能周期的历史叠加及其解释

根据上面对产能周期的划分，我们进行了商品价格趋势的可比性叠加研究，我们选取了上一个产能周期的启动点1972年作为价格起点。而本次产能周期综合金属和原油的走势，选取2001年为启动点，对价格趋势进行了叠加研究，得到图11-19、图11-20。应该说，叠加取得了良好的效果，无论从原油还是金属来看，目前的价格都已经到达了一个重要的低点附近，这个低点在上一轮产能周期中是1986年，随后无论是金属还是原油都出现了价格反弹。而这种比较的意义在后面的章节会有更好的解释和更可信的结论。

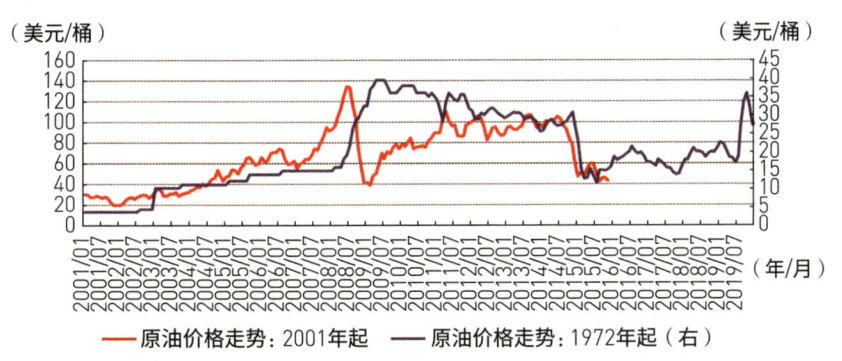

图11-19　原油价格走势对比：以2001年与1972年作为原点

资料来源：Wind资讯。

图 11-20 金属价格走势对比：以 2001 年与 1972 年作为原点

资料来源：Wind 资讯。

大宗商品价格的超级周期

除了大宗商品的产能周期，大宗商品价格一定与中周期或者固定资产投资趋势的更短周期相关，我们以国外论文的称呼方式，称其为超级周期。接下来，我们采用 BP 滤波对商品价格数据分两步进行处理。第一步，得到商品实际价格运行的长期趋势（即 Trend）；第二步，剔除商品价格长期趋势，得到实际价格与长期趋势的偏离，并对其再次采用滤波处理，得到基本金属价格运行的超级周期（即 Super Cycle），图 12-21 中的两条线表示剔除长期趋势后的实际价格运行（Nontrend）、超级周期（Super Cycle）。

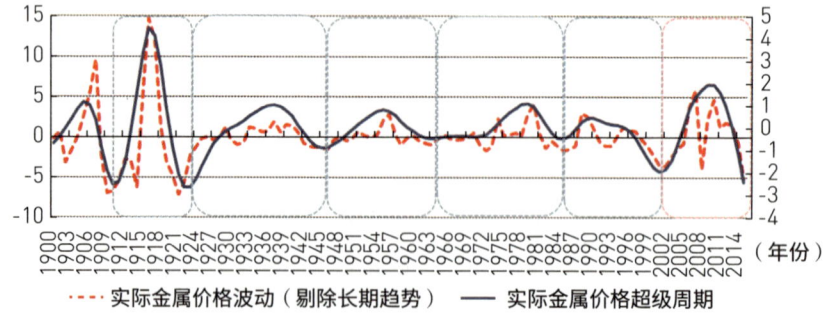

图 11-21 基于 BP 滤波的商品超级周期

资料来源：Wind 资讯，中信建投证券研究发展部。

从结果来看，以金属价格为代表的商品的超级周期，即商品价格与长期趋势的偏离走势，大致存在一个平均 18~20 年的周期性波动。这种波动显然由一些经济中比产能周期更短的因素所致，目前来看，我们推测这与固定资产投资所导致的需求增加有关。实际上，虽然固定资产投资增加的可见因素是朱格拉中周期，但固定资产投资中长期趋势对国别来讲还是房地产周期。我们也将商品超级周期与房地产周期进行了对比，因为东西半球的房地产周期启动点差 10 年。对比的结果是，商品的超级周期在 1960 年之前更多跟随西半球的房地产周期波动，而在 1960 年之后，更倾向于东半球的房地产周期（见表 11-4）。

表 11-4　1900 年后的实际金属价格超级周期与房地产周期

金属价格超级周期 低点—高点—低点	周期长度 平均 18~ 20 年	下降阶段 6~8 年	对应西半球房 地产周期 美国	对应东半球房 地产周期 日本、中国
1910—1916—1922 年	12	6		
1922—1937—1945 年	23	8	1921—1942 年	
1945—1955—1963 年	18	8	1942—1974 年	
1963—1979—1985 年	22	6	1974—1993 年	
1985—1990—2001 年	16	11	1993—2011 年	1980—1999 年
2001—2010—2019 年（预测）	18（预测）	8（预测）	2011 年—？	1999—2019 年

资料来源：中信建投证券研究发展部。

精准定位下的大宗商品熊市的技术形态研究

经过产能周期与超级周期的定位后，我们可以对 2011 年开始的大宗商品熊市进行一个性质定位。显然，2011 年的商品熊市超越了超级周期，更多是一个产能周期级别的熊市。而从更短的超级周期来看，每轮超级周期的下跌一般都是 6~8 年。所以，2011 年熊市的形态基本上可以类比 1956—1963 年的熊市和 1979—1986 年的熊市。而我们把 1956 年和 1979 年的熊市进行了叠加，其走势具有惊人的相似性，所以，从技术走势上看，这是完全可以参考的。因此，我们对 2011 年开始的本轮熊市与 1956 年熊市和 1979 年熊市分别进行叠加。

当然还有一种比较方法值得参考，通过对比历史上的熊市周期我们还发现，在商品市场确认步入熊市之前会出现相隔 3~4 年的两个价格高点，如果以每轮熊市开启前的第一个高点作为原点进行叠加比对，我们得到图 11-22 至图 11-27。

图 11-22 金属熊市价格走势对比：以 2011 年与 1979 年作为原点

资料来源：Wind 资讯。

这种对比的结果验证了我们的结论，本次熊市与 1956 年和 1979 年的熊市对比，无论从时间还是幅度来看，都已经具备了第一低点形成的条件。所以，商品的反弹应该是可以预期的，而商品价格终极低点的出现大约在第一低点的两三年之后，这也符合我们上面的预测值，商品价格的终极低点将出现在 2018—2019 年。但是在见最终低点之前，按上述技术形态，应该会出现一次中级反弹。按照我们前期报告的观点，这个中级反弹大概率在 2016 年发生。

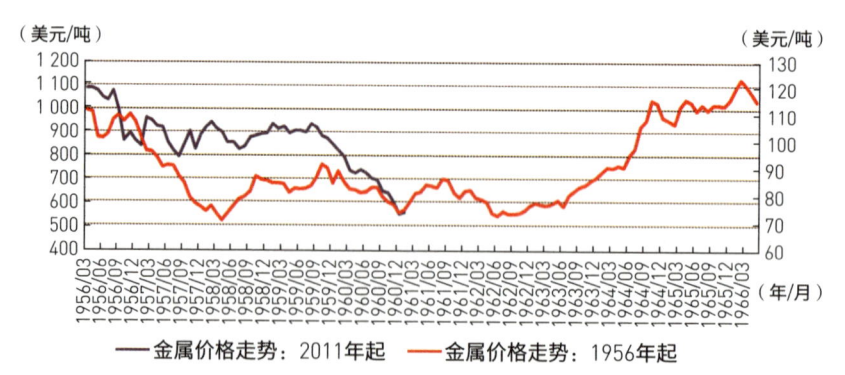

图 11-23 金属熊市价格走势对比：以 2011 年与 1956 年作为原点

资料来源：Wind 资讯。

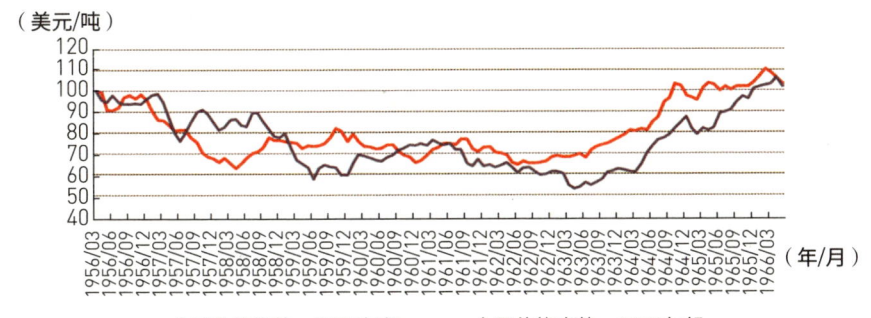

图 11-24　金属熊市价格走势对比：以 1956 年与 1979 年作为原点

资料来源：Wind 资讯。

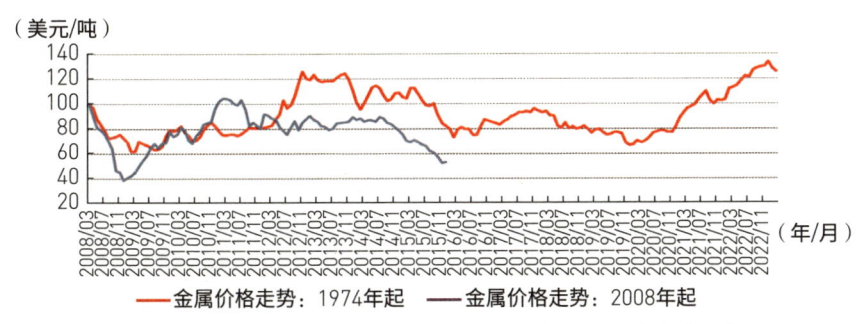

图 11-25　金属熊市价格走势对比：以 2008 年与 1974 年作为原点

资料来源：Wind 资讯。

图 11-26　金属熊市价格走势对比：以 2008 年与 1951 年作为原点

资料来源：Wind 资讯。

11　世界大宗商品周期研究　**313**

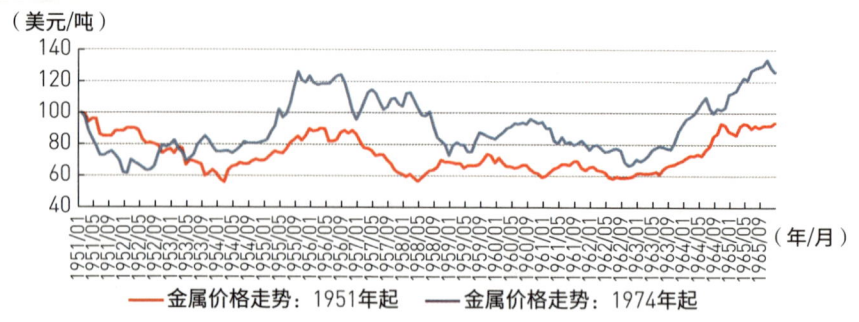

图11-27　金属熊市价格走势对比：以1951年与1974年作为原点

资料来源：Wind资讯。

大宗商品价格的涛动周期

涛动周期：大宗商品超级周期的内部结构

在大宗商品的超级周期中，商品价格的波动规律又如何呢？我们以金属价格为例进行分析（见图11-28、图11-29），从超级周期看，每个超级周期中的金属价格表现大致可以分为三个波动。

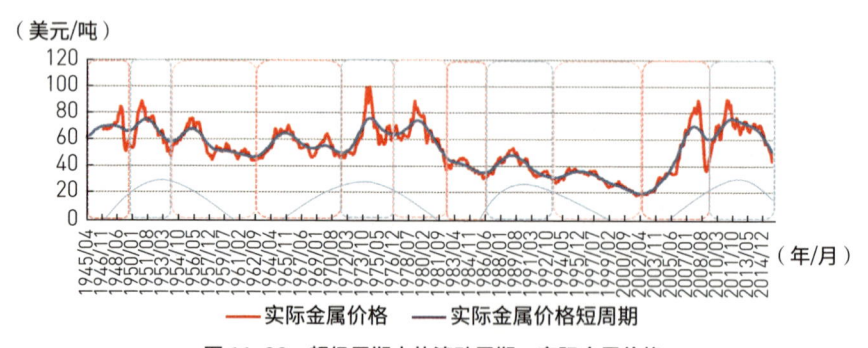

图11-28　超级周期中的涛动周期：实际金属价格

资料来源：中信建投证券研究发展部。

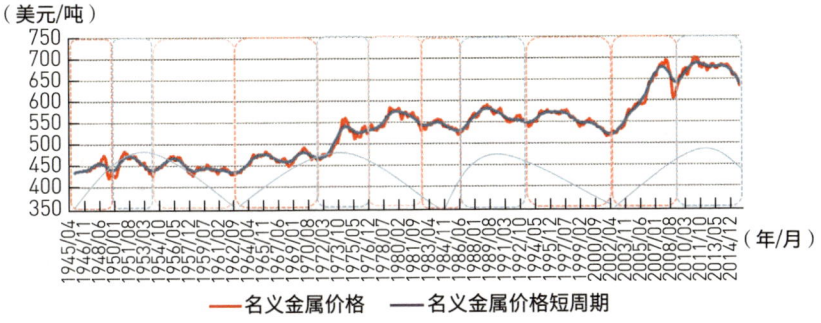

图 11-29　超级周期中的涛动周期：名义金属价格

资料来源：中信建投证券研究发展部。

若观测实际价格，则中间阶段的波动为最高点的概率偏大。若观测名义价格，依然是第二及第三波动的波动幅度偏大。如果这是必然规律，那么本轮超级周期自2001年开始，目前仅仅经历了两次波动，在2019年本次超级周期结束前，应该会出现一次商品价格反弹。这一点也与我们前面研究的结论一致。我们将这种周期波动定义为大宗商品的涛动周期，我们理解它的波动形态类似于太阳黑子厄尔尼诺周期在海耳循环中的形态。

为了进一步研究这些波动的性质，我们又用中周期标准重新定义了这些波动在中周期中的位置以及它们与库存周期的关系。我们以美国产出缺口波动定义中周期及库存周期，其划分方法见我们以前的研究报告。从直观结论来看，金属价格的波动在中周期中不存在明显规律，但以库存周期视角看，幅度较大的商品价格波动大概率发生在中周期后期，接下来，我们对商品在库存周期中的表现进行了研究（见图11-30、图11-31）。

大宗商品价格在三个库存周期中的表现

从中周期的意义看，每轮中周期大宗商品的价格波动都出现在中后期。我们用自己的方法划分了1964年之后美国的6个中周期的库存周期，而就这几个样本看，商品收益率在第三库存周期最高，第一库存周期其次。这个问题也不难理解，这是周期嵌套模式使然。在一个中周期内部，第一库存周期往往是商品价格和资金成本的最低点，随着经济的复苏，商品价格出现修复，此时弹性最大。而中周期中的第三库存周期往往是滞胀阶段，所以出现大宗商品行情顺理成章。

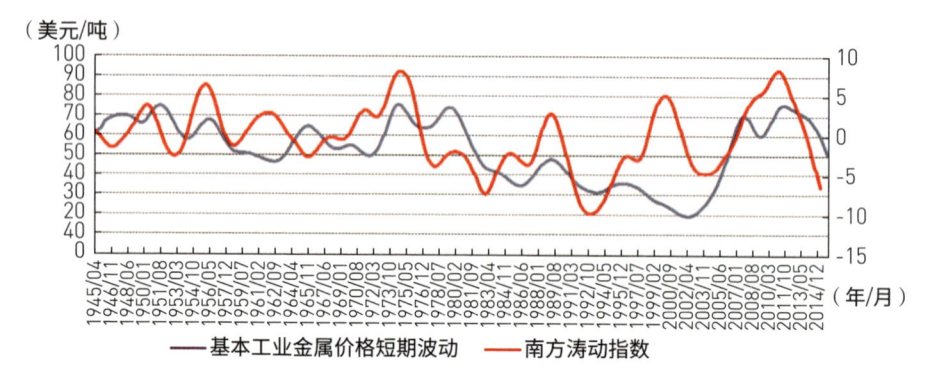

图 11-30 超级周期中的涛动周期：基本工业金属短期波动与南方涛动指数对比

注：南方涛动指数（SQI）是用于衡量南方涛动强弱的指数，根据沃克的南方涛动理论，SQI 由科学家选取东南太平洋和印度洋海平面气压差值进行处理后得到，可以有效地反映厄尔尼诺现象的活跃程度。具体关系为：当 SQI 出现持续性负值时，该年有厄尔尼诺预警；而当 SQI 出现持续性正值时，该年大概率会出现拉尼娜现象。

资料来源：中信建投证券研究发展部。

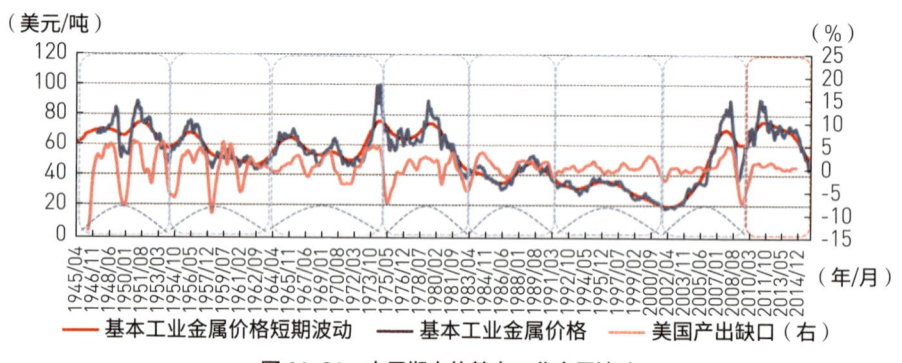

图 11-31 中周期中的基本工业金属波动

资料来源：Wind 资讯，中信建投证券研究发展部。

大宗商品的四周期嵌套模型

根据上面的分析，我们可以得出大宗商品的周期嵌套模型。第一层次，从康波来看，康波是决定大宗商品牛熊市剧烈波动的根本力量。一般情况下，每次大宗商品的剧烈牛市波动都会发生在康波从繁荣向衰退的转换点，而这一过程持续10年。随后，将出现一个长达20年的熊市。在康波的其他时间里，小级别的波动会出现。本次康波的牛市发生在2002年至2011年，随后进入熊市。第二层次，即大宗商品的产能周期，这一周期更贴近商品的工业属性，但其波动不由产能建设时间决定。一般情况下，一个大宗商品的产能周期历时25~30年，由一次10年的产能上升期和一次20年的产能下降期组成。一个康波中嵌套着两个产能周期，我们得到的产能周期的启动点序列是1945—1972—2002—2030年。其中，1945—1972年产能周期嵌套在第四次康波的繁荣至衰退期，1972—2002年产能周期嵌套在第四次康波衰退末期至第五次康波繁荣期，而2002—2030年产能周期嵌套在第五次康波繁荣至第六次康波复苏期的开始。

第三个层次，即商品的超级周期，它是滤去了商品的长期趋势后得到的商品自身的波动周期，这个序列为18~20年。我们推测它与实体经济中固定资产投资的波动相关，更接近房地产周期。超级周期的形成可能与产能周期的波动阶段有关。本次超级周期从2001年开始，2010年触顶，预测触底时间为2019年，历时18年。超级周期在一个康波中存在三次，而复苏至繁荣、衰退至萧条一定存在一次。第四个层次为涛动周期，一个超级周期大概率存在三次涛动周期，每次涛动周期相隔年限不等，但高点出现在超级周期中后段的概率偏大。本次超级周期自2001年后已经出现两次涛动周期，分别为2001—2008年和2009—2015年，我们推测第三次涛动周期将发生在2016—2019年。我们就这样构建了一套大宗商品价格周期波动的四周期嵌套模型（见图11-32、图11-33）。

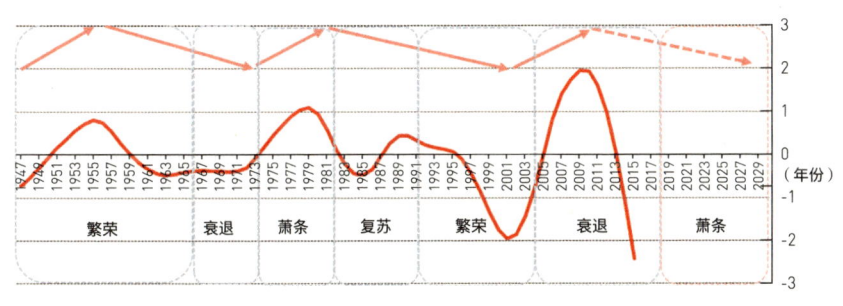

图11-32　大宗商品康波周期、产能周期和超级周期的嵌套

资料来源：中信建投证券研究发展部。

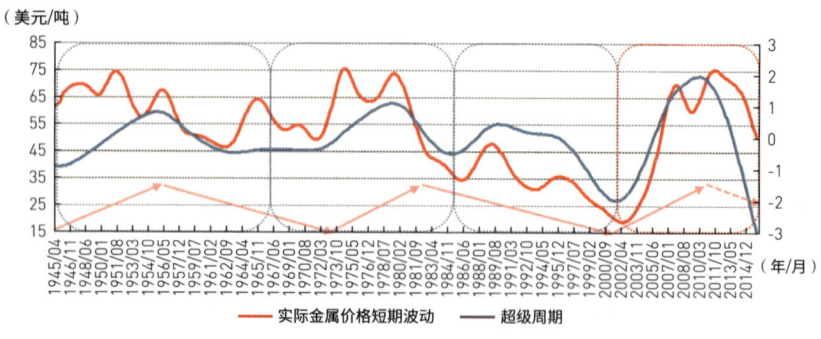

图 11-33 大宗商品产能周期、超级周期和涛动周期的嵌套

资料来源：中信建投证券研究发展部。

大宗商品的四周期嵌套模型下的价格波动测算

我们分别计算了大宗商品产能周期、超级周期的价格波动幅度。我们先将产能周期分为产能上升早期和晚期，产能下降早期和晚期。从价格波动测算来看，产能上升晚期的价格涨幅高于产能扩张早期，而产能下降早期的跌幅也明显大于产能下降晚期。也就是说，产能周期的高点前后波动最剧烈，而低点前后波动相对和缓（见表11-5）。

表 11-5 大宗商品产能周期不同阶段收益率统计

	产能上升早期	产能上升晚期	产能下降早期	产能下降晚期
第一个产能周期：1946—1956—1972 年	1946—1951 年 收益率：24.76%	1951—1956 年 收益率：20.70%	1956—1964 年 收益率：-19.36%	1964—1972 年 收益率：2.27%
第二个产能周期：1972—1980—2002 年	1972—1976 年 收益率：22.05%	1976—1980 年 收益率：22.80%	1980—1991 年 收益率：-53.26%	1991—2002 年 收益率：-27.33%
第三个产能周期：2002—2011—2030 年	2002—2008 年 收益率：18.3%	2008—2011 年 收益率：41.73%	2011—2019 年	2019—2030 年
平均收益	21.70%	28.41%	-36.31%	-12.53%

产能周期中不同阶段商品价格波动：产能上升晚期 > 产能上升早期 > 产能下降晚期 > 产能下降早期

资料来源：中信建投证券研究发展部。

而从超级周期来看，超级周期上行期的平均价格涨幅为 79.08%，而超级周期下行期的平均价格跌幅为 46.47%，也表现出了大宗商品暴涨暴跌的特征（见表 11-6）。

表 11-6　大宗商品超级周期不同阶段收益率统计

	超级周期上行期	超级周期下行期
第一个超级周期：1910—1922 年	1910—1916 年收益率：114.4%	1916—1922 年收益率：-74.34%
第二个超级周期：1922—1945 年	1922—1937 年收益率：22.62%	1937—1945 年收益率：-30.29%
第三个超级周期：1945—1963 年	1945—1955 年收益率：40.86%	1955—1963 年收益率：-20.40%
第四个超级周期：1963—1985 年	1963—1979 年收益率：46.91%	1979—1985 年收益率：-41.19%
第五个超级周期：1985—2001 年	1985—1990 年收益率：24.60%	1990—2001 年收益率：-66.62%
第六个超级周期：2001—2019 年	2001—2010 年收益率：225.4%	2010—2019 年
平均收益	79.08%	-46.47%

资料来源：中信建投证券研究发展部。

12 康波中的房地产周期研究

- 2016年9月5日

自库兹涅茨定义建筑业周期后,房地产周期的运动一直不具有经典特征。到底当代房地产周期是不是库兹涅茨定义的运动模式,这是一个非常重要的经济增长和资产价格问题。从逻辑的角度看,房地产周期首先是一个国别周期问题,它与技术周期和商品周期的最大不同点是,它不具有全球的共时性。但是单纯从一个国家的工业化和城市化进程来推导其房地产周期显然是不够的,因为中国的房地产周期是中国经济增长的原因和结果,同时中国经济的增长是第五次康波繁荣扩散的结果,所以,房地产周期国别的差异和非共时性一定不会是单纯国内因素导致的,它是全球繁荣扩散和传递的结果。以我们对康波理论的理解,房地产周期是康波周期的子周期,它一定会存在一个康波内部的波动规律,本章就研究这个问题。

从内因上看,康波增长的根源是由技术创新导致的。但是增长不单纯是技术创新问题,所以,技术创新对导入期和展开期的划分确实不能描述增长的全部。因为现实的增长除了作为技术革命的主导产业,增长的最核心载体应该是房地产周期,这对个体国家的经济增长最重要。而房地产周期一定滞后于技术周期，可以把房地产周期视为技术革命的引致增长。同时，技术是从主导国逐步向外围传递的，增长也是如此，这就决定了房地产周期亦如此。房地产周期存在从主导国向外围国家依次传递的过程，而这种各国房地产周期之间的传递关系就决定了大宗商品周期的出现，以及美元周期的问题。

所以，这种逻辑关系可以被用来推导房地产周期在康波中的划分问题。首先，我们认为，康波的主导国是技术革命的发起国，其房地产周期应滞后于技术革命。而随着技术革命和繁荣向外围国家扩散，首先受影响的是主导国的几个外围经济体，比如本次康波以美国为主导国，英法德等为外围。随后是向追赶国扩散，本次康波就是中国的工业化。随后是向康波中附属经济体的更外围扩散，例如上次康波中的新加坡、韩国。按这种关系，我们可以清晰地发现，房地产周期在世界各种类型的国家和地区之间的传递过程，而这种传递过程对我们判断纷繁复杂的世界房地产周期的非共时性提供了基本的研究脉络。

历史数据的统计学规律证明了康波被划分为两个 30 年周期的统计学意义，而且两个 30 年周期适用于技术周期、房地产周期和大宗商品周期。我们的研究证明，房地产周期确实在跟随康波运行，在一个 60 年的康波中，房地产周期主要存在两个波动，而这两个波动分为一大一小，我们认为，这符合房地产周期的真实周期特征。在这样的认知下，我们又研究了主导国、追赶国、资源国和附属经济体之间在房地产周期方面的领先和滞后关系，这种关系对我们定位当前各类国家所处的房地产阶段具有很好的借鉴意义。

房地产周期与库兹涅茨周期

1930 年，美国经济学家西蒙·库兹涅茨在《生产和价格的长期运动》一书中，根据 19 世纪初到 20 世纪初美、英、法、德、比利时等国 60 种工、农业主要产品的生产量和 35 种工、农业主要产品的价格变动的时间数列资料，剔除其中短周期和中周期的变动，着重分析了有关数列的长期波动过程，指出经济中存在长度为 15 到 25 年不等的长期波动。这种波动在美国的许多经济活动，尤其是建筑业中表现得特别明显，所以库兹涅茨周期也被称为建筑业周期或房地产周期。库兹涅茨周期是由居民财产购建和人口转移两大因素互相作用推进发展的。从水泥周期（建筑业周期）看，价格周期从谷到谷的时间为1880年到1913年左右（33年），产量周期从1894年到1918年左右（24年）（见图12-1）。从1890年以后的生铁周期看，价格周期从谷到谷的时间为1895年到1915年左右（20年），产量周期从1895年到1925年左右（30年）（见图12-2）。

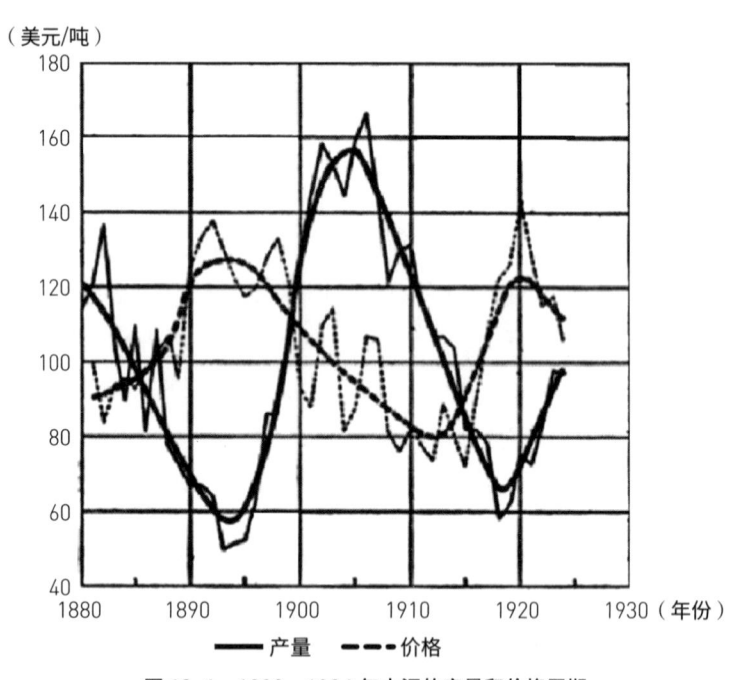

图12-1　1880—1924年水泥的产量和价格周期

资料来源：中信建投证券研究发展部。

霍伊特在其著作《百年来芝加哥地区的土地价格》一书中详细阐述了1830—1933年芝加哥的房地产周期。103年间，建筑活动的事件按照先后顺序不自觉地重复发生了五六遍，平均间隔为18年。霍伊特认为，长达18~20年的房地产周期非常缓慢，但是周期振幅非常大。哈里森是房地产周期研究的另一位重要学者，其代表作为《土地的力量》（The Power in the Land）和《荣衰：2010年的萧条与房价》（Boom Bust House Prices and the Depression of 2010）。哈里森对200多年来英国和美国的经济和房地产史进行研究，也得到了18年左右的房地产周期。霍伊特、哈里森等人使用的是名义土地价格。

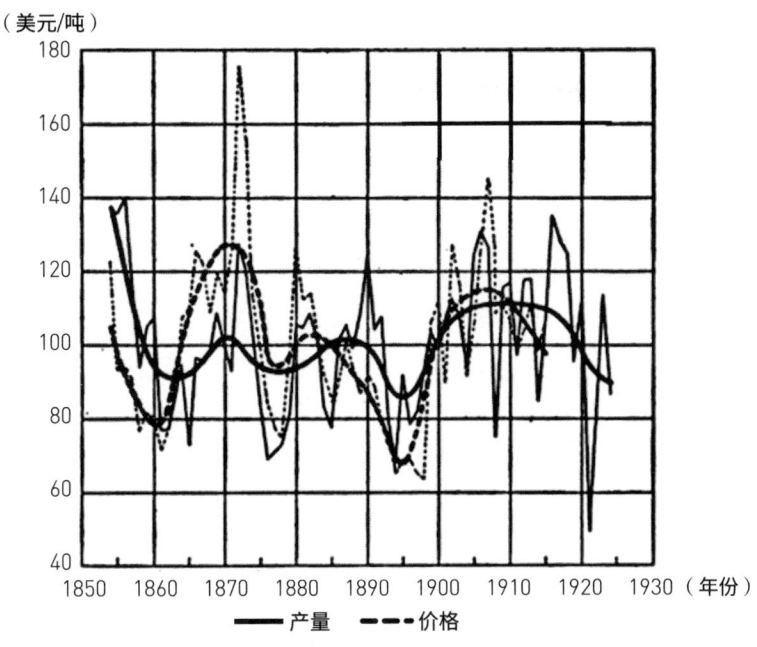

图12-2 1854—1924年生铁的产量和价格周期

资料来源：中信建投证券研究发展部。

从上文看，库兹涅茨的水泥价格周期为30年左右，水泥产量周期达24年左右，要长于霍伊特、哈里森等人的土地价格周期。自库兹涅茨定义建筑业周期后，房地产周期的运动一直不具有经典特征。当代房地产周期到底是不是库兹涅茨定义的运动模式，这是一个非常重要的经济增长和资产价格问题，这也是本章求解的问题之一。区别于上述作者，我们选取了美国、英国、法国、日本、中国、澳大利亚、加拿大、新加坡、巴西等国家和地区的实际房价（剔除了通胀因素），研究了第三次康波以来的全球房地产周期。我们的研究表明，1890年以来的房地产周期平均时长为25~30年，且房地产周期确实在跟随康波周期运行。在一个60年的康波中，房地产周期主要存在两次波动，这两次波动分为一大一小，即强周期和弱周期，这也符合房地产周期的真实周期特征。我们的研究从康波周期的视角拓展并深化了房地产周期的现有研究，并对定位当前房地产周期的走势和所处阶段具有很好的借鉴意义。

第三次康波以来的房地产周期

第三次康波以来的房地产周期划分

把房地产周期置于康波周期框架中研究，可以更清晰地看到房地产周期追随康波内部的波动规律。

为研究较长历史时期内的实际房地产周期，我们以多国房地产实际价格作为研究基础，即采用名义价格剔除 CPI 通胀因素后得到实际价格。其中，美国数据来自耶鲁大学罗伯特·希勒教授在《非理性繁荣》一书中采用的 1890 年到 2012 年实际房价指数。法国、英国名义房价数据来自两国的国家统计局，其他国家的名义房价数据来自国际清算银行。物价指数来自各国国家统计局及圣路易斯联储经济数据库，研究区间为 1890—2013 年，共 123 年。我们选取了第三次康波繁荣以来美国、法国、英国、日本、中国、新加坡、澳大利亚、加拿大、巴西等国家和地区的实际房价数据（见图 12-3）。研究发现，在历次康波中，主导国的房地产周期均领先于追赶国、附属经济体以及资源国。尤其是美国、英国、法国等工业化时间较早的发达国家。因此，我们选取美、英、法等主导国的房地产周期作为房地产周期划分的主要依据。

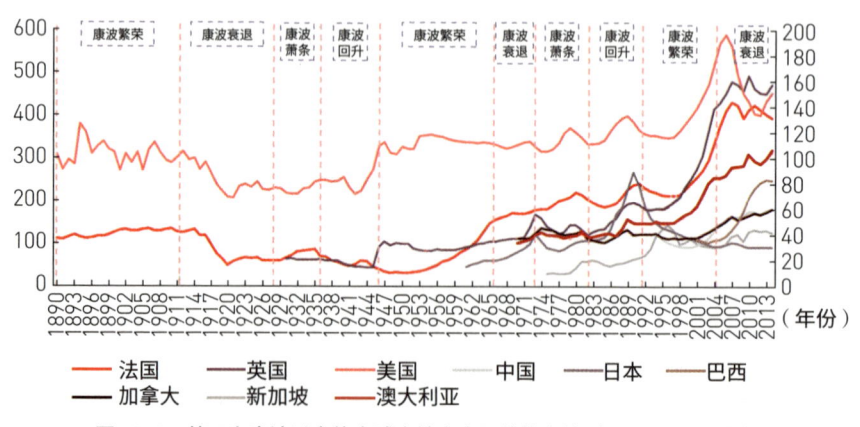

图 12-3 第三次康波以来的全球房地产实际价格走势（1890—2013 年）

资料来源：中信建投证券研究发展部。

我们基于滤波方法对1890—2015年美国名义房价和实际房价进行研究，并得到房价波动的序列。从图12-4中我们可以看到，两者的波动走势基本一致。除了1914—1920年一战期间名义房价与实际房价有一定背离，当时物价在战时融资和货币快速扩张的助推下达到了20%以上，导致实际房价剔除物价因素后出现了快速回落。本章将研究房地产周期的实际因素，因此以实际房价的周期波动作为主要研究对象。如无特别说明，下文的房地产周期均指实际房价的波动周期。

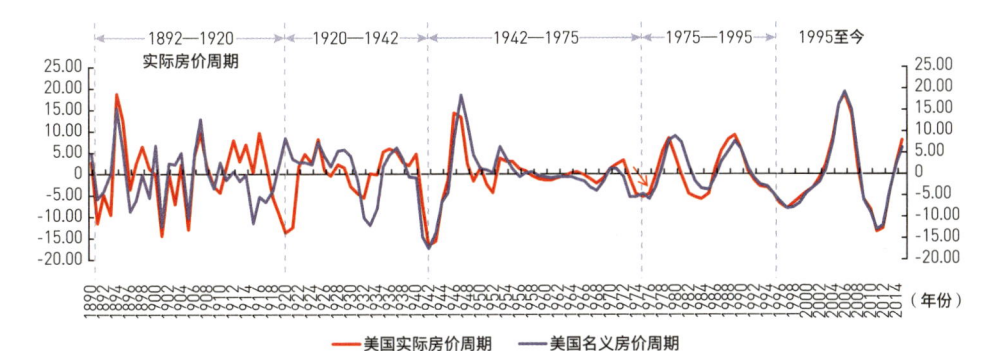

图12-4　美国的实际房价周期与名义房价周期走势基本一致

注：除了1915—1920年一战期间略有背离（高通胀），名义房价周期的长度比实际房价周期要稍短，其他时期走势基本一致。
资料来源：中信建投证券研究发展部。

根据美、英、法等国的实际房价数据，并结合康波运行特点，我们认为第三次康波以来的房地产周期可划分为1892—1920年（28年）、1920—1942年（22年）、1942—1975年（33年）、1975—1995年（20年）、1995—2025年（30年）5个周期（见图12-5）。其中，根据康波阶段、库兹涅茨建筑业周期等情况，我们将1892年定为当时那个房地产周期的启动点。从发达国家的房地产周期看，一个康波周期大致存在两个房地产周期。我们发现，在第四次和第五次康波周期中，主导国美国的房地产周期要领先于英国、法国等外围主导国，因此主要以美国的房地产周期作为划分基准，并在此基础上推演房地产周期的波动规律以及国别之间的传递顺序。

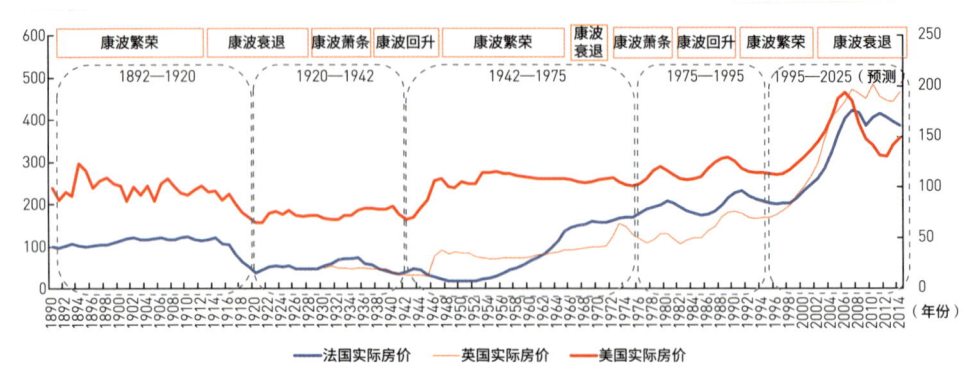

图 12-5　发达国家的房地产周期划分

资料来源：中信建投证券研究发展部。

我们发现，在 1942—1975 年的房地产周期中，美国于 1955 年见顶回落，而英国和法国仍处于上升通道，剔除领先因素，美国的上升期较短。从数据结构看，同期美国的名义房价处于增长停滞状态，物价则稳中略升，这导致实际房价的回落。我们认为，造成当时房价停滞增长甚至回落的原因可能是人口结构的变化以及货币政策的影响。从人口结构看，美国的主要置业人口（25~44 岁）在 20 世纪 50 年代中期到 60 年代末处于停滞增长甚至下降状态，势必对房价形成压制作用（见图 12-6）。

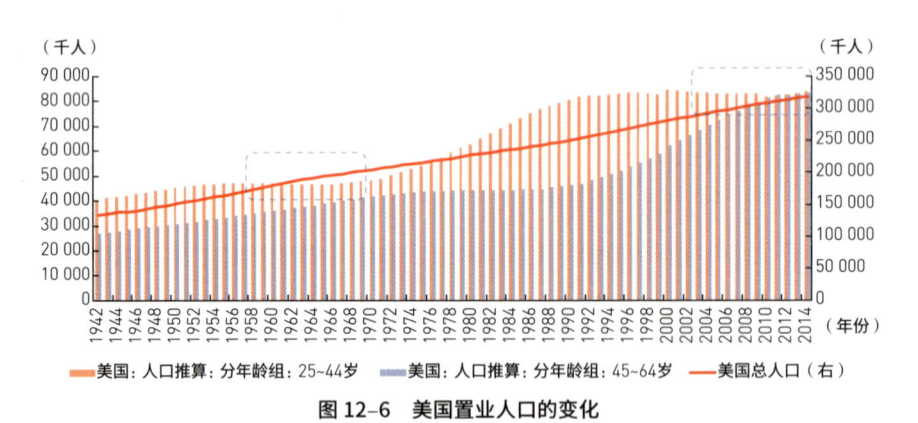

图 12-6　美国置业人口的变化

资料来源：中信建投证券研究发展部。

不过，2000 年后的置业人口也存在停滞增长状态，何以房价能够快速上涨？我们认为，这可能与当时的货币政策有关。20 世纪 50 年代中期开始

326　人生财富靠康波

至 70 年代，美国长期利率趋于上升，对房价势必有抑制影响（见图 12-7）。此段时期，由于需求回落和生产过剩等，美国还爆发了多次经济衰退，比如 1953—1954 年、1957—1958 年、1960—1961 年，这些因素也印证了房价趋弱的背景。而在 2001 年"9·11"恐怖袭击事件和互联网泡沫破灭后，美联储的大幅降息使得美国进入了 40 年来最宽松的货币政策环境，随着房地产信贷机构不断放宽贷款条件，房地产实际价格被一路推高，至 2006 年达到历史顶峰。因此，货币政策扰动叠加人口结构因素是 20 世纪 50 年代房价上行期相对于英法两国过短的重要原因。

我们研究了房地产周期的时长问题。其中，1892—1995 年，房地产周期的平均时长约为 26 年。1920—1995 年，房地产周期的平均时长为 25 年左右。这意味着一个房地产周期的平均时长约为 25 年，即一个康波周期可能存在两个房地产周期。其中，房地产周期的上行期平均为 8.5 年左右，下行期平均为 17 年左右，表明上行期要明显短于下行期。此外，启动于回升期或繁荣期的房地产周期下行阶段要明显长于上行阶段，这也是我们推算本次房地产周期运行特点的一个依据。

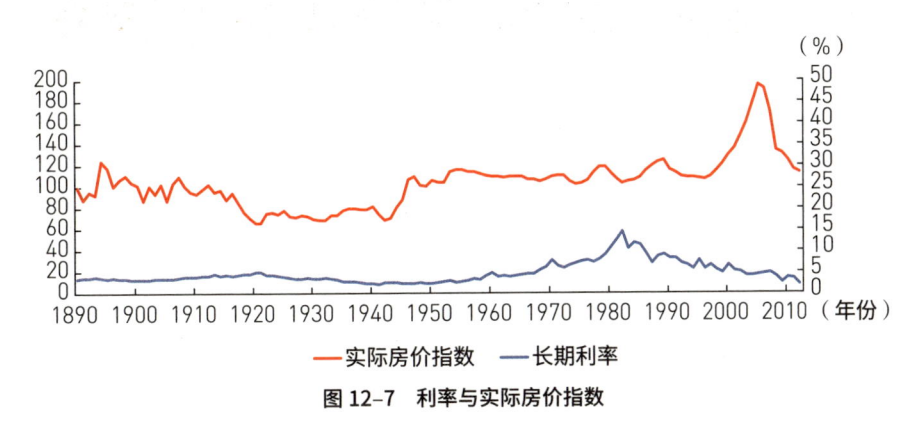

图 12-7 利率与实际房价指数

资料来源：中信建投证券研究发展部。

我们发现，若从启动时点看，启动于回升期或繁荣期的房地产周期，平均时长为 31 年左右；启动于衰退期或萧条期的房地产周期，平均时长为 21 年左右，前者要长于后者（见表 12-1）。根据这个特征，我们大致可以推算，启动于 1995 年（康波繁荣期）的本次房地产周期可能要到 2020—

2025 年才会触及大底，历时 25~30 年。这个低点与商品产能周期的低点（2030 年）是接近的。下文的分析表明，房地产周期会领先于产能周期，因此，对本次房地产大底的判断也符合历史经验。据此推算，下一次房地产周期将可能开启于康波萧条阶段，可能持续至 2045—2050 年，即运行至第六次康波繁荣阶段，长度 20~25 年。

根据上述分析，我们认为美国房地产价格在 2012 年的反弹很有可能是下行期的一次 B 浪反弹。主导国美国本轮房地产周期启动于 1995 年左右，并在 2006 年已实质性见顶并回落至 2012 年，但随后出现反弹。根据我们的研究，本轮房地产周期启动于康波繁荣期，因此周期时长可能长达 25~30 年。从这个角度看，2012 年之后美国房价的反弹应该只是房地产大周期下行期的一次 B 浪反弹，最终大底要在 2020—2025 年才会达到。对这次反弹性质的界定，将直接影响到对未来几年房地产周期走势和方向的判断（见图 12-8）。

表 12-1　历次房地产周期所处康波阶段及时间长度

所处康波阶段	房地产周期	周期长度	上行期		下行期	
繁荣—衰退	1892—1920 年	28 年	1892—1894 年	2 年	1894—1920 年	26 年
衰退—回升	1920—1942 年	22 年	1920—1925 年	5 年	1925—1942 年	17 年
回升—萧条	1942—1975 年	33 年	1942—1955 年	13 年	1955—1975 年	20 年
萧条—繁荣	1975—1995 年	20 年	1975—1979 年	4 年	1979—1995 年	16 年
周期平均时长（1892—1995 年）		26 年	上行期平均时长	8.5 年	下行期平均时长	17 年
周期平均时长（1920—1995 年）		25 年	上行期平均时长	10.6 年	下行期平均时长	14 年
启动于回升期或繁荣期的周期时长[1]		30.5 年	上行期平均时长	7.5 年	下行期平均时长	23 年
启动于衰退期或萧条期的周期时长[1]		21 年	上行期平均时长	4.5 年	下行期平均时长	16.5 年
繁荣—萧条	1995—2025 年（预测）	30 年	1995—2006 年	11 年	2006—2025 年	19 年
萧条—繁荣	2025—2045 年或 2050 年（预测）	20~25 年	2025—2035 年	10 年	2035—2050 年	10~15 年

注：启动于回升期或繁荣期的周期时长，即 1892—1920 年、1942—1976 年两次康波的平均时长；启动于衰退期或萧条期的周期时长，即 1920—1942 年、1975—1995 年两次康波的平均时长。
资料来源：中信建投证券研究发展部。

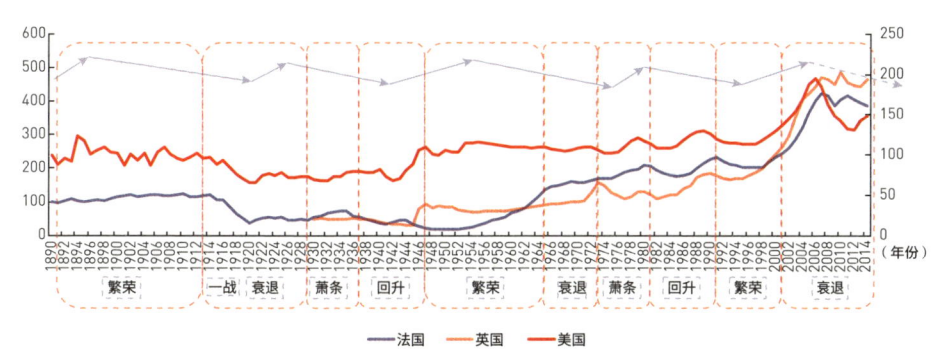

图 12-8 房地产周期的上行期和下行期

资料来源：中信建投证券研究发展部。

房地产周期中的强周期和弱周期

启动于不同康波阶段的房地产周期，其房价波动性存在较明显的差异（见表12-2）。研究发现，启动点位于康波繁荣阶段或回升阶段的房地产周期（尤其是回升阶段），其上行期平均涨幅为49.4%，下行期平均跌幅为29.2%；启动点在康波衰退阶段或萧条阶段的房地产周期，其上行期平均涨幅为23.3%，下行期平均跌幅为12.9%。这意味着，房地产周期存在强周期和弱周期。识别房地产周期的强弱不仅有助于判断房地产投资的潜在利益，还可以与大宗商品周期、中周期的强度互相验证。

表 12-2 美国房地产周期的波动性

所处康波阶段	房地产周期	上行期（涨幅）		下行期（跌幅）	
繁荣—衰退	1892—1920 年	1892—1894 年	30.0%	1894—1920 年	46.7%
衰退—回升	1920—1942 年	1920—1925 年	19.1%	1925—1942 年	12.4%
回升—萧条	1942—1975 年	1942—1955 年	68.8%	1955—1975 年	11.6%
萧条—繁荣	1975—1995 年	1975—1989 年	27.5%	1989—1995 年	13.3%
启动于回升期或繁荣期的平均波幅		上行期平均涨幅	49.4%	下行期平均跌幅	29.2%
启动于衰退期或萧条期的平均波幅		上行期平均涨幅	23.3%	下行期平均跌幅	12.9%
繁荣—衰退	1995—2016 年	1995—2006 年	71.2%	2006—2012 年	32.5%

资料来源：中信建投证券研究发展部。

我们认为，导致强弱周期差异的原因可能在于，相对于康波衰退期或萧条期，康波回升或繁荣阶段正处于新技术加快扩散和应用的重要时期。从逻辑上看，随着作为技术革命的主导产业加速发展，以及相关产业链在国家间的联动，其所引致的房地产需求增长将是较为强烈的。与此同时，经济中产生了许多对新领域的投资活动，由此带来了大量新的产业人口。随着收入水平的提高，人们有了更大的房地产置业需求。同时，由于这些时期产生了大量富余的产业资本，在逐利性驱动下，它们演化成金融资本流向房地产领域，并催生房地产投机活动。因此，从上述角度看，启动于康波回升或繁荣阶段的房地产波动性会更大一些。

按照历史经验，启动于1995年（康波繁荣阶段）的新一轮房地产周期将是一次较强的房地产周期。数据显示，从1995年至2006年高点，美国实际房价上涨了71.2%，而2006—2012年的跌幅也达到了32.5%，涨跌幅均超过前几次房地产周期的平均水平。这进一步验证了强弱周期的运行规律。照此推论，下一次房地产周期将于2020—2025年启动，按照我们的研究，即启动于康波周期的萧条阶段，届时的房地产周期时长和波动性将属于相对较弱的水平。房地产周期的强周期和弱周期在英国、法国等发达国家同样存在，从而印证了这种规律性的波动（见图12-9至图12-11）。房地产强弱周期的特点也可通过货币增速加以验证（见表12-3）。

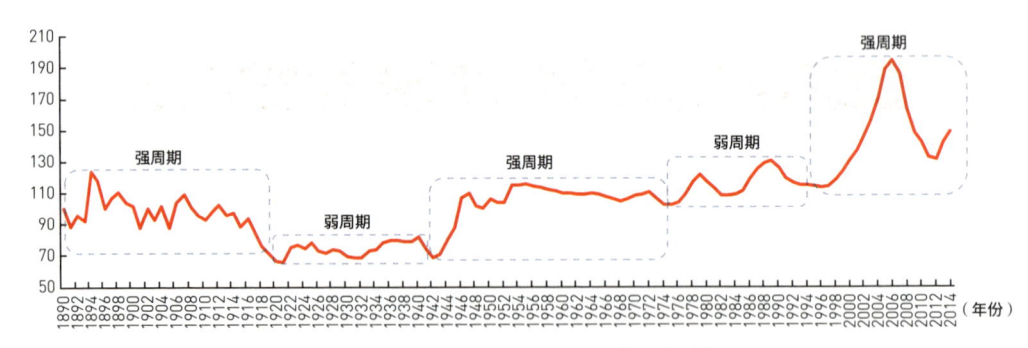

图12-9 美国房地产周期的强周期和弱周期

资料来源：中信建投证券研究发展部。

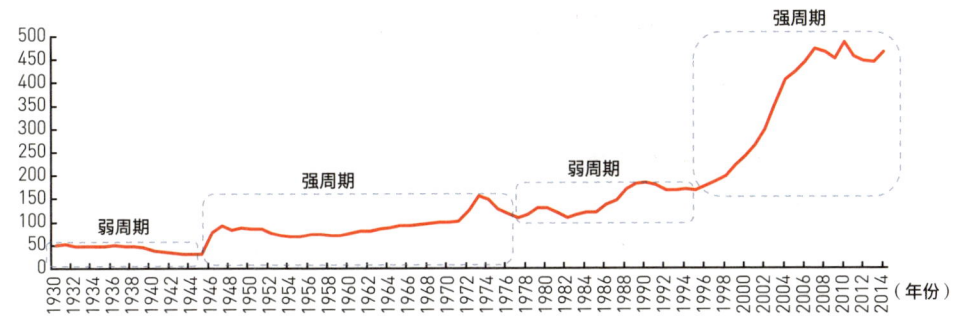

图 12-10 英国房地产周期的强周期和弱周期

资料来源：中信建投证券研究发展部。

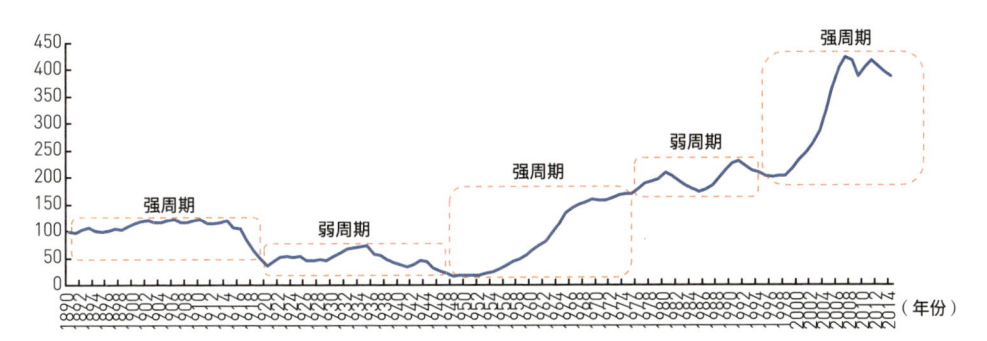

图 12-11 法国房地产周期的强周期和弱周期

资料来源：中信建投证券研究发展部。

表 12-3 房地产周期与货币增速的关系

所处康波阶段	房地产周期	房地产强弱周期	货币平均增速（%）
繁荣—衰退	1892—1920 年	强周期	7.58
衰退—回升	1920—1942 年	弱周期	3.83
回升—萧条	1942—1975 年	强周期	7.10
萧条—繁荣	1975—1995 年	弱周期	6.22
繁荣—衰退	1995—2016 年	强周期	6.31

资料来源：NBER（美国权威经济研究机构），Wind 资讯，中信建投证券研究发展部。

房地产周期与商品周期、中周期

房地产周期与商品周期

我们在第 11 章研究了基本工业金属和原油的产能周期，结果发现，一个康波周期商品价格波动内部嵌套着两个商品的产能周期，每个产能周期 25~30 年。

我们认为，房地产周期是驱动商品周期的重要力量。从逻辑上看，康波增长除了作为技术革命的主导产业，现实增长的最核心载体就是房地产周期。这意味着，房地产周期是决定商品产能周期出现的重要因素。对 20 世纪 80 年代开始的附属经济体（新加坡）和 2000 年后加速工业化的追赶国（中国）而言，房地产投资是推动这些国家和地区工业投资和经济增长的主导产业部门之一。房地产周期作为技术创新的引致增长，其繁荣与衰退必然关系到商品产能周期的兴衰，也影响着商品产能周期的启动与衰退（见图 12-12 和图 12-13）。

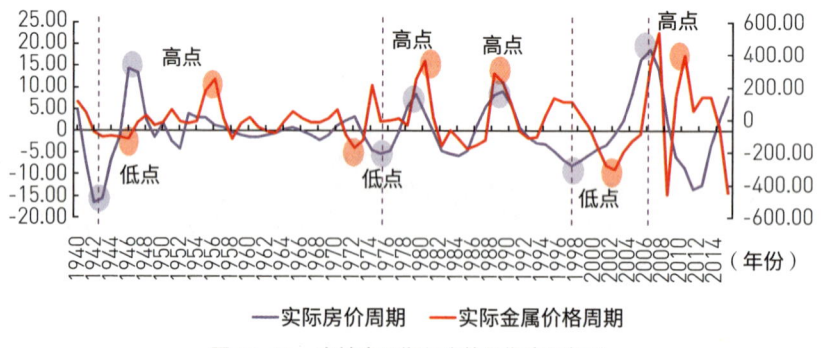

图 12-12　房地产周期与产能周期密切相关

注：名义金属价格周期是对名义金属价格做滤波得到的周期性波动序列。
资料来源：中信建投证券研究发展部。

在第 11 章中，我们得到的产能周期启动点序列是 1945—1972—2002—2030 年，这几个时点与本章推算的房地产周期启动点"1942—1975—1995—2020 年（至 2025 年之间）"比较接近，即产能周期启动点往往位于房地产周期启动点附近。比如，1945 年的产能周期启动点位于 1942

年房地产周期开启之后；1972年产能周期略微领先于1975年的房地产启动点；1995年房地产周期开启后，产能周期于2002年启动。从历次房地产周期和产能周期的经验来看，房地产周期启动点要领先于产能周期3~7年。我们推算下一次房地产周期将在2020—2025年开启，而下一次产能周期的开启点可能在2030年，即房地产周期可能领先产能周期5~10年。领先时间拉长的原因，可能在于下一轮房地产周期启动于萧条期，属于弱的房地产周期，叠加萧条期，因此对产能周期影响有所滞后。

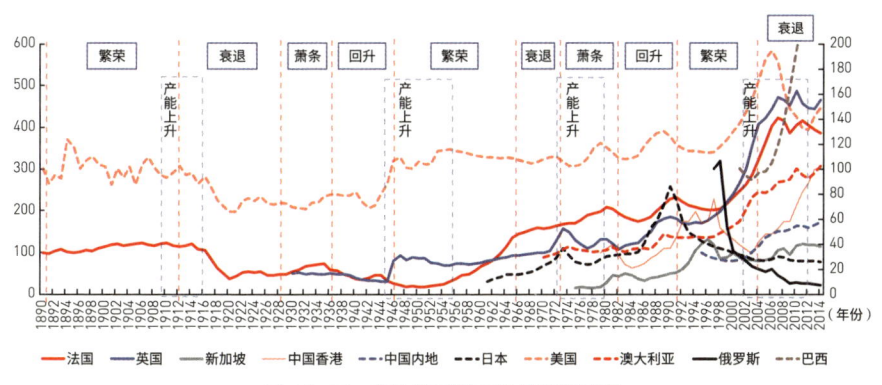

图12-13 房地产周期与商品产能周期

资料来源：中信建投证券研究发展部。

研究发现，产能周期的启动点位于诸如二战后美国的黄金增长时期、1955年后日本工业化时期、2000年中国工业化时期，这些时点也恰好对应着美国、日本、中国等人口和经济大国城市化较快的阶段。从美国看，二战后1950—1960年城市化率由60%升至70%，上升10%仅用了10年时间（见图12-14）。1967年之后，日本大致用了15年在1982年将城市化率从50%提升到60%（见图12-15）。中国从2000年到2010年，城市化率从35%提升到了50%左右（见图12-16）。城市化是驱动房地产周期的重要力量，因此也成了推动房地产周期上行的重要因素。

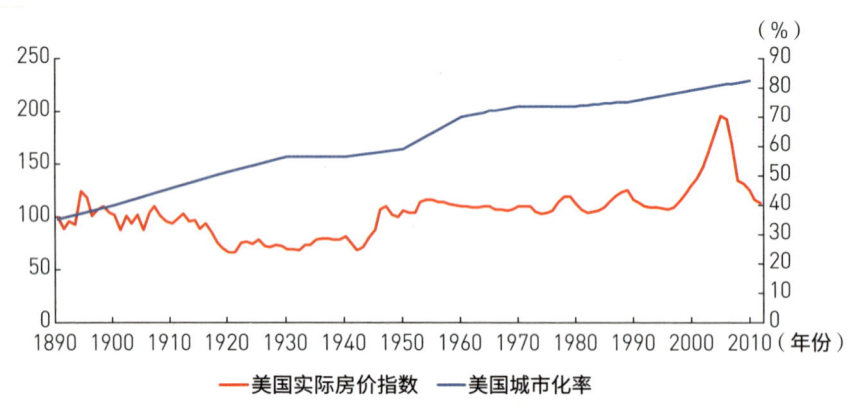

图 12-14　美国实际房价指数与城市化率

资料来源：Wind 资讯，中信建投证券研究发展部。

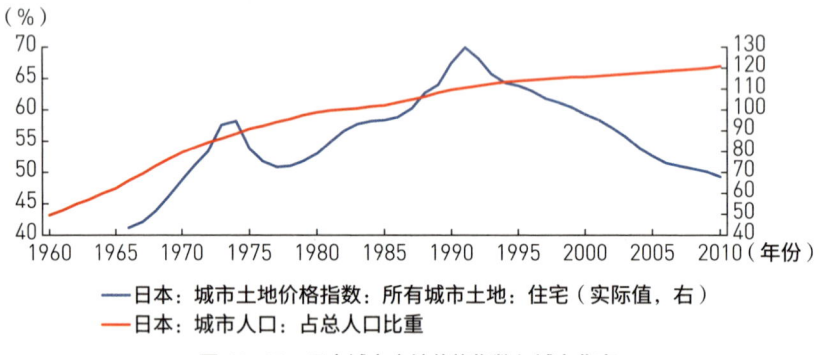

图 12-15　日本城市土地价格指数与城市化率

资料来源：Wind 资讯，中信建投证券研究发展部。

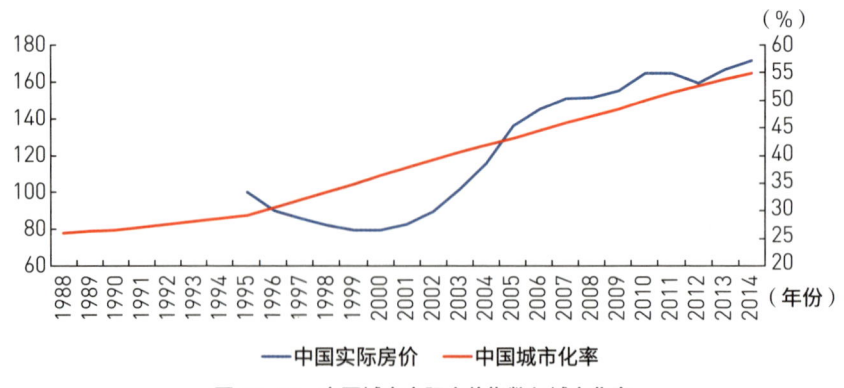

图 12-16　中国城市实际房价指数与城市化率

资料来源：Wind 资讯，中信建投证券研究发展部。

房地产周期与中周期

由于一个房地产周期跨越 20~30 年,明显长于 9~10 年的中周期(资本支出周期或称朱格拉周期),因此,一个房地产周期的内部走势可能会受到不同阶段中周期的影响。根据我们对美国产出缺口和设备投资占比情况的研究,1942 年以来,美国中周期低点(启动点)的大致出现时间为"1945—1954—1964—1975—1982—1991—2001—2009 年"。从中周期的角度看,我们发现了房地产周期与中周期的一些关联。

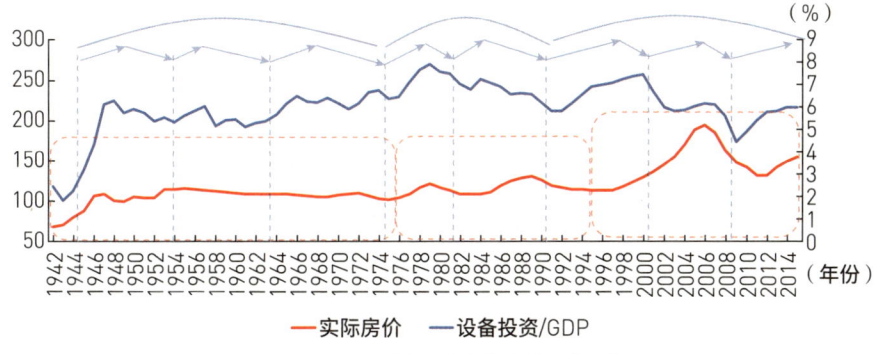

图 12-17 房地产周期内部走势与中周期

资料来源:Wind 资讯,中信建投证券研究发展部。

(1)中周期的下行期大致对应的是房地产周期的回调或下行阶段,而中周期的上行期则对应了房地产周期的上行或反弹阶段。房地产周期见顶下行后出现的反弹可能源于中周期上行力量的影响。

(2)中周期的低点之前通常对应的是房地产周期的回调或下行阶段,而房地产周期的低点大致出现在中周期低点附近或之后。

(3)美国本次房地产周期启动于 1995 年左右,并于 2006 年见顶,在实际房价见顶后的下行过程中,中周期在 2009 年开启了上行阶段至今,而房地产周期则在 2012 年出现了 B 浪反弹,这正好对应了中周期的上行期。

(4)根据我们的研究,美国中周期从 2009 年开启,并在 2015 年出现中周期的高点,最终低点可能在 2019 年附近出现。根据经验,中周期的低点之前通常对应的是房地产周期的回调或下行阶段,因此,2012 年房价的 B 浪反弹大概率在 2019 年之前就会结束,即会在 2017—2019 年进入 C 浪下跌。

（5）房地产周期的低点大致会滞后于中周期低点，由于2019—2020年可能是美国中周期低点，因此本轮房地产周期的终极大底可能出现在2020年之后，即在2020—2025年见底。

全球房地产周期演进的传递规律

我们还发现，在全球房地产周期中，核心主导国、外围主导国、追赶国、附属经济体、资源国等不同层次之间存在较明显的领先滞后关系，即全球房地产周期的演进遵循着"主导国—外围主导国—追赶国—附属经济体、资源国"的传递顺序。这对我们判断主要国家的房地产周期所处阶段意义重大。下文将核心主导国简称为主导国，将外围主导国简称为外围国。

首先，我们对不同康波周期中的国别层次关系进行划分。就选取的国家样本而言，在第三次康波周期中，英国属于主导国，美国、法国属于外围国；在第四次康波中，美国超越英国，成为全球经济主导国，英国演变为外围国，日本、澳大利亚、加拿大等国由于处于技术创新和经济增长较快速的阶段，属于这一时期的追赶国。新加坡则是第四次康波中的附属经济体。

在第五次康波周期中，美国仍是全球技术创新和经济发展的主导国，因此属于主导国。而进入20世纪90年代以后，尽管日本经济体量仍然较大，但随着其工业化高速发展后经济增速已大幅下降，技术创新能力弱化，因此属于外围国。同理，在这次康波中，澳大利亚和加拿大的经济增速中枢和创新能力下降，也属于资源国，因此可以认为，澳大利亚和加拿大可能具备外围国与资源国的双重属性。这一时期中国处在高速的工业化和城市化的进程中，技术创新趋于活跃，因此属于典型的追赶国。对于附属经济体的选择，由于本次康波萧条阶段仍未结束，因此暂时无法确定新加坡是否仍属于第五次康波中的附属经济体。此外，我们选取了巴西作为典型的资源国（见表12-4）。我们主要从第四次康波开始研究。

表 12-4 不同康波周期中的国别层次关系

康波阶段	主导国	外围国	追赶国	附属经济体	资源国
第三次康波	英国	美国、法国			
第四次康波	美国	英国、法国	日本、澳大利亚、加拿大	新加坡	
第五次康波	美国	英国、法国、日本、澳大利亚、加拿大	中国	?	巴西

资料来源：中信建投证券研究发展部。

先来分析主导国、外围国、追赶国之间的房地产周期传递关系。在第四次康波的第一轮房地产周期（1942—1975年）中，主导国美国领先于外围国（英、法）1~6年触底，而高点则领先外围国英国近18年，美国领先这么多年见顶，可能与20世纪50年代中后期开始的美国置业人口变化以及货币政策有关。在第四次康波的第二轮房地产周期（1975—1995年）中，从低点看，美国与法国基本同步，但领先于外围国（英）2年左右，而领先于追赶国（日、澳大利亚、加拿大）2~10年。从高点看，美国领先于外围国（英）和追赶国（日）1年左右，但与追赶国（澳大利亚、加拿大）基本同步。

在第五次康波周期的第一轮房地产周期（1995—2020年）中，从低点看，美国与英国基本同步，但领先于外围国（法、澳大利亚、加拿大）1~3年，而领先于追赶国（中国）5年左右。从高点看，美国领先于外围国（英、法）1年左右，但对外围国澳大利亚和加拿大而言，仍处于上升趋势，其高点有待未来进一步检验（见图12-18）。对追赶国中国而言，自2006年以来房地产周期上行近10年，根据第四次康波的经验，美国高点领先于附属经济体7~9年，而中国在第五次康波中是领先附属经济体的，由此反推，2016年中国高点滞后于美国高点的时长已接近极限，2014年和2016年可视为双头顶部，中国房地产周期很可能在2017—2018年进入下行期。

上述分析表明，主导国相对于外围国和追赶国具有较明显的领先性，而外围国也同步或领先于追赶国的房地产周期，这表明三类国家的传递关系是切实存在的。需要指出的是，目前看，不同层级国家之间领先滞后的时间长度规律性不强，尤其是主导国领先于追赶国的时长，我们认为这可能与各国工业化时点和进程有关（见表12-5）。

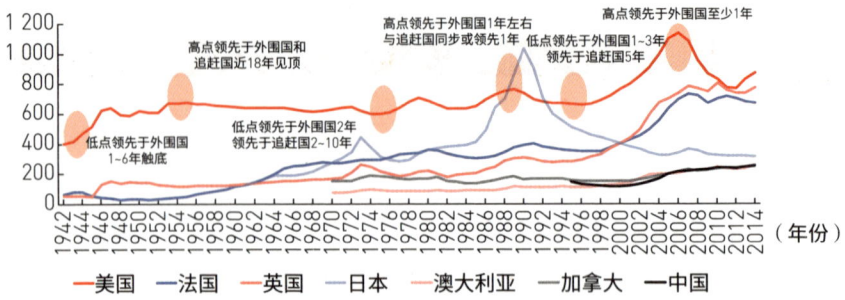

图 12-18　主导国房地产周期要领先于外围国和追赶国

资料来源：Wind 资讯，中信建投证券研究发展部。

表 12-5　主导国、外围国和追赶国的房地产周期领先滞后关系

所处康波阶段	房地产周期	低点			高点		
		主导国	外围国	追赶国	主导国	外围国	追赶国
第四次康波	1942—1975 年	1942 年	英：1942 年（同步）法：1948 年（+6 年）	—	1955 年	英：1973 年（+18 年）	日：1973 年（+18 年）
	1975—1995 年	1975 年	英：1977 年（+2 年）法：1975 年（同步）	日：1977 年（+2 年）澳大利亚：1978 年（+3 年）加拿大：1985 年（+10 年）	1989 年	英：1990 年（+1 年）	日：1990 年（+1 年）澳大利亚：1989 年（同步）加拿大：1989 年（同步）
第五次康波	1995—2020 年或 2025 年	1995 年	英：1995 年（同步）法：1996 年（+1 年）澳大利亚：1996 年（+1 年）加拿大：1998 年（3 年）	中：2000 年（+5 年）	2006 年	英：2007 年（+1 年）法：2007 年（+1 年）澳大利亚：？加拿大：？	中：2014 年或 2016 年？

资料来源：中信建投证券研究发展部。

在第四次康波中，新加坡属于附属经济体。在 1975—1995 年的房地产

周期中，美国低点领先于附属经济体3~8年，高点领先于附属经济体7~9年。据上述经验推算，美国2006年见顶以来已有10年，由于中国要领先于新加坡，这意味着中国作为追赶国的上行期可能已接近极限，2014年和2016年可能是双头顶部，中国房地产周期很可能在2017—2019年进入下行期。

在第五次康波中，中国作为追赶国，其房地产周期要领先于新加坡、巴西等国。随着1998年房改开始，中国于2000年左右正式启动新一轮房地产周期。而新加坡于2004年触底，巴西于2003年触底，这两个国家滞后于中国3~5年（见图12-19、表12-6）。

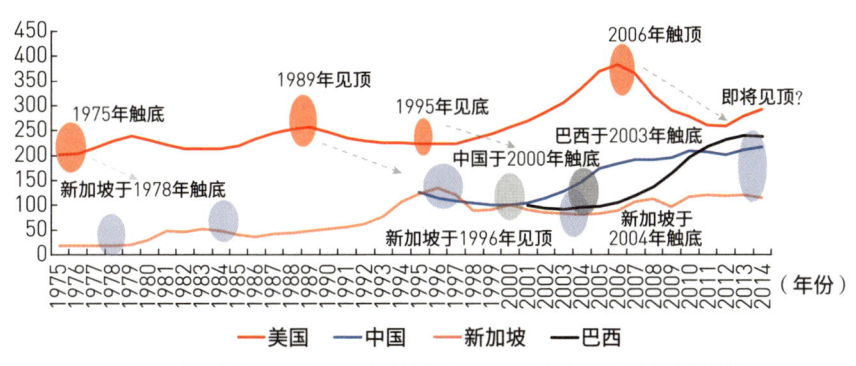

图12-19 主导国和追赶国的房地产周期要领先于附属经济体和资源国

资料来源：中信建投证券研究发展部。

表12-6 附属经济体和资源国的房地产周期相对滞后

所处康波阶段	房地产周期	参照国家	对比国家	中国领先时长
第四次康波	1975—1995年	美国1975年触底	新加坡1978年触底	领先3~8年
		美国1989年见顶	新加坡1996年见顶	领先7~9年
第五次康波	1995—2020年或2025年	中国2000年触底	新加坡2004年触底	领先4年
			巴西2003年触底	领先3年

资料来源：中信建投证券研究发展部。

风险提示：中美房地产周期或在2017—2019年共振下行

上面的分析已经指出，房地产周期时长为25~30年，美国自1995年开启新一轮房地产周期至 2016 年,已经历了 21 年,并在 2006 年已实质性见顶。根据经验,这次房地产周期的最终大底有可能在 2020—2025 年才会出现。因此,对于 2012 年房价回升的性质,我们认为其更有可能是房地产大周期下行期中的一次 B 浪反弹。我们对中周期的研究也验证了这次反弹的客观存在。

我们还发现,中周期的低点之前通常对应的是房地产周期的回调或下行阶段,而房地产周期的低点大致出现在中周期低点附近或之后。美国中周期从 2009 年开启,并在 2015 年出现中周期的高点,亦即第二库存周期的高点,2019—2020 年可能是本轮中周期的低点。根据经验,中周期的低点之前通常对应的是房地产周期的回调或下行阶段,因此,2012 年房地产周期的 B 浪反弹大概率在 2019 年之前就要结束,即在 2017—2019 年大概率进入 C 浪下跌。本轮房价的大底可能在 2020 年之后出现,亦即在 2020 年至 2025 年之间见底。

房地产周期的传递关系表明,在第四次康波中,主导国美国的房地产周期要领先新加坡 7~9 年。

综上分析,中美两国将很可能在 2017—2019 年同时处于房地产周期的下行阶段,即出现共振下行(见图 12-20)。作为全球两大经济体,这种共振向下的影响和冲击将是重要的风险因素。从康波周期所处的阶段看,2016 年正处于康波衰退向萧条转换的阶段。这似乎意味着,中美房地产共振衰退可能成为康波萧条加速到来的风险点。

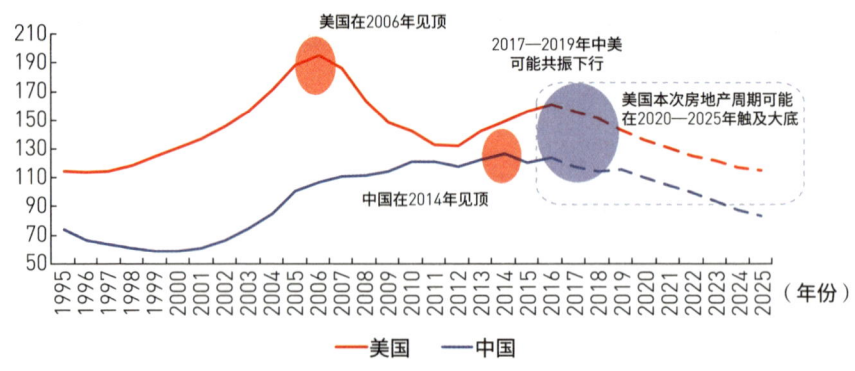

图 12-20 中美房地产周期或在 2017—2019 年共振下行

资料来源:中信建投证券研究发展部。

13   康波体系下的黄金价格

- 2016年9月5日

  历史上业界对黄金的观点一直众说纷纭，有关黄金定价机制的研究结果在不同的分析框架下往往相差甚远。我们认为，造成这一现象的原因与分析师在研究方法上的两点不足之处有关。其一，没有从长周期的视角去分析黄金市场的波动规律。其二，在解释金价上涨或下跌的原因时，将黄金的众多属性强行杂糅并与金价的运行相叠加。黄金市场的发展贯穿了过去300余年资本主义体系里金融组织机制的演进历程，在跟随货币制度和经济周期变迁的过程中，黄金的投资价值与货币信用属性已经充分交织渗透，使其定价机制不断趋于复杂化，简单地根据短期价格波动或孤立的属性去分析金价的运行显然无法透析黄金市场的根本规律。实际上，黄金市场的运行逻辑在不同历史时期并不是一成不变的，由自身不同级别的属性所驱动的价格运行是其背后更深层的原因。而康波理论体系为我们从长周期的视角解读黄金价格的波动规律提供了最佳的分析框架。

  基于康波的视角，我们发现金价的长期运行呈现出明显的、与长波运行相对应的周期性特征。黄金的实际持有收益率在康波的衰退和萧条期趋于上行，在萧条期达到高点，而在复苏和繁荣期趋于下降。如果长波周期从复苏到萧条的运行代表着经济增长的轨迹，那么黄金价格的走势则可以被视为经济增长的反面。以长波衰退期为起点，黄金资产将步入长期牛市，并且在萧条期5~10年的超级行情中获取显著的超额收益。可见，康波周期的运行是驱动金价长期走势的主导因素，而金价在长周期内部的运行规律则是需要我们进一步研究的问题。自2001年开始，黄金与大宗商品都经历了长达10年的超级行情以及牛市后的下跌，2016年以来又几乎同步开启了反弹之旅，在全球经济疲态尽显、负利率和高杠杆遍布的时代，黄金的下一个牛市是要开启还是已经远去？黄金与库存周期、商品产能周期以及货币体系分别存在怎样的关系？厘清这些问题关系到未来中长期的资产配置策略。本章基于周期的框架和因素分析重塑了黄金价格的研究体系，从更深层次解释了黄金价格的波动。

通过研究我们发现，以周期的维度进行划分，黄金价格的运行存在不同级别的周期波动模式，而这些周期性波动规律本质上是黄金不同级别的属性在金价运行中的体现。站在长周期的视角看，金价跟随全球经济长波周期和货币体系的演进所呈现的波动规律对应着其根本属性——信用对冲，这一属性表现为金价的长期波动与实体信用和货币信用的反相关，也就是美国实体经济增长格局和美元体系的稳固性是驱动黄金价格长期走势的根本因素。从中期来看，在购买力因素的驱动下，黄金的商品属性得到释放；受商品属性的驱动，黄金价格主要遵循大宗商品产能周期的规律运行。而如果将分析视角进一步收窄，我们发现，全球风险偏好是影响黄金价格短期波动的核心因素，受市场风险偏好的推动，黄金－金属比在库存周期层面存在明显的反向波动规律。此外，基于历史数据的数量关系分析也帮助我们进一步确认了黄金市场的短期运行所要遵循的基本规律，实际利率、美元、大宗商品价格以及马歇尔K值的走势能够在很大程度上解释黄金价格的短期波动。2016年以来，黄金的反弹是超额流动性释放、通胀预期以及美联储修复全球风险共同助推的结果。

对于未来黄金资产的投资策略，我们得出以下结论。首先，从大的波段来看，2016年已经到了配置黄金资产的重要时点。但在后续库存周期的上行期，我们将继续感知全球经济阶段性企稳和价格体系修复的动力，在风险偏好相对提升的情况下，顺应价格上涨的投资逻辑仍是主线。这一阶段，美联储加息概率的逐步提升成为金价的抑制因素。当本轮库存周期运行至中后期时，经济动力的逐渐消竭、实际利率的走低以及避险情绪的扩散将明显推升黄金资产的相对收益。本轮库存周期行至尾声、经济特征开始向通缩转换之时，也是本轮康波周期由衰退向萧条切换的开始，而站在长周期的角度看，彼时的黄金将拥有更高的相对投资价值。

上述结论说明，以本轮库存周期为起点，黄金资产的配置价值在逐渐增强，虽然在这个过程中全球库存周期共振所带来的经济企稳和加息预期有可能降低黄金资产的相对收益，但长波的位置决定了其边际阻力必定疲弱。相对于短期可能会出现的小幅折返，黄金资产战略投资阶段的来临才是当前市场需要关注的重点。

康波周期中的黄金价格波动

康波中的金价波动与周期性特征

基于康波的视角，我们可以清楚地透析金价在长周期运行中所呈现的波动规律。按照长波周期不同阶段的演进顺序，黄金价格的运行依次表现出的特征为：在康波的复苏和繁荣期，黄金实际持有收益率普遍趋于下行，也即金价的上涨速度达不到同期物价水平的上涨速度。这意味着在基本面坚实、实体增长动力充盈的经济阶段，持有黄金资产不仅无法获得超额收益，甚至不能满足投资人的保值需求。造成这一现象的关键，在于强劲的经济潜在增速所产生的高额的机会成本以及利息损失。在康波周期进入衰退阶段后，黄金价格的波动幅度和频率都明显加剧，这与康波衰退期物价的大幅波动有关，基于我们对康波周期中的价格波动问题的研究，最近三次康波的运行在走向萧条的过程中价格都是冲高回落的，价格体系的动荡是造成康波衰退冲击的重要来源，也是刺激黄金价格抬升的重要推动力量。以此为起点，黄金资产价格将步入长期牛市，并且在萧条期5~10年的超级行情中达到高潮。

在滤去金价的短期小幅波动后，我们可以更明显地看到，金价在长期趋势中呈现出与康波运行相对应的周期性特征。黄金的实际持有收益率在康波的衰退和萧条期趋于上行，在萧条期达到高点，而在复苏和繁荣期趋于下降。如果长波周期从复苏到萧条的运行代表着经济增长的轨迹，那么黄金价格的走势可以被视为经济增长的反面。在相对价格方面，根据黄金与金属和农产品的名义价格比，在长波复苏、繁荣和衰退早期的大部分时间，黄金价格相对于其他商品平稳运行，但从衰退晚期到萧条期，黄金表现出非常明显的超额收益，这是黄金资产与其他商品的重要不同。在相对收益方面，从黄金价格与道琼斯工业平均指数的走势也可以看出，黄金资产在长波周期上行阶段的表现弱于股票，但从衰退晚期到萧条期的收益却远远超过股票资产。从近三次长波演进的历程来看，每一次萧条期金价的涨幅都较前一次有所增加，也即实际金价的波动中枢有不断抬升的趋势（见图13-1至图13-4）。

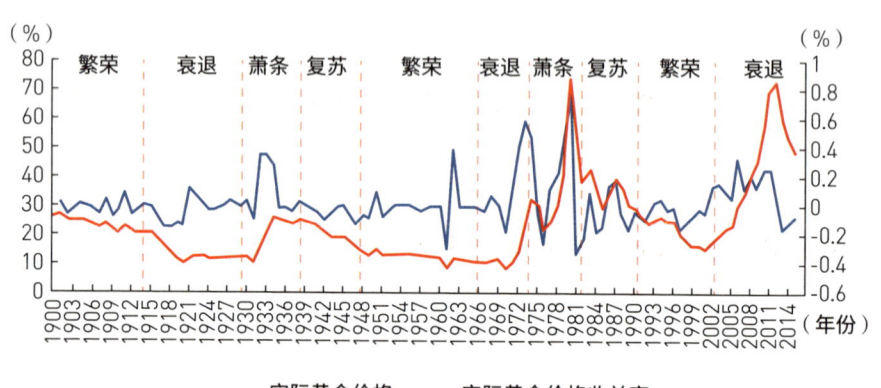

图13-1 康波中的黄金价格波动

资料来源：中信建投证券研究发展部。

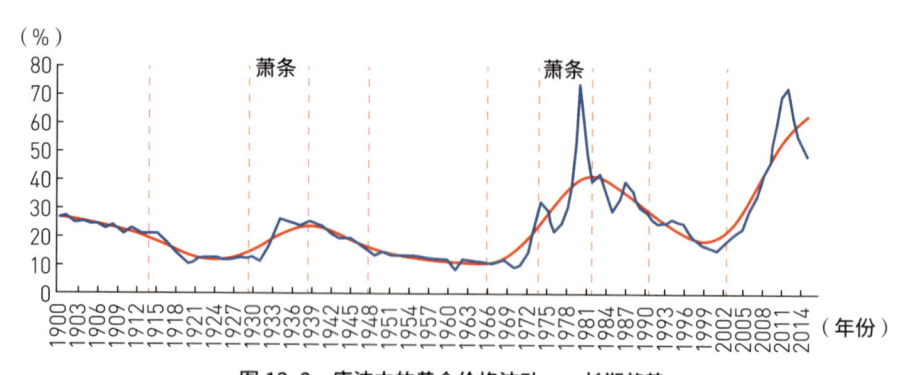

图13-2 康波中的黄金价格波动——长期趋势

资料来源：中信建投证券研究发展部。

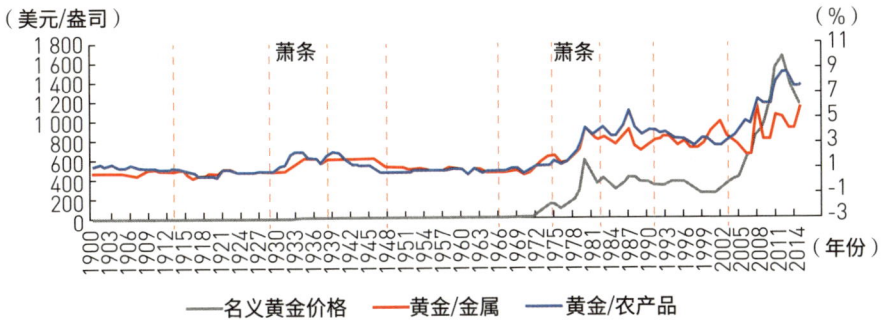

图 13-3　康波中的黄金与其他商品价格走势

资料来源：中信建投证券研究发展部。

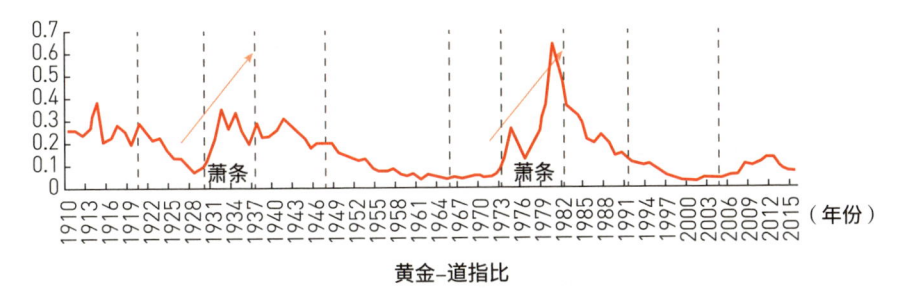

图 13-4　康波中的黄金与股票价格相对走势

资料来源：中信建投证券研究发展部。

当前康波运行阶段的定位——衰退转萧条

按照康波周期的运行规律，自 20 世纪 90 年代开启的长波繁荣期于 2004 年宣告终结，自那之后我们正式进入世界长波周期的衰退阶段。在衰退期拐点的两三年后，全球经济经历了 2008 年的金融危机，之后于 2014 年经历了美元升值给全球带来的二次冲击。以 2008 年全球金融危机为始，世界经济结构问题不断，欧债危机、产能过剩、人口老龄化等甚嚣尘上，由技术、人口、资源禀赋以及政治环境等长期因素决定的经济潜在增速的下滑已不可避免，而世界经济体相继进入负利率时代也标志着本轮凯恩斯主义的需求刺激已走到尽头。从历史看，每个经济短周期下行叠加中长期结构问题都会使全球陷入危机模式。

当前康波周期的位置是从衰退向萧条过渡期的后半段，前两次康波周

13　康波体系下的黄金价格　　345

期的同一阶段，一次是 20 世纪 70 年代的原油供给冲击引发滞胀，另一次是 1929 年"大萧条"前期。康波陷入萧条期的前兆是，全球陷入严重的结构性困局，需要一次经济危机式的产能出清才能恢复供需平衡。以我们对长波周期运行规律的研究来看，在未来的 3~5 年里，由我们所处的本轮中周期的危机所产生的萧条将带领我们从康波的衰退期进入萧条期。结合金价在长周期中的运行规律，黄金资产在当前的长波时点具有很高的配置价值。然而，大周期走向萧条的过程不是瞬间完成的，在长期结构逆流中，第三库存周期的反弹将带来经济阶段性企稳以及价格体系的修复，而黄金市场在长波周期内部的运行逻辑是我们需要进一步关注的问题（见图 13-5）。

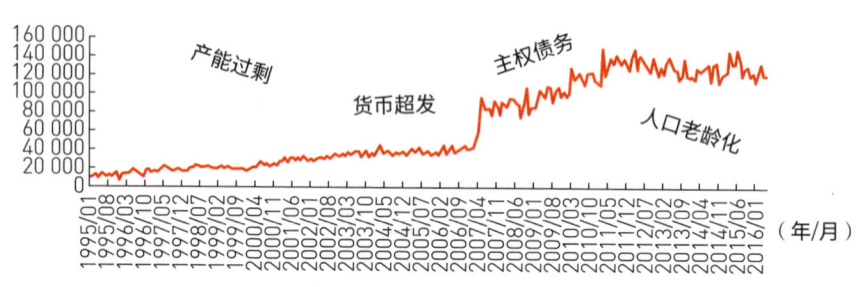

图 13-5　结构逆流：彭博新闻关键词索引（月度）

资料来源：彭博，中信建投证券研究发展部。

黄金价格与大宗商品周期、库存周期

依上所述，从康波周期的衰退晚期到萧条期，黄金资产在巨幅波动中将获取显著的超额收益，这是其与一般商品价格波动的重要不同点，也是黄金的信用对冲这一根本属性的体现。而金价在长周期内部的运行规律是需要我们进一步研究的问题。我们注意到，在长波的复苏、繁荣以及衰退初期，黄金价格呈现出与其他商品相对平稳运行的状态，这为我们探索黄金价格在长周期内部的波动规律提供了重要线索。事实上，通过分析我们发现，实际金价在中期的运行与以油气、工业金属为代表的商品产能周期的走势基本吻合，而通过库存周期的划分，我们也可以明显地看到黄金－金属比在小周期层面的波动特性。

黄金价格与大宗商品周期

在第11章中，我们基于100年来工业金属、能源的实际价格和产能数据序列分析并得到以下结论。(1)以固定资产平均使用时间为基准，大宗商品价格波动存在30年左右的产能周期特征，其中产能的上升期约为10年，下降期约为20年，在产能周期到达高点附近后，大宗商品价格将进入一个7~8年的剧烈下降阶段，随后进入漫长的横盘期。(2)从实际价格与长期趋势的偏离来看，以金属为代表的商品价格存在一个平均18~20年的周期性波动，参考学术界的文献，我们将其称为超级周期，其波动特征受到产能周期的显著影响。(3)一个超级周期内部存在三个显著的小级别周期波动规律，类比厄尔尼诺以及涛动指数循环现象，我们称其为大宗商品的涛动周期。

值得注意的是，通过叠加实际黄金价格与大宗商品周期我们发现，在长波周期内部，实际金价的运行与以油气、工业金属为代表的大宗商品产能周期的走势基本吻合。在大宗商品产能周期的10年上行期中，实际金价步入上升通道，而在产能周期的20年下行期，实际金价趋于震荡走低。尤其是在长波复苏和繁荣期，黄金-金属、黄金-农产品相对价格基本围绕一个固定中枢平稳运行。虽然相对于一般商品来说，黄金的价格波动表现出明显的独立性，但就中期而言，黄金与其他大宗商品的走势基本保持一致。也就是说，在中期，黄金的商品属性得到释放，在商品属性的驱动下，黄金价格按照商品产能周期的规律运行，并且在长期走势上仍然服从长波的形态。历史上有大量的研究试图证明黄金-原油比中枢的存在，并且一般都将其定位为10~15。从现有数据来看，黄金与原油、金属等大宗商品价格的基本变动趋势吻合，只是在波段方面表现出相对于大宗商品的滞后特性，这是黄金商品属性的重要体现。

从黄金与大宗商品的关系来看，以能源、工业金属为代表的大宗商品价格走势是影响黄金价格波动的重要因素。基于大宗商品周期的演进逻辑，本轮商品的产能周期和超级周期同时于2011年触顶，至今已有5年半的时间，无论从产能周期还是超级周期的角度看，大宗商品价格的下跌期都远未结束。也即从长期来看，大宗商品的熊市仍将延续，这一点从大宗商品市场自身以及全球经济长周期的趋势中都能得到验证。显然，大宗商品价格的长期运行仍然趋于弱势，但是从大宗商品价格运行形态我们可以推导出，无论是产能周期的主跌段还是超级周期的下跌期，大宗商品价格在最终触底前的两三年将出现双底形态，也就是在2016年出现年度级别的反弹。而除了大宗商品市场自身的特征，全球经济运行的逻辑与第三库存周期的节奏是支撑大宗商品上涨的实体经济层面的关键因素。在前期的系列报告中，我们系统性地推演了2016年大宗商品价格"一波三折"反弹的路径。我们对黄金价格走势的影响将在后面展开分析（见图13-6、图13-7、图13-8）。

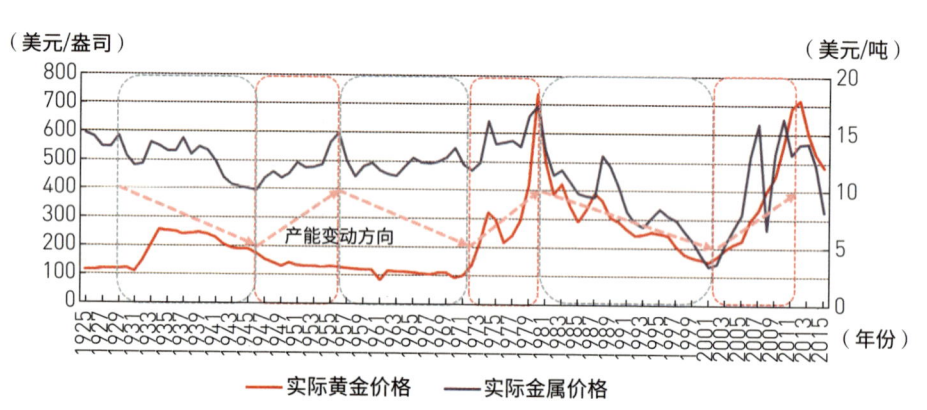

图13-6 实际黄金价格与实际金属价格走势

资料来源：BEA，中信建投证券研究发展部。

图13-7 20世纪70年代至2015年黄金与原油价格走势

资料来源：Wind资讯，中信建投证券研究发展部。

图 13-8　20 世纪 70 年代至 2014 年黄金与金属价格走势

资料来源：Wind 资讯，中信建投证券研究发展部。

中周期、库存周期中的黄金价格波动

从金价在中周期和库存周期的运行特征来看，中、短经济周期对黄金价格产生的直接影响并不显著，黄金的走势在更大程度上依然服从长波周期和商品产能周期。这说明，金价的波动问题超越了中周期或者库存周期的范畴。但通过研究我们发现，在中、短周期内黄金价格的运行仍然有其特有的周期性规律，只不过这种规律体现在与其他商品价格的相对运动中。通过库存周期的划分，我们可以明显地看到黄金-金属比在小周期层面的波动特性。

基于 1975 年至 2014 年黄金-金属比在一共 13 轮库存周期中的表现，我们发现其走势与库存周期的运行趋势呈严格的反相关关系，也即黄金在库存周期上行期的表现要弱于金属，而在下行期的表现强于金属。从经济基本面的演化逻辑来看，库存周期的上行期伴随着实体需求的复苏、通胀水平的抬升和风险偏好的修复，因此，代表工业需求和风险资产的金属走势相对更强。而一旦库存周期运行至高点，实体经济开启下行趋势，在需求下滑和避险情绪的带动下，黄金相对于金属的表现就会更加强势。事实上，通过对黄金-白银比和黄金-原油比的周期划分，我们也可以得出类似的结论（见图 13-9 至图 13-11）。

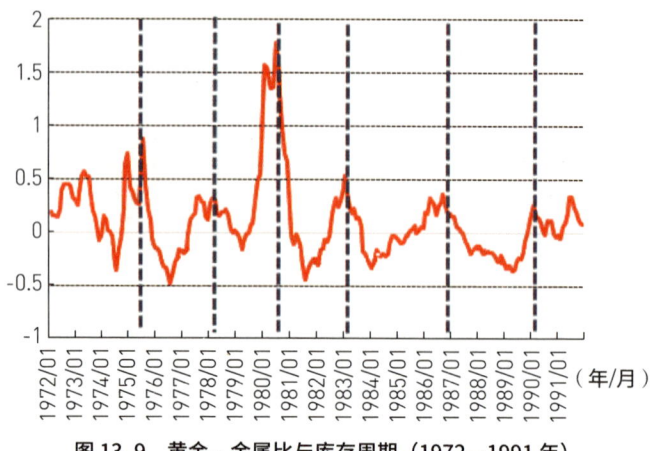

图 13-9　黄金-金属比与库存周期（1972—1991 年）

资料来源：Wind 资讯，中信建投证券研究发展部。

图 13-10　黄金-金属比与库存周期（1992—2015 年）

资料来源：Wind 资讯，中信建投证券研究发展部。

综合以上基于经济周期的框架对黄金价格波动特征的分析，我们可以看到，康波周期的运行决定了黄金价格的根本走势，而黄金价格在中、短周期内并没有明显的波动规律，其更大程度上是在跟随大宗商品周期的节奏运行。其中的原因在于，黄金价格的走向受到黄金市场供需、通胀水平、货币汇率、经济预期和金融稳定等因素的直接或间接影响，在经济系统正常运作时，黄金的定价机制始终保持相对稳定的状态。而只有当全球经济系统运行至特定阶段，市场信用和货币体系出现大幅动荡时，黄金的定价机制才会发生根本性变化，此时黄金价格将在货币信用对冲属性的释放下迎来超级行情。对中周期和库存周期而言，虽然其对全球经济以及市场体系的运作存在显著的影响，但其冲击级别还不足以扭转黄金的定价机制，这就解释了为何黄金价格的周期性波动只体现在长波运行中，而其在中短经济周期内只呈现出相对价格波动的特征。

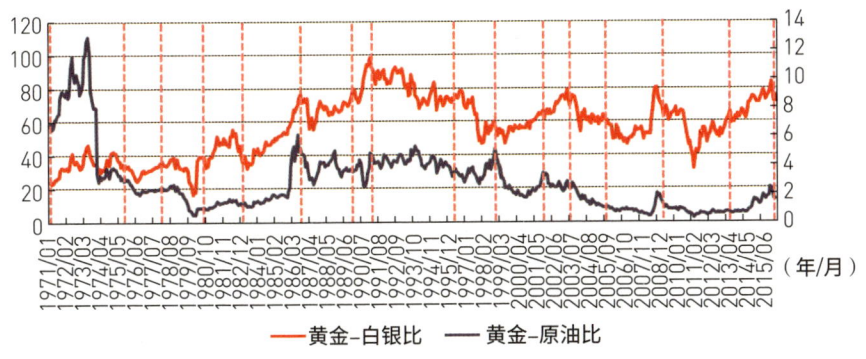

图 13-11　黄金－白银比、黄金－原油比与库存周期

资料来源：中信建投证券研究发展部。

如何理解金价在周期框架中的运行逻辑

以上我们基于周期的维度对黄金价格的波动规律做出了全方位的解读，金价所呈现出的不同级别的周期波动模式实质上是黄金不同级别的属性在金价运行中的体现。从长期来看，金价跟随全球经济长波周期的演进所呈现的波动规律对应着黄金的根本属性——信用对冲。而在中期，商品属性驱动着黄金价格遵循商品产能周期的规律运行。如果将分析视角切换至短期，我们发现，黄金－金属比在库存周期层面呈现出明显的反向波动特征。以上周期框架的搭建重塑了黄金资产投资的研究体系。而关于金价在周期框架下的运行逻辑，我们认为应该回归黄金的定价机制去解读。近代以来，黄金的投资与货币信用属性在跟随货币制度和经济周期变迁的过程中交织渗透，其价格波动由来自货币层面、购买力层面以及避险情绪等层面的市场变量共同主导，因此，对金价各影响因素及其重要程度的分析是厘清黄金价格运行逻辑

的重要切入点。

如何解读黄金的根本属性——信用对冲

前面我们论述了基于长波视角所观察到的金价的长周期波动规律。如果长波周期从复苏到萧条的运行代表着经济增长的轨迹，那么实际金价的走势可以被视为经济增长的反面。金价伴随康波周期的运行所表现出的运行规律应该如何去解读，这种长周期波动背后所反映的本质又是什么，这是需要我们进一步分析的问题。对于黄金价格在长期趋势上发生的根本性变化，仅仅通过作用于黄金价格的市场变量的高低波动显然不足以解释清楚其背后的原因。事实上，理解黄金的根本属性才是弄清这一问题的关键。1971年美元与黄金脱钩后成为世界货币体系的中心货币，但在浮动汇率制与信用制度下，美元的价值不稳定和长期趋向贬值是国际社会普遍担忧和不满的一个问题。作为曾经的实物货币以及后来的货币之锚，黄金的真实价值相对于美元更受国际社会认可。

我们认为，黄金的根本属性为信用对冲，这一属性表现为金价的长期波动与实体信用和货币信用反相关。其中实体信用反映了长波主导国经济增长格局的相对强弱，货币信用反映了全球信用货币制度下货币体系的稳固性。具体而言，也就是美国实体经济增长格局和美元体系的稳固性是驱动黄金价格长期走势的根本因素。这背后的逻辑在于，在经济基本面具备坚实基础的复苏和繁荣期，由强劲的经济潜在增速所产生的高额的机会成本以及利息损失将大大削弱黄金资产的持有收益，并且美国实体经济的繁荣将支撑美元体系的平稳运行，我们在前面讲过，长波繁荣前期主导国货币将处于强势货币地位，这也成为实际金价在长波复苏和繁荣阶段的抑制因素。而进入长波的衰退期后，随着实体经济动力的消竭，黄金资产的相对收益将逐步显现，来自价格体系的动荡既是造成康波衰退的重要冲击来源，也是刺激金价抬升的重要推动力量，最终在全球实体信用和货币信用恶化的驱动下，黄金价值将迎来回归之旅。

对黄金根本属性的认识有助于我们理解黄金价格与美国实际利率、美元指数的关系。正常情况下，全社会平均风险折减收益率可以用实际利率来代表，虽然政府的调控可以人为地驱使实际利率短期偏离均衡值，但长期来看，实际利率的变动趋势能够良好地反映经济增长和社会信用的稳固程度。从以 10 年期美国国债实际收益率为代表的实际利率与黄金价格的关系可以看出，黄金价格与实际利率在长周期维持稳定的负相关关系，并且黄金价格运行的重要高点均与实际利率的低点相对应。此外，在浮动汇率与信用制度下，衡量美元强弱的是相对于其他主要国际货币的比价，而各种货币的风险折减收益率是影响汇率的核心因素，这就决定了实际利率的上升期也是美元的强势期，美国实际利率水平和美元之间总是保持同步关系，实际利率和美元的共同走高将给黄金带来显著的下行压力。

上述结论说明，美国实际利率的长期趋势可以被视为黄金价格长期走势的核心影响变量。在康波衰退和萧条阶段，实际利率水平将在经济潜在增速下滑和实体信用恶化中走低，从而驱动黄金资产获得巨额的相对收益。但同时需要说明的是，在康波复苏和繁荣阶段，美国实际利率对黄金价格的驱动作用将明显减弱，此时黄金价格在中期将更多跟随商品周期波动。这意味着在美国实体经济增长旺盛、美元体系稳固的阶段，黄金的信用对冲属性被暂时弱化，商品属性成为主导，所以，在长波繁荣阶段黄金价格的运行可能与实际利率的走势发生背离（见图 13-12、图 13-13）。

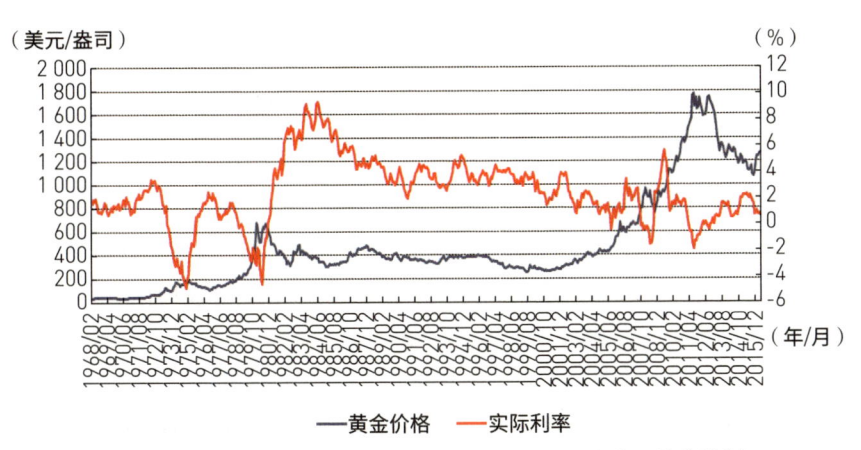

图 13-12 黄金价格与美国实际利率（扣除 CPI 的 10 年期国债收益率）

资料来源：中信建投证券研究发展部。

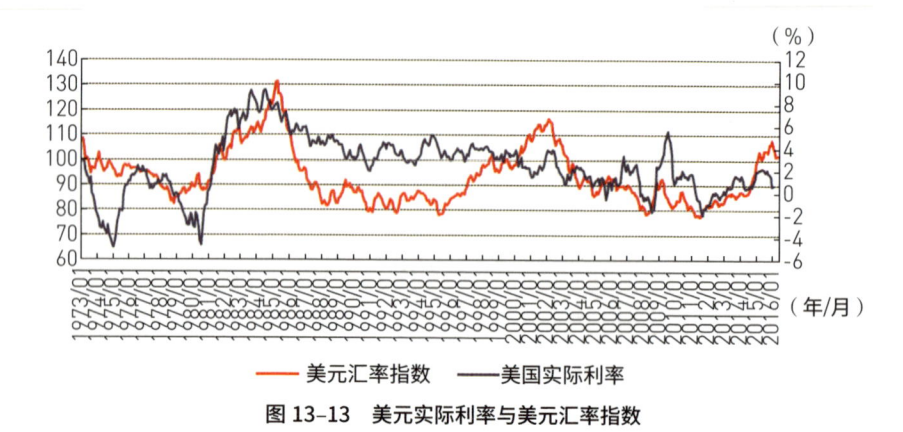

图 13-13　美元实际利率与美元汇率指数

资料来源：中信建投证券研究发展部。

如何理解黄金价格在中、短期的运行逻辑

应该如何解读黄金价格在中期跟随商品产能周期运行的规律？我们认为，购买力因素的驱动是黄金的商品属性在中期得到释放的主要原因。针对黄金购买力的讨论通常围绕两个层面展开。一是能源、金属、农产品、工业原材料价格的整体波动所带来的物价水平的变化。二是全球超额流动性水平，具体表现为核心国家的马歇尔 K 值（即广义货币供给量 /GDP）。

关于金价与物价水平的关系很好理解，有学者证明黄金存在 3.2 倍的购买力常数，也即长期黄金价格与美国 CPI 的定基指数的比率为 3.2 倍。而根据历史上二者的走势不难发现，金价与 CPI 同比增速在部分时期表现出很强的相关性，尤其是物价水平大幅上升将推动黄金价格大幅上涨。能源、资源品价格的波动可以通过购买力以及通胀预期渠道作用于金价，我们可以看到，随着商品金融属性的增强，大宗商品与黄金价格的关联性在 2000 年以后进一步上升。在流动性水平方面，我们以美国、欧元区、日本、中国和英国五大经济体的 M2 值和 GDP 数据计算马歇尔 K 值，由于五大经济体占据全球 GDP 总额的 70%，其走势可以作为衡量全球超额流动性主要趋势的指标。通过对比 2008 年黄金牛市开启之初与 2016 年初金价大幅反弹期间的马歇尔 K 值走势，我们发现 M2 相对于 GDP 在这两段时期中都出现了快速增长，应该说国际流动性的充裕是 2016 年上半年黄金上涨的重要推动力（见图 13-14、图 13-15）。

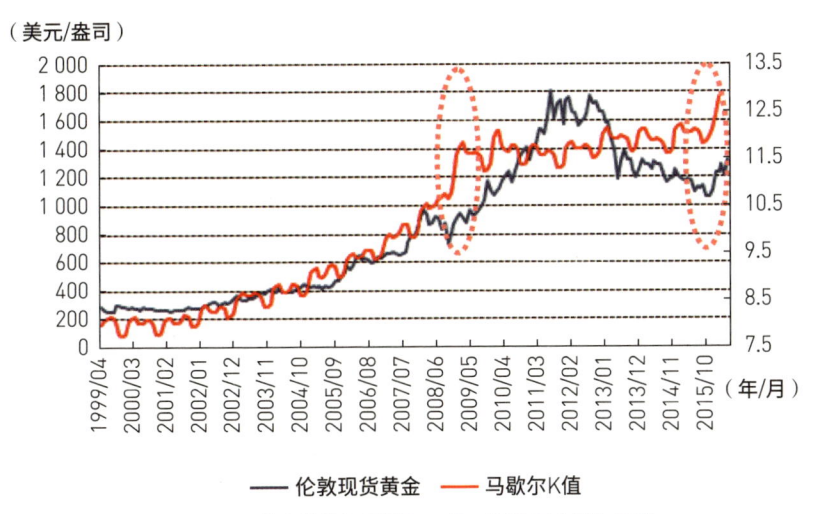

图 13-14　黄金价格与马歇尔 K 值（美欧日中英）走势

资料来源：Wind 资讯，中信建投证券研究发展部。

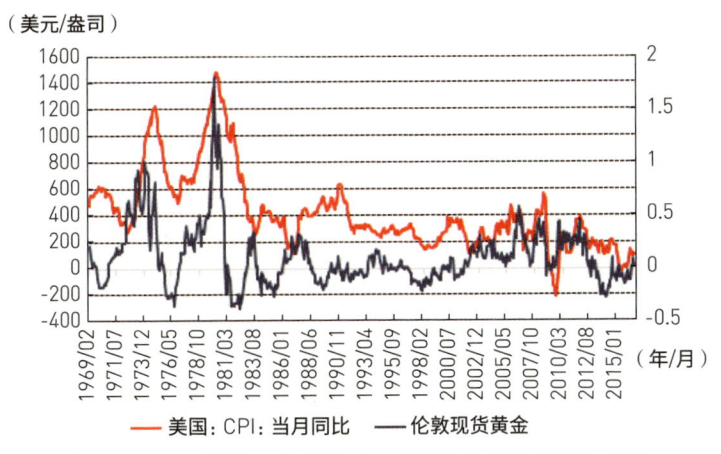

图 13-15　20 世纪 70 年代至 2015 年黄金与 CPI（美国）走势

资料来源：Wind 资讯，中信建投证券研究发展部。

相对于金价在中期的走势，短期内决定黄金资产相对收益的核心因素是全球风险偏好，因此我们可以看到，在实体需求复苏和市场风险偏好修复的库存周期上行期，黄金的表现要弱于代表工业需求和风险资产的金属。而当库存周期运行至高点，实体经济开启下行趋势后，在需求下滑和避险情绪的带动下，黄金相对于金属的表现将更加强势。从另一个层面来看，市场恐慌情绪和悲观预期也是影响黄金价格短期波动的重要因素。通过构造以欧美主权债务利差为代表的主权危机程度指标，我们发现，除去美国在金融危机期间的降息导致的背离，金价与欧美主权债务利差走势在大部分时间里高度一致。此外，回溯历史数据我们还发现，分别反映国际金融市场信用和美国主权信用风险的TED利差与克利夫兰金融压力指数（CFSI）也同黄金价格呈正相关。

此外还需要注意的是，在避险需求的层面上，美元、美国国债与黄金之间短期内的相互关系也不是孤立存在的，三者之间存在隐性的替代关系，并且这种替代关系在市场运行的不同历史阶段有不同形式的表现（见图13-16至图13-21）。一般情况下，当市场情绪趋于谨慎时，同为避险资产的黄金、美国国债与美元会趋于走高，但由于市场的分流作用，此时三者之间会表现出一定程度的替代关系。如果美元在经济运行的某一时期处于确定的熊市阶段，则彼时黄金和美国国债会成为市场投资者的主要避险资产。相反，如果美国国债收益率处于上升通道，则黄金和美元会受到更多投资者的关注。但这种替代关系在市场恐慌情绪达到一定程度后将发生改变，比如2008年金融危机期间雷曼银行破产冲击到实体经济时，黄金、美元与美国国债在市场避险情绪的推动下一起走强。

图13-16　2000年至2015年黄金价格与CRB现货综指走势

资料来源：Wind资讯，中信建投证券研究发展部。

图 13-17　2000 年至 2015 年黄金与 CRB 商品指数走势

资料来源：Wind 资讯，中信建投证券研究发展部。

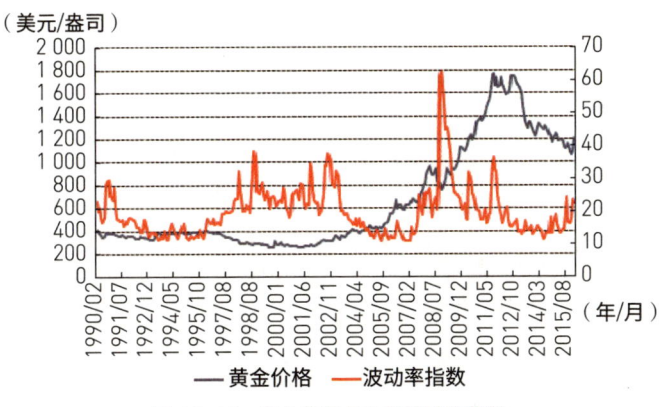

图 13-18　黄金价格与市场波动率指数

资料来源：Wind 资讯，中信建投证券研究发展部。

图 13-19　黄金价格与欧美主权债务利差

资料来源：Wind 资讯，中信建投证券研究发展部。

图 13-20 黄金价格与 TED 利差

资料来源：Wind 资讯，中信建投证券研究发展部。

图 13-21 黄金价格与克利夫兰金融压力指数

资料来源：Wind 资讯，中信建投证券研究发展部。

黄金价格与驱动因素的数量关系分析

通过上述分析，我们对黄金价格在周期框架内的运行逻辑以及驱动黄金价格的因素有了全方位的认知。从大的趋势来看，美国实体经济增长格局和美元体系的稳固性是驱动黄金价格长期走势的根本因素，这是黄金信用对冲属性的体现，可以用包括实际利率和美元走势在内的货币层面的因素代表。从中期维度看，购买力因素的驱动是黄金的大宗商品属性在中期得到释放的主要原因，重点包括流动性水平（马歇尔 K 值）和物价水平。而全球风险偏好则是影响黄金价格短期波动的核心因素，包括市场风险偏好的扩张和收缩，以及出于对市场危机和动荡担忧的避险情绪等。

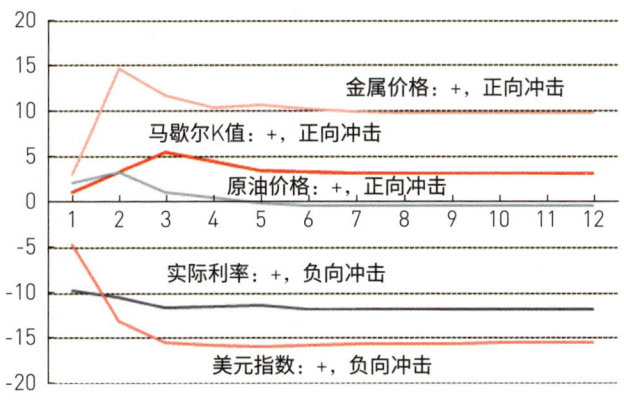

图13-22 市场变量对黄金价格的作用方向

资料来源：Wind资讯，中信建投证券研究发展部。

下面我们单纯从数量关系的角度对黄金价格的驱动因素进行分析验证。由于全球风险偏好指标难以被持续稳定地量化，因此我们假定在经济系统平稳运作期间，直接驱动金价运行的常规因素主要由前两个层面的市场变量组成。出于时间序列的频率和可得性，我们选取美国实际利率（剔除CPI的美国10年期国债收益率）、美元指数、马歇尔K值（美欧日中英M2/GDP）、CRB金属价格指数和布伦特原油价格作为黄金市场的解释变量，并通过模型和1999年至今的数据对黄金价格的影响因子进行量化分析。基于历史数据的实证分析结果显示：实际利率（美国10年期国债实际收益率）和美元指数对金价的冲击为负，而马歇尔K值、金属和原油价格对金价的冲击为正。在影响效力上，金属价格水平、实际利率、美元指数走势以及马歇尔K值是2000年之后黄金价格波动最主要的解释变量，由于原油价格的走势更多受到地缘政治情况的影响，因此其在大部分时间内对黄金价格的影响较弱（见图13-23）。

历史上黄金价格与影响因素的背离

虽然理论上讲美元与黄金应呈负相关变动，但不排除在特定时期二者的常规关系发生中断。结合黄金价格与美元指数动态相关系数的历史数据可以发现，1971年至2016年，黄金与美元在很多时点都呈现出明显的同步上涨趋势（见图 13-24、图 13-25）。进入 21 世纪后，黄金与美元之间的不稳定性加剧，2005 年以来金价和美元指数共有 4 个时期呈同步上涨：2005 年（2005 年 1 月—2005 年 10 月）、2008 年（2008 年 6 月—2009 年 2 月）、2010 年（2009 年 12 月—2010 年 5 月）和 2011 年（2011 年 07 月—2012 年 08 月）。总体来看，黄金和美元同步上涨期一般有如下特征：（1）大宗商品价格持续上涨，通胀水平抬升，而实体需求增长放缓，经济出现滞胀迹象或已步入滞胀；（2）通常伴随石油危机、次贷危机、债务危机等地缘政治或经济冲击的发生，市场谨慎和避险情绪显著升温；（3）基于通胀预期和对美国实体经济发展前景的考虑，美国国债收益率趋于上行，使得市场投资者选择美元和黄金作为避险资产。

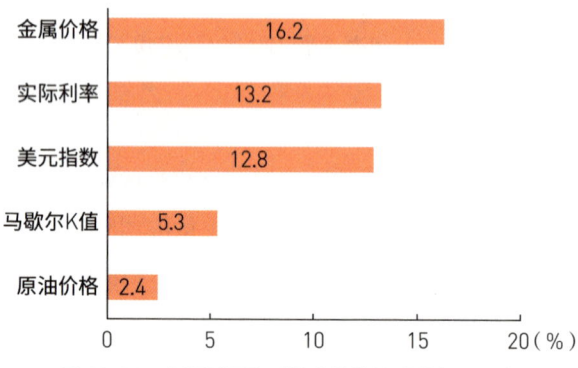

图 13-23　各驱动因素对黄金价格波动的解释程度

图 13-24　黄金价格与美元指数（1971—2016 年）

资料来源：Wind 资讯，中信建投证券研究发展部。

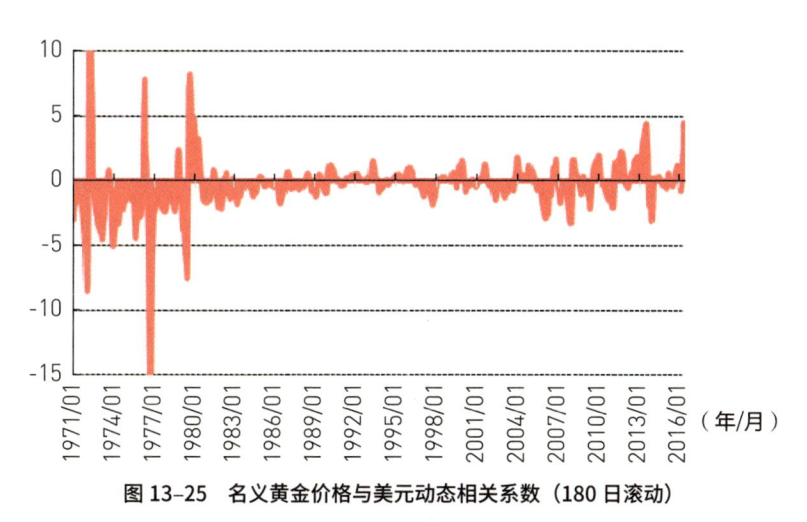

图 13-25　名义黄金价格与美元动态相关系数（180 日滚动）

资料来源：Wind 资讯，中信建投证券研究发展部。

由于黄金自身独有属性的存在，黄金价格与工业金属、能源价格之间的正向关系也时常出现中断，参照历史数据，黄金价格与商品价格的背离通常表现出如下特征：（1）经济危机或信用体系动荡引起避险情绪升温，会迅速推高黄金价格，造成黄金价格与其他商品价格走势分离，如 1972—1973 年布雷顿森林体系的崩溃、1993 年的全球经济危机、2001 年 "9·11" 恐怖袭击事件的冲击，以及 2008 年爆发的全球金融危机与 2012 年的欧债危机；（2）石油危机期间油价的大幅上涨将使黄金 - 工业金属比大幅抬升，如第二次石油危机期间黄金价格与工业金属价格的分离；（3）黄金价格的上涨略微滞后于一般商品价格上涨，历史上的多段时期都表明了这一特征（见图 13-26、图 13-27）。

黄金在本轮库存周期的配置价值渐次增强

通过黄金价格运行逻辑的分析，我们看到 2016 年以来金价的反弹并非单一市场变量推动的结果。从购买力层面看，自 2015 年底开始的全球超额流动性（马歇尔 K 值）的攀升以及商品价格反弹带来的通胀预期是推升金价的重要原因，而美国实际利率的下降和美联储出于平衡风险而对市场的呵护在货币层面也为金价的上行提供了动力。此外，包括全球外汇市场动荡和英国脱欧公投在内的不确定性事件又刺激了黄金的避险属性，其中克利夫兰金融压力指数已经在2016年创下了自欧债危机以来的新高。由此可以看出，金价在2017年上半年上涨的逻辑根植于全球市场大环境的改变。

图13-26 黄金价格与工业金属、能源价格的背离（1971—1994年）

资料来源：Wind资讯，中信建投证券研究发展部。

图13-27 黄金价格与工业金属、能源价格的背离（1996—2015年）

资料来源：Wind资讯，中信建投证券研究发展部。

虽然我们已经对当前长波运行的阶段进行了定位，即当前康波周期的位置是从衰退向萧条过渡期的后半段。但长波走向萧条的过程并不是瞬间完成的，在长波走向萧条的过程中，把握第三库存周期带来的经济阶段性企稳以及价格体系的修复是进行资本市场投资的关键。基于历史数据的数量关系分析，实际上也帮助我们进一步确认了黄金市场的短期运行所要遵循的基本规律。应该说，实际利率、美元、大宗商品价格以及马歇尔K值的走势能够在很大程度上解释黄金价格在短期的常规波动。回到当前的时间窗口，马歇尔K值的大幅走高在流动性层面为黄金的中期上涨提供了基础，接下来围绕第三库存周期的运行节奏分析其他金价驱动因子的运行脉络是理解未来黄金运行逻辑的重点。而黄金-金属比跟随库存周期的波动特性，实质上也告诉了我们如何把握黄金和大宗商品在本轮库存周期的投资节奏。

中、美第三库存周期已分别于2016年上半年先后触底，以我们对库存周期运行规律的理解，在后续库存周期中作用于黄金价格的市场变量将按如下节奏运行。(1) 大宗商品价格将继续沿袭一波三折的路径反弹。2016年上半年我们先后经历了由中国供给侧改革和第三库存周期复苏所引领的大宗商品的第一波行情，以及进入5月后在通胀预期和需求检验的干扰下出现的技术性回调，从大宗商品历史时间和空间调整来看基本到位，当前大宗商品逐步迈入第二波主升浪。在报告《弱需求下的价格修复》中，我们围绕历史经验和弱需求下的价格修复逻辑解答了大宗商品第二波行情的时间、幅度以及动力机制问题。2016年下半年价格再度上涨的核心源于中周期调整中企业经营困难对利润率改善的诉求和低库存的助力。供给侧发力、下半年旺季和美国第三库存周期的逐步修复，将助力商品价格再度向上并带动经济修复，这一阶段大概率出现在8月之后，并持续到第四季度。

(2) 物价步入温和通胀区间，并持续修复。根据库存周期以及商品市场的运行节奏，我们判断下半年美国PPI将继续处于上行通道，并且受前期低基数效应以及传导时滞的影响，短期内PPI端的抬升将不会对通胀预期产生干扰。也就是说，我们将经历一个经济企稳背景下温和通胀的阶段。而在库存周期到达高点位置附近后，在商品市场反弹和物价体系修复的带动下，货币实际购买力将不断遭到削弱，即第三库存周期物价运行的节奏将是由温和通胀迈向类滞胀的过程，这一点也由美国历史规律所证明。

（3）实际利率整体呈下行走势。按照周期的运行逻辑，经济周期的上行期一般都伴随着经济数据好转和需求复苏，此时市场对经济增长的预期高于通胀预期。反映在实际利率的走势上，即10年期国债收益率的上行速度超过CPI，因此实际利率通常在库存周期上行期走高。反之，在经济周期下行期走低。而通过分析实际利率在第三库存周期的走势，我们发现第三库存周期中的另一个重要特征，即物价的整体抬升速度将超过10年期国债收益率的上行速度。事实上，实际利率的走低也可以被视为"滞胀"风险在利率层面的体现。同走向滞胀的过程一致，实际利率在第三库存周期的下行也不是瞬间完成的，往往先经历一段缓慢的上涨期，而后才会大幅走低。

（4）美联储的政策将继续以平衡全球风险为主旋律。在脱欧危机风险解除后，美国将重新开启加息之路，我们维持2016年下半年美联储一次加息或不加息的判断，年内最可能的时点是在12月。但可以肯定的是，第三库存周期导致的经济反弹强度无法支撑持续的强势美元，并且加息后美联储可能会明确释放需要降低加息次数的信号，加息落地后美元将小幅走弱。及至美国库存周期运行至中后期，全球市场滞胀预期重燃时，美元将逐渐完成由风险资产向避险资产的转化，彼时在滞胀逻辑的发酵下，美元将不再是黄金的制约因素。

总之，在本轮库存周期中，经济和物价在后期运行的节奏大概率是从温和通胀走向类滞胀，在这过程中我们将看到大宗商品价格一波三折的反弹的延续以及实际利率整体的下行走势（见表13-1至表13-3）。也就是说，从整个库存周期看，黄金价格的上涨趋势将会持续。需要注意的是，在后续库存周期的上行期中，我们仍会继续感知全球经济阶段性企稳和价格体系修复的动力，也即第三库存周期通向"滞胀"的路并非一步之遥，短期内物价水平总体仍处于温和状态，在风险偏好相对提升的情况下，顺应价格上涨的投资逻辑仍是主线，这一阶段支撑黄金价格的动力主要来自流动性预期和全球不确定性事件。但在这期间，全球库存周期共振所带来的经济企稳和加息预期有可能成为黄金资产价格的抑制因素。当本轮库存周期运行至中后期，在滞胀逻辑的发酵下，实际利率将步入下行通道，伴随着避险情绪的扩散，黄金资产的相对收益将大幅提升，这一结论从历史上第三库存周期中实际利率和黄金－金属比的走势中都可以得到验证（见图13-28至图13-31）。

表13-1 第三库存周期：大宗商品不同区间价格波动幅度

主要品种	总反弹(%)	一次触底反弹(%)	一次触顶到二次触底(%)	二次触底反弹(%)	产出缺口上升期(%)
糖	346	95	-47	299	43
铁矿	138	—	—	—	—
石油	277	57	-40	250	166
铅	159	33	-32	158	92
黄金	133	53	-47	55	71
铜	126	22	-22	86	87
铝	45	28	-18	44	9
平均	181	54	-38	157	78

资料来源：Wind资讯，中信建投证券研究发展部。

表13-2 第三库存周期：大宗商品不同区间反弹持续时间（单位：月）

主要品种	总时长	一次反弹时间	一次触顶回落时间	二次反弹时间
石油	22.00	3.33	4	17.00
黄金	11.25	4.00	4	6.25
铜	14.00	3.00	4.67	10.25
铅	19.40	4.67	5.4	13.80
铝	24.25	6.40	3	16.25
糖	28.00	7.67	4.8	18.80
平均	19.82	4.84	4.31	13.73

资料来源：Wind资讯，中信建投证券研究发展部。

表 13-3 反弹节奏：大宗商品反弹顺序和反弹路径

反弹特征	反弹阶段	顺序排序
反弹节奏	触底顺序	糖→铁矿→石油→铅→黄金→铜→产出缺口→铝
	触顶顺序	铜→糖→产出缺口→黄金→铅→石油→铝→铁矿
	反弹路径	领先反弹、经济触底时回落、经济回升时再度回升（一波三折）

资料来源：中信建投证券研究发展部。

图 13-28 美国第三库存周期实际利率走势（1971年1月—1975年4月）

资料来源：Wind 资讯，中信建投证券研究发展部。

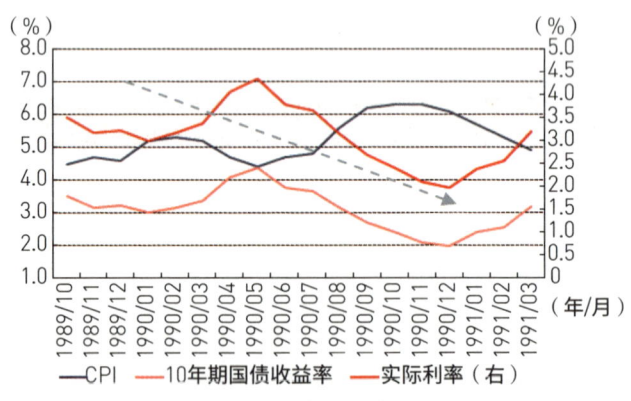

图 13-29 美国第三库存周期实际利率走势（1989年10月—1991年3月）

资料来源：Wind 资讯，中信建投证券研究发展部。

图 13-30　美国第三库存周期实际利率走势（1999 年 1 月—2001 年 11 月）

资料来源：Wind 资讯，中信建投证券研究发展部。

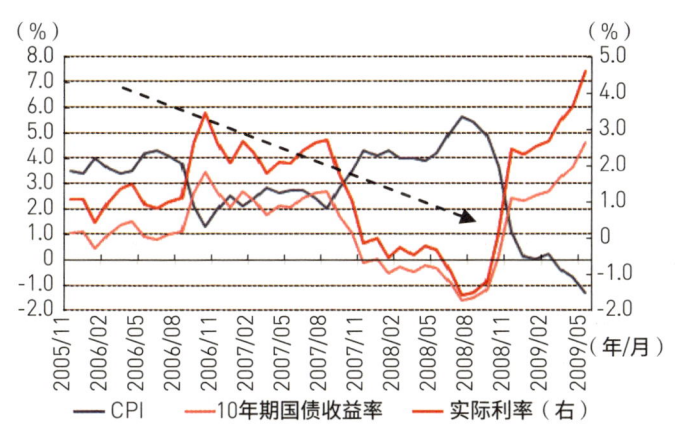

图 13-31　美国第三库存周期实际利率走势（2005 年 11 月—2009 年 5 月）

资料来源：Wind 资讯，中信建投证券研究发展部。

附录——从货币体系演进看黄金价格波动

在 20 世纪 30 年代多次出任英国首相的麦克唐纳曾说："金融是资本主义的神经系统。"而此前 250 年里，资本主义体系的金融组织机制和国际货币关系都与黄金密切相关，可以说黄金的价格波动历程构成了近现代经济运行的神经脉络，以历次货币体系的建立和更迭作为框架分析黄金市场的运行，有助于我们从另一个层面解读黄金市场的运行规律。事实上，作为全球

13　康波体系下的黄金价格　367

经济系统的骨骼，货币体系的演进是长波周期运行的重要组成部分，针对黄金价格与货币体系关系的研究也为黄金价格的长周期波动提供了佐证。

历史上的货币体系与黄金

金本位时代的金价波动——从稳定的代名词到"金色的羁绊"

虽说黄金作为货币古已有之，但实际上全球范围内的金本位体系直至19世纪70年代才得以建立，在金本位体系下，黄金作为世界各主要国家的货币锚，将国际汇率限制在一个有限的范围内波动，这种全球意义上的固定汇率制满足了当时国际贸易和结算的需要，并且通过"物价-现金流动"机制抑制了复本位制下的混乱和外部不平衡，因此，对全球大部分国家来说，金本位一直都是汇率稳定和国际收支平衡的代名词（见图13-32）。由于两次世界大战破坏了全球的黄金流通机制，金本位制可以分为经典金本位阶段和战时金本位阶段。

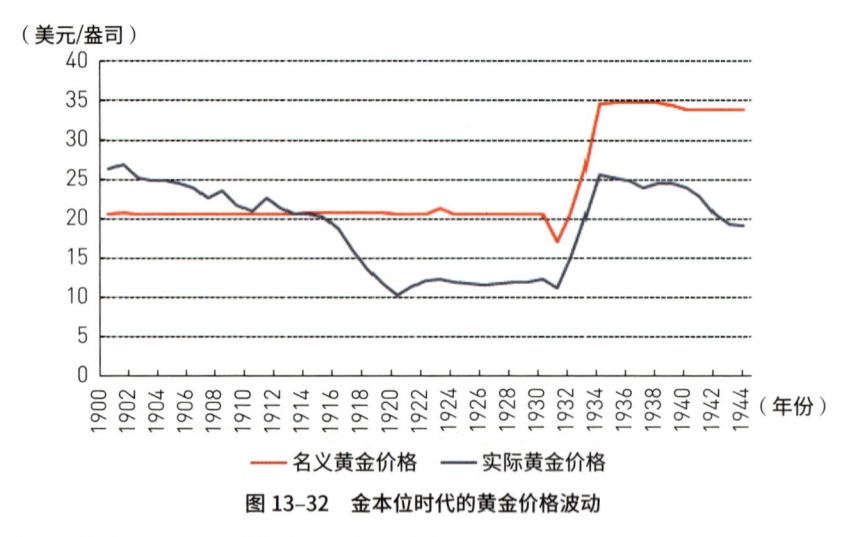

图13-32 金本位时代的黄金价格波动

资料来源：Wind资讯，中信建投证券研究发展部。

在经典金本位阶段，黄金被作为唯一的准备金，银行券和辅币可以与黄金实现自由兑换，各国央行协调黄金的自由出入。第一次世界大战的爆发中断了全球金本位的运行，战后虽然在大国主导下金本位被再次建立，但与经典金本位相比，战时金本位是一种不完全的金本位制度。这种不完全主要体现在大国与小国兑换地位的差别上，战后只有英镑和法郎可以在有限制的条件下被兑换成黄金，而小国实行金汇兑本位制，即货币不能直接兑换黄金，只能通过固定与英镑和法郎的兑换比例与黄金挂钩。

金本位能够发挥稳定作用的关键在于公信力和国际合作。公信力源于政府对自由兑换的承诺和收支平衡政策的坚守，这是金本位运作的第一层保障。当公信力出现动摇时，还需要国际合作提供第二层保障。国际合作，也即大国央行必须采取一切必要的措施维护黄金储备量和本国货币的可兑换性，而在任何国家的黄金平价遭到威胁时，其他国家也将施以援手。但是世界大战的爆发破坏了金本位运作的根基。首先，公信力的丧失使得战时金本位易于遭受全球不稳定的冲击。其次，战后的金本位更加缺乏弹性，国际合作在国内政治约束、国际争端和货币政策独立性诉求的束缚下也渐渐无果而终。

正因如此，战时金本位仅维持了 6 年就造成了全球范围内的通货紧缩、支付危机和银行恐慌，随后各国央行不得不相继退出金本位，货币体系的崩塌与金融危机相叠加，使经济低迷转变为一次前所未有的大萧条。在终止黄金的可兑换性后，世界各国的政策决策者开始操纵货币，并采取"以邻为壑"的竞争性贬值，进一步加剧了全球的大萧条。金本位的公信力和合作瓦解后，带来的直接结果就是金价的迅速膨胀。从 1931 年核心工业国家退出金本位到 1935 年，名义黄金价格涨幅达到 100%，实际黄金价格（扣除美国 CPI）涨幅达到 125%。从黄金与金属、农产品的价格比走势也可以看出，除了一战期间物价高涨造成黄金价格相对大幅缩水，在整个金本位时代，黄金实际购买力围绕一个中枢上下窄幅波动，而 1931 年以后，黄金相对于金属和农产品的实际购买力都涨了一倍（见图 13-33）。

布雷顿森林体系时代的黄金价格波动——美元的崛起和黄金的反抗

二战结束后，以美元为中心的布雷顿森林体系随之建立，这种"双挂钩"的汇率制度实质上是后金本位时代的一种延续，标志着战后国际金融秩序的重新分配。新体系能够建立，一方面是因为战后经济和国际贸易的恢复在客观上需要稳定的汇率制度的支持，更重要的是，美国世界第一的国际地位和占全球 70% 的黄金储备决定了美元在世界货币新秩序中的核心地位。

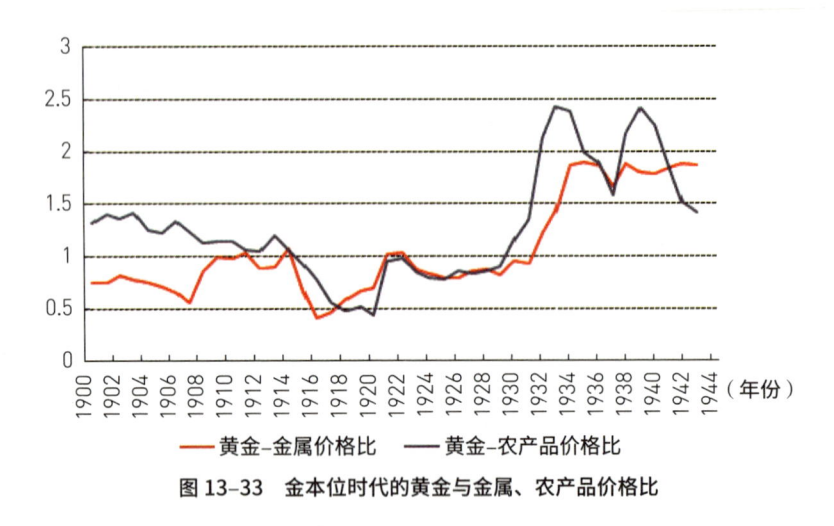

图 13-33　金本位时代的黄金与金属、农产品价格比

黄金－美元双挂钩体系的运作同样需要公信力和国际合作的维护。公信力源于美国履行按固定平价以黄金兑换美元的义务，国际合作主要靠其他国家的资本管制、盯住汇率制度，以及国际货币基金组织的协调。实际上，在战后的近30年里，这种可调节的固定汇率制度在很大程度上支持了全球经济的复苏和繁荣，但是由于特里芬难题的存在，美国逐渐丧失了布雷顿森林体系赖以维持的美元公信力，而成员国之间的合作也由于内外部失衡的长期冲突渐行渐远。迫于压力，1968年之后黄金市场开始施行双轨制，即可以在市场上自由交易黄金，这导致金价上行压力不断增加，虽然美国和国际货币基金组织试图通过各种手段打压黄金，但在市场的力量下最终放弃（见图13-34）。

在这种背景下，1971年尼克松政府关闭了黄金兑换窗口，1973年欧洲国家宣布对美元的联合浮动，正式宣告了黄金－美元本位体系就此解体。35美元兑1盎司黄金的固定比例随之不复存在，黄金价格应声上涨。1970—1975年，名义黄金价格和实际价格的累计涨幅分别达到340%、250%，黄金相对于金属和农产品的购买力也大幅攀升（见图13-35）。整个20世纪70年代至80年代，黄金在与美元的对抗中占尽上风，黄金市场迎来了10年的超级牛市，其间名义黄金价格涨了20倍。

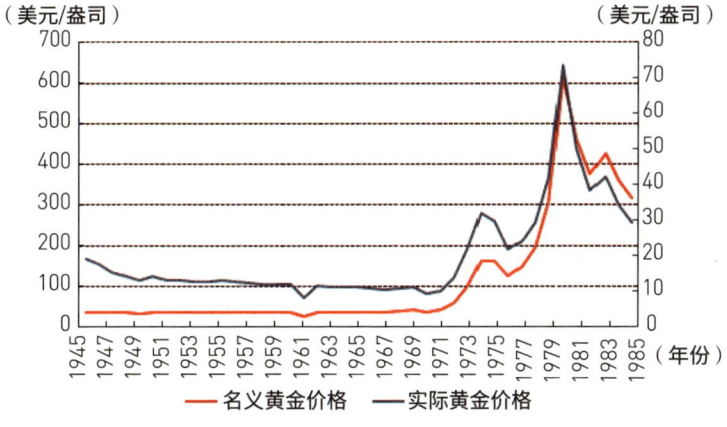

图 13-34　布雷顿森林体系时代的黄金价格波动

资料来源：Wind 资讯，中信建投证券研究发展部。

图 13-35　布雷顿森林体系时代的黄金与金属、农产品价格比

资料来源：Wind 资讯，中信建投证券研究发展部。

关于"美元体系"与黄金的思考

布雷顿森林体系崩溃后，美元成为世界货币体系的中心货币，体现在美元在商品计价、交易结算和外汇储备等方面的垄断性优势上。在脱离了贵金属属性后，美元不但挽救了自己国际储备货币的地位，还将美联储推上了"世界中央银行"的王座。一方面是因为美元停止兑换黄金后，套牢了相当一批持有大量美元储备的国家，并且美元的替代货币尚未出现，外围政府和央行的外汇储备只能转向美国债券等虚拟资产。另一方面，美国通过与沙特阿拉伯等国家签订协议掌控了石油等大宗商品的计价权，并依靠成熟的金融市场和国际资本流动体系维系了美元货币锚的地位。此后，美元背后的公信力只靠美联储的信用做背书，再无贵金属的约束。

美元体系的失衡历程

当今美元体系的失衡问题是学术界和业界老生常谈的话题，这种失衡的根源依然来自黄金－美元本位体系下矛盾的延续，并且叠加了新时期世界经济格局和经济周期等因素的冲击。美国尼克松时代的财长在一次会谈中说过："美元是我们的货币，却是你们的问题。"特别是当美元体系不再承担稳定汇率的义务时，公信力与国际合作就变得异常脆弱，这句话成了20世纪70年代至2016年国际货币体系的真实写照。美元体系运行的矛盾主要出自地位的不平等、货币的不稳定以及经济的不平衡。

（1）地位的不平等。最直观的体现是美联储拥有流动性创造的绝对特权，从而导致了国际利益分配的非对称性，而美国依靠其成熟的资本市场和美元流动体系，又为这种国际经济格局提供了支持和保障。具体表现为，一方面美国依靠其政治军事实力以及在国际金融期货市场的地位，控制原油等大宗商品的定价权，使得美国可以通过印刷钞票换取他国的资源和商品。另一方面，美国可以依靠发达的金融中介和丰富的金融衍生产品吸引国际资金流入，并且通过美元扩张排挤其他国际货币，使得国际货币体系缺乏弹性。

（2）货币的不稳定。主要由两个事实造成：一是特里芬难题在浮动汇率制度下依然存在；二是全球金融市场在美元体系下对美联储预期管理的依赖。上文我们已经提及特里芬难题在单一国别垄断货币下是必须面临的问题，这个问题在浮动汇率时期依然存在。除此之外，美元体系下另一个重要特征是，全球金融市场的最后贷款人角色在一定程度上由美联储担当。因此，在经济运行的不同阶段，美联储需要承担调节市场情绪和流动性的重任，但由于金融市场和实体经济的繁荣与萧条都难以量化，这就导致全球市场经常在过度流动性、金融泡沫与危机之间切换，特别是当经济形势不振而美联储的资源和资产负债结构又开始捉襟见肘时，市场枯竭将在自我强化的趋势下愈演愈烈，从而导致外汇和金融市场更加剧烈地动荡。

（3）经济的不平衡。在美元体系下，由国际贸易和资本流动催生的全球经济的失衡特征表现为：①美国仍是大量经常账户逆差的核心国；②新兴市场国家和发展中国家的顺差明显增加；③贸易和投资增长率远超GDP，虚拟经济发展速度加快，全球经济失衡规模在这种背景下持续扩大。可以看到，在美元体系下，造成贸易和经济失衡的根源仍然没有被消除，并且在高速的资本流动中有进一步加深的趋势。除了贸易逆差渠道，资本项目是美国输出流动性的另一条重要渠道。随着全球对储备资产需求的增加，市场对具有主权财政清偿能力的安全资产的需求也将增加。这就意味着美国国债发行量将随着全球储备资产需求的扩张而扩张，但债券的发行规模对主权债券的清偿力所产生的负面作用也将越来越大，考虑到发达国家的普遍债务规模和收益率水平，我们正面临一个无解的悖论。

美元体系的新挑战

（1）石油美元、商品美元的萎缩。除了以上传统的经济失衡因素，石油美元、商品美元的萎缩是当前美元体系面临的新挑战。石油货币循环机制是当前维系全球美元体系的重要一环，BIS[1] Global liquidity indicators 季度监测数据显示，受原油价格下跌影响，2015年第四季度石油出口国居民跨境存款减少790亿美元，同期全球跨境金融和衍生品交易量减少6 510亿美元，后者自2014年以来一直处于萎缩态势。根据季度数据估测，国际金融体系中的每笔石油美元存款都将牵动6~7倍等额的跨境交易（见图13-36、图13-37）。按照当前每年原油和相关产品的贸易量及石油货币体系创造的流动性（至少等于全球贸易总量），其总价值应超过6.8万亿美元，约占美国GDP的45%。但从目前来看，该体系的支撑因素正在逐渐趋于弱化。首先，从世界各国原油的供应机制来看，长期的地缘政治策略使得重要石油需求国都能确保自己石油链条的安全性。其次，从能源观念和技术角度看，伴随着新能源兴起和页岩油革命的到来，全球经济产业对石油能源的重视和依赖在减弱。最后，随着经济长周期走向萧条，实体经济和制造业的脆弱性导致石油需求增长放缓，尽管在涛动周期下石油和商品价格都经历了不同程度的修复，但

---

1 《国际清算银行（BIS）季度报告》，《金融时报》。

长期来看，油价的低迷最终将对石油美元体系的稳定性产生影响。

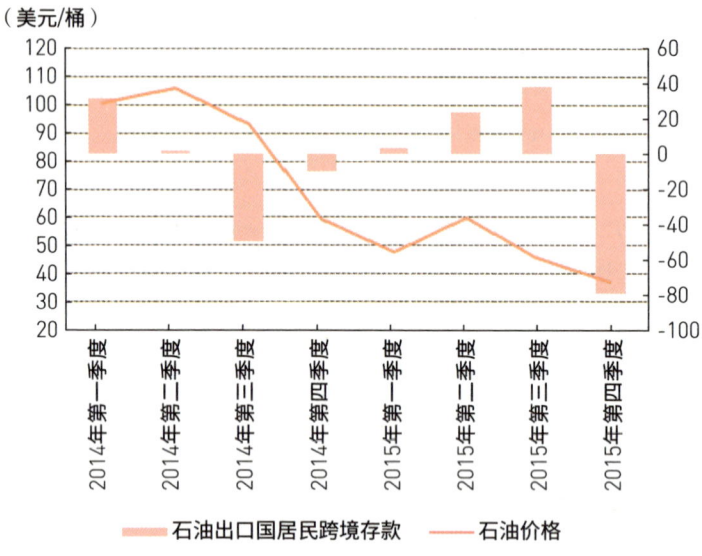

图 13-36　石油价格与"石油美元"存款

资料来源：Wind 资讯，中信建投证券研究发展部。

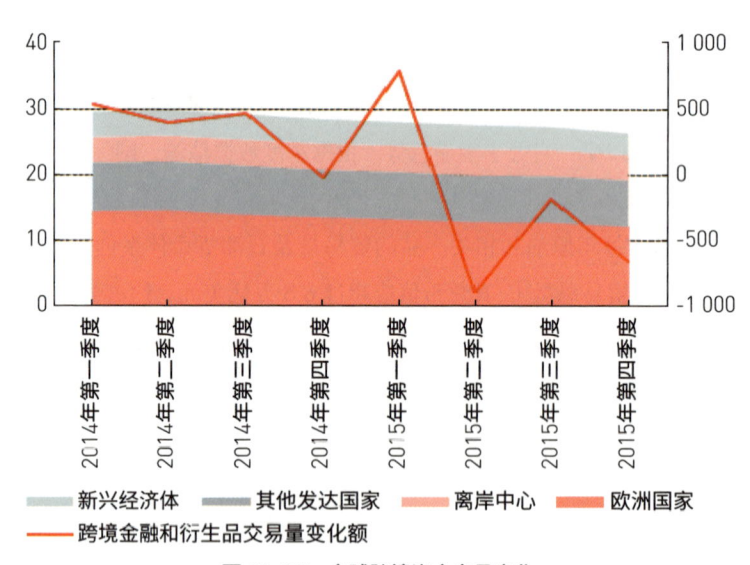

图 13-37　全球跨境资金交易变化

资料来源：Wind 资讯，中信建投证券研究发展部。

（2）人民币的国际化与去美元化。实际上，布雷顿森林体系崩溃后，世界各国已经充分认识到单一国别垄断货币体系的不足和风险。对此欧洲和日本等国在去美元化道路上进行了各种尝试，自 20 世纪 70 年代以来，日元和欧元都曾部分取代了美元的国际货币功能。日本的去美元化是在新的世界货币与经济体系中谋求国际地位和国际利益的产物，是依靠其不断增强的经济实力，从自身的金融深化、改革和发展中完成的。但由于其经济政治方面对美国的依赖，最终日元的国际化并不算成功，国际货币基金组织的年度报告显示，在世界各国的外汇储备中，日元仅占 3.77%。欧洲的去美元化是欧洲各国为实现区域政治、经济均衡、提升国际竞争力协调的产物，欧元的诞生对世界货币体系产生了重大影响，使得国际货币多元化成为可能，也有利于欧元区国家间的自由贸易和市场的完善。但这是多国在相近经济文化背景的基础上以让渡货币主权为代价取得的阶段性成果。事实上，美元与欧元的货币战争自 1999 年欧元过渡阶段就已经开始。2000 年左右，欧元被无情地打压到 1 欧元兑换 0.82 美元左右，动摇了国际社会将欧元大规模列为储备货币的信心。若不是美国科技网络股泡沫破裂，美元强势难以为继，欧元之殇可能会提前到来。英国脱欧产生的动荡动摇了欧元区《马斯特里赫特条约》的货币基础。虽然全球央行会联手维持困局，但宽松的边界近在咫尺，利率已降无可降，欧元似乎大势已去。

与颓态尽显的欧元相比，人民币始终是美元的潜在威胁。2005 年 7 月人民币一次汇改，人民币兑美元升值使中国错失了那一次战略机遇，没有抓住中长期美元资产空出的蓄水池机会，美国得以从金融危机中全身而退。欧元颓势助推了美元仍然强势的地位，而美元资产价格又处于高位，历史的窗口再次打开，人民币能否肩负起美元资产蓄水池的功能在此一举。过去几年，我们可以看到，中国的战略构架已经形成，以一带一路为标志的雁型三角已经被打通，上海合作组织版图不断扩大，人民币国际化稳步推进，地缘政治的新格局正在形成。但另一方面，我们也需要清醒地认识到国内经济的诸多症结，对人民币国际化需要从长期的视角加以审视。

（3）全球负利率蔓延与美联储预期管理的矛盾。金融危机以来，疲弱的经济增长叠加诸多结构逆流，迫使全球央行踏上危险之旅。以伯南克启动第三轮量化宽松政策为始，无论是发达国家还是发展中国家都加入了宽松货币的行列，欧日央行大有后来居上的势头。不断扩张的资产负债表以及负利率政策暂时稳住了短期增长，但与之相伴的是世界各国债务负担率以及偿债率的大幅攀升（见图 13-38、图 13-39）。近年来，全球经济的分化给世界各国货币及外汇政策带来了严峻挑战，特别是美联储重启加息之路后，平衡全球风险已成为其预期管理的主旋律。2016 年以来，非美的全球国家宽松继续加码，日本和欧元区正式步入负利率时代。一方面，利率的长期趋势在本质上由经济增长预期决定，可以看到的是，负利率政策实属央行面对经济潜在增速衰退的被动之举。另一方面，在信用货币制度下，为国际贸易和资金提供流动性是美元的宿命，但由于特里芬难题和中心 – 外围国家利益格局不平衡问题的存在，国际货币流动性过剩成为常态，加上金融创新的推动以及中心国家利率向外围的传导，最终助推了全球利率的整体下行。我们尚不知晓非美国家货币放水的尽头将产生怎样的变局，但在康波萧条逐渐驶来的背景下，高杠杆、高负债的全球经济环境将不断考验美联储的预期管理和风险平衡能力。

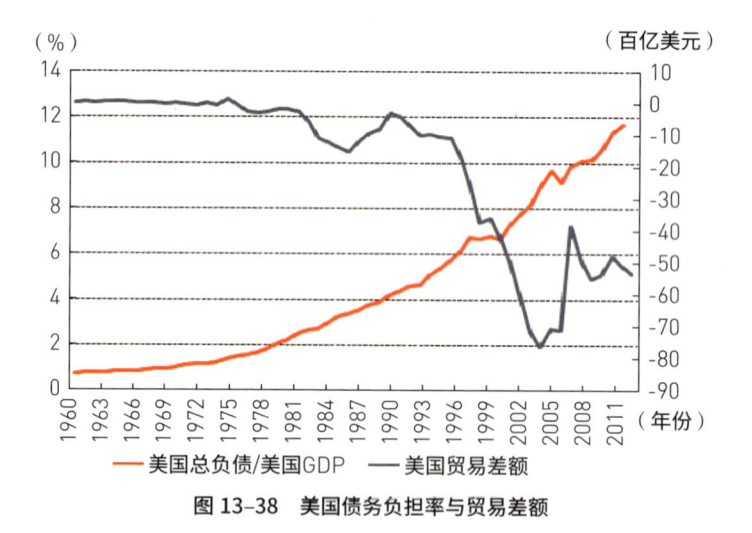

图 13-38　美国债务负担率与贸易差额

资料来源：Wind 资讯，中信建投证券研究发展部。

实际上，黄金并没有退出货币的历史舞台，牙买加体系建立的初期，受石油危机导致的高通胀以及美国债务问题加剧的影响，黄金价格一路暴涨，在这一过程中，黄金不仅充当了商品角色，还兼具了对冲美元和信用风险的货币属性。值得注意的是，历次货币体系危机期间都会有维系力量的出现，这体现在黄金价格上涨途中出现的反复，当维系力量不足以支撑其运作时，货币体系最终将在与黄金的碰撞中走向消亡，直至新的货币格局诞生。上文我们已经论述过黄金的根本属性为信用对冲，黄金价格的走势可以被视作长波经济增长的反面，也是货币体系稳健程度的反向指标，并且从近代历次货币体系的演进中所观察到的黄金价格波动节奏与黄金价格在长波周期中的波动规律相互对应。

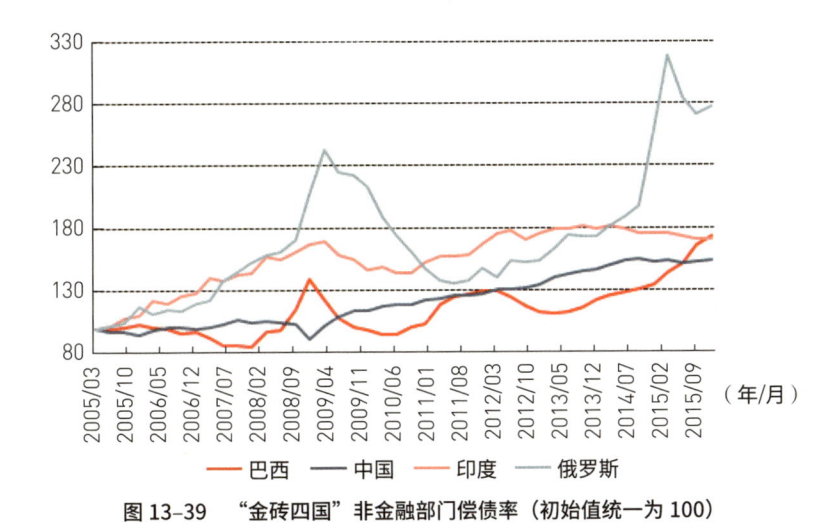

图 13-39 "金砖四国"非金融部门偿债率（初始值统一为 100）

资料来源：Wind 资讯，中信建投证券研究发展部。

从黄金名义上退出货币流通和美元本位的建立，到 2016 年已经过去了 40 年。通过回溯近代金本位和布雷顿森林体系的运行，我们可以看到，维持货币体系运作的关键在于公信力和国际合作。但是在美元体系中，应该发挥重要作用的公信力和国际合作的稳固程度都大幅下降，特别是自 20 世纪末以来，全球经济以及金融的失衡成为常态。从本质上来看，牙买加时代全球经济的失衡只是金本位时代英镑作为中心货币和黄金－美元本位时代下失衡逻辑的一种延续，或者美元"纸本位"的国际货币安排继承了导致经济失衡的根源。这种根源来自单一国别垄断货币必须面临的特里芬难题和中心－外围国家利益格局的不平衡。而除了以上固有的症结，当前的市场环境下美元体系又必须面临更多新生问题，包括石油美元长期萎缩、人民币去美元化以及负利率、高杠杆、高负债环境下美联储预期管理遭受的挑战。我们无法预测当前的美元体系何时走向消亡,但不管未来如何发展,在康波萧条逐渐驶来的背景下,美元体系与黄金的关系都是我们在以后要重点关注的问题。

[第三部分]

先生言谈

14　全球变局：
如何进行大类资产投资

时间：2015 年 10 月 30 日
地点：北京·中国国际展览中心
会议：2015 中国金融论坛

周金涛：很高兴来参加今天的活动，刚才前面几位嘉宾讲的都是金融方面创新的问题，我是在券商做卖方的，主要研究全球大的资产配置，所以我给大家讲的内容主要是如何进行全球大类资产配置，如何做投资。"全球变局"这个题目，是我 2015 年 6 月写过的系列报告的总标题，我认为 2015 年 6 月全球资产价值将出现剧烈的波动，这个波动并不是短期问题，而是带有一些中长期特点，这是我们今天讲这个题目的意义。

我们回头看 2015 年第二季度都发生了什么事情，包括第二季度欧洲的债权被做空，随后中国 A 股市场动荡，然后是大家知道的中国汇率的波动以及大宗商品的暴跌。这实际上说明了我们提出的 2015 年第二季度的全球变局正在变成现实，这个现实有什么意义？我认为这是一个非常重要的时间点。

在我看来，2015 年第二季度全球资产价格的变动有两个含意。第一个含意是全球流动性反危机的货币宽松环境已经达到高点，所以我们才看到美联储在讨论是不是要加息等等。这些情况都意味着全球货币宽松已经到了极致。第二个含意就是我所研究的一个问题,即美国的经济中周期从2009年启动,到2014年第四季度已经出现高涨。现在我们看到的美国经济,从2015年第一季度之后就一直是缓慢回落的态势。所以全球的宽松到达了高点,同时,作为全球经济增长主导的美国出现了其中周期的高点,这种情况基本上说明,从2009年以来,全球流动性以货币宽松来反危机这件事情已经到达它所能到达的边界。

我们刚才讲的就是2015年中期对全球大类资产配置的意义。关于美国经济,我一直在用三周期嵌套理论进行跟踪。自2009年初美国经济启动本轮以房地产为动力的周期以来,美国经历了两个周期,2014年第四季度,美国本次中周期已经见到高点。所以我在众多场合都认为,美联储在2015年加息的概率会很低,如果在2015年12月依然不加息,我认为至少2016年的前半年加息的概率也很低,这是由美国经济周期运行决定的。

很多人对中国经济持比较悲观的态度,我认为,中国从经济短周期的波动来看,实际上现在已经在接近底部。我用库存理论来推算,2016年中国经济将出现库存周期意义上的低点。在这个低点之后,中国经济将出现一年左右的底部震荡或者经济复苏的过程,所以我对2016年的中国经济并不悲观。在这样一些判断下,我们就可以注意到,实际上从经济周期的意义上来讲,2015年的全球经济都是下降的,而在2015年下半年和2016年初,总体来看全球经济处于衰退状态。在这种状态下,显然我们对全球的资产价格和全球的大类资产配置都持不太乐观的态度,这是我们对当前经济形势的一个判断。所以我在2015年6月提出,全球大类资产配置进入垃圾时间,这一点是在年初对整个2015年的定位。

第二部分我想讲一个问题,就是我们对2016年怎么看。我认为有三点比较重要。第一点,2016年到底是继续通缩还是会出现短期滞胀?我是研究经济周期理论的,以我对长周期现状的判断,2016年全球经济会出现经济滞胀,这当然是我对经济的预测,后面我们还需要进一步跟踪。第二点,比较确定的是,从2016年第一季度以后,全球将出现一次短周期的复苏,从经济周期理论来看,我们没必要对全球经济感到悲观。第三点,关于美元牛市的问题,我在2011年提出,从周期的角度看美元将进入牛市。显然从时间的角度看,现在美元的牛市还没有到位,但是从我们现在看到的世界经济格局来看，我认为未来美元牛市的强度可能会比以往两次美元牛市要低。现在的格局可能需要一个偏弱势的美元。我上面讲的这些，滞胀包括新的库存周期的开启，以及美元相对弱势，实际上都是2016年如何进行全球大类资产配置最核心的问题。

谈得更远一些，应该说从长周期的判断来看，在2015—2018年的4年中，实际上总的来看，这4个年度经济都处于中周期高点过后下降的阶段。2005—2015年经济已经达到高点，2015年之后我们将面临的是4年的总体下调阶段。这种情况实际上就对我们的大类资产配置，包括我们个人财产的配置起到了决定性作用。

前面讲的是我们对整个全球大类资产配置的看法。从证券资产配置来看，我相信我们都了解，在过去的6年里，无论是炒股还是做债券，基本逻辑就是宽松，有宽松就有收益，这是我们过去6年的投资逻辑。但是在未来三四年，我认为这种投资逻辑可能会发生变化，而这种投资逻辑会朝着什么样的方向变化呢？

首先，中国和美国在过去6年里是协同反危机的，但是从中周期降下来之后，我认为大国之间的博弈要比以前明显了。大国之间的博弈会带来全球大类资产配置的变化，在过去几年里，我注意到俄罗斯、澳大利亚等国的资源随着大宗商品价格下跌是走弱的。但是，从我对全球长周期的运动来看，我认为2016年第一季度大宗商品价格可能会出现触底反弹。这种情况可能会带来对资源国资产投资的回归，这一点就是我谈的未来全球大类资产配置应该从资源逆袭的角度去寻找的原因。

所以我的一个总体观点是，在过去6年多的时间里，我们是有宽松就有机会，我们要不断地提高自己的收益率。而未来4年，我认为我们可能要朝着另外一个方向思考这个问题，那就是我们如何保存过去6年的收益率，这就是我当前最核心的观点。我就讲这些，谢谢大家！

15　演讲实录：宿命与反抗

时间：2016 年 1 月 16 日
地点：上海
会议：南开上海校友会 2015 年年会暨第二届八里台金融论坛

先给大家解一下题，什么是宿命与反抗？2015 年 11 月我们发表了一篇报告《宿命与反抗》，提出我们 2016 年到 2019 年未来 4 年的总体判断。宿命是什么呢？2015 年是世界经济的高点，未来 4 年是世界经济的下行期，我觉得这是经济的一种必然规律。未来的下行期与从 2009 年到 2015 年的 6 年相比，过去我们都是谈论如何在宽松中赚钱，而在未来应该谈论如何在经济的下行期保住自己过去 6 年的成果，我觉得这是一个大的判断，这就是宿命。反抗指的是什么呢？指的是 2016 年我们将迎来世界的短周期——第三库存周期的反弹，这个过程可能会有一些与过去 6 年不一样的机会，这是对 4 年下行期的反抗，这是我们这篇报告的基本判断。

既然是"宿命与反抗"，那反抗就总是无效的，这是基本的判断。在正式演讲之前，先阐述一下我们的观点。

第一个观点，未来 4 年全球大的基本趋势：2015 年美国的中周期见顶，2016 年 6 月我们看到世界经济剧烈动荡，资产价格剧烈动荡，未来 4 年应该是我所研究的康波周期理论从衰退向萧条的转换点，这是未来 4 年的宿命。第二个观点，我们已经看到现在的世界资产价格极度分裂，中国和美国都在宽松的资产价格的泡沫中有明显的红利，以俄罗斯为代表的资源国，由于资源价格的下跌陷入萧条或战争状态。我认为，现在世界经济最根本的矛盾就是围绕着资源价格的矛盾。2016年这个矛盾需要缓和而不是进一步激化，如果进一步激化可能会出现系统性风险。第三个观点是，未来的政策要追求资产价格与实体经济的再平衡，这是2016年的基本机会所在，即我们如何对原有的不平衡的、不合理的趋势进行修正，这也是2016年的一种反抗，这是我们刚才讲的宿命与反抗的过程。

在这样的背景下总结2016年的机会，我有一个基本判断，我们绝对不能以过去两三年的投资经验顺推2016年的机会。未来包括我们的技术创新，包括我们对互联网的认识、对商品的看法、对制度的变革，都要有一种逆向思考，这才是我们2016年做投资时需要把握的。从我们做投资的经验来看，过去两年大家都熟悉的玩法，比如基金之间成长讲故事的投资方法都是类似的，这个方法在2016年会被改变，我觉得，2016年就是我们要从逻辑和方法上逆向思考的一年，这对在座各位的投资来讲是最重要的。

第一部分，我们先看2015年发生了什么。2015年6月出现了中国股市的异常波动和人民币贬值，全球大宗商品暴跌，这些现象说明了什么？我当时写过系列报告《全球变局》，这种现象说明全球的中周期高点已经出现，未来4年就是一个下降期，这是我的基本判断。而在这个过程中我们发现，美国股市债市、中国股市债市都有不同程度的泡沫，我们可以从中获益，但是我们看到俄罗斯、巴西都已经活不下去了，中东已经要打仗了。这是一种极不稳定的状态，2016年需要对主导国美欧、追赶国中国以及资源国不断分裂的体系做出修正。所以大家可以想到，这种修正必然带来的最核心的机会就是大宗商品价格反弹，这是我的基本观点，也是未来资产价格运行的一个核心变量。

第二部分谈的是宿命，我们对未来4年世界经济的特征怎么看？我们刚才谈到的这些现象有两个主要结论：第一个结论是美国以货币宽松来应对危机应该说已经达到高点，我们选择这个时间开会与美联储有关，因为美联储马上要讨论是不是加息的问题，我认为美联储的加息虽然只是象征意义，但确实说明全球货币宽松已经越过了高峰，因为全球的货币体系是以美元为中心的。在2014年第四季度，我观测美国经济周期的指标，判断当时应该就是美国以固定资产投资为代表的中周期的高点，从那之后美国的固定资产投资一直在下降，这一点明确说明，2009年到2014年第四季度就是这次中周期的上升阶段，这个阶段已经结束了，后面是中周期的下降阶段。中周期的下降阶段会出现什么特征？比如，我们看到美国什么好？消费好。而以页岩油为代表的投资都不行，科技层面全球的硬创新从2014年之后不断下降。为什么固定资产投资上不来？就是没有项目可投，这意味着固定资产投资下降，经济中周期的高点目前来讲特征已经非常明显了，这就是我们现在判断未来4年世界经济的一个大的趋势。

2015年之前，我们所有人做投资、做资产配置的一个基本原则就是货币宽松。有货币宽松就有机会，货币宽松的前半场就是中国的4万亿元，而后半场则是压低无风险利率下的"股债双牛"。我们在宽松主导的高点之后，除了宽松还能有什么？这就是我们要探讨的2016年应该从哪个角度入手，这就是我们要讲的第三部分。

第三部分就是反抗，用两句话总结，世界范围内的第三库存周期将要出现，同时我们要为资源而战，这是对下降大趋势的一种反抗，这就是未来要发生的一些事情。所以我们刚才讲，到了这个时候我们需要思考，我们前面一直看到的是在货币政策不断宽松的情况下全球在不断通缩，这种情况还可以延续多久？2016年之后，在继续宽松的情况下是通缩还是有可能出现滞胀，这都是我们需要思考的问题。我们现在看到欧、美、中、俄这些经济体的博弈越来越明显，为什么要进行博弈？因为蛋糕变小了，大家争得厉害，争得厉害就需要重新建立国际秩序的框架，2016年我们看到表面和平的世界变得越来越分裂，这个分裂一定会从受伤害最重的地方开始，也就是一定会从资源国开始。所以我在2015年12月底写了一篇报告《2016年，为资源而战》。这篇报告就是从这样的全球经济结构来推导2016年世界经济会怎么样的，毕竟这是一年以后要发生的事情，所以我们更多是一种逻辑的推导。

在这样一些逻辑的推导下，我们可以说，2016年之后的资产配置不能紧盯着宽松，因为宽松马上要生变了。我总结未来投资的逻辑，那就是要注意分裂与逆袭，我们不要光想着过去两年我们是怎么玩的，这种玩法可能会失效，我们要提防被其他人从背后搞一下，这是 2016 年做投资必须提防的一件事。还是那句话，不管怎么反抗，最终还是归于宿命，这是经济周期的天道。

2016 年将发生什么事呢？我认为将发生以下几件事，第一件事是全球开启第三库存周期，下降过程中会有一次反弹，当然最早开启的是中国的库存周期，就是中国经济会出现复苏。我 2015 年 11 月发表过一篇报告《中国经济即将触底》，我当时判断 2016 年第一季度中国经济将触底，随后将展开第三库存周期，昨天大家看到中国的工业增加值等指标明显企稳，很多人分析这跟基数效应有关。它说明一个问题，中国经济确实是在向底部靠拢，我可以非常负责任地说，2016 年 2 月中国经济一定会触底，因为以我对 10 年来中国经济周期的研究，在经济低点我们 90% 以上可以把握，所以我觉得现在市场对周期股的关注不是没有道理，它反映的就是经济即将触底的预期。大家想，为什么大宗商品的价格跌得这么厉害？大宗商品市场资源股可是一直都很强势的，这反映了一种预期，而这种预期我认为是完全正确的，这是我们要思考的。我们不能对中国经济持悲观态度，这样会在 2016 年犯大错，这是 2016 年的第一个趋势。

第二件事是，2016 年我们还会进一步通缩，如果我前面讲的第三库存周期是趋势，2016 年可能会出现通胀预期的回升。大家知道，通胀预期的回升对大类资产将产生扭转性影响，我们要时刻关注以 PPI 反弹为代表的通胀预期的回升，这对 2016 年的投资至关重要。根据我对康德拉季耶夫周期的研究，从以往各康波的表现来看，从衰退向萧条转换的时点一定会出现一次通胀的反弹，一定是滞胀。滞胀时怎么做投资，我相信大家都很了解。我最近正在做一项研究，就是对黄金的研究，既然是滞胀，我们就有理由关心黄金的走势。我们发现，黄金正在迫近一个中期低点，这是我们后面要表述的结论。

2016 年将发生的第三件事是美元。2016 年美元的走势我们只能说震荡偏强，不能预期太高，为什么？因为美国不需要一个强势的美元来开启它的第三库存周期，美国本身也是比较虚弱的。所以，我们对美元的基本判断是，它是资产价格和实体经济再平衡的砝码。按照以上的推论，我认为美元不会明确走强，而是震荡。后面我还会和大家讲一下我对美元节奏的判断。

第四件事就是我们怎么理解政策。我认为全球政策已经到了作茧自缚的阶段，因为各国央行剥夺了市场对价格的定价权，它们成为资产价格的主要定价者，同时陷入一个怪圈，那就是不断地宽松，放了这么多货币，世界却在不断通缩。放了这么多货币为什么还在通货紧缩，还有没有必要进一步宽松，这些都会引发质疑。要消除这些质疑，我们该实施什么样的政策？我认为，央行的政策必须在宽松时的资产价格泡沫与宽松时实体经济的复苏之间做一个再平衡。这句话的意思是说，全球需要一次通货膨胀来扭转通缩的预期。当然，这种通货膨胀不一定是很明确、很强势的通货膨胀，但是它需要一次扭转通缩预期的过程，这样货币政策才能继续下去。所以，2016年全球政策的着力点应该在实体经济的复苏上，而不是如何进一步宽松，这一点与我们刚刚看到的中央发表的政策导向完全一致。所以我觉得，最近中国政府这些政策的导向正在朝着这个方向走，2016年的核心是关注如何让实体经济复苏，而不是继续放货币，我觉得这是2016年做投资时必须注意的一点。因为大家知道，要让这成为现实，2014年、2015年的投资模式必须有所改变。

前面讲的是2016年4个要发生的事情。如果是这样，实体经济复苏的信号就是商品价格的反弹，而商品价格正是现在全球利益分配的焦点。主导国美国、追赶国中国、资源国俄罗斯等，现在核心利益的争夺点就是大宗商品价格。所以，2016年投资的第一核心是要关注大宗商品价格怎么走，我们不能预期在大宗商品价格跌了4年半之后它还会再下跌8年，我认为这是完全不可能的。虽然说大宗商品价格的最终低点将出现在2019年，但是这并不代表在2016年、2017年它不会反弹，这就是我的一个核心观点。如果这成为一个最大的赌注，我们就应该知道通胀预期可能是2016年，我说的是通胀预期，不是通货膨胀。通胀预期可能是2016年资产价格变局的核心问题，大宗商品价格和通胀预期问题才是2016年我们做全球大类资产配置时最应该关注的问题，这就是2016年之后发生的重要趋势。

就像我刚才讲的，这些反抗最终都会归于宿命，按照我对世界经济周期运行的理解，2018年将出现全球本次康德拉季耶夫周期的重要拐点，就像2007年是四周期共振高点一样，2018年或2019年将出现四周期共振低点，所以我们在未来4年一定要看好自己的资产，不要让自己的资产在泡沫中被消灭。我昨天和大家聊的时候说，资产被消灭可以有两个途径，这两个途径我们都看到了。第一个途径是觉得货币会贬值，但是又没有什么东西可买，都去买房子了。第二个被消灭的是什么？传统经济确实没法做，我们就搞点儿新兴产业吧，就做点儿新兴产业的投资，到了 2019 年，你会发现十不存一，所以我们一定要清醒，不要使自己的资产在未来 4 年的泡沫中被消灭。我觉得这对在座各位未来 4 年的人生都将有重要的启发意义。

具体到 2016 年怎么把握节奏？2016 年的节奏是第三库存周期反弹，美、欧、中这些经济体反弹的顺序决定了美元怎么走、商品怎么走、资产价格怎么走。美国现在是什么样？我认为，美国最大的诉求是维持其经济复苏的势头，但是只是高位震荡，不是再往上拉了。美国的核心风险点是什么？就是它的资产价格，美联储不敢加息，怕什么？就怕股市跌。这两天美国有可能会加息，这只是一次性加息，不代表后面会出现加息周期，所以大家不用把这件事情当成一个很大的事情。上次讨论这个问题的时候美联储已经说了要考虑中国的问题，美联储如果在这个时间点加息，就意味着它觉得中国已经没问题了。所以，美联储的加息时点就是中国 A 股市场的启动点，这是我们几个月前就做出的基本判断。我们说要做跨年度的行情，要布局与经济增长相关的周期品，这些都已经应验了。我觉得这是需要深入思考的逻辑，这也是我们一直对到 2017 年 4 月之前的资本市场都比较乐观的原因。

同时，欧洲会怎么样？欧洲现在还处于经济复苏的高位，处于库存周期的高位，前两天公布的货币政策宽松是低于预期的，2016 年欧洲的复苏如果延续的时间长，比如它可以延续到第二季度，美元指数的弱势时间就会偏长。大家知道，美元指数就是美国和欧洲经济景气的对比，如果 2016 年欧洲的复苏延续到第二季度，上半年都是美元指数的弱势期，这就是商品反弹的绝佳时间。同时，欧洲复苏的时间长短也决定了美元指数什么时候触底回升，2016 年欧洲的经济是最激动的砝码。中国怎么样？我们已经反复论述了 2016 年第一季度就是中国库存周期的低点，我觉得这一点毫无问题。

我再次提醒大家，对中国经济过度看空将来要付出代价，这是我们的基本判断。所以在这样的情况下我们可以看到，按照第三库存周期开启的顺序是中国、美国、欧洲。我们可以推导出，大宗商品反弹和美元弱势的时间点都集中在 2016 年第一季度，这是我们做周期品的最佳时间点。关于这一点市场已经有充分的预期。而 2016 年第二季度应该是复苏的确立期，2016 年第三季度可能会出现复苏的明确高潮期。大家知道在那个时间点会出现什么吗？通胀预期，会对资本市场产生反制。所以我一直有一个看法，2016 年的资本市场越早越好，当然这一点与我们即将进入的猴年是一致的。

2016 年我们的资产配置应该有哪些思路？我认为是再平衡，我们要反思 2015 年之前的事情。我们认为三大机会来自周期的逆袭、创新的嬗变和改革的坚守。

前面我给大家讲了我对 2016 年的基本看法，我希望大家记住的几件事是，2016 年之后不要再做激进式投资，不要使自己在过去 6 年创造的财富被消灭在泡沫中。我有一句著名的话，"人生发财靠康波"，现在在座的 30 岁以下的人，你们人生中第一次发财的机会要过 5 年才能来临，所以现在要做好财富的积累，现在在座的 40~50 岁的人虽然已经有了人生积累，但是注意不要在未来 4 年被消灭。未来 4 年我觉得这一点是最关键的，至于 2016 年我们能够取得多大的成绩并不重要。我刚才虽然讲了很多 2016 年的机会，但都不是根本的，根本的就只是第一点，这是今天这个报告最重大的意义。

最后，讲一下我对中国经济的看法。什么是供给侧改革？我觉得供给侧改革就是中国需要一次经济复苏，但是中国又不需要经济强复苏。为什么？如果不复苏一直通缩，是一件很不好的事情，再这样下去，中国经济会出现明显的不稳定。但是也不需要强复苏，因为强复苏会引导通胀预期，资产价格会受不了，所以，我们要以供给侧改革来稳定实体经济的预期，但是又不能强力刺激引导通胀预期，我觉得供给侧改革的真正意义就在这里，我们需要复苏但是又不需要强复苏。这就是我对 2016 年中国经济的看法。

在这种情况下我认为，2016 年就是对投资来讲逆向思维再平衡之年，我们需要关注的三个机会就是周期的逆袭（现在已经开始）、创新的嬗变和改革的坚守。我们的分析师已经提出"真改革才有真牛市"。

16 一波三折
周期反弹节奏研究

时间： 2016年3月24日
地点： 上海·紫金山大酒店
会议： 周期涛动——2016年全球大类资产配置高峰论坛

主持人： 非常欢迎大家的光临，非常感谢在经历了资本市场对大宗商品和大类资产配置以及周期行业的冷漠和不重视之后，周期性领域终于迎来了前所未有的关注，作为一个老周期研究员，看到久违的场景我非常激动。今天非常高兴大家能重新关注这个领域，虽然昨晚的表现不佳可能会对今天产生影响，但是今年关注周期领域仍然是一个很重要的选择。

市场都清楚，2015年中信建投的首席经济学家周金涛先生提出了非常重要的观点，当时一位友人听完演讲惊呆了，没想到宏观策略分析师有如此大胆的预测。应该讲，过去的一个季度充分地反映了反抗这一阶段。

昨天，4月美元加息的预期重新开始启动，又给大家带来一些思考。今天我们要请出的第一位演讲人就是中信建投首席经济学家周金涛。他今天对全球整个大类资产配置的观点有两个重要的发布，第一个是他的演讲题目，这个题目饱含深意。第二个是2015年底周金涛专门提出了涛动周期理论，开创了他自己的理论。相信今天将是物有所值的一天。下面把时间交给周金涛先生。

周金涛： 很开心看到周期在沉寂了 4 年之后重新受到关注，我一直认为这其实也是周期运动的必然结果。我记得半个月前在网上看到一个段子，说尼古拉斯在他的千人大会上演讲就意味着这轮周期运行的阶段性顶部要来了。调整也是周期运动的过程，周期就是系统和过程的结合，我们追逐的是过程。只有调整才能检验对周期信仰的坚定性，这是我们今天要讲的一个主旨。

从过程的角度来讲，我今天要给大家讲的就是本次周期的反弹和大宗商品的反弹，它的性质是什么，它的定位是什么，以及它将经历什么样的过程。

今天的题目就叫《一波三折》，后面我将用对经济周期近 50 年的研究，以及对大宗商品周期近 100 年的研究，来阐释未来的周期运动是怎样"一波三折"的过程。

我的基本结论是，从 2015 年 12 月开始的大宗商品反弹，实际上是我们整个经济周期反弹的领先指标，此次大宗商品的反弹将延续一年以上，将经历两次反弹和中间一次调整的过程，这样的形态是我们对过去一百年经验的研究所得出的结论。虽然第一波反弹之后的调整有可能在下个月就开始，但是我们认为，这次商品反弹的主升浪将会在 2016 年第三季度出现，这是我今天报告中最基本的观点。

第一部分我们先讲一下，在我们的周期大系统中怎样定位本次周期以及大宗商品的反弹。

我们先看怎样定位周期的反弹。2016 年将开启第三库存周期，现在来看全球第三库存周期最先开启的国家就是中国，它的第三库存周期的低点应该说在这个月，我们可以在今年 5 月到 6 月看到第三库存周期在美国开启。为什么说今年下半年才是商品的主升浪呢？因为中国第三库存周期的开启只是商品反弹的第一波，而中美第三库存周期的共振才是商品的主升浪，这就是我们对全球第三库存周期的基本判断。从这样的格局来看，由于中国领先美国开启第三库存周期，我们看到在第一季度美元指数是整体偏弱的。

今年下半年到明年上半年，全球将进入第三库存周期的上升阶段，在下半年的前半段我们看到的是需求的推动，但是到了后半段，特别是明年上半年，我们看到的将是全球的滞胀。以我对经济周期的理解，这个时候出现的滞胀应该就是萧条的回光返照。2017年到2019年，我们应该会进入全球共振回落的阶段，这是我们对当前库存周期的定位。这是我们模拟未来第三库存周期的结构，今年第一季度中国开启第三库存周期，以我对美国库存周期的理解，下个季度的后半期，美国经济将触底反弹，这就是从库存周期的角度来定位周期的反弹。

2015年之后全球已经进入下降阶段，2016年开启的第三库存周期的反弹只是下降过程中的反弹，大家可能感到疑惑，我们的去产能还没有完成，我们还没有看到真实的需求。但是这不妨碍第三库存周期上行期的展开，这是我们对经济周期的一个基本判断。

我们对商品的周期是如何判断的？先给大家介绍一下过去100年7次商品大熊市基本的统计规律，我们可以看到，在过去100年中7次商品大熊市的平均下跌时间。以金属为例，平均下跌时间是6年，平均跌幅是44.4%，这是实际价格，非名义价格。这是过去7次大熊市的平均值。而我们这次从去年的低点算是5年，本次的跌幅是55%。从历史经验来看，我们已经到了可以讨论商品要出现一个重要级别低点的时候，重要的低点会是什么样级别的低点呢？商品现在还处于熊市，这是一个基本判断，商品的熊市将持续20年，我们现在经历的是商品熊市前7年的主跌段，这一阶段将把商品的所有跌幅都跌完。前7年的主跌段将出现两次触底，2018—2019年大宗商品要第二次触底。第一次触底在当前，随后是一次大宗商品运动的最小周期，从2016年到2019年是本次大宗商品周期的第三次涛动，这是我们对大宗商品周期的定位。这种涛动周期是一个大宗商品的小周期，并非大周期。在大宗商品周期我们该怎样定位现在大宗商品的反弹，这是我们后面整个演讲的框架。

我们现在来看第三库存周期的特征以及未来中美库存周期的状态。

去年11月我发表了一篇报告《中国经济即将触底》，我以自己对库存周期的理解认为，2016年第一季度将会出现库存周期的低点，而现在这个迹象相信大家都已经看到。因为去年写这篇报告的时候，我用中国库存周期的时间理论进行了推断，2016年的2月是中国本次库存周期，就是第二次库存周期下行的极限位置。无论如何，今年2月之后中国的库存周期绝对会上升，这是用中国库存周期时间理论推导的结果。这些领先的迹象实际上大家都已经看到了，这里延展开讲几个问题。第一个问题是，去年12月商品价格触底后很多人做了调研，调研的结果是，我们看不到需求的变化，所以对商品价格的触底持怀疑态度，这在库存周期大低点的运行中很正常，因为当价格触底之后，我们第一步会看到的是价升量跌，而不是量价齐升。在12月价格触底之后，包括部分行业的库存水平实际是在下降，原因在于，价格触底之后如果出现量的下跌，那就意味着价格的触底是有效的，为什么？因为这个时候生产者还处于悲观状态，而需求已经在好转，所以大家看到的是库存水平的下降，这就是我们这4个月看到的情况。我们在过去4个月看不到需求的好转，我觉得这完全符合现实。但是以我们对库存周期的理解，价格触底的4~6个月之后，库存可能会触达低点，我们会看到量价齐升，那时我们会看到需求的好转。这就是我们现在看到的，从3月下旬开始中国已经进入量价齐升的阶段，我们已经看到需求好转的迹象，比如重卡、基建等数据都在好转。也就是说，中国经济在今年3月确实触底了。但是以我对大宗商品周期和经济周期的研究来看，库存周期触底之后的一个月，因为大宗商品的反弹是领先的，这个反弹将触到第一高点，也就是说，从过去的规律来看，这次大宗商品反弹的第一高点将在4月出现。

库存周期的第二个问题就是，很多人觉得中国库存周期的持续性是有限的，不会持续很久。以我对全球库存周期的理解，一旦确认库存周期低点的有效性，我们就能确定最短上行期是9个月，无论如何，今年都是中国库存周期的上行阶段，平均上行期是18个月。全程来看，本次库存周期的高点应该在2017年的中期，这是我们对库存周期长度的理解。当然，中国的库存小循环是6个月，所以我们这个库存周期至少经历两次小循环。第一次小循环应该由库存推动，所谓由供给侧推动；第二次小循环由需求侧推动，比如大家关心的周期的动力，像房地产投资和基建投资。当然，这些动力在下半年将显得非常重要，但是在这次反弹中并不重要，这是依据库存周期逻辑我们可以做出的判断。

我们为什么强调这是第三库存周期？第三库存周期的基本特征是滞胀，滞胀表现是当经济触底的时候，通胀的速度会比经济上行的速度快。而当经济触顶之后通胀还可以继续上行两个季度，所以明年上半年一定是一个全球性的滞胀阶段，这是我们对过去50年库存周期研究的基本经验。

我对 2016 年做投资的一些基本想法是，如果我们看到 CPI、PPI 还可以上行，那就可以做多。但是，如果 CPI 和 PPI 上行不可持续，那就可能是萧条提前来临了。今年投资主要看 CPI 和 PPI，别的不用看。

第三个问题，在滞胀的背景下我们会看到货币政策的调整。当然，大宗商品的反弹会慢一些，货币调整的节奏也可能会慢一些，这是我们目前可以想到的一个问题。以过去的经验来看，美联储的加息和大宗商品的反弹是同步的，滞胀期大宗商品是收益率最好的资产。我们认为货币政策的收紧不影响大宗商品反弹，对其他的大类资产，比如股票和债券可能会产生负面影响。当然，货币政策的收紧也会对大宗商品的节奏产生影响，这也是我们今天要讲的大宗商品价格走势会一波三折，这些是我们对库存周期基本特征的理解。现在来看，中国的库存周期已经开启，美国的库存周期什么时候开启呢？我用美国库存周期的领先指标判断，是在 2016 年 5 月到 6 月之间触底。美国的库存周期跟中国的有些不一样，美国是一个消费为主的国家，所以美国的库存周期一定要零售库存见顶，制造业库存见底，然后才能开启。现在来看，美国的个人消费支出在 2015 年 11 月开始触底，我推断美国库存周期的低点就在 2016 年第二季度末，如果这一点出现了，世界的需求就没有那么悲观，今年下半年进入商品的主升浪是可以预期的。

前面对第三库存周期的特征，以及中美在什么时间将触达第二库存周期的低点、启动第三库存周期做了判断。在第三库存周期中，大宗商品收益率怎么样？它的反弹将怎么走？我们用过去 6 个库存周期中大宗商品反弹的走势做了验证，验证结果是这样的。

第一个问题，在所有的大类资产中，第三库存周期中收益率最高的是大宗商品，我们研究了过去美国 6 个周期，第一库存周期、第二库存周期以及第三库存周期的上行阶段中各类资产收益率的表现。可以看到，大宗商品的收益率是最高的，那么在第三库存周期大宗商品是怎么走的呢？从对过去 6 个第三库存周期的统计来看，它的基本特点是领先经济触底，滞后经济触顶，上涨一波三折：一次触底之后的一次反弹，再一次触顶，回落之后第二次触底，然后进入主升浪，之后第二次触顶。这是大宗商品反弹在过去 6 个第三库存周期的基本总结。我们分析了不同库存周期下什么大宗商品会领先触顶，什么大宗商品会领先回落。我们认为，领先的大宗商品的顺序是糖、铁矿、石油、铅、黄金等，这个顺序符合大宗商品的走势，糖最先触底，在金属中最先触底的是铅，从历史经验来看这是符合规律的。回落较晚的应该是石油和铝。这是我们用过去的经验可以做出的判断。

第三库存周期中的涨幅是怎样的？6个库存周期的平均（所有品种的平均）涨幅是163%，涨幅排序是糖、石油、铅、铁矿、黄金、铜、铝。第一次反弹幅度为54%，表现最好的是黑色金属、黄金、糖。目前来看，至少这次反弹也是这样的。一次触顶到二次触底的跌幅为38%左右。二次反弹主升浪平均涨幅是157%，如果从第三库存周期的经验来讲，主升浪的幅度远比我们之前经历的4个月的涨幅都要大。

关于时间问题，我觉得也具有很好的参考性，比如第三库存周期大宗商品反弹的时间平均为19个月，库存周期上行期平均18个月，最短10个月，这完全符合第三库存周期的时间结论。一次反弹时间平均4个月，我们的一次反弹是从2015年12月开始的，一般是4~5个月，我们现在又看到量价齐升了，我觉得4月调整是一件非常正常的事情。调整之后回落一般持续3~5个月，这也符合我刚才说的，美国的第二库存周期将在下个季度触底，应该还要经历3个月以上，我们可以在今年的下半年看到商品的主升浪。二次反弹主升浪的平均时长是19个月，最短是10个月。

这个历史经验应该对我们如何参与这波周期反弹和大宗商品的反弹具有很好的借鉴意义，后面我还会用大宗商品周期把这个经验定位得更精确，我们可以看到，在大宗商品周期的情况下如何定位当前的周期反弹和大宗商品的反弹。

现在大宗商品的反弹性质如何？这里给大家做一下详细分析。

我在2015年11月发表了一篇报告《世界大宗商品周期研究》，在报告中我认为，大宗商品的周期是由四个周期嵌套在一起的，最长的由康波决定，一个康波中包含两个30年的产能周期，一个康波中同时包含3个20年的超级周期，一个超级周期中包含3个涛动周期，这就是商品的四周期嵌套模型。

在这样的模型下，现在大宗商品处于什么位置呢？先看大宗商品的产能周期，它平均30年出现一次，现在可得的数据只能从1947年开始，我们根据对大宗商品产能周期的研究做了一个划分，那就是大宗商品产能周期的几个起点分别是 1945 年、1972 年、2002 年以及 2030 年，这是大宗商品产能周期的起点。大宗商品产能周期一般呈现 10 年上升 20 年下降的特征，我们从 2002 年启动本轮产能周期，2011 年是本轮产能周期的高点，现在处于产能周期的主跌段，就算 2019 年大宗商品触达最低点，2019 年到 2030 年也是震荡的走势。

这里给大家讲一个插曲，昨天路演时我跟我的客户说，我们这一代和"70 后"的命运是最好的，"00 后"也是最好的，1980 年到 2000 年出生的人命运是最差的，因为既赶不上前面的技术创新周期，也赶不上商品周期，更赶不上下一个商品周期。以我对经济周期的理解，我觉得这是完全正确的。所以最佳的人生组合是什么？就是"70 后"的人生了"00 后"的孩子，这就是最佳的人生组合。

从大宗商品的产能周期看，产能周期下降期是 20 年，前 7 年是迅猛下跌期，为什么？因为供给的边际上升快，需求的边际下降快，所以这是熊市主跌段，基本都是 7 年完成，在 7 年的主跌段中，第五年出现第一低点，然后第五年和第七年做一个双底，我们现在看到大宗商品的反弹就是这波主跌段的第一低点。这一点与我对全球周期的判断是一致的，因为经历了 2016 年第三库存周期反弹之后，2017 年中期到 2019 年是全球经济周期的共振回落期。大家不要小看这个共振回落期，因为 2018—2019 年，中国和美国作为世界上最重要的两个经济体，房地产主波段都是下降的。中国是房地产周期 B 浪的结束、C 浪的下跌，美国是房地产周期上升 1 浪的结束、下降 2 浪的开始。中国处于东半球，美国处于西半球，东半球的房地产周期和西半球的房地产周期的起点差 10 年，所以中美的房地产周期不可能同步，如果同步大家就看不到美元指数的牛熊转换。美国房地产周期的上行期是美元的牛市，但是美国的房地产周期从 2010 年启动之后，2017 年将触到第一波上升期的高点，为什么很多人说美元指数 2017 年是高点，这是有道理的。我们国家房地产周期自 2000 年启动后，第一次调整出现在 2007 年。

所以 2018 年至 2019 年是东西半球房地产共振回落点，实际上我们现在已经进入了康波的萧条期，为什么？因为康波萧条期的起点是一次小滞胀，这就是康波的规律。康波的规律就是小滞胀，然后进入全面的货币消灭阶段，这是康波萧条期的一个基本特征。

所以我认为，2018年最佳的资产就是现金加黄金。2016年到2017年为什么要出现一次滞胀？为什么还要出现增长的回光返照呢？那就是给大家兑现的机会，这个过程中所有的资产是卖不是买，这是我对经济周期的基本理解。

回到商品周期，刚才讲7年主跌段，以1946年的产能周期为例，它的主跌段从1956年开始，我把1956年和我们这次主跌段2011年做了叠加，上个产能周期主跌段是1979年，然后和2011年做了叠加，这将帮助我们了解现在大宗商品处于什么位置。1956年有很好的参考性，但是1956年没有高频数据，所以我们后面会对1979年大宗商品熊市的第一低点和第二低点做细化研究。这两个低点是1982年和1986年，这是我们后面要研究的问题。

讲完这些之后，我们现在可以看到，这次大宗商品的反弹是一个短周期，在商品周期中实际上是最小的运动波段，也就是涛动周期，这个词是由我命名的一个周期。我认为2016年到2019年是这次超级周期的第三次波动，这是我们当前对大宗商品走势的基本定位。

这里要强调，大宗商品价格2019年的低点未必会低于2015年的低点。上面是我们对大宗商品周期的定位。如果大宗商品周期是这样，1982年和1986年大宗商品是怎么走的呢？是以1979年和2011年分别为起点的熊市主跌段的叠加，两个低点分别是1982年和1986年。可以看到，1982年和1986年的反弹也是一波三折的，1982年总幅度是57%，1986年是129%，第一波段都是4个月，调整是3个月，主升段不一样，分别是6个月和17个月。我们以主升段来算，今年是商品的主升段，这是我们可以看到的问题。

以品种来看，我们列出了1982年反弹幅度的排序，1982年涨得最多的是黄金、铝、糖、铜、石油、铅。1986年涨幅的排序是铝、铜、黄金、石油、铅、糖。今年我们研究所主推黄金，也得到了大周期的验证，当大宗商品进入主升段后，我认为其逻辑将从供给侧向需求侧转移，那个时候本次领涨大宗商品可能会向石油和铜过渡。

从第三库存周期的规律以及刚才用大宗商品周期做的精准定位来看，今年整年都处于大宗商品的向上周期，只不过是一个一波三折的过程，分为一次上行，然后调整，之后二次上行，这是今年大宗商品的节奏，所以我觉得一波三折就是我们对这个问题的基本看法。

从2015年12月到现在的4个月，第一波可能已经接近尾声，但是前面所讲足以证明第一波没有参与也没关系，因为调整是考验信仰坚定最好的办法，调整敢不敢买进我觉得应该是一个能不能赚大钱的基本手段。能不能赚大钱，人生能不能致富，关键靠信仰，不是研究，这就是我的基本判断。

我今天的这些研究证明了调整是可以买进的，虽然在未来的3个月里我们可能看到各种对周期的反驳观点，但是这并不重要，因为我们已经预知了这种反扑的方向。但是我们认为在2016年第三季度之后，完全可以看到商品进入主升浪，这里最重要的领先指标是我们要观测美国的第三库存周期的起点。

我今天的报告就到这里，谢谢大家！

17 采访合集

2013 年 7 月 17 日与雪球网友互动

问： 目前已经步入 2013 年下半年，2013 年是中国经济新一轮发展的开局之年，目前看是经济结构调整的转折之年。中国经济周期性波动和结构性调整是否会出现新的变化？出路在何处？银行间的钱荒是否意味着下半年依然会保持相对较紧的货币政策？对投资者而言，新形势下 A 股何去何从？从困局到变局，市场的投资机会在哪里？

答： 近期国际市场与中国市场的波动凸显了在经济复苏基础不稳的时刻，人们潜意识中对经济长期悲观的预期被再次强化。市场调整直接的理由就是国际市场的调整以及中国突发流动性紧张，当然，这背后隐藏的依然是对中国经济复苏不达预期的悲观，从而在这一时刻集中爆发。无论是从国际还是国内形势看，6 月、7 月确实进入了一个模糊期，市场的预期在这样的阶段发生变化也在情理之中。但是，问题的核心依然是，在经过短暂的过渡期之后，如何看待世界经济和中国经济的基本趋势，到底是全球复苏的终结，还是复苏过程中的暂歇，这才是到年末之前的核心问题。

策略与宏观是有所区别的，对 2013 年下半年而言，按照我们认为有效的逻辑，有几点是必须坚持的。其一，美国的复苏趋势才是世界经济的大方向，对第三季度而言，美国经济复苏的关键是能否加速，这是决定美元趋势、决定中国资本流动的最核心背景。而中国国内政策如何调整，也有赖于这种趋势的变化。其二，库存周期的底部特征已经全部具备，这是由价格和流动性决定的，但此时能否将周期拉起，需要外力的推动，而这个外力的关键就是政策。其三，以我们的逻辑推断，在现有的国际背景组合下，中国顺势而为，在下半年推动周期向上是一个理性选择。

问： 巴菲特对宏观策略分析师不屑一顾，这会影响到您的幸福指数吗？面对行业分析师您会自卑吗？

答： 这个问题很有意思，作为经济增长基本规律的研究者，任何的不屑一顾都是没关系的，因为任何人都生存在这个大规律中。周期理论 300 年轮回早已经证明了这一点，某些人的某些成功，不过是因为他们生存在这里面的某个时间片段上。

2016 年 8 月在扑克投资家社区与网友互动

问： 上月剪刀差扩大，信贷跳水非常严重，您认为管理层可能出台怎样的政策来刺激实业？普通投资者除了房产还有哪些地方值得去投资？

答： 私人投资部分是由周期的运动决定的，现在对私人投资进行刺激不会起到明显效果，政府能做的就是公共开支。对 2016 年到 2020 年的投资我去年底就表达了观点，资金由虚入实是资产荒的必然结果，但这是萧条来临的前兆。所以 2016 年到 2017 年，大宗商品是弹性最大的品种，核心城市的地标只能是满足保值的心理要求。

全球中周期到 2017 年将运行到尾声，待发生一次小型滞胀后将进入萧条，所以投资的最高原则是保持资产流动性。我实际上认为此时任何中长期投资都是没必要的，唯一带有中期性质的投资可能是黄金。目前房地产和一级市场股权投资都出现了萧条即将来临的征兆，2016 年的短期波动后，2017 年要控制流动性风险。

问： 请教一下用宏观研究指导实际投资时时间尺度不匹配的问题。以您研究的周期理论为例，周期变化误差在一到两个季度是很正常的，但在做实际投资时需要把回撤控制在一两个月，这个问题有什么好的解决方法吗？

答： 周期理论的作用有两个，即定拐点、定趋势。如果是大宗商品和股票的短期投资，周期对大宗商品更有指导意义。在定趋势方面，周期理论可以预测大趋势转折，这是最关键的。但如你所言，大趋势有一两个季度的误差很正常，所以定拐点就很关键。相对而言，以我的经验，底部拐点以时间周期结合库存是能精准定位的。但顶部拐点以周期只能判断逻辑，很难精准定位，所以，顶部更多是心理战。

问： 请问您如何评估美国加息和预期管理，美国第三库存周期特征和分项数据支持都有哪些？

答： 对于美国加息和预期管理这个问题，美国今年有一个主线，就是平衡全球风险和自身增长通胀之间的压力。今年 2 月之后，美国开始逐渐释放鸽派信号，以一个"弱美元"来助力全球经济走稳，并在中国"供给侧去产能"的助力以及产油国"冻产协议"的助力下，平衡全球的风险。经过风险的平衡，美国的第二库存周期在第二季度后期逐渐探底。

在对英国"脱欧"预期和落地阶段，美国进一步平衡英国脱欧风险，保证全球不受显著的流动性冲击。美国的第三库存周期将从第三季度开始进入稳定阶段。美国将在下半年逐渐引导加息概率的上行。对美国第三库存周期的特征而言，我们强调美国的第三库存周期是中周期的最后一个库存周期，基本特征是充分就业下的消费拉动，并最终走向滞胀。在这个过程中，数据会有明显的波动，这也是我们看到的 5 月至 7 月美国就业和增长数据波动的原因。

不过，基于工业的美国的产能利用率以及工业 PMI、产出缺口等都在第二季度后期有明显的恢复，整个实际收入增长和消费也基本稳定，美国第三库存周期已经开启，其标志就是大宗商品价格反弹。

问： 请教您对中国股市、美国股市的看法。对中国银行股您怎么看？黄金的极限涨幅可能有多少？农产品行情可能在什么时间产生，有哪些较确定的机会？

答： 我对 2016 年后半期的基本判断就是，没什么大的投资机会。美国股市进入短期观察阶段，美国经济本身可能没什么大的波澜，下半年的经济数据我判断可能会略有回暖，但会有加息预期，所以股市就是高位震荡。中国股市也属于没有大机会的震荡市。

黄金我前期写了报告，确实，到了康波的萧条阶段黄金会有明显的超额收益，是可以配置的品种，但是短期我认为机会不大，原因同上。我认为现在全球都是一个投资的被动配置期，而不是主动投资期，全球都在拖延萧条来临的时间，所以，从配置角度看，我只看好黄金。

问： 请问如何确认库存底和库存周期的开启？如何获取判断库存周期的数据？库存周期受影响是否会改变其演化规律？谢谢！

答： 库存底和库存周期底不完全是一个问题，一个库存周期可能会包含几个库存波动，类似2015年底的库存底是库存周期的低点。这类低点的确认首先是用库存的时间周期预测其会在哪段时间发生，然后观察当时的量价关系。一般来说，价格低点出现之前的6~8个月会有明显的特征，就是量价齐跌。

6~8个月之后价格触底，在价格触底之后，如果库存持续回落，那就说明价格低点有效；如果库存回升，则低点无效。价格低点3~4个月后库存触底，则库存周期明确触底。所以，库存周期的低点指的是价格低点，不是库存低点。库存周期的强弱可以提前预判，根据这个库存周期在中周期的位置可以判断其强弱。所以，你说的库存周期受影响都是意料之中的事情。

问： 企业大笔囤钱，居民拼命买房，最终推演出的结果会不会造成经济萧条？那些买不起房又有点儿积蓄的人该如何保值增值？

答： 从周期的角度看，本次康波即将进入萧条期，流动性消灭机制已经出现，流动性消灭机制先是大量过剩，流动性涌入创新领域，即所谓的创新泡沫。

流动性消灭机制的第二个方向就是，当距离萧条越来越近的时候，流动性开始脱虚向实，主要就是流动性涌入房地产，同时黄金上涨，这就是现在的景象。

当萧条来临后，资产只能做到相对保值，而不是绝对保值，所以，此时的最佳配置就是现金加黄金。它们可能是跌得最少的，同时你可以有充足的流动性在低位购买资产。

问： 央行对市场的影响越来越大。日本央行更是成为日股第一大股东。中国国家队也成为A股重要玩家。这对金融市场的周期会带来什么影响？

对市场估值和交易方面有何影响？

答： 参与者权重变化会对市场的微观结构产生影响。平准资金的介入会降低高风险偏好资金的活跃度，对A股而言，会弱化其趋势加强的过往特征。指数表现为区间震荡的时间增多，估值在一定范围内波动。当然，任何外力都不能逆转周期的力量。从交易层面看，板块轮动加快，仓位转移增多，右侧跟随难度明显加大，这时要重视对左侧行业拐点的研判，特别是对周期位置的定位与驱动因素的判断。

问： 您在《弱需求下的价格修复》中指出，目前是一波三折的主升浪，您又指出糖是比较稳定的配置。您是否认为在反弹周期结束之前，糖是稳健投资者的最优标的？这是因为糖是农产品，现在是通胀周期，还是其他逻辑？

答： 我们的研究方法不是期货研究所使用的供需方法，是使用周期的演绎方法，所以，我们就是揭示历史规律是什么，而具体如何操作，还是需要投资者自己去把握的。

一波三折的结论和你所关心的糖的问题都是历史演绎方法得出的，这是我们宏观策略研究与具体品种研究的不同。从历史上看，糖的逻辑主要来自通胀，而农产品和贵金属能够走得比黑色金属和有色金属更远一些也是同样的原因。

问： 请问大宗商品是处在一个震荡筑底的过程中，还是说短期的上涨是为了更深的下跌？您预计哪个时间点会迎来真正的反转？

答： 我对2015年底以来大宗商品反弹的性质早有界定。第一，本次反弹是10年熊市中在第七年附近触及的第一低点，这个反弹估计持续到明年结束，随后会继续探10年熊市终极低点，这个低点大致出现在2020年附近。第二，2020年之后也不意味着商品牛市的开启，要经历15~20年的震荡市之后才有新的产能周期，即大宗商品牛市的出现，所以，人生大概率只能碰到一次大宗商品牛市。

问： 请问是否可以推荐一些对您的研究方法及知识层面产生过影响，或是引起深度思考的书籍？

答： 你现在看到的我对周期的研究方法和研究体系建立在三个分支的基础之上，这三个分支是工业化理论、周期嵌套理论和制度变革理论。周期本身是一种轮回，但它一定囊括成长和创新在内。工业化理论解决了一个国家实现工业化的过程，但它必然受到一次康波的影响，然后去影响康波，这就是当今中国的工业化，这里我推荐你看罗斯托的《经济增长的阶段》一书。

周期嵌套理论的创始人是熊彼特，他确立了周期之间的嵌套关系，但各国的周期理论运用都有自己的角度和方法，例如阿姆斯特朗。我的方法与他们的是不同的，你可以去看熊彼特的书。而康波是周期的根本，请阅读《现代国外经济学论文选（第十辑）》《光阴似箭》等。

问： 请问10月人民币加入SDR（特别提款权）后，对汇率和商品的影响会有什么变化？

答： 我认为加入SDR对人民币汇率的基本趋势不会产生什么影响。我对汇率和大宗商品的看法只是基于我的理论体系。2016年第四季度到2017年上半年，有可能是中国资产最差的时间。2016年第四季度，中国的第三库存周期可能渐渐接近周期高点，从2017年初开始，中国的库存周期开始回落。

而此时，美国的库存周期仍处于上升阶段，这才有了美联储要加息的预期，按照全球库存周期时差，欧洲在2016年第三季度开始进入库存周期的好转阶段。所以，欧美库存周期在2016年第四季度到2017年上半年都是上行期，而中国恰好是回落期，这样的组合对中国的资产应该是不利的。此时人民币的贬值压力应该是切实的。

对大宗商品周期实际上我早已得出结论，正如我所预测的，2016年商品如期出现了年度级别的反弹，在我的大宗商品周期框架下，这就意味着2017—2019年大宗商品将二次探底。与中国相关的黑色、有色等工业金属可能会在2016年第四季度结束反弹，而原油等大宗商品将能够与美国的库存周期一起继续维持强势到2017年上半年，最后是黄金再度走强。2017年之后，大宗商品将再次下探，其二次探底的价格应当在2015年的低点附近。所以，从周期的角度看，2017年应该是风险释放之年的开始。

18 演讲实录：
人生就是一场康波

时间： 2016 年 3 月 16 日
地点： 上海清算所
会议： 上海清算所等举办的第 30 期清算所沙龙——"2016 年债务融资工具专题"活动

主持人： 有请中信建投有限公司首席经济学家周金涛先生。

周金涛： 很高兴参加今天的活动，今天下午时间比较宽裕，我们可以多聊聊。大家知道，实际上我主要研究经济周期理论，这个理论大部分人不是特别熟悉。经济周期理论主体虽然叫经济周期理论，实际上它是一套社会发展理论。经济的运动过程不完全是经济问题，还包括社会制度、政治方面的问题，也包括在座各位在经济周期的运动中如何进行人生规划的问题。今天的 PPT（演示文稿）实际上是 2015 年 12 月我在我们公司年会上讲的内容，当然，我会增加很多我的新理解，但大的方向没有什么变化。

2015 年 12 月我在公司年会上做的几个判断现在看来都已经得到验证。我本来是一个半退休的人，每天看书、写报告，最近被邀请到处讲我的这套东西。2015 年 12 月我所做的判断，最核心的就是中国经济在 2016 年第一季度将触底反弹，触底之前大宗商品将出现一次终极反弹，这些大家已经看到了。所以各机构都很想了解我的这些判断方法。今天的演讲分为上下两个半场，上半场讲经济周期理论，大家在平时的工作中也许有接触，但实际上接触得不是特别深。重要的经济周期理论的开创者有两个，第一个是康德拉季耶夫，他提出的周期被称为"康波周期"，实际上它是全球经济运动的决定力量，也是在座各位人生财富规划的根本理论。

为什么这么说？我有一句名言叫"人生发财靠康波"，这句话的意思就是说，一定不要以为个人的财富积累是你多有本事，财富积累完全源于经济周期运动的阶段给你带来的机会。那么最简单的例子是什么？比如过去的10年，中国暴富的典型是"煤老板"，大家心里肯定认为"煤老板"比你有本事，但他成为"煤老板"就在于老天给他机会。以康德拉季耶夫理论来看，大宗商品的牛市就会给"煤老板"人生发财的机会。但是在座各位可不可以成为"煤老板"？今生应该不会有了，这就是这个理论描述的。在你的一生中，你能获得的机会理论上只有三次，如果每次机会你都没有抓住，你一生的财富肯定就没有了。如果抓住其中一次机会，你就能够至少成为中产阶层。这句话是什么意思呢？就是说，我们人生的财富轨迹是有迹可循的，人生的财富轨迹就是康德拉季耶夫周期。我先给大家介绍一下康德拉季耶夫周期。

在世界经济周期运动中，最长的周期是康德拉季耶夫周期，它的一个循环是60年，大家知道，一个人自然寿命的主要阶段大约是60年。中国人讲六十年一甲子，循环一次就是一个康德拉季耶夫周期，它分为回升、繁荣、衰退、萧条四个阶段。目前在座各位经历的是从衰退到萧条的转换，在座各位未来10年注定在萧条中度过，这是康德拉季耶夫不可改变的规律。不用太久，2017年中期，大家就可以知道我的判断对不对。因为我曾经在2007年判断2008年将发生康德拉季耶夫周期衰退一次冲击，就是大家看到的次贷危机。2014年10月，我发表报告，认为2015年第二季度将发生二次冲击，第二季度之后股市暴跌，人民币贬值，这些都是有规律可循的，这些大家都已经看到了。

2017年中期或第三季度之后，我们将看到中国和美国的资产价格全线回落，2019年将出现最终低点，这个低点可能比大家想象的更低。这就是我现在可以告诉大家的康波理论。康波运动是由技术创新推动的，本次康波1982年开始回升，大家知道1975年到1982年是上一次康波的萧条阶段。了解世界经济史的人应该知道，全球滞胀，美国、英国进行供给侧改革。我看大家兴高采烈地谈论供给侧改革的问题，供给侧改革是全球进入萧条的标志，所以似乎没必要兴高采烈。实际上，真的谈到供给侧改革，我们就进入了萧条阶段。繁荣阶段是从1991年到2004年，美国的信息技术泡沫就是康波繁荣的标志，当美国的信息技术泡沫破灭后，经济又增长了七八年，所以2008年之前是世界经济在本次康波的黄金阶段。从2004年到2015年，应该是本次康波的衰退期，衰退期能看到的就是，虽然经济增长不怎么样，但我们还是能够从资产价格中获得很大的收益，大家应该能感受到。比如我们的股市、债市，2009年以来，从大的角度来看都是上升的，都是有利可图的，这是康波中的衰退阶段。

到了2015年，我有一个判断，2015年是全球经济及资产价格的重要拐点，过去6年的投资看一个指标，那就是央行政策，如果美国、中国央行不断放水，你就有钱赚。过去6年投资的唯一标的就是宽松。大家发现今年放水不管用了，这就是资产价格的转换点。我看2015年大家讨论资产荒，资产荒就是我钱多，但是没有收益率，这是很危险的信号，这是一个转折点。转折点意味着未来四五年总体的资产收益率不仅让我们赚不到钱，甚至可能会亏损。我在2015年底给各个机构的建议是，要有资产收益率大幅降低的心理预期，同时要做好应对2017年到2019年可能发生流动性危机的准备。所以，我觉得今天的会议很好，为什么？因为我觉得，如果现在大家通过发债能圈钱应该多赚点儿，到2019年你应该能感受到参加今天这次会议的意义。我奉劝大家，比如，如果想发债最好发5年的，2018年之后你就能够体会到我说这番话的意义了。

2015年之后应该会进入全球康波的萧条阶段，在康波的萧条阶段来临之前，哪些现象会发生？这些现象相信大家已经看到了，我们觉得自己手中有很多流动性，这个流动性过去6年还让大家通过炒股票赚了钱。2015年开始大家不赚钱，怎么办？我们需要为手中的钱保值，所以一个办法就是买进一线城市核心区域的房地产。第二个办法是搞新兴产业，很多人投了新三板。我从心底里认为，这两个办法都是消灭中产阶层财富的方法。我自己投资的原则是2014年之后不买房，现在是中国房地产周期反弹阶段，就是只有一小部分涨，所以大家看到的一定是熊市中的反弹。怎么办？卖，不应该买，炒股票的人都理解这个最简单的道理，现在应该是房地产的兑现阶段。而大家追逐的新兴产业是互联网+，我是研究长波理论的，所以我看得很清楚，实际上所谓的互联网+，就是本次康波的技术创新、信息技术的最后成熟阶段。大家知道，信息技术爆发期在20世纪80年代至90年代以美国为主导国展开。当技术从主导国传导到中国、扩散到我们生活的每个角落时，中国作为本轮康波中的追赶者，这个技术于我们而言还有什么前途可谈？一个技术在追赶国的渗透程度达到无孔不入的时候，它一定到达了生命周期的最后阶段，这个技术后面就是一个成熟并衰落的趋势。所以我在前期和朋友说2016年和2017年是新三板的兑现阶段，能不能兑现就看你的命运了，这个事情不是我能够左右的。大家看到这两种现象时，就意味着康波要进入萧条期了。2016年到2017年是一次滞胀，一旦滞胀，你就会发现你手中持有的流动性差的资产可能没人要了。这个阶段之后是货币消灭机制，就是这些资产的价格将下跌。康波理论告诉我们，每一次的康波萧条都是一次滞胀的展开，滞胀之后就是消灭通胀的阶段。所以，大家在未来可能会突然觉得自己手中的流动性资产不够或者没了。这也是我让大家赶紧发债的原因，你可以有现金流用，甚至以现在较低的价格买进资产。直到2025年，可能都是第五次康波的萧条阶段。

第四次康波的萧条出现在20世纪70年代，第三次出现在20世纪20年代，就是美国的大萧条，康波理论描述了一套世界经济长期运转的过程。我们作为个人该如何在这样的过程中规划自己的人生财富呢？以我的长期研究来看，你的人生机会基本上是由康波的运动给予的。10年前你是否在中信建投证券找了一份工作不是太重要，但10年前你有没有在中信建投证券旁边买一套房子就真的太重要了！因为中信建投在北京朝阳门，现在房价涨了10倍，大家挣10年也挣不到。人生的财富不是靠工资，而是靠对资产价格的投资。对资产价格的投资有什么时间规律吗？一定是低点买进才有意义，这个时候买房子没有什么意义。一个人在60年人生的主要阶段中，有30年会参与经济生活，这30年里康波给予你的财富机会只有三次，不以你的主观意志为转移。现在40岁以上的人，人生第一次机会在2008年，如果那时候买股票、房子，你的人生会很成功。2008年之前的人生机会是1999年，能抓住那次机会的人不多，所以2008年是第一次机会。第二次机会在2019年，最后一次在2030年左右，如果抓住一次，你就能够成为中产阶层，这就是人生发财靠康波的道理。巴菲特为什么能投资成功，原因就在于他出生在第五次康波周期的回升阶段，所以他能成功，如果他出生在现在一样不会成功，这是由你的宿命决定的。

为什么那个年代美国会出现比尔·盖茨，因为技术创新是在那个年代展开的，道理是一样的，你的人生机会由康波的运动决定。有人觉得自己很牛，有很大的本事，能赚很多钱，事实上，每个人都在命运中前行。这就是我研究完经济周期后非常相信的一点。举一个简单的例子，1985年之后出生的人，你的第一次人生机会只能出现在2019年，在你35岁之前出现。所以现在25岁到30岁的人，未来的5年，只能依靠好好工作。因为买房等等都不行，这是由你的人生财富命运决定的，没有办法。

我刚才给大家讲这些意思是说，我们在做人生财富规划的时候一定要知道，每个人都是在社会的大系统中运行的，社会大系统给你时间机会你就有时间机会，没给你机会，你在这方面再努力也没用。

作为个人，你的人生财富有哪些？理论上只能有以下几类：第一类是大宗商品，大家不要小看它，在60年的循环中，大宗商品是最暴利的资产。就像刚才讲的，中国人觉得最暴富的是"煤老板"，原因就在于此。大宗商品的牛市几十年出现一次，这次大宗商品的牛市是2000年到2002年，处于康波的衰退阶段。第四次康波的衰退阶段发生在20世纪70年代的石油危机中，也是大宗商品的牛市，所以我们说，大宗商品是最暴利的资产。在座各位所经历的第五次康波，大宗商品的牛市已经结束，所以以后我们不可能依靠大宗商品取得暴利。至少2011年到2030年，大宗商品的走势都是熊市，所以我们不可能在这方面取得大的收益。那我们能不能做空，不行！2015年之前大宗商品可以做空，2016年之后不能再做空，即使未来大宗商品是熊市。所以，在座各位人生最主要的资产，不管是否曾经拥有，后面都不可能再有大宗商品了。第二类资产是房地产，就是经济周期理论中库兹涅茨周期。房地产周期20年轮回一次，一个人一生中可以碰到两次房地产周期。为什么？一个人的一生作为群体来讲会两次买房，第一次是结婚的时候，平均27岁。第二次是二次置业，为改善性需求，在42岁左右。一个人的消费高峰，最高峰出现在46岁的时候，46岁之后消费就会往下走，逐渐由房子变成医疗养老。

那么房子在人的一生中大致会被消费两次，大概20年一次。房地产周期也是20年轮回一次。中国本轮房地产周期于1999年开启，按照房地产周期规律分为三波，第一波是2000—2007年，2009年之后又涨一波，2013—2014年一波，就全国范围来讲，房地产周期的高点基本确立，报告中判断2014年是中国房地产周期的高点，后面价格会下降。但是2015年大家突然发现，房子又好卖了，2016年一线城市核心区域房地产暴涨，但这不是房地产周期的重新开始，而是B浪。所有城市的房子都涨才是牛市，垃圾股不涨，一小部分股票涨不是牛市，这是房地产周期的B浪反弹。所以2017年上半年左右，中国的这次反弹会结束。如果你拥有城市核心区域的房地产，并且不是自住房，我认为你应该在未来的一年内考虑卖掉，这就是我对大家的建议。卖掉房子之后你会发现，你可以买到好多很便宜的资产，性价比已经发生变化，这就是你的房地产周期。不要以为房地产卖出去买不回来，这个世界上没有只涨不跌的东西。2019年房价会是一个低点，2017年、2018年房价会回落。一个房地产周期的循环就是这样，20年的循环，15年上升，5年下降，美国也是一样。2007年美国房价开始下跌，跌到2011年左右触底反弹。大家到美国买房有点儿不一样，我的研究主要是全球大类资产配置，对美国和欧洲都研究，中国在东半球，美国在西半球，东西半球的房地产周期起点差10年。中国房地产的起点是2000年，美国是2010年，2010年之后美国出现房子的牛市，2017年是第一波高点，如果想到美国买房，你也可以再等等，现在是第一波的高点。大家现在买也不会被套牢，因为上升期还没有结束。所以，就广义的大众来讲，不管你的知识如何，你都跟大妈没有区别。也就是说，这跟智商没关系，这是你的人生机遇，就看你能不能把握。人的一生中，房子是最核心的资产，大宗商品不一定能绑住，房子一辈子至少要买两次，这是第二类资产。

  第三类资产是股票，股票不是长周期问题，随时波动，我们在周期中没法明确定义。

  第四类资产是艺术品市场，比如古玩、翡翠，过去一些年涨得很快的，我国开展反腐之后下降得厉害，世界上没有只涨不跌的东西，你的人生资产也处在涨涨跌跌之中。作为人生财富规划，你要明确现在这个时点应该做什么。我的看法是，未来5年是资产的下降期，这个时候尽量持有流动性好的资产，而不要持有流动性差的资产。像高位的房子就是流动性较差的资产，还有一级市场的股权。为什么提新三板，因为它流动性很差，很难卖出。在未来的投资中，大家一定要注意，赚钱不重要，第一目标是保值，第二目标是流动性。这两个目标是未来5年大家在投资的时候一定要非常注意的核心问题。

这就是用康德拉季耶夫理论进行人生规划。60年波动会套着3个房地产周期，20年波动一次。一个房地产周期套着两个固定资产投资周期，10年波动一次。一个固定资产投资周期套着3个库存周期。所以你的人生就是一次康波，3次房地产周期，6次固定资产投资周期和18次库存周期，人的一生大致就是这样的过程。

在中国，我是康德拉季耶夫周期理论和库存周期理论研究的开拓者。制造业的价格波动最短决定周期就是库存周期。我在2015年10月写的报告中认为，2016年第一季度中国经济将触底，中国经济的库存周期将反弹，现在大家看到商品价格触底反弹了，这就是我用这套理论得出的结论，所以最近我很忙。前些天有很多人发表了与我不同的观点，认为周期要换面，实际上是对我的观点的反驳。没关系，我们可以用未来的时间来验证。

下面我给大家详细地讲一下未来4年我们将是什么样的情况。以下是我对未来4年的一些基本判断。

第一个观点，从全球经济来看，未来4年是我刚才讲的康德拉季耶夫周期长波从衰退向萧条的转化阶段，就我们的资产配置来讲，这个过程就是我刚才讲的降低资产收益率的阶段，保持流动性，这是我们现在可以做的一个判断。

第二个观点是，2015年世界经济的最核心矛盾实际上是大宗商品价格的下跌。大家知道，世界上实际有三类经济体，一类是主导国经济体，比如美国；一类是追赶国经济体，比如中国；一类是资源国经济体，比如俄罗斯、澳大利亚、巴西等，这些经济体实际上是靠资源生存的。我们可以看出，2015年大宗商品价格大幅下跌，实际上使资源国陷入了明显的衰退和恶劣环境。俄罗斯要打仗，原因就在于此。所以我在2015年底写过一个报告《2016年，为资源而战》，我认为，2016年主导国和追赶国（美国和中国）要给俄罗斯一个喘息的机会，不然一定会爆发大战。要么大宗商品价格反弹，要么继续打仗，大宗商品价格一反弹俄罗斯就会从叙利亚撤走。世界政治就是经济的反映。当时我提出2016年最核心的机会就在于大宗商品价格要反弹，包括期货和我们看到的股票中的资源股，这是我当时提出的对2016年经济大势的第二个观点。

第三个观点要从宏观经济角度讲，2016年将出现第三库存周期反弹。在一个中周期10年的波动中，每隔3年出现一次库存周期循环。库存周期是什么意思？它是经济增长中的最小周期单位。它就源于投机，我给大家举个例子，股票市场中股票是怎么由跌转涨的？就是因为跌得很多。比如大盘指数跌到2 000点，这时候手中有现金的人不知道这是不是底，不知道会不会反弹，但是我们可以买一点儿做反弹。库存周期就是这么来的，就是源于从2013—2015年中国的制造业状态越来越差，两年来价格一直下跌，价格下跌导致库存水平下降，库存水平先升后降，开始没人购买，库存被动地增加，一定阶段生产少了，库存会逐渐降低。现在中国制造业的库存水平都很低。这个时候，制造业中的中间商就会产生一种冲动，就跟买股票一样，他们突然发现油价每桶20多美元了，铜价每吨4 000多美元了，他们突然觉得这个价格已经给出了安全空间，那怎么办，我可以买一点儿，这个时候价格就会触底反弹。人类社会出现任何反转点的基本机制就是人的投机行为。所以，当看到价格很便宜时，不管将来怎么样，反正我们先买一些，这就是库存周期。生活中，中国的一个库存循环是这样的，从买进商品到厂家生产是6个月，重复两三次是一年半，再有一个下跌期，所以一个循环是3年的库存周期。2015年，我用库存周期理论推断，中国的库存周期低点在2016年第一季度出现，在第三库存周期反弹，大家果然看到价格触底反弹，这其实是完全有规律的。

第四个观点是，2016—2019年这4年，2016年将是最好的年景。大家对2016年的预期不用太差，虽然它是下降过程中的反弹，但是作为年度来讲，总体上2016年应该是一个好转期。所以，如果大家未来4年想赚钱，2016年是最好的布局时间。

2016年最主要的机会在哪里？刚才已经讲了，最核心的机会就在于两个字：涨价。所有炒作都源于涨价，除了我刚才说的大宗商品，农产品中的鸡鸭涨价了，房子涨价了，最近股票炒得维生素也涨价了。过去我们赚钱靠什么？过去3年靠炒股，把估值炒上去，玩虚的。2016年我的总结是脱虚向实，就是大家发现虚的已经到头儿了，央行的货币政策达到边际高点，这时货币乘数上升了，库存周期带动货币乘数上升，这时基本逻辑就是通胀逻辑，2016年一开年股票下跌，大宗商品开始上涨，这是大逻辑的转换。大家做投资，每年开年之前都要想想，这一年做投资的主逻辑，过去几年炒点儿股票，但是未来，2016年是炒涨价。作为个人投资来讲，还是那句话，不能买流动性差的资产。商品、资源股可以买，别的流动性差的资产就不划算了。根源在于货币乘数上升，会出现通胀。

我们看2015年发生了什么，股票下跌，人民币贬值，这些意味着什么？2015年是全球的中周期高点，平均8.6年或9年一个中周期循环，一个中周期有3个库存周期，会出现3个高点。一般来讲，中周期的最高点可以出现在3个高点的任何一个上。2015年是以美国为代表的全球中周期高点，平时大家不太了解，2014年12月是美国的固定资产投资和PMI的高点，所以我当时就说美国经济进入最高点，后面资产价格就会有反应，大家看到2015年美国股市跌了。那么同样在2015年，我们还看到美联储加息，这是从2000年危机之后第一次加息，所以美国进入10年中周期的高点阶段，2015—2019年就是中周期的下行期，所以这个时候我们可以看到逻辑发生了变化。大家一定不能以过去的思维来判断我们未来的投资，不能认为央行又放水了所以有机会，因为未必真是这样。我们未来的逻辑应该是全面脱虚向实。但是这个脱虚向实也是短暂的，只适用于2016年。2017年中期之后会进入中周期最后的下降阶段，这就是我们刚才讲的2018—2019年要谨慎小心，这就是现在我们能看到的一个大方向，即未来将处于下降阶段。

具体到2016年，我们将看到什么现象？我觉得，2016年有4个现象值得大家关注。第一个现象是全球第三库存周期开启。刚才讲了2016年第一季度是中国第三库存周期开启点。2016年第二季度是美国第三库存周期开启点。在聊这个问题的时候很多人问我，你说现在是库存周期开启点，但是我们在实体调研中没有看到任何实体经济好转的迹象，为什么？原因很简单，库存周期的运动首先是价格触底，之后有人，比如最早的投机者就开始买进库存。但是当最早的投机者开始买进库存时，生产者还没有反应过来，所以这时大家看到库存水平在下降，工业增长值、生产在下降。所以，制造业企业大部分都是后知后觉的，制造业企业也要靠库存周期赚钱。如果能够预先判断出库存周期要触底了，制造业企业可以在低位买进原材料来生产，当需求量变大时以较高的价格卖出。牛市的时候大家都可以赚钱，制造业也一样，但是熊市时你必须比别人先一步思考。如果别人怎么做你就怎么做，你肯定不赚钱。未来中国的企业管理就得朝这个方向走。当价格触底后，库存还在下降，工业增加值也在下降，这个时候事实上确认了价格的有效性。为什么？因为库存下降说明需求在好转。在价格触底的4~5个月后，我们会看到库存水平触底，这时绝大多数生产者突然意识到需求转好了，所有人蜂拥买货，工厂开足马力生产，量价齐升的状态就会出现。2015年12月价格触底，量价齐升下个月才会出现，所以下个月大家会看到实体经济变好。量价齐升就是炒商品、股票最好的阶段，之前的这波只属于聪明人。量价齐升后的才属于所有人，这就是库存周期的特征。但是前面这一波很少有人能赚到，这还是库存周期的特征。所有从事制造业生产的人都应该了解这个规律，可以通过它来赚钱。

2016年的5月之后，中国经济还能不能继续上行，大家心里明白，那得看房地产投资是不是好转了，政府是不是出台了财政刺激政策，还要看外生的经济加速器。我有一个判断，2016年一定是中国政府全面稳增长的一年。道理很简单，本届政府前3年经济逐级下滑，2017年换届，想对经济有所作为只有2016年。不管政治的需要也好，经济自身的需要也罢，都出现了库存周期可以反弹的条件，2016年中国经济将出现触底反弹，我在2015年就可以用库存周期理论算出来低点在哪里，然后通过分析我们就知道今年的经济比去年乐观。当然，如果经济这样，通胀水平也会上行。这是我要讲的第一个问题。

第二个问题是通胀问题。实际上大家不用过分担心中国的通胀水平，因为总体来讲，我们还处于通缩阶段。2016年的通胀将表现在什么地方？主要表现在当经济企稳的时候，通胀水平会跟着经济一同上行。大家知道，健康的经济增长是经济增长的时候通胀不动，增长动、通胀也动，实际上就会产生滞胀。2016年第四季度到2017年第一季度，大家可能会看到通胀水平脱离增长加速上行，这就是第三库存周期的高点。那个时候大家应该怎么办？大家应该炒有色金属，买黄金。从技术上看，黄金现在确实处于短期高点，但这并不妨碍中期的投资价值，我的意思是说，它是一个技术上的短期高点，这是可以肯定的。那么黄金在未来最大的机会是什么？除了是货币的锚，具有保值功能，黄金还有一个巨大的机会，2017年美元指数牛市结束，人民币加速国际化，这时国际货币体系将发生动荡。所谓的国际货币体系动荡就是以前都以美元为主，大家都以美元的货币政策为关注点。那时大家就会发现，作为世界第二大经济体的中国开始挑战这个问题，未来中国在国际货币体系中起多大作用我们还不知道，这取决于很多因素。所以那时就会出现国际货币体系动荡的问题，大家就会心里发慌。怎么办？买黄金，因为黄金毕竟是货币的锚，所以我觉得，未来黄金的大机会就源于此，源于国际货币体系的动荡。我觉得2016年黄金的低点有可能出现在第二季度和第三季度，那时大家可以再买，现在应该是短期的高点。

所以，如果我们2016年的投资逻辑是这样的，你怎么判断我们的机会呢？如果2016年你能看到PPI、CPI上行，那就说明我们的经济在正常运转，这时你该做股票就做股票，该买大宗商品就买大宗商品，正常操作就行，一旦看到PPI、CPI转头，甚至涨不动了，这时要小心，这可能是经济的第三库存周期高点，这个高点一出现就要抛掉所有的资产，只留现金和黄金等待低点的出现。2016年做投资就看CPI和PPI，如果涨得动说明经济还行，如果CPI和PPI有掉头往下的趋势，一定要小心了。这是2016年投资的主逻辑，不管做什么资产，投资的主逻辑都是这样，这是我要讲的第二个问题。

第三个问题是美元作为世界的货币，我们怎么判断这个论述。2011年12月，我写过一篇报告分析美元破百对世界其他经济体的影响。当时美元指数是72，我用康波理论推断，2011年开始美元向上运行，是牛市。2017年中期美元指数到100以上，当美元指数冲破100之后，中国的资产价格可能会受到冲击。现在来看，至少前半部分是对的，美元指数已经破百。这个原因很简单，美元指数的牛市和熊市本质上由美国的房地产周期决定，所以2010年美国启动房地产周期后，美元指数进入牛市。而2019年，当东方国家启动房地产周期后，繁荣从西半球转到东半球，那时候美元就变成熊市。所以，不是所有时间都适合换美元。为什么？说起来有点儿玄，我刚才给大家讲的四周期嵌套理论我研究了十几年，后来我发现，其运行规律实际上就是天文学的规律，主宰地球的规律是太阳的规律。太阳黑子周期的循环就是55~60年，20年一个海耳循环，20年中包含两个10年的施瓦贝循环，包含数个厄尔尼诺循环，所以厄尔尼诺就是经济中的库存周期。

刚才讲了2019年是中国经济最差的年度，美元现在还没有到达这波牛市的高点，这个高点应该出现在2017年中期。2017年上半年美国也会出现滞胀，那时美联储会连续加息，流动性会出问题，美国经济掉头向下，通胀掉头向下，就会出现经济调整。这就是我们2017年中期可以看到的。大家做投资只要掌握这些规律，就不会犯大的错误。

第四个问题与政策有关。中国的政策肯定受蒙代尔三角（三元悖论）的约束，即汇率、货币政策、资本自由流动只能三选二，不能三者兼得。所以在人民币贬值后，中国货币政策的宽松受到影响。现在人民币趋于稳定，货币政策又有一些空地了。但是总体来讲，2016年货币政策不会很宽松，这是可以看到的。这源于我国对汇率的担忧，以及对通胀水平的担忧。这里讲一个我对未来人民币汇率的看法，现在大家对人民币汇率持悲观态度，我觉得2016年下半年人民币汇率会升，这是我的判断。为什么？从道理上讲，中国和美国是世界经济的共同领导者，两国的利益事实上是一致的，美联储加息的时候会考虑中国怎么样，这是很诚恳的表态。观察2015年以来的汇率你会发现，人民币走势是美元走势的领先指标。人民币先跌美元跟着跌，人民币企稳美元指数跟着企稳。如果判断全球开启第三库存周期美国要加息，美元要涨了，人民币也会上涨。2016年下半年不一定看空人民币，大家还要好好琢磨一下。这可能对做外汇的人比较重要，这是比较大的趋势。

还有另外一个问题，今天可能给大家讲的东西多一些。2017年之后，如果美元贬值，人民币一定贬值，我们该怎么办？有两个办法，当预感人民币要贬值的时候，你可以做空韩元，韩国是中国经济的领先指标；你还可以随后做空澳元，澳大利亚是资源国，其货币是跟着铁矿石波动的。这就是可以对冲人民币下跌风险的办法，这就是我平时研究的东西，也就是全球资产配置和全球宏观对冲理论。很多人问孩子到澳大利亚留学要不要买房，我认为现在不适合。原因在于，第一，现在澳元偏高，将来可以换到更多；第二，澳大利亚现在房价贵，四五年后肯定比现在便宜。大家到资源国买东西，一定要等到资源的最低点再买，大约在2018年或2019年。可能在座各位对我不太熟悉，但是二级市场对我的理论很熟悉。你们可能不知道，他们一般都称我为"尼古拉斯·金涛"。原因在于人们都知道的康德拉季耶夫周期，康德拉季耶夫全称是"尼古拉斯·康德拉季耶夫"。大家之所以这样称呼我，是因为我对中国经济和世界经济周期的判断至少过去是比较准的，未来只能等时间去验证。这是我对 2016 年的几个判断，2016 年最大的投资机会是什么？就是大宗商品，这个判断去年我反复强调过。我觉得大家一定要明白一点，任何机会都是靠赌博的，没有完全确定性的机会，你下注的时候就决定了你能不能成功，每个优秀的投资人都是靠赌博赌出来的，这是毫无疑问的。我和投资经理说，当你看到所有事情都确定的时候，机会就不属于你了。只有不确定的时候你才能得到机会，所以任何机会都是赌博。我在 2015 年已经告诉你，2016 年最值得赌的是大宗商品价格反弹，赌不赌在你，现在看来确实反弹了。

对于未来我想提醒大家一点，2018—2019 年可能是这一轮康波周期中最差的阶段，所以我们一定要控制这两年的风险。在此之前做好充分的现金准备，现在可以发债，5 年之后还有现金。

对个人来讲，2016 年、2017 年卖掉投资性房地产和新三板股权，买进黄金，休假两年，锻炼身体，2019 年回来，这就是我给大家做的人生规划。

刚才主持人介绍说我曾任中信建投研究所所长，但是 2015 年我辞职了，只做首席经济学家，原因就在于，我觉得未来 4 年做事情的困难性比过去 6 年都大。而且在萧条即将来临前，社会必将出现分裂倾向，这是从理论中可以看到的。在这种情况下你的人生只有两种选择：一种选择是像我一样任个虚职，每天"忽悠忽悠"，心情好出来"忽悠"，心情不好在家里待着；另外一种选择，未来一定是英雄辈出的时代，你可以成为先德或先烈。所以我觉得，未来 4 年社会确实会发生很大的变化，特别是对 1985 年之后出生的人来说，你人生的最大机遇即将到来。这是我对未来的看法。

具体到 2016 年，中国领先开启第三库存周期，在美国第三库存周期开启之前不会加息，所以我觉得美国最早加息在 9 月，这是可以预见的。为什么美国也怕加息？因为美国最脆弱的是资产价格。欧洲经济周期的运行比中国和美国晚，现在欧洲经济周期处于高位稍回落的位置，欧洲的低点在 2016 年第四季度出现。

刚才说这些意思就是，2016 年美元指数的走势应该是第一、第二季度弱，第四季度转强。这就决定了 2016 年中国经济最佳触底的时间点在上半年，美元的压力不强，同时大宗商品的反弹就在第一季度。

我刚才和大家讲的是 2016 年是未来 4 年中最好的时间，做通胀、炒涨价，是我们的核心逻辑。什么时候炒最好？下半年会出现滞胀，那时候就该考虑买黄金了，然后抛掉资产，持有现金，这就是 2016 年的总体逻辑。

今天我就给大家讲这么多，后面有提问环节，大家对什么感兴趣可以提问。

问： 老师您好，我是"85 后"，所以会抓住您说的 2019 年特别好的机会，您刚才讲了黄金投资，我有一段时间做黄金现货，黄金里包括黄金现货、交易金和黄金衍生品，上班的人倾向于做现货，只要选对方向就可以，您能不能给我一点儿好的建议，谢谢。

周金涛答： 简单的操作方法是买实物黄金，你那是交易。不知道你以什么指标确定黄金交易价格，但是黄金的波动要重点关注美元指数和美债的走势。以后黄金的核心价格理论与真实利率相关，在现实中看美元指数和美国的债券收益率。所以我觉得，你如果对交易感兴趣也未尝不可，对一般人而言，不交易买进实物就可以。

问： 实物重要的是保值增值，买金条或者买几手，好像收益比较慢，需要一个相当长的长线。未来大宗商品会上升，黄金的趋势是跟大宗商品一致的，我更加倾向于做交易金，对我而言会比较好。

周金涛答： 都是可以的，这是你个人的选择问题，没问题，做交易金好像杠杆比较高。

问： 我们也参与投资新三板或者转板的企业，做内部投资，或者定向增发，其中一块投资领域可能涉及未来转板的需求，所以，我们对投资能不能通过资本市场退出还是有关注的。

周金涛答： 现在排队等着的太多，一年内都很难，一年后有点儿困难，所以我个人对这个不太看好。

问： 老师你好，我想问一下刚刚老师讲到的经济加速器问题，明年人民币有可能加入 SDR，会不会对中国经济产生影响，会不会产生周期现象？

周金涛答： 你是说人民币国际化吧？这个事情去年我已经讨论过了。人民币国际化现在的方向说实话是不明确的，因为我们不知道中国经济未来会发生什么。如果 2017 年出现剧烈的经济动荡，那个时候汇率政策和货币政策可能都会发生一些变化，比如是不是牺牲汇率保国内经济，人民币有没有可能大幅贬值，这些都会影响人民币国际化的进程。现在谈中国加入 SDR 会怎么样，现在看不清，因为它跟中国未来的资产价格走势有关，到 2017 年才能看明白这个问题，所以我觉得按照大方向的指引配置你的资产就可以了。人民币现在属于比较不确定的阶段。

问：我是做债券发行的，今天还是回归主题，融资工具专题。在座的有非常多的发债机构代表，想请教一个问题，您对今年债券的走势怎么看？什么时间发债融资成本最低？还有地方政府债务置换的问题，如果现在通胀又升上来，地方政府涉及债务融资，必须压低债务融资成本，请教一下您有什么看法，因为地方政府债务置换一直保持低位状态，您刚刚也说，通胀可能又会起来。

周金涛答：在资本市场中，做固定收益的跟做股票的是两拨人。做固定收益的人是屁股决定脑袋，最不喜欢听通胀。我们研究所宏观是做固定收益的，所以你看，我说滞胀他不说，他说要滞胀会得罪客户，道理就是这么简单。现在社会的滞胀预期比较强烈，这是无法回避的。债券市场对此没有明确的表现，我觉得原因有两个，第一个原因是做债的人在没有明确信号出现之前还是维持原有的趋势运行，这是趋势的延续。但大家肯定明白一年或几年债券不是牛市，这是可以肯定的。第二个原因是现在债券之所以平稳运行，是因为我们把它当成一种保值工具，大不了持有到期，只要不发生违约风险，持有到期还是没有问题的。现在的债券市场就处于这样的状态，在我们的滞胀假设下，我觉得发债一定是今年，越早越好，肯定不能往后拖，越往后问题越多。按照这个节奏，越往后越有可能发生滞胀、流动性滞胀，债券收益率有可能上升，所以越早越好。至于什么时点，我认为从中长期来看，这个时点要能获取足够的现金流，此时发债绝对可以，因为不知道 2017 年之后会碰到什么事，未来现金为王，所以我觉得越早越好，对发债主体来讲越早越好，这就是我的判断。

后记
人生是一场康波

在这本书即将结束之际,我受邀为本书撰写一篇后记,当作儿子对父亲的纪念。

首先,请允许我向每一位选择这本书的读者朋友表示最诚挚的感激之情。感谢你们在我父亲去世近十个春秋之际,仍愿意关注康波周期理论和他的宏观研究成果,这表明他的研究思想在十年后仍然煜煜生辉。

这是我第一次参与一本书的出版工作,在亲身投入其中后,我才深刻体会到,这本书的再版绝非易事。一路走来,我们经历了无数次修改、完善和挑战。但是,一想到这本书的出版能够让更多投资者和广大读者了解父亲的思想,并在未来的投资或人生决策中取得更大收益,所有的辛苦都随之消散,化作心中的欣慰与满足。

这本书紧紧围绕"人生财富靠康波"的主题,向读者朋友介绍了我的父亲在从事宏观策略研究近二十年的研究生涯中的研究分析框架和研究案例。康波本身是一个社会演化的过程,包括技术创新、社会结构、经济发展、制度框架和社会文化等多个方面,因此,"人生是一场康波"的背后,其实凝结着他对康德拉季耶夫周期本身及其背后的经济学原理鞭辟入里的理解与思考。

在他的职业生涯中，他对经济周期拐点的判断多次得到较为准确的验证，比如2008年全球经济步入衰退及2009年中国经济的迅速复苏等。这些"开天眼"般的预测，让他在投资者乃至更广大的群体中名声大噪，并被一些业内人士称为"周期天王""尼古拉斯·金涛"。在我看来，这些结论已经足够吸引人们对他的研究产生兴趣，但我也希望读者朋友能够更进一步，关注他的研究框架与研究思想，因为这才是他研究成果中最耀眼的部分，也是他的理论对未来经济周期现象和人生财富积累体现出真正解释力的地方。

自我记事起，父亲工作就十分勤奋。或许正是印证了他"周期研究需倾尽一生"的那句话，他几乎每日都工作到深夜，阅读大量的学术专著、文献，这一方面为他的研究打下了极为坚实的理论基础，又为他的身体问题埋下了隐患。2016年，即使是在病榻弥留之际，他仍不倦地工作，整理自己的学术思想和理论框架。他的英年早逝不仅对我们的家庭是一个沉重的打击，对于策略研究领域而言，他尚未完善的周期研究理论框架也因此留下了莫大的遗憾。

在工作领域之外，他在生活中是一个严格但又慈爱的父亲，是一位中国传统艺术及工艺品爱好者，是一个极为有趣的人。我很感激他为我留下了无尽的精神财富，让我能够在求学路上不断鞭策自己，以他为典范。而他对我的教育，帮助我构建了坚实的精神体系，使我在面对他的离世时，不至于沉溺于悲伤和思念之中。

一路走来，首先要感谢我的母亲，感谢她在我成长过程中无尽的关爱和付出，也要感谢她在本书出版过程中的支持。

感谢父亲的同事和好友，以及无数仁人志士。这本书的出版离不开他们的推进和支持。

感谢这本书的编辑和中信出版集团团队为该书出版工作所做的卓越贡献。

感谢中信建投证券和长江证券对这本书的版权授权的大力支持。

感谢所有投资者和广大读者朋友对这本书和周金涛的周期策略理论的支持。

展望未来，全球经济格局正处于深刻的变化期，技术创新加速演化，社会正在不断变革。在父亲的影响下,我成为一名经济学专业的学生,并孜孜不倦地筑牢自己的经济学理论基础。我有责任和义务继续完善父亲提出的周期策略理论思想,为中国的经济学理论研究做出自己的独特性贡献。

希望广大投资者在阅读这本书之后,能够加深对经济周期的理解,顺势而为,在康波周期的正确时点,完成自己的人生财富积累。

在这本书的最后,愿伟大祖国繁荣富强,愿每一位读者在人生康波中踏浪前行,幸福美满!

周允元